죽음의 고고학

죽음의 고고학

마이크 파커 피어슨 지음

이희준 옮김

사회평론아카데미

1장 우리는 망자로부터 무엇을 알아내는가?

러시아의 볼가 강 어디엔가는 강둑 가까이 커다란 봉토분 한 기가 있고 그 속에는 1천 년도 더 전에 벌어진 화장의 잔적이 들어 있다. 우리는 지금까지 이 봉토분이 어디 있는지 찾아내지 못했지만 당대의 한 문헌에서 그것이 어떻게 축조되었는지를 놀랍도록 세세하게 전하는 덕택에 그것이 존재함을 안다. 이 옛 이야기의 여러 측면들이 과연 믿을 만한지 의문시할 수도 있다. 하지만 옛사람들의 활동은 고고학자가 이용할 자료로 대개 부식된 뼈, 지스러기, 흙밖에 남기지 않기에 우리는 이 신통치 않은 자료로부터 아득한 과거 사람들의 사라져버린 삶을 되살리려고 무진 애를 쓰는 데 반해 이 문헌은 아래에서 보듯 그에 관해 너무나 풍부하고 이례적인 내용들을 우리에게 생생하게 전한다.

1. 어떤 바이킹 족의 장례

이븐 파들란Ibn Fadlan은 바그다드의 칼리프가 서기 921년에서 922년 사이에 볼가 강 중류역 주민들에게 파견한 대사의 비서였다.[1] 그는 이 불가리아 인들

---

[1] 『리살라Risala』라는 제목을 가진 그의 여행담은 몇 가지 필사본으로 남아 있다. 여기서의 서술담은 11세기에 작성되었을 가능성이 큰 번역본과 1593년 필사된 판본에서 취한 몇 가지 부가 자료에 주로 근거하였다. 완전한 원문은 Jones 1968: 425~430을 참조.

의 교역소에서 루스Rus 인—러시아에 살고 있었던 스칸디나비아 상인 및 군인 모험가들—이라는 사람들을 만났고 그들의 '걸출한 인물들' 중 한 사람의 장례에 대한 놀라운 목격담을 썼다. 애도자들은 시신을 목실에 열흘 동안 안치하였고 그동안 그에게 입힐 수의를 재단하고 바느질하였다. 이 남자의 재산은 셋으로 나뉘었는데 한 몫은 딸들과 부인들을 위한 것이었고 다른 한 몫은 수의용이었으며 나머지 한 몫은 애도자들이 열흘 동안 잔뜩 취해 난잡한 성행위를 벌이는 주연에서 쓸 술인 '나비드nabid'를 만들기 위한 것이었다. 그의 노예 소녀들에게는 누가 그와 함께 죽기를 원하는지 물었으며 한 사람이 그와 같이 묻히겠다고 자원하였다. "그녀는 이 열흘 동안 술을 마시고 쾌락에 탐닉하였다. 그녀는 머리와 온몸을 갖가지 장신구와 좋은 옷으로 치장하였는데 그렇게 성장盛裝을 한 것은 자기 몸을 모든 남자들에게 내맡긴다는 뜻이었다."

이븐 파들란은 화장날에 강가로 내려가, 죽은 남자의 긴 배가 물가로 끌어올려져 나무기둥 네 개로 받친 발판 위에 놓인 것을 보았다. 배의 중앙에는 나무 딴집이 세워졌고 직물로 치장되었다. 배 위에서는 '죽음의 천사'라고 불린 한 노파가 그리스산 문직紋織(무늬를 도드라지게 짠 옷감)으로 만든 매트리스로 침상 하나를 덮었다. "바로 이 여자가 수의를 짓고 모든 장례용품을 준비하는 책임을 맡았으며 그 노예 소녀도 바로 그녀가 죽이게 되어 있었다. 그 여자는 건장한 체격을 가졌고 뚱뚱한데다 음산하게 보였다." 남자의 시신을 임시 가묘에서 꺼내왔는데 나쁜 냄새가 나지는 않지만 "이 지방의 추위 때문에 검게 변해 있었다." 그는 죽을 당시의 옷을 그대로 입고 있었고 가묘 안에는 '나비드', 과일, 판도라(현악기의 일종)를 놓았었는데 모두 치웠다.

시신의 옷을 갈아입혔는데 바지, 스타킹, 장화, 튜닉, 금단추를 단 문직 카프탄kaftan(띠 달린 긴 소매 옷), 문직 및 모피로 만든 모자로 성장하였다. 그리고 나서 시신을 매트리스 위에 앉히고 등을 쿠션으로 받쳤으며 둘레에는 '나비드', 과일, 향내 나는 식물들을 놓고 앞에는 빵, 고기, 양파를 놓았다. 많은 사람들이 둘레에 모여 악기를 연주하였다. 망자의 친족들은 배에서 좀 떨어진 곳에다 천막들을 세웠다. 그 노예 소녀는 이 천막들로 가서 각 친족과 성교를 하였으며 그 친족들은 큰 목소리로 "너의 주인에게 내가 사랑과 우정의 의무를 다했다고 말하라"고 외쳤다. 희생 동물들을 죽여 배에다 놓았는데 개 한 마리는 둘로 잘랐고 말 두 마리는 장검으로 난도질해 조각냈으며 소 두 마리도 이와 비슷하게 잘랐다. 수탉 한 마리와 암탉 한 마리도 죽여서 던져 넣었는데 수탉은 목을 잘라 머리와 몸을 배의 오른쪽과 왼쪽에 던졌다. 망자의 무기들은 그 시신 옆에 놓았다.

노예 소녀는 마지막 날 오후에 문틀을 닮은 구조물로 데려갔다. 그녀는 남자들의 손 위에 서서 그 구조물을 내려다보는 위치까지 세 차례 들어 올려졌다. 이븐 파들란은 통역자에게 그녀가 그 틀을 내려다보면서 무슨 말을 했는지 물어보았다. 첫 번째는 "오, 나의 아버지와 어머니가 보인다.", 두 번째는 "앉아 있는 나의 모든 죽은 친척들이 보인다.", 세 번째는 "낙원에 앉아 있는 나의 주인이 보인다. 낙원은 초록색이다. 주인과 함께 남자들과 노예 소년들도 있다. 주인이 나를 부른다. 나를 주인에게 데려가주시오."였다. 암탉 한 마리를 가져오자 그녀는 그 목을 잘라 멀리 던져버렸고 몸은 배 안에다 두었다. 그러고 나서 사람들은 그녀를 배로 데려갔고 그곳에서 그녀는 팔찌 두 개를 벗어 '죽음의 천사'에게 주었으며 또 반지 두 개를 빼서 지난 열흘 동안 그녀를 기다리고 있던 '죽음의 천사'의 두 딸에게 주었다.

그러자 방패와 막대기를 든 남자들이 왔다. 그녀에게는 '나비드' 한 잔을 주었으며, 그녀는 그것을 받아 노래를 부르고는 마셨다. 통역자는 나에게 그녀가 이런 식으로 모든 소녀 동료들에게 작별을 고하는 것이라고 일러주었다. 그러고 나서 그녀에게 다시 '나비드' 한 잔이 건네졌으며 그녀는 그것을 받고는 한참 동안 노래를 불렀고 그동안 그 노파는 그녀에게 얼른 다 마셔버리고 주인이 있는 가설 천막 안으로 들어가라고 재촉했다. …… 노파는 그녀의 머리를 잡고 가설 천막 안으로 떠밀어 넣으면서 같이 들어갔다. 이때 남자들은 막대기로 방패를 두드리기 시작하였는데 이는 그녀의 울부짖는 소리가 밖으로 새어나가 장차 다른 노예 소녀들이 겁을 집어먹고 그 주인과 함께 죽지 않으려 도망치는 일이 없도록 하기 위함이었다. 그러고 나서 여섯 명의 남자가 가설 천막 안으로 들어갔고 그 소녀와 성교를 하였다. 그 후 그들은 그녀를 그 주인 옆에 놓고 두 사람은 다리를, 다른 두 사람은 팔을 각각 잡았다. '죽음의 천사'라는 노파가 다시 가설 천막 안으로 들어가 소녀의 목에 줄을 한 바퀴 감고는 엇갈린 두 끝을 두 남자에게 잡아당기도록 주었다. 그러고는 폭이 넓은 단검을 쥐고 소녀에게 다가가 갈비뼈 사이를 여러 차례 찔렀으며 남자들은 그녀가 죽을 때까지 줄을 잡아당겼다.

그러자 죽은 남자와 가장 가까운 친척이 완전히 빨가벗은 채로 나무 조각을 들어 불을 붙이고는 군중을 마주본 채 배를 향해 뒷걸음질했는데 한 손으로는 그 막대기를 들었고 다른 손으로는 항문을 가렸다. 각각의 사람들은 땔나무를 한 개씩 들어 그에게 불을 붙이도록 주었고, 그는 이를 배 밑에 쌓은 나무들에 놓았다. 불길이 점점 커져 화장용 장작더미와 배를 집어삼켰다. 루스 인 한 사람이 통역자에게 다가가 "너희 아랍 놈들은 바보야. …… 너희들은 가장 친애하는 사람을 땅에다 묻어 곤충과 벌레들이 먹어치우도록 만드니 말이야. 우리는 망자가 즉각 낙원에 들도록 한순간에 태워버려."라고 말했다.

배, 장작, 소녀, 그녀의 주인은 한 시간도 채 지나지 않아 다 타버리고 뜬숯과 유골밖에 남지 않았다. 그러자 사람들이 강에서 배를 끌어 올려놓았던 자리에 작은 둥근 언덕 같은 것을 지었는데 그 한가운데는 커다란 자작나무 기둥을 하나 세우고 그에다 망자의 이름과 루스 왕의 이름을 써놓고는 떠나갔다.

우리는 언젠가 바로 이 봉토분을 찾아내 발굴하고는 그 안에 든 것들을 이븐 파들란의 목격담과 비교해 볼 수 있을 것이다. 고고학자의 관점에서 볼 때 배를 불태운 일은 대단히 유감스럽다. 만약 불태우지 않고 봉토분 아래 그냥 묻었더라면 이븐 파들란의 이야기를 보완해 주고 또 그가 안 것에 보탬이 될 많은 사실을 우리에게 말해 주는 정보의 보고寶庫를 갖게 되었을 것이다. 이를

테면 우리는 배를 건조한 방법, 망자와 노예의 일대기와 어쩌면 그 유전적 계보까지 연구하고 또 보존이 잘 되는 부장품의 전모, 성격, 제작지, 장례가 벌어진 곳의 지역 환경과 희생 동물의 질에 대해 연구할 수 있었을 것이다. 화장 잔적을 가지고서도 불탄 뼈와 잔존 유물로부터 망자의 나이와 성, 배를 사용한 사실, 남자의 무기류 같은 잔존 유물을 배에 놓았던 사실 등에 대해 어느 정도 알 수 있을 것이다. 하지만 고고학적 잔적이 결코 해명해 줄 수 없는 역할 및 활동의 여러 측면들이 있으니, 예를 들면 '죽음의 천사'가 한 역할이나 장송의례의 규모와 기간 등이다.

2. 인간 유해 연구: 죽음의 고고학인가 아니면 삶의 고고학인가?

망자의 신체 잔적—뼈와 모든 잔존 조직, 머리카락, 피부 등등—이 한 개인의 죽음이 아닌 삶에 관한 정보를 드러낼 가능성이 가장 크다는 사실은 기묘한 역설이다. 뼈와 조직은 사람들의 과거 삶, 즉 몇 살이나 살았고 남성인지 여성인지 어떤 질환이나 질병을 앓았으며 키가 얼마였고 유전적 계보는 어떠했으며 어떤 종류의 음식을 먹었고 어떤 상처를 입었으며 체격은 어떠했고 신체를 의도적으로 변형하거나 묶거나 문신을 하거나 몸에 칠을 하거나 상처를 냈는지 증언한다. 만약 위에서 말한 망자와 소녀가 화장되지 않고 매장되었더라면 고고학자들은 이들의 삶에 관해 이븐 파들란이 직접 안 사실보다 더 많은 것, 예를 들면 이들의 나이, 상처, 죽기 전 건강 상태, 어린 시절 생장 상황 그리고 노예 소녀가 아이를 가진 적이 있는지 등을 알아낼 수도 있었을 것이다.

이 책의 목적은 인골로부터 신체 변형 자체나 인구, 식단, 건강 같은 문제들과 관련하여 무엇을 알아낼 수 있는지에 있는 것도 아니고 인간의 시신이 안치되거나 버려진 뒤 유해와 그 부패에 영향을 미친 물리적 작용들[2]에 있는 것도 아니다. 그보다는 망자를 위한 산 자들의 장례습속에 대한 고고학적 연

2) 이런 주제들을 다룬 좋은 지침서로는 Boddington *et al.* 1987; Brothwell 1981[1963]; Chamberlain 1994; Hunter *et al.* 1996; Mats 1998; Roberts and Manchester 1995가 있다.

구이다.[3] 망자 자체보다는 그들을 매장한 산 자들에 관한 것이다. 망자는 스스로를 묻지 못하며 산 자들이 그를 처리하거나 안치한다. 고고학자들은 장례 습속에 관한 증거들을 찾아냄으로써 옛 의례를 입증하려고 할 뿐만 아니라 그 의례를 자체의 역사적 맥락 속에서 이해하고 왜 그런 식으로 의례가 베풀어졌는지도 설명하려고 노력한다. 예를 들어 우리는 위에 말한 루스 인들이 왜 화장과 내세에 관해 그런 식으로 생각했는지, 왜 그들은 배 같은 귀중한 품목들을 파괴하였으며 노예 소녀의 희생은 왜 필요하였는지에 대해 의문을 제기할 수 있다. 우리가 고고학자로서 과거 사회를 해석하는 주된 방법들 중 한 가지는 망자의 잔적과 관련된 그런 습속의 물질 흔적을 찾아내는 데 있다.

냉동인간

이 책이 목적으로 삼지 않는 측면을 잘 보여주는 예로는 티롤 남부 알프스의 외츠탈러에서 우연히 발견되어 '외치Ötzi' 또는 '냉동인간'이라는 이름으로 알려진 5000년 된 사체가 있다(Spindler 1994). 모든 증거는 이 사람이 옛적에 알프스의 높은 산지에 난 길을 가다 혹한으로 조난된 후, 다른 사람들이 그 사체를 찾지 못하였음을 가리킨다. 그의 출신 공동체는 시신이 없는 상태에서 장송의례를 베풀었을지도 모르지만, 냉동인간의 장비나 그가 처한 정황에서 당시의 장송의례에 관련된 부분은 아무것도 없다. 그의 장비와 의복은 문신을 한 사체와 더불어 우리가 한 인물의 삶이 어떠했는지 이해하는 데 쓸 타임캡슐의 일부이다.

하지만 냉동인간의 사체와 소지품들은 당시의 장례습속을 이해하는 데 도움을 줄 간접증거는 될 수 있다. 우리는 산중에서 발견된 그의 유해를 그가 살았던 서기전 3300년에서 2900년쯤의 그 지방 묘들에서 나온 유해들과 비교

---

3) 이 주제를 개관하는 데 유용한 고고학 서적이나 논문 모음집으로 Chapman *et al.* 1981; Humphreys and King 1981; Gnoli and Vernant 1982; Pader 1982; Roberts *et al.* 1989; Morris 1993; Bahn 1996; Kjeld Jensen and Høilund Nielsen 1997; Downes and Pollard 1999가 있다.

해 볼 수 있을 것이다. 당시 사람들이 살면서 옷을 어떻게 입었고 무슨 장비를 갖추었는지 아는 데 냉동인간이 도움이 된다고 볼 때, 고고학자가 이런 정황에 근거한 접근법을 활용한다면 당시 묘들에서는 무엇이 빠졌고 무엇이 선택되었는지 알아낼 수 있을 터이다. 실제로 이곳에서 약 150km 떨어진 이탈리아 북부 브레시아 근처 레메델로Remedello에서는 그 시기의 묘들이 발견된 바 있다. 다만 이런 비교는 현재로서는 불완전할 수밖에 없기는 하다.

레메델로의 묘들 중 하나인 102호 묘에서 나온 썩지 않는 유물들은 구리 도끼 및 플린트 단검 각 한 점, 플린트 화살촉 네 점으로 구성되어서 냉동인간의 장비 중 일부와 아주 가깝게 들어맞는다(Spindler 1994: 205). 하지만 냉동인간은 이 묘에서 모습을 나타내지 않은 다른 내구 품목들을 갖고 있었으니 구멍 뚫은 흰 대리석 구슬, 다용도 플린트 긁개/돌날, 작은 플린트 돌날, 플린트 뚜르개, 뼈송곳, 뿔 못, 석기 눌러떼기용 뿔 쐐기, 사슴뿔 조각 네 개 한 묶음이 있었다. 한편 냉동인간은 레메델로 묘 다수에서 망자에 대한 봉헌물로나 부장품으로 발견되는 토기를 지니고 있지 않았다. 더욱이 냉동인간의 단검은 레메델로 묘지의 플린트 단검들보다 작으며 레메델로에서 대형 화살촉으로 식별된 플린트 물품들에 가장 가깝다고 할 수 있다. 또 냉동인간의 단검과 화살촉들은 파손된 반면 102호 묘에서 출토된 것들은 원형 그대로여서 별로 사용하지 않았거나 장례용으로 특별히 제작하였음을 암시한다.

콘라드 스핀들러는 냉동인간이 고도가 낮은 곳이라면 착용하지 않았을 품목들을 차려입은 것으로 보아 산행을 위해 복장을 갖춘 것으로 여긴다. 또 그는 냉동인간이 촉을 달지 않은 화살대 12점 및 끝이 손상된 화살 두 점을 담은 화살 통을 비롯해 일부 손상된 장비를 지녔으며 그의 갈비뼈가 부러진 점은 그가 수확기에 자기 마을을 급습한 사람들 때문에 벌어졌을 격렬한 싸움판에서 도망치는 중이었음을 증언한다고 추측하였다. 스핀들러의 생각이 맞든 틀리든 냉동인간의 생애 마지막 며칠 혹은 몇 시간에 대한 그의 복원안 덕분에 우리는 레메델로 같은 묘지들에서 나온 장례 유물 일괄이 사실은 생애 동안 유동적이었고 변화한 한 개인의 외모와 정체성을 고정적으로 표상한다는 사실을 이해할 수 있다.

　이 냉동인간의 예는 우리에게 두 가지 표상을 들여다보는 길을 안내한다. 우리는 그가 어떻게 생겼으며 또 자신을 어떻게 나타냈는지를 안다. 하지만 다른 이들, 예를 들면 그 부모, 친족, 이웃 계곡 사람들이 스스로를 어떻게 나타냈는지 그와 비교해 볼 수는 없다. 만약 그가 매장되었더라면 그의 장례 관련 표상은 다른 이들이 시신으로서의 그를 어떻게 보았는지 말해 주었을 것이다. 장례습속은 이상화된 표상representation을 만들어내는 역할, 즉 한 개인을 자신이 아닌 다른 사람들이 '다시 나타내는represent' 역할을 한다. 우리 모두는 어떤 시신을 보고 아! 이 사람이 살아 있을 때와 거의 닮지 않았구나, 아니면 그와 반대로 거의 꼭 그대로구나 하고 느낀 경험이 있을 것이다. 그렇지만 냉동인간이 스스로를 어떻게 보았는지—그가 무엇을 입고 어떤 문신을 하며 어떤 장비를 갖추기 원하였는지—가 실재의 한 가지 표현이라면 장례에서의 시신 처리 또한 비현실적이고 왜곡되었으며 이상화되고 의례로 나타낸 표상이 아니라 동일 실재에 대한 또 한 가지 다른 표현이라고 주장할 수 있을 것이다. 두 가지 표상—그가 살아서 옷을 어떻게 차려입었는지와 그 시신이 수습되었을 경우 그가 죽어서 옷을 어떻게 차려입고 장비를 어떻게 갖추었는지—은 모두 각각의 실재에 기반을 두고 있다. 다만 그 맥락이 다를 뿐이다.

3. 매장

서구 사회에서 'burial(매장)'이라는 용어는 영국 같은 일부 국가의 주된 의례가 화장이기는 하지만 그래도 시신 처리 행위를 통칭하는 단어로 쓰인다. 고고학자는 매장burial, inhumation, interment이 망자를 산 자의 영역으로부터 제거하거나 죽은 것으로 구별짓는 많은 방식들 가운데 한 가지에 불과하다는 점을 흔히 상기하지 못하곤 한다. 사실 고고학자는 옛 취락들의 밀도와 인간이 존재하였음을 가리키는 그 밖의 지표들로부터 계산해 낼 수 있는 수치로 보건대 과거에 살았던 전체 인구 중 겨우 일부분만을 찾아낼 수 있을 뿐이다. 두

편의 주목할 만한 연구에 따르면 영국의 신석기시대 집단묘와 청동기시대 원형 봉토분들에서 그간 발견된 인골 개체의 전체 숫자는 인구학적으로 볼 때 실제 살았으리라 추산되는 숫자보다 너무나 적기 때문에 신석기시대 및 청동기시대의 망자 중 아주 일부분만이 그런 기념물들에 묻혔음을 실증한다 (Atkinson 1968; 1972). 다시 말하면 대부분의 옛 장송의례는 직접적인 물질 잔적을 남기지 않은 탓에 고고학으로 확인할 수 없는 것으로 생각된다.

고고학자는 옛 사람들이 매장 행위를 한 덕에 과거의 장례습속과 그 사회적 맥락에 관한 아주 다양한 잠재 정보를 얻을 수 있다. 어떤 사람의 시신을 묻을 최종 안식처를 마련하는 일은 계획해서 실행하는 데 며칠, 몇 달 혹은 심지어 몇 년이나 걸리는 절차를 거쳐 통상 주도면밀하게 진행된다. 그래서 매장은 아주 의미심장한 행위이다. 매장은 당시의 실제 의례가 소란스럽고 혼란스러웠으며 다툼이 많았을지라도—우리는 과거 문화들에서의 매장이 서구 사회의 장례 대부분이 지닌 큰 특징처럼 으레 침울하게 '엄숙한' 가운데 치러졌으리라 추측해서는 안 된다—고고학자가 발굴에서 만나는 가장 정형적이고 주도면밀하게 마련된 유구들 가운데 하나이다. 루스 인의 장례에서 벌어진 음주, 난잡한 성행위, 음악 연주와 방패를 막대로 두드린 행위는 그에만 있을 법한 이례적 현상이 아니며 그런 행위는 오늘날 세계의 많은 문화들이 치르는 장송의례에서 상궤를 벗어난 행위가 아니라고 할 수 있다.

묘

어떤 묘의 형태와 깊이는 묻힌 사람의 사회적 지위나 젠더와 관련이 있을 수 있다. 또 매장의례의 격식 정도를 반영할 수도 있다. 그 구덩이는 그저 시신의 보관소 역할을 할 뿐만 아니라 다른 정황들 또한 구체적으로 표현하도록 그 형태와 규격을 갖추었을 수 있다. 민족지를 보면 묘가 집이나 저장 구덩이를 모방한 많은 사례들이 있다. 토고와 베닌의 바탐말리바Batammaliba 족 무덤들은 망자를 위해 지하에 구축한 축소모형 집들이다(Preston Blier 1987). 가장의 묘는 '쿠보탄kubotan'이라는 둥글고 납작한 돌 하나로 덮는데 이는 생전에 집의 1층과 2층을 연결하는 구멍을 막는 데 쓰인 것이다. 장송의례와 탄생의례는 그 집의 생명력과 탄생, 죽음, 재탄생의 연속성을 형상화한 '타보테tabote' 구멍 아래에서 치른다. 이런 예들이 고고학자에게 주는 교훈은 장례습속을 건축, 거주, 생업활동 같은 다른 사회 관습들로부터 따로 떼어서가 아니라 그것들과 연계된 일단의 활동으로서 연구해야 한다는 것이다.

시신을 위해 따로 묘 구덩이를 파지 않고 기왕에 다른 목적으로 판 구멍, 움푹 팬 곳, 도랑 혹은 구덩이나 동굴, 갈라진 바위 틈, 혹은 암벽 밑 은거지 같은 자연 구조 속에 시신을 안치할 수도 있다. 영국의 철기시대 취락들에서 발견되는 전신 인골 혹은 부분 인골들은 대개 쓰지 않게 된 곡물 저장 구덩이나 침니沈泥 찬 도랑들에 묻은 것들이다(Whimster 1981; Wilson 1981; Wait 1985; Hill 1995). 데인베리Danebury 성채 유적에는 이런 저장 구덩이 묘들이 많이 있었는데 다만 그 숫자는 전체 인구의 일부분만을 대변함에 틀림없다. 나머지 사람들이 어디 묻혔는지는 현재 알지 못한다. 이 매장 인골들은 그간 그 구덩이들에서 같이 발견된 동물 및 여타 봉헌물들과 더불어 희생된 사람의 시신으로 해석되었다(Cunliffe 1993).

묘의 방향

묘, 그 주인공, 위에 지은 무덤 구조물의 방향은 모두 중대한 의미를 지닐 수 있다. 묘의 방향은 매장이 주된 장례 방식인 세계 종교들에서 중요한 요소이다. 이슬람 매장들은 시신이 메카와 키블라Qibla를 향하도록 배치한다. 중세 및 근대 초기의 유대교 매장들은 머리를 남쪽으로 한 남-북향이나 서-동향을 주축으로 한다. 그렇지 않으면 머리가 공동묘지의 출구를 향하도록 배치한다(Rees Jones 1994: 308). 그리스도교 매장들은 '최후 심판의 날'에 동쪽의 신을 향해 일어나도록 머리를 서쪽으로 한 서-동향으로 놓는다(Wells and Green 1973; Rahtz 1978). 로마 시대 이후 영국 및 바이킹 시대 스칸디나비아의 이교 세계에서는 매장들이 대체로 동-서향 혹은 북-남향을 하였는데 이는 당시 긴 집 주거들의 두 방향을 본뜬 것이었다. 바이킹시대에서 이런 기본 방위를 향한 배치는 그 우주관과 관련된 의미를 지닌다(Doxtater 1990). 루스 인 장례에서 화장용 장작의 배치가 그런 의미를 갖는지는 알지 못하지만 죽은 수탉을 배의 오른쪽과 왼쪽으로 던졌다는 이븐 파들란의 언급은 무언가가 있었음을 시사한다. 망자의 두향은 무작위적일 가능성이 정말로 적다.

시신의 자세

시신은 반듯이 바로 누운 자세, 한 옆으로 누운 자세, 엎드린 자세, 심지어는 앉은 자세 혹은 선 자세 등 여러 가지 자세 중 하나로 묻을 수 있다. 다리는 그냥 구부리거나 심지어 묶든지 해서 무릎이 턱 끝에 닿도록 단단히 구부릴 수도 있다. 극적인 자세의 유골이 드러나면 죽자마자 시신을 묘 구덩이 속에 던져 넣었거나 심지어 산 채로 묻었던 것으로 추정할 수 있다. 영국 요크셔 소어비Sewerby의 앵글로-색슨 이교도 공동묘지에서는 바로 누운 자세의 한 여성이 팔과 다리를 뻗고 엎드린 다른 여성의 유골 아래 놓여 있었다(Hirst 1985). 고고학자는 비정상을 인지하기 위해 비교와 대조를 함으로써 어떤 자세가 정상인지를 알아낸다.

팔과 다리의 자세에서 나타나는 아주 작은 차이라도 한 공동묘지 안에 존재한 여러 집단들 사이의 차이를 드러내는 데 도움이 될 수 있다. 예를 들어 잉글랜드 동부 동 앵글리아East Anglia의 (서기 5세기에서 6세기에 걸친) 이교도 앵글로-색슨 공동묘지들에 대한 엘렌 페이더의 연구는 시신의 자세와 부장품의 배치를 다변수 통계학 방법으로 함께 분석함으로써 각 공동묘지 안의 여러 변이들이 각 묘지를 구성한 인구 집단 내 여러 소집단의 존재를 규정지어준다는 사실을 보여주었다(Pader 1982).

고고학연구에서 대부분의 측면들이 그러하듯 표본의 수가 크면 클수록 그만큼 비교거리가 많아진다. 한 시신 자체에 대해서는 많은 얘기를 할 수 없지만 그것을 수백 구의 다른 시신들과 비교할 수 있으면 많은 사실을 추론할 수 있다. 우리는 과거 장례습속의 성격을 감정이입과 직관이 아니라 통계학적 방법을 통해 알아낸다. 고고학의 견지에서 볼 때 이븐 파들란의 민족지 서술은 극도로 한정된 가치를 지닐 수밖에 없는데 그 이유는 단 하나의 장례 사례만 언급하였기 때문이다. 고고학자라면 다른 루스 인 망자들이 어떻게 처리되며 그 지역에 비교할 만한 다른 봉토분들이 있는지, 그 내용물들이 편년으로나 사회적으로 어떻게 다른지 등을 알고 싶어할 것이다.

4. 화장

시신을 화장용 장작더미에 놓고 불태우는 관습인 화장은 통상 불태우고 난 뒤 남은 뼛조각들을 매장하였을 때만 고고학적 잔적이 남는다. 그런 유구는 화장묘라고 부른다. 화장은 엄청나게 거창한 사건이지만 고고학적 잔적은 아주 조금밖에 남지 않거나 아예 남지 않을 수 있다. 화장을 한 장소를 아주 이따금 발견할 수도 있지만 그런 경우는 장작 잔존물을 나중의 퇴적물이 덮어 보존하였을 때만 일어나는 경향이 있다(그림 1.1). 때로 화장터 유적은 묘를 덮기 위해 쌓은 석총과 봉토분 아래에서 발견될 수도 있다.

화장하고 남은 불탄 뼈들을 묻으려면 불타버린 화장용 나무에서 누군가 뼛조각들을 수습해야 한다. 불타버린 장작 찌꺼기 표면에서 매장용으로 골라낸 물질은 통상 전체 부스러기의 일부일 뿐이며 원 골격의 약 40∼60% 정도일 것이다. 재키 매킨리는 영국 청동기시대 봉분 속 주 매장에서 나온 화장 인골 집적물들이 같은 시대의 봉토분 없는 묘들에서 나온 것들보다 일반적으로 무겁다는 사실을 알아냈는데 이는 봉토분 아래에 매장하기 위해 뼈들을 좀더 조심스럽게 수습한 결과이다(Mckinley 1997: 142). 그녀는 이런 차이가 망자의 지위나 지명도 때문일 것이라고 주장하였다.

화장된 뼈들이 때로 도랑이나 구덩이에 섞여 들어가 흩어진 상태로 발견될 수도 있는데 이런 불탄 뼈들은 사람의 것인지 식별하기 어려울 수 있다. 화장 잔존물을 땅속에 매장하는 경우에는 골라낸 뼈들을 흔히 단지 혹은 유기질 통 안이나 밑에 묻는다. 그 유구에는 불탄 뼈뿐만 아니라 숯, 엉긴 연료 찌꺼기, 탄화된 식물 유체와 갖가지 화장용품의 불탄 찌꺼기 같은 화장 잔재들도

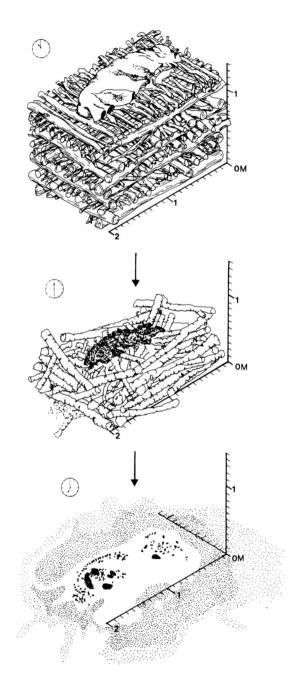

그림 1.1 화장용 장작더미가 불타면서 무너지고 스러지는 과정을 나타낸 모식도. 사람이 아닌 돼지를 대상으로 한 이 실험은 화장하는 데 시간이 얼마나 걸리며 무엇이 남는지 예로 보여준다.

들어 있을 수 있으며 불타지 않은 다른 품목들도 첨가될 수 있다. 게다가 그 뼈들은 영국의 선사시대 사례들 중 약 5%가 그렇듯 한 사람 이상의 것일 수도 있다. 또 동물 유체도 들어 있을 수 있다(Mckinley 1997). 예를 들어 스칸디나비아 게르만 철기시대(AD 400~600) 화장묘 다수에서 곰 발톱이 나온 점은 화장용 장작에 곰 가죽 외투를 얹은 것과 관련이 있을 수 있다(Møhl 1977). 화장된 뼈들을 여러 해 두었다가 매장할 수도 있는데 생존한 다른 사람이 죽을 때까지 기다렸다가 그 뼈와 합치기 위해 그랬을 수 있다.

화장된 뼈들은 불타지 않은 뼈들보다 망자의 나이, 키, 성, 건강, 상처, 얼굴 특징과 병리 등에 관해 주는 정보가 일반적으로 적다. 긍정적 측면으로는 화장된 뼈들이 불타지 않은 뼈들이 보존되기에는 산성도가 너무 높은 토양 속에 흔히 잔존한다는 점이다. 위에 나온 루스 인 화장용 장작 잔적에서는 성인 남성 한 사람과 젊은 여성 한 사람의 잔존물을 알아볼 수 있어야 할 것이고 또 그 여성의 불탄 갈비뼈에서 '죽음의 천사'가 폭이 넓은 단검으로 찔러 난 자국들을 인지할 수 있어야 할 것이다. 다른 것들도 잔존할 수 있으니 그 남자 옆에 놓은 철제 무기들, 대갈못 같은 배 갖춤들, 동물의 불탄 뼈들, 남자의 옷에 달렸던 금 단추들, 배의 목재·발판, 화장용 장작에서 생긴 숯 등이 있다. 또 뼈가 수축되고 변색된 정도는 화장용 장작이 불탄 온도와 지속 시간에 대한 단서를 제공할 것이다.

5. 부장품

부장품은 망자가 소유하였던 물품을 포함할 수 있고 아니면 애도자들이 망자에게 바친 선물일 수도 있다. 부장품은 망자가 내세에서 필요로 하는 것을 갖추어줄 목적으로나 망자가 되돌아와 산 자들에게 출몰하는 것을 막을 목적으로 넣을 수 있다. 부장품은 한 사람의 치적이나 인물됨을 기리기 위한 목적에서 선정할 수도 있다. 가장 흔한 부장품은 옷과 그에 연관된 갖춤, 용기, 음식 및 음료 잔존물들이다.

시신 치장

> 우리가 옷을 입으면 보통은 분명하게 드러나지 않는 미술, 개인 심리, 사회질서
> 사이의 관계가 우리 몸에 새겨지게 된다(Wilson 1985: 247).

망자는 추위를 느끼지 못하고, 고통스런 수치심을 갖지도 않을 테지만 그래도
우리는 흔히 망자에게 성장을 시키려고 한다(Cunnington and Lucas 1972). 그들
은 살아서는 결코 입어본 적이 없는 옷을 입을 수도 있으며, 최상의 옷을 입거
나 가장 아까울 것 없는 옷을 입을 수도 있다. 망자들은 그들을 위해 특별히
지은 옷을 입을 수 있으니 그 범주에는 수의와 칭칭 두른 옷이 있다. 망자의
시신은 썩지 않도록 내장을 적출하고 방부 처리를 할 수도 있다. 그렇지 않고
악취를 풍기면서 썩도록 몇 주를 내버려둘 수도 있다. 이처럼 공들인 모든 준
비는 시신이 영원히 사라지기 전 산 자들에게 내보이는 그 잠깐 동안을 위한
것이다. 죽은 사람에 대한 산 자의 기억은 바로 이 최후의 순간에 응결된다.

옷으로는 물질문화의 다른 형태들과 마찬가지로 거짓을 부리기가 쉽다.
즉 우리 자신을 거짓되게 전하거나 통상의 우리 자신과는 다른 인격과 지위를
지닌 듯 꾸미기가 쉽다. 옷과 장신구는 우리의 인격과 가치를 전략적으로 제
시하는 표상 수단이다. 그러나 어떤 장례에서 그 대사를 위해 망자가 무엇을
차려 입을지 선택하는 문제는 스스로 결정할 일이 아니다. 죽은 사람이 생시
에 입은 옷을 그대로 걸치도록 내버려두는 결정조차도 산 자들이 내린다. 망
자에게 옷을 입히는 일은 언제나 산 자들의 몫이며 그래서 망자의 복식은 그
가 생전에 옷으로써 자신을 표상한 바를 애도자들이 어떻게 읽었는지 혹은 표
현하였는지 나타낸다. 망자에게는 내세에서 쓸 온전한 의상 한 벌, 비품, 심지
어는 산 부속물까지 갖추어줄 수 있다. 이븐 파들란이 자세하게 얘기한 대로
루스 인 장례의 핵심요소 중 한 가지는 훌륭한 옷을 지어 망자가 생전에 입어
본 적이 없는 품목들로 차려입을 수 있도록 한 일이었다.

복식의 범주에는 의복, (문신, 칠, 난절 흉터, 뚫기 등) 신체 개변, (입술
꽂이, 귀걸이 등) 장신구, (신체 모발 관리를 비롯한) 헤어스타일, 심지어 가

동 장비까지 든다. 창 혹은 물 단지를 신체 위에 두거나 심지어 옆에 두었더라도 그것은 그 개인의 복식 및 외양을 이루는 복잡한 상징물 복합체의 구성부분이 될 수 있다. 현대의 경영인이라면 서류 가방, 다이어리, 휴대전화 없이는 무언가 불완전하다고 느낄 것이다. 선사시대의 전사戰士 혹은 전사 지위의 사람에게 창과 장검은 실제 전투에서 반드시 써본 적은 없을지라도 만약 그것들을 갖고 있지 않다면 이와 비슷하게 위신이 떨어진다고 느꼈을 것이다.

우리는 고고학자로서 신체에 '관한' 물질문화(옷), 신체'의' 물질문화(자세와 신체 개변), 신체에서 '분리된' 물질문화(무기, 비품, 기타 품목)를 어떻게 구분할지 신중을 기해야 한다. 우리는 유물복합체가 망자의 외양 혹은 '복식'을 일체로 표상하는 목적에 총체적으로 연관되는데도 그것을 '옷', '비품', '무기', '장신구'로 각각 분해함으로써 우리 자신의 범주들을 너무 쉽게 과거에 덮어씌우는 우를 범하는 것은 아닌지 경계해야 한다. 이와 같이 망자의 복식은 거울로 둘러싸인 방 안에서 처음 얼핏 본 사물이 실제와는 전혀 다를 수도 있는 경우처럼 표상들의 표상이 된다.

현대 영국 문화에서는 망자의 외양이 튀면 아주 큰 당혹감을 줄 수 있다. 망자가 최근 결혼한 여자라면 원래 그녀의 할머니를 위해 지었던 웨딩드레스로 차려입을 수 있다. 남자 노인이라면 그가 생전에 다른 사람의 장례식에 갈 때 말고는 거의 입지 않았을 정장을 차려입을 수 있다. 그리고 이런 것이 우리가 믿기로는 신 앞에 벌거벗은 채 나아간다고 하는 문화의 실상이다. 관은 그 자체로 시신의 비품 중 결정적으로 중요한 부분이다. 이는 많은 망자들이 덧입는 등판 없는 나일론 겉옷처럼 생전에는 쓸 수 없는 것이다. 또 시신은 몇 가지 극적 신체 개변을 겪었을 수 있다. 영국에서는 만약 의사가 지켜보지 않는 상황에서 죽을 경우(약 3분의 1 정도가 그렇다) 의무사항으로 되어 있고 또 문화적으로도 인정되는 부검이 인구 22%에 대해 실시되는데[4] 그때 두개골 윗부분은 톱질되고 가슴은 상하로 절개되며 내장은 교란된다.

---

4) the Home Office Statistical Bulletin 통계(셰필드 주재 국가검시관과의 개인적 교신에 의함)

과거 사람들이 오늘날 우리가 여러모로 곰곰이 생각해 보도록 하기 위해 망자에게 이런저런 것들을 차려주지는 않았을 터이다. 그들은 사망 당시의 정황, 애도자, 망자 본인에 합당하다고 여긴 물품, 자세, 외양을 갖추어주었다. 볼가 강변의 루스 인들은 망자를 위해 옷을 지었는데 이는 바이킹 세계 전역에 널리 퍼져 있던 전통이었을 것이다. 다른 물품들은 수십 년 동안 지녔던 전세품이었을 수 있다. 망자에게 무엇을 동반시킬지 정하는 일은 가변성이 크다. 한 시기에 유행하였던 망자 복식은 시기가 달라지면서 근본적으로 변모할 수 있다. 고고학자의 관심사는 물품들이 어떻게 제작되었는지 뿐만 아니라 그와 더불어 장례 복식의 전통이 어떻게 바뀌었는지 보기 위해 장례가 아닌 정황들과 비교하고 또 다른 시기와도 비교하는 데 있다.

음식과 음료

음식은 강제력을 갖고 있다. 우리는 그 리듬을 따라야 하며 그 반대는 안 된다. 음식은 우리를 지배하는 힘을 갖고 있다. 정체성으로서의 음식, 우리 신체 자체로서의 음식, 사고방식으로서의 음식, 성으로서의 음식, 권력으로서의 음식, 우정으로서의 음식, 주술 수단으로서의 음식, 시간 통제자로서의 음식, 이 모든 것에 더하여 음식은 우리 문화를 지배하며 우리 삶에 의미를 부여한다. 음식은 우리 사회에서 핵심 역할을 하며 우리에게 영양소를 주는 것과 똑같이 복잡한 상징과 은유를 또한 제공한다(MacClancy 1992: 5).

과거 문화에서 망자에게 정규적으로 딸려 묻었던 것들로는 동물 뼈(골격 전체나 단지 일부분), 단지와 바리 같은 용기, 접시와 식기 들이 있다. 고고학자들은 이전에 이런 물품들을 그야말로 문자 그대로 내세에서 망자에게 먹을거리를 제공하는 부속물 정도로만 이해했지 죽음을 마주한 애도자들의 갖가지 가치, 목적, 태도를 나타내는 복잡한 상징들로는 여기지 않았다. 음식과 음료를 묘 안에 넣는 일은 한 죽음이 촉발해 계기적으로 벌어진 향연, 단식 혹은 음식 공헌이라는 절차 전체의 단지 한 부분에 지나지 않으며 또 반드시 마지막 부분도 아닌 행위였다.

음식은 산 자와 죽은 자의 차별적 지위를 특징짓는다. 이를테면 태평양 티코피아Tikopia 섬에서 애도자들은 조리된 음식을 먹는데 이는 죽음이 일시 중단시킨 사회생활 및 가정생활을 상징하며 반면에 날 음식은 망자의 노동이 거둔 산물이라는 상징으로 묘에 넣는다(Farb and Armelagos 1980: 93).

음식은 정체성을 특징짓는다. (파푸아 뉴기니 동남단 앞바다의) 도부 Dobu 섬 주민들은 얌이 사람들을 은유적으로 나타내며 얌 재배는 친족제도를 은유적으로 표현한다고 인식한다(Fortune 1932). 각 도부 마을의 중앙에 둥글게 둘러친 돌 울타리에는 그 마을 모계 여성과 그 남자 형제들이 묻혀 있는데 이들은 마치 땅에 심은 얌들이 수확할 얌들을 산출하는 것과 똑같이 그 경작지에 대한 소유권과 상속권을 주는 조상들이다.

음식은 사회 지위를 특징짓는다. 루스 인 장례에서의 소, 말, 닭은 그 남자 주인공의 지위를 재는 척도였을 수 있다. 그렇지 않으면 이 동물들은 그의 젠더나 친족관계 같은 다른 것을 아주 상징적으로 나타내거나, 점을 쳐보니 필요하다고 나온 희생물들이었을 수도 있다.

망자와 힘께 넣은 토기 안에는 액체와 식료품이 담겨 있을 수 있다. 하지만 장례 토기 안에 반드시 음식이 들어 있지 않을 수도 있으며 그저 망자가 함께 먹은 상징적 식사를 대변할 수 있다. 장례용 토기가 어떤 경우에는 음식 용기가 아닌 영혼의 용기와 은유적으로 연계되기도 한다. 19세기 미국 남부의 아프리카계 미국인들은 망자가 되돌아오는 것을 막기 위해 묘에다 깨진 토기들을 놓곤 하였다(Vlach 1978: 144). 그보다 나중 시기에는 바늘이 멈춘 괘종시계나 손목시계로 토기들을 대체하였는데 멈춘 시각은 사망 시각이나 12시에 맞추어서 '최후 심판의 날'에 깨어나도록 하였다.

동물 뼈, 화분 분석, 음식 찌꺼기와 식물 유체를 전공한 고고학 전문가들은 조건만 맞으면 망자와 함께 놓인 음식과 음료를 식별해 낼 수 있다. 예를 들어 스코틀랜드 애시그로브Ashgrove의 청동기시대 초기 석관묘에서 채취한 토양 표본에는 꿀술에서 유래한 것으로 보이는 화분이 들어 있었다. 이는 아마도 그 묘에서 발견된 '비커beaker' 토기에서 쏟아졌을 것이다(Henshall 1966; Dickson 1978; Tipping 1994). 이런 분석법을 활용하면 여러 무덤의 정황들을 비교할 수 있고 또 무덤이 아닌 정황들과도 비교를 할 수 있다. 만약 루스 인 화장 사례가 서로 비교를 할 수 있는 정도로 충분히 많다면 우리는 그 망자를 위해 죽인 특정 동물들의 의미와 중요성에 관해 좀더 많은 이야기를 할 수 있을 것이다.

분리와 전이의 유물들

부장품은 망자의 내세를 위한 준비품일 수도 있지만 그와 똑같이 망자가 산 자들의 세계에 남는 것을 방지하는 역할을 할 수도 있으며 아니면 단순히 송별을 확실하게 잘 하기 위한 물품일 수도 있다. 서구 문화에서는 꺾은 꽃들이 장례의 커다란 특징 중 한 가지인데 이는 16·17세기 영국의 약초, 꽃, 상록수 가지 사용에 기원을 둔 전통일 것이나 그것이 영국에서 본격화된 것은 18세기 초 이후이다(Gittings 1984: 110~117; Goody 1993: 284; Litten 1991: 144). 이제는 묘에 생화를 심는 전통이 점점 늘어나고 있기는 하지만 그래도 짧은 삶을 상징하는 꺾은 꽃은 현대 장례의 중요 특징 중 한 가지이다. 최근인 1998년 노샘프턴셔 올링베리Orlingbury 교회묘지에서 일어난 논란은 이 사실을 잘 보여준다. 피터보로Peterborough 주교는 애도자들이 한 묘비에 'Nan'이라는 용어를 새기는 것을 금지하였는데 이 단어가 그 죽은 여성을 위한 영구하고도 위엄에 찬 표지로 적절하지 않다고 여겼기 때문이다. 하지만 이 주교는 장례에서 1미터 높이의 헌화에 'Nan'이라 쓴 데 대해서는 아주 기꺼워하였는데 그 이유는 아마도 그것이 일시적으로 사용될 물건이었기 때문일 것이다.

묘 위나 안에 한 개인의 소유물을 놓는 행위는 망자를 산 자들로부터 분리한다는 의미일 수 있다. 보르네오의 이반Iban 족은 묘에 칼을 한 개 넣기도 하는데 이는 그런 관계 단절을 상징한다. 거꾸로 소유물 중 생명을 가진 것이든 그렇지 않는 것이든 바침으로써 내세와의 교신을 보장받을 수도 있다. 그런 것들은 초자연적 존재에게 물물교환이 아닌 호혜적 관계의 표현으로 바치는 선물, 공물 혹은 심지어 벌금일 수도 있다. 이런 선물은 반드시 초자연적 존재로부터 보답을 요구하는 것은 아니지만 산 자들을 그의 영역과 연결해 준다. 말과 개 같은 동물은 노예, 배우자, 전 가신 같은 인신희생물들과 더불어 망자의 '동반자'로 통상 선택되는 순장 동물들이었다. 그와 똑같이 소, 양, 돼지, 새 등 제례용 동물들도 망자를 위해 희생하지만 이들은 일반적으로 망자에 못지않게 애도자들을 위한 것이기도 하며 그래서 그것을 묘에 넣는다 하더라도 그 일부분만 그리하는 경우가 흔하다.

고고학자는 부장품이 세심하게 선정된 것들이며 그럼에도 여러 가지 의미를 가질 수 있다는 사실을 유념해야 한다. 부장품은 일상 물품일 수도 있고 각 장례를 위해 특별히 제작한 물품일 수도 있다. 부장품은 장례 동안 소비하거나 파괴할 수도 있고 무덤 속에 넣을 수도 있다. 이와 마찬가지로 망자를 위해 쓸 물품이었더라도 지상에 남기거나 근처 나무의 가지들에 걸어 놓음으로써 후대 고고학자의 눈에는 거의 확실하게 보이지 않을 수도 있다. 그래서 부장품의 변이에 대한 연구는 마치 어려운 조각그림 맞추기를 하는데 조각들 다수가 사라진 경우와 같아서 해 내기가 쉽지 않다.

6. 공동묘지의 구조

고고학자들은 자신들의 학문이 시작된 때부터 줄곧 공동묘지 안의 무덤 분포 정형에 관심을 가졌는데 그 이유는 그런 정형이 무덤 및 그 부장품들의 상대 편년을 밝혀줄 수 있을 것으로 여겼기 때문이다. 수평 층서의 원리에 따를 때 만약 어떤 공동묘지가 한 방향 혹은 몇 방향으로 확대된다면 그중 한 부분의 무덤들은 다른 부분의 무덤들과는 다른 연대를 가질 것이다. 몬텔리우스와 데슐레트 같은 초기의 학자들은 유럽 철기시대 공동묘지에서 출토되는 안전핀 brooch의 형식들처럼 빠르게 변화하는 유물 양식의 형식 변천 체계를 구축함으로써 편년 틀을 세울 수 있었다. 하지만 공동묘지 확대 정형은 아주 다양하고 복잡할 수 있다. 무작위로 확대되는 공동묘지는 거의 없으며 대개 몇 가지

구성 원리가 쓰였다고 생각할 수 있다.

쉽게 알아볼 수 있는 구조 유형으로는 선형적 확대 유형, 위계/동심원 확대 유형, 분단 확대 유형이 있다. 위에서 말한 수평 층서를 만들어내는 선형적 확대 유형의 공동묘지는 흔히 시조묘 같은 출발점이나 밭고랑 같은 물리적 장애로부터 점차 커진다. 덴마크 오루프고르Årupgård의 로마 철기시대 이전 화장묘 공동묘지가 좋은 예인데 이는 청동기시대 중기의 한 봉토분 둘레로부터 남쪽을 향해 확대되었다(Jørgensen 1975). 동심원 유형 혹은 위계 유형은 중심 묘로부터 이를 옹위하듯 확대된다(그림 1.2). 서기전 6세기의 초기철기시대로 연대 측정되는 스위스 막달레넨부르크Magdalenenburg의 대형 봉토분에서는 중심 묘실을 핵으로 하여 그 둘레에 매장들이 동심원으로 공동묘지를 이루고 있었다(Champion *et al.* 1984: 274).

분단 확대 유형 공동묘지는 상호 뚜렷이 구분되는 여러 분단이나 군집들로 나뉘며 때로 각 묘군들 사이에 공지가 있다.[5] 각 분단은 구조가 없는 군집을 이루거나 열 구조를 지닌 군집으로 배열된다. 열 구조 분단은 횡대나 종대로 열을 지은 매장들로 배열된다(그림 1.2). 종렬 구조의 예로는 구 유고슬라비아 모크린Mokrin의 청동기시대 초기 공동묘지가 있다.[6] 미국 미시시피 문화기 공동묘지들 가운데 쉴드 놀Schild knoll A 묘지는 일련의 횡렬 및 비구조 군집들로 배열된 반면 쉴드 놀 B 묘지는 그보다 훨씬 복잡한 횡렬 및 비구조 군집들을 이루고 배열되었을 뿐만 아니라 어떤 묘들은 그 둥근 언덕(놀) 둘레에 동심원 유형으로 배열되고 또 어떤 묘들은 마치 납골당처럼 배열되기도 하였다.[7] 린 골드스타인은 이런 군집들을 가족 혹은 친족 단위들로 해석하고 미시시피 문화기 사회가 다수의 영속 집단 내지는 직계 집단들을 토대로 조직되었다고 추론하였다. 뚜렷하게 구분되는 군집들이 나타나지 않는 공동묘지에서는 두향頭向을 근거로 하거나 지역색을 띤 특정 사체 처리 방식을 근거로 공

---

5) 프랑스 철기시대 사례는 Demoule 1982를 참조.
6) Rega 1997; O'Shea 1996; 모크린에 대해서는 본서 제5장에서 자세히 논의한다.
7) Goldstein 1980 · 1981; 미시시피 문화에 대해서는 본서 제4장에서 자세히 논의한다.

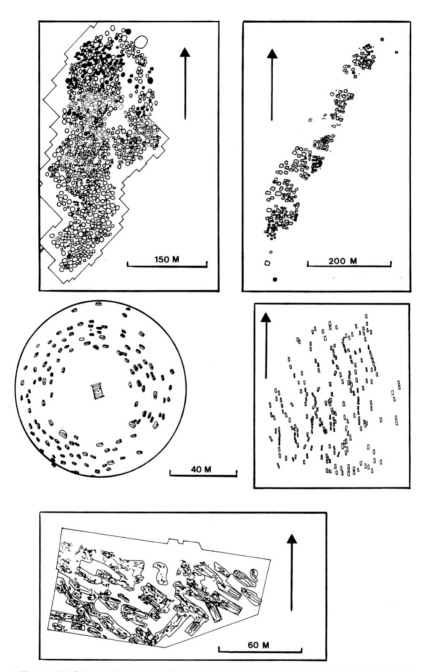

그림 1.2 여러 형태의 공동묘지 구조: (왼쪽에서 오른쪽으로) 선형적 확대 유형(덴마크 오루프고르 유적), 분단 확대 유형(영국 동 요크셔 철기시대 카나비 유적), 동심원 확대 유형(스위스 막달레넨부르크 유적), 종렬 분단 유형(구 유고슬라비아 모크린 유적), 횡렬 분단 유형(미국 미시시피 문화기 위클리프 토루 C).

간 군집들을 식별할 수도 있다. 페이더는 위에 언급하였듯이 시신의 자세에 대한 연구로 그런 군집들을 식별해 낼 수 있었다.

사회 분화와 공동묘지의 구조

공동묘지는 부장품의 변이와 편년을 넘어서는 많은 사실을 드러내며 우리는 그로부터 친족관계, 젠더, 여타 사회 지위의 지표들에 관한 증거를 얻을 수 있다. 이런 주제들에 관련된 상세한 분석을 하기 위해서는 때로 수백 기의 묘라는 대규모 표본에 입각한 통계학적 방법을 동원해야 한다. 공동묘지 안의 군집들을 식별해 내는 데는 흔히 군집분석, 주좌표분석, 주성분분석, 그리고 유의성 검정 같은 통계학적 기법이 필요하다.[8] 그런 군집들이 어떤 경우에는 성차性差 때문에 생겨난 것일 수 있는데, 이를테면 북부 독일과 덴마크 유틀란트 Jutland 남부의 서기전 1세기에서 서력기원까지의 철기시대 화장묘 공동묘지들에서는 브로치, 바늘, 굽은 손칼은 여성 묘들로 이루어진 구역에서 발견되는 반면 장검, 창, 방패, 긴 손칼은 남성 묘 구역에서 발견된다. 유럽의 일부 중세 공동묘지 및 후대 유대인 공동묘지에서는 남자와 여자를 별개의 구역에 묻는 것이 전통이었지만 요크의 중세 주베리Jewbury 공동묘지에서는 양상이 그보다 복잡해서 남성 묘와 여성 묘가 혼재하면서도 일부 남성 묘와 여성 묘들은 분명하게 각각 군집을 이루고 있었다.[9]

공동묘지는 지위에 따라 분단을 이룰 수도 있다. 17세기와 18세기에 맨해튼에 거주한 아프리카계 미국인은 교회묘지에 묘를 쓰는 것이 금지되었기 때문에 자기들만의 묘지를 만들 수밖에 없었다.[10] 버지니아 주 클리프트 플랜테이션 농장에서는 묘들이 상호 뚜렷이 구분되는 두 개의 집단으로 나뉘었다. 북쪽 군은 플랜테이션 농장주들의 묘로 식별되었는데 그 뼈들의 높은 납 함유 수치는 백랍제 식기들을 사용한 데서 비롯된 것이었다(그들은 스스로 서서히

---

8) 이에 관한 좋은 책으로는 Shennan 1988과 Drennan 1996이 있다.
9) Lilley *et al.* 1994: fig. 99; 주베리에 관한 더 많은 정보는 본서 제8장을 참조.
10) Harrington 1996: 223; 뉴욕의 '아프리카인 묘지'에 관한 더 많은 정보는 본서 제8장을 참조.

독을 먹고 있었던 것이다!). 남쪽 군은 납 함유 수치가 훨씬 낮았는데 흑인 노예들의 묘로 식별되었다(Aufderheide *et al.* 1981).

위계적 유형은 유럽 교회묘지에서 흔히 발견된다. 이는 교회법에서 사회 지위에 따라 묘구를 특정하고 있기 때문이다. 중세 이후의 영국 교회와 교회 묘지는 성결과 봉입의 관념을 공간에 적용함으로써 일단의 강력한 지위 차별 규정들을 유지하였다(Daniell 1997: 95~109). 장원의 영주와 그 가족은 대개 바로 교회 안에 묻혔다. 부유층은 교회묘지에서 양지 바른 남측에 묻혔는데 이는 교회로 오는 모든 이에게 그 묘비가 보일 남문 바로 바깥의 위세 좋은 공간을 차지하려 한 것이었다. 빈곤층은 햇볕이 잘 들지 않는 교회묘지 북측에 묻혔는데 그곳은 민담에서 악 및 악마와 연관된 구역이었다(그림 1.3).

이와 같이 중세 및 그 이후 교회묘지에서 매장지의 위치는 지위뿐만 아니라 가계 및 결혼 후 거처에 입각한 가족 단위에 따라서도 정해진다. 어떤 교회 묘지일지라도 17세기에서 20세기 사이의 묘비들로 보면 가족 묘지들이 확연

그림 1.3 영국 교회묘지에서 북측을 매장 장소로 기피하는 전통은 19세기에 들어 쇠퇴하지만 그래도 강하게 남아 있었기에 베드퍼드셔 주 산브룩 소재 콜워스 장원의 영주들인 마그니악Magniac 가家는 1860년대에 다른 이들이 그런 미신을 버리도록 자극할 요량으로 자신들의 새 지하납골당을 일부러 교구 교회 북측에 지었다.

하게 나타난다. 교회묘지의 묘들에서 묘비의 도움 없이 고고학적으로 여러 가족 묘지들을 분별하는 작업은 거의 불가능에 가까운데 그 이유는 묘들이 밀집해 들어서 있고 서로 중복되기도 하기 때문이다. 19세기 영국 대도시들에서는 도시의 교회 묘지에 묘가 너무 밀집해 들어서게 되자 묘 터 파는 이들이 술에 취해 일을 하였는데, 그 이유는 그들이 새 묘 터를 파면서 기존 묘의 썩지 않은 관과 시체를 자를 때 나는 구역질나게 지독한 악취를 견뎌내야 했기 때문이다. 어떤 이는 묘 터를 파고 있던 중에 옆면에서 시체가 머리 위로 떨어지기도 하였다(Morley 1971: 37).

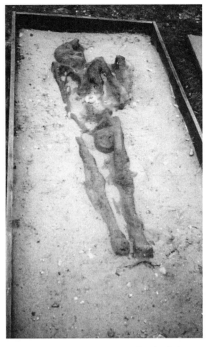

그림 1.4 서튼 후Sutton Hoo 선묘의 매장들 중 하나는 모래흙 속에 얼룩으로만 남아 있었다. 이런 매장들 중 다른 하나는 애초에 쟁기로 식별한 긴 나무 물체에 두 다리를 벌려 걸치고 있었기에 '쟁기질하는 남자'라는 별명이 붙었지만 마틴 카버는 그 물체가 내려 앉은 교수대일 것이라고 주장했다.

정상적인 사람과 비정상적인 사람 사이의 구분도 공간상으로 표현될 수 있다(Shay 1985). 15세기 말 이래로 영국에서 자살자는 교차로에 묘를 쓰고 표시를 한 반면 애를 낳다가 죽은 여자는 교회 경내의 축성된 땅을 두른 담 바깥에 묻는 것으로 정해져 있었다(Johnson 1917; Daniell 1997: 105~106). 서튼 후Sutton Hoo의 중세 초(서기 7세기 초) 공동묘지에서는 그 유명한 보물선을 포함한 왕족 봉토분 동쪽에 일단의 이례적 묘들이 자리 잡고 있었다. 이 동쪽 묘군에서는 금속 부장품이라고는 한 점도 나오지 않았다. 사체들 중 일부는 목이 잘리거나 사지가 부러진 것으로 나타났다(Carver 1998)(그림 1.4). 이 인물들은 인접한 중기 색슨 왕묘들이 조영되는 기간 중에 죽임을 당하였거나, 아니면 그보다 나중 세기에 공개 처형되기 위해 이곳에 끌려온 제물이었을 가능성이 가장 크다. 유럽에서 가장 이른 공동묘지들 중 하나인 덴마크 중석기시대 말의 베드베크Vedbaek 공동묘지는 비정상인들의 묘지로 해석된 바 있다. 브라이오니 콜즈는 그 나이와 성의 분포곡선이 정상 인간 집단의 곡선이 아님을 지적하였는데 그 근거는 출산 중 죽은 사람을 포함해 중년 인물의 숫자가 놀랍도록 많은 반면 어린이나 성인의 숫자는 너무나 적다는 것이다(Orme 1981: 239~245). 그녀는 중석기시대 베드베크 공동체의 인물들 대부분이 다른 곳에 안치되었을 것이라 주장하였다. 즉 그들은 해안 취락 뒤편의 작은 언덕에 마련된 이 작은 묘지에는 매장되지 않았다는 것이다.

나이에 따른 분단들은 뼈가 남아 있으면 탐지하기가 비교적 쉽다. 이는 영국 남부의 번 그라운드Burn Ground, 노트그로브Notgrove, 웨스트 케넷West Kennet 같은 코츠월드Cotswold 지역에 있는 신석기시대 이른 시기의 돌로 지은 다인장분 속 특징적 묘실에 남은 인골들의 배치를 결정지은 구조 원리 중 한 가지로 지적된 바 있다(Thomas 1988)(그림 1.5). 윈체스터와 요크의 중세 유대인 공동묘지에서 어린이의 묘는 어른들의 묘와 분리되어 무리를 짓고 있었다(Rees Jones 1994: 308).

마지막으로 도시의 대규모 공동묘지는 족속 집단이나 소속 종교에 따라서 나뉠 수 있다. 현대 영국의 공동묘지에 가보면 으레 이슬람 인, 유대 인, 이탈리아 인, 집시 그리고 흥행사 가족의 묘들을 위한 특별 구역을 만나게 마련인 반면 빅토리아시대의 공동묘지는 비국교도를 위한 구역을 영국 국교도 신봉자들로부터 분리된 곳에 따로 정해 놓은 경우가 흔하다(Parker Pearson 1982). 그런 구분은 고고학적으로 탐지하기 어려운 수가 많은데 다만 그것들은 묘의 방향, 묘의 시설, 부장품에서 차이를 나타낼 수도 있다. 한 예로 영국 남부 윈체스터 랭크힐즈Lankhills의 로마시대 공동묘지에 동유럽인들이 묻혀 있을 가능성을 들 수 있는데 여기에는 로마제국의 현 헝가리에 해당하는 지역에서 통상 발견되는 브로치 유형을 갖춘 묘들이 작은 군집을 이루고 있었다(Clarke 1979; 또 Reece 1977 · 1988; Baldwin 1985; Phillpott 1991도 참조).

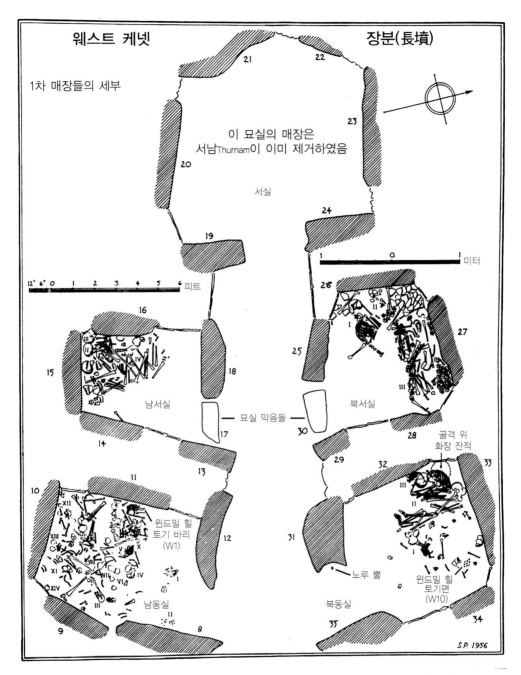

웨스트 케넷　　　　　　　　　장분(長墳)

1차 매장들의 세부

21　　　22

이 묘실의 매장은
서남Thurnam이 이미 제거하였음

서실

23

20

19

24

0　　　　1 미터

12˚ 6˚ 0　1　2　3　4　5　피트

26

16

27

15

25

18

남서실

묘실 막음돌

북서실

17

30

28

14

29

골격 위
화장 잔적

13

32

33

11

10

31

III

II

XII

윈드밀 힐
토기 바리
(W1)

12

XIII

I

XI

VII

IV

XIV

V

III

II

노루 뿔

윈드밀 힐
토기편
(W10)

남동실

북동실

9

8

35

34

S.P. 1956

그림 1.5　웨스트 케넷 신석기시대 묘실(서기전 3400년경)에서의 인골 분포 그림. 손발 뼈가 풍부한
점으로 보건대 대부분의 시신을 모두 이 무덤에 들여다 놓았지만 육탈이 된 후에 거행된 이차장 의례
에서 그 두개골 중 일부를 제거하였음을 짐작할 수 있다.

시간의 흐름에 따른 변화

공동묘지가 지닌 중요한 동태적 측면은 그 조영 개시와 폐절에 관련된 것이다. 무덤을 연구하는 고고학자들은 공동묘지가 조영되던 시기에 관심을 집중하지만 그것이 왜 조영되기 시작하였는지, 왜 더 이상 쓰이지 않게 되었는지에 대해서는 생각이 덜 미칠 수 있다. 대부분의 과거 묘지들이 어느 때에 조영이 끝나거나 개시된 것으로 여김으로써 마치 일종의 '자체 완결성'을 지닌 듯 인식하지만 아마 그와는 다른 이유들도 있었을 것이다. 어떤 공동체가 한 지역에서 다른 곳으로 옮겨간 경우라도 사람들은 상당 기간 동안 동일 묘지로 되돌아와 죽은 이들을 묻곤 했을 수 있다. 새로운 묘지를 사용하기 시작한다거나 기존 묘지를 더 이상 쓰지 않는다는 사실로 표현되는 전통과의 결별은 중대한 사건일 수 있다. 어떤 시조묘의 존재는 한 가계 집단이 기존의 큰 친족 집단으로부터 분리해 나가는 동족분화를 나타낼 수 있다. 또 새로운 땅으로 퍼져나가면서 더 이상 죽은 이들을 통례의 안치 장소에 귀장하지 않기로 결정한 결과일 수도 있다. 그리고 매장 행위 자체는 시신을 그 땅에서 떼어낼 수 없는 고정된 부분으로 만듦으로써 물리적으로 망자를 마치 땅에다 '심는' 것과 같은 역할을 할 수 있다.

만약 어떤 공동체에서 대다수가 새로운 묘지나 새로운 장송의례를 채택하였다면, 해당 공동체에서 주목을 덜 받았을 구성원들의 묘가 수적으로 점점 줄어든 결과의 끝이라 추정할 수 있는 묘지 사용 종료 시점을 알아내기는 무척 어려울 수 있다. 한 지방 안의 여러 공동묘지들이 영조되기 시작하고 종료된 시점의 계기순서를 연구해 보면 중대한 사회 변화와 그 분기점들에 관한 정보를 얻을 수 있을 것이다. 예를 들어 유틀란트 남부에서 서기전 600년에서 서기 600년 사이의 기간 동안 대부분의 공동묘지는 특히 서기전 50년에서 서기 200년 언저리의 좀 짧은 시간대에 영조가 개시되든지 종료되는데 이는 젠더 규정, 가구 조직, 정치 권위에서 일어난 주요 변화들과 궤를 같이 한다 (Parker Pearson 1993a).

7. 인신희생

루스 인들이 죽은 주인의 시중을 들도록 하기 위해 노예 소녀를 죽인 것은 인신희생(순장)의 전형적 예이다. 바이킹 세계의 다른 곳들에서도 순장의 예로 추정되는 10세기 묘들이 있다. 이례적으로 잘 보존된 노르웨이 오세베르그Oseberg 선船에 묻힌 바이킹 '왕비'에게는 아마도 그녀의 몸종일 나이든 여자의 시신이 딸려 묻혀 있었다.[11] 덴마크 스텐가데Stengade 공동묘지에서는 은상감 창을 가진 한 남자가 매장된 목실묘 꼭대기에 목이 잘리고 철 수갑을 찬 한 남자의 시신이 묻혀 있었다. 레이레Lejre 공동묘지의 묘들 중 하나에 묻힌 목 잘린 남자는 손이 묶였던 것으로 보이는 반면 한 여자의 묘에는 남자로 여겨지는 사람이 딸려 묻혔던 것으로 보인다(Randsborg 1980; Roesdahl 1982). 이와 비슷한 관습들은 서기 6세기에서 7세기 사이의 영국에서도 알려져 있다.[12]

　인신희생은 그간 원시 호전성의 승화라는 견지, 즉 폭력적 의례들을 대체함으로써 무절제한 폭력을 없애려는 의도를 가지되 나머지 사람들에 대한 경고 역할을 하였다는 관점에서 때때로 논의된 적이 있다(Burkert 1987; Girard 1977 · 1987; Smith 1987). 또 산 자들이 초자연적 존재에 대한 호혜교환 혹은 복종의 뜻에서 궁극적인 것, 사람들이 신들에게 줄 수 있는 가장 귀중한 선물 혹은 공물로서 인간 생명 자체를 바친 것으로 생각할 수 있다(Hubert and Mauss 1964[1899]; Leach 1976: 81~93). 이는 사람 속에 든 야만성에 대한 가장 중요한 제어책으로 간주되기까지 하였다(Burkert 1983). 하지만 그처럼 의미가 강한 개념은 규정하기가 의외로 어려운데 그 이유는 특히 전쟁 포로나 범죄자의 처형 혹은 이타적 순사를 순장과 구분하기가 모호하기 때문이다.[13]

---

11) Sjøvold 1959; Ingstad 1982. 잉스타드는 나이든 여자를 아사Asa 왕비로 비정한 통상의 해석에 의문을 제기하였다.
12) 소어비Sewerby 유적에서 한 여자를 다른 여자의 묘에 분명히 던져 넣은 사례에 대해서는 Hirst(1985)가 이미 언급한 바 있다.
13) 관련 문헌으로는 Boone 1984; Davies 1981; Green 1975가 있다. Maccoby(1982)는 카인이 아벨을 죽였다는 성서 이야기의 이면에는 유대-그리스도교 신앙을 관통하는 인신희생이라는 주제가 감추어져 있다고 여긴다.

인신희생은 일반적으로 초자연적 존재를 지향한 것으로 여겨지며 의례 전문가들의 주관하에 실시된다. 죽음을 기꺼이 맞이하려는 인물이나 심지어는 사회의 악 및 불운에 대한 희생양으로 여겨질 수 있는 인물이 흔히 희생을 당한다. 그래서 넓은 범위의 인신희생 안에는 루스 인의 노예 소녀와 여타 장례용 희생 제물들, 제2차 세계대전 중에 일본 천황을 위해 자신들을 희생한 '가미카제' 조종사들, 아즈텍Aztec 사람들이 해가 계속해서 뜨도록 하기 위해 죽인 수천 명의 전쟁 포로들, 미망인을 죽은 남편의 화장 장작더미 불꽃 속에 산 채로 던져 넣는 남아시아의 관습 '사티suttee', 다른 사람들의 죄 대신에 자신을 희생한 신인神人 예수 그리스도의 죽음, 가이아나 조지타운의 짐 존스 추종자 같은 광신도의 집단 자살 그리고 미국의 사형수에 대한 사법 처형까지도 포함될 수 있다(Paredes and Purdum 1990).

고든 차일드가 1945년 지적하였듯이 대규모 인신희생은 국가 출현기 전제군주들의 장례를 흔히 특징짓는 요소로서 서기전 3100~2890년경 아비도스Abydos의 이집트 제1왕조 무덤들, 서기전 2500년경의 메소포타미아 우르Ur의 왕묘들(그림 1.6) 그리고 중국 안양의 서기전 2000년기 중반 상商 왕조 무덤들이 이를 잘 보여준다(Childe 1945; Flinders Petrie 1902~1904; Emery 1961; Kemp 1967; Woolley 1934; Pollock 1991a; Li Chi 1977; Chang 1980). 페루의 시판Sipán에서는 서기 3세기 모체Moche 귀족인 '시판 군주'의 무덤에 주인공 이외 무덤 호위병 한 사람, 남자 두 사람과 여자 세 사람의 사체가 있었다. 이와 비슷한 무덤인 '시판 옛 군주'의 무덤에도 남자와 여자 사체들이 더 있었다(Alva and Donnan 1993; Schreiber 1996a). 멕시코 팔렝케의 '명문 신전'이라는 피라미드 안에 감추어진 서기 7세기 마야 통치자 파칼Pacal의 무덤에서는 그의 석관 뚜껑 위에 일단의 젊은 성인 유골들이 놓여 있었다(Greene Robertson 1983; Cortez 1996). 다른 예는 수단의 케르마(서기전 1800~1600년경), 미국 남동부의 카호키아(서기 1000년경), 중국 리산驪山에 있는 진시황제(서기전 210년) 무덤, 우간다의 서기 19세기 초 바간다 왕국에서 찾을 수 있다(Kendall 1997; Pauketat and Emerson 1997; Cotterell 1981; Roscoe 1911: 103~112). 국가 형성에서 결정적으로

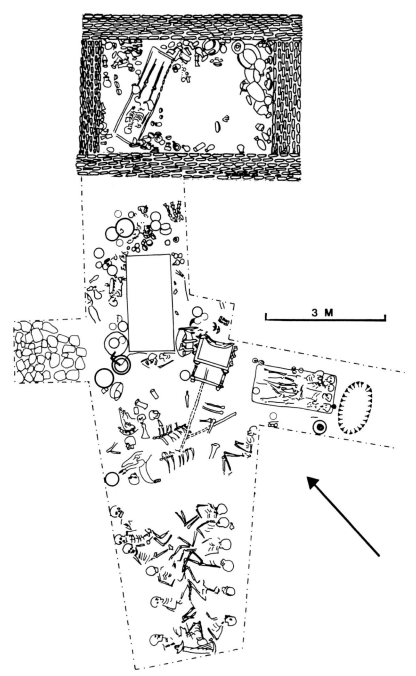

그림 1.6 우르의 왕묘 16기 가운데 푸-아비 무덤(이전에는 슙-아드의 무덤이라고 비정함)인 800호 묘. 이 여자는 둥근 천정을 가진 수혈식 묘(그림의 맨 윗부분) 안에 안치되었는데 병사 및 여자 시종 들, 하프 연주자 및 '의상 관리인' 각 한 명을 비롯한 가신 27명이 순장되어 있었다.

중요한 시점에 왜 그런 대대적 희생이 벌어졌는지에 대해서는 제7장에서 자세하게 검토할 것이다.

희생 제물의 두 번째 범주로는 죽임을 당해 공동묘지가 아닌 특별히 신성한 장소 안의 초자연적 존재에게 바쳐진 사람들을 들 수 있다. 서기 150년경 멕시코 테오티와칸의 켓살코아틀 신전 아래 묻힌 백 명이 넘는 '전사'들이 이런 대대적 희생의 놀라운 예가 되는데 아마도 그 신전의 초자연적 호위무사 격으로 그렇게 희생되었을 것이다(Sugiyama 1989; Cabrera Castro et al. 1991). 북서 유럽의 신석기시대 및 철기시대 토탄 늪 사체(제3장에서 상세하게 설명함)와 페루 및 칠레의 잉카시대 산꼭대기 어린이 희생제물처럼 보존 상태가 좋은 예들에서는 잔존 피부와 조직들 덕분에 법의학적 연구로 그 죽음의 성격과 원인을 흔히 판정할 수 있다.

남아메리카의 잉카시대 증거들은 논란의 여지가 없다. 깜짝 놀랄 정도로 잘 보존된 어린이와 젊은 성인들의 사체가 그간 이례적으로 높은 고도의 산꼭대기에서 '냉동 건조 상태'로 발견된 바 있다. 가장 놀라운 발견 사례로 아르헨티나 세로 델 토로Cerro del Toro 산 정상에서 거의 나신으로 발견된 스무 살된 남자는 마취를 당해 얼어 죽게 방치된 듯하며, 페루 마추픽추 정상 근처에서 발견된 18살 된 나신의 여자는 머리를 맞아 죽었음이 분명하고, 칠레 세로엘 플로모Cerro el Plomo의 소년은 튜닉을 걸치고 있었으며 옆에 은으로 만든 작은 사람 상과 금으로 만든 작은 야마 상이 있었다(Reinhard 1996; Schreiber 1996b). 이들과 다른 많은 이들은 잉카 사람들이 태양신에게 '카파코차 capacocha' 희생 제물로 봉헌한 것이며 어린이의 부모들과 그 지역 공동체는 그로써 상당한 명성과 신망을 얻었다. 희생 제물들은 죽어서 잉카 통치자들에게 연계된 수호신령이 되었는데, 잉카 통치자들은 의례를 거행하면서 이런 어린이들을 죽임으로써 자신의 권력을 얻은 것이었다.

스페인 사람들이 잉카 제국을 정복한 지 한참 지났고 잉카의 조상숭배 신앙을 파괴하던 도중인 1622년, 에르난데스 프린시페는 그 이전에 일어난 '카파코차' 사건 한 가지를 기록하였는데 그 사건이란 카케 포마라는 오크로스 출신 지방 관리가 자기 딸을 태양신에게 희생 제물로 바치겠다고 하여 잉카 당국으로부터 허가를 받고는 그에 대한 포상으로 관개수로를 건설한 일이었다. 아버지와 딸은 잉카 통치자 및 그 신들과 조상들에게 예를 다할 목적으로 쿠스코로 여행을 한 후 희생의식을 치르기 위해 귀가하였다. 딸은 기꺼이 죽으러 갔으며 새로 물을 댄 밭에서 거둔 수확물을 넣을 창고들이 있는 산꼭대기의 수혈묘 속에 산 채로 가두어졌다. 그녀는 그 지역에서 다산, 옥수수 생산, 건강을 주관하는 중요한 신이 되었으며 카케 포마는 성공한 사람이 되었고 나중에는 중요한 조상이 되었다(Silverblatt 1987: 94~101; Sillar 1992: 112~113).

패트릭 티어니는 현대 칠레와 페루에 대한 주목할 만한 한 가지 설명을 하는 가운데 인신희생의 관습이 정복자들의 도래와 더불어 완전히 사라진 것이 아니라 지금도 샤먼들이 자연재해를 피하거나 복을 받고자 하는 사람들을 위해 벌이고 있는 관습이라고 주장한다(Tierney 1989). 티어니는 코카인 밀매업자들이 자신들의 부를 늘리고 성공을 거두기 위해 샤먼들을 후원하여 인신희생 의식을 벌이고 있다는 소문이 지방에서 많이 떠돈다는 점을 지적한다. 갱단의 살인 행위와 그런 사건들에 대한 지역민의 이해 방식으로서의 인신희생을 정확히 어떻게 구분해야 할지는 말하기 쉽지 않다.

8. 소결

고고학 연구가 발견에 이은 서술이라는 단도직입적 과정을 거치는 듯 보일지 모르지만 실은 모든 단계에 해석이 수반된다. 해석은 이론—세상 속에서 우리 자신이 경험한 바를 스스로 합리화한 것—을 근거로 하며, 그 이론의 목적은 과거 사람들이 망자들을 처리하고 그들의 사체를 안치하며 자신들과 망자들이 공존할 수 있는 방안들을 강구한 이유와 방법을 이해하는 데 있다. 다음 장들에서는 그간 죽음을 고고학적으로 연구하는 데 지침이 된 접근법들을 살펴보기로 한다. 예를 들면 인간의 사체와 사람들이 살았던 경관, 권력과 젠더 관계의 의미, 죽음에 대한 인류의 인식과 경험 그리고 현재 실시되고 있는 장송의례 고고학 연구의 정치적 차원 같은 것들이 제공하는 갖가지 체계화의 틀들이 있다.

먼저 우리는 놀랍도록 다양한 전 세계의 현대 및 최근 망자 처리 방식들중 몇 가지를 살펴보아야 할 텐데 그 목적은 그것들이 얼마나 서로 다르고, 또공통된 측면은 어떤 것들인지 알아보기 위함이다. 하지만 그간 '민족지적 유사 현상'이라 불린 것들을 찾아내려고 하지는 않을 것이다. 왜냐하면 똑같은사회라고는 단 하나도 없기 때문이다. 기존에 알려진 장례습속을 아주 폭넓게살펴보려는 목적은 우리 자신의 특정한 자기중심적 문화 논리에서만 그럴듯한 설명을 그대로 과거에 덮어씌우는 잘못을 확실하게 피하려는 데 있다. 우리의 해석이 근거로 삼은 유추들은 반드시 명시해야 한다. 즉 그 유추들을 적절하게 선택해야지 고고학적 정황에 억지로 맞추어서는 안 된다. 민족지 자료와 고고학 자료 사이의 유추가 적합한지 여부는 다음 장에서 설명하듯 과거및 현재 사회의 관련 국면들에서 어느 정도로 일치하고 양립할 수 있는지로판단해야 한다.

2장 지금으로부터 옛적 그때로:
민족지고고학과 유추

민족지 유사 현상의 주된 용도는 …… 단순하다. 그것은 해석자의 지평을
넓히는 데 있다(Ucko 1969: 262).

투튼캄온Tut'n'C'mon 모델은 옛 장송의례 해석의 문제들을 되돌아보는 고고학
공상소설의 무대였다(Macaulay 1979). 먼 미래의 고고학자 한 사람이 미국의
한 모텔을 발굴함으로써 우리가 사는 현재를 이해하려고 시도하는데, 인골 한
구가 침대 하나에 누워 있고 다른 한 구는 딸린 욕실에 누워 있다. 소설 작가
는 미래의 고고학자들이 이 기묘한 발견에 대해 성스러운 유물과 의례 관련
유물로 가득 찬 경이로운 무덤으로 해석할 것임을 시사한다. 이를테면 수세식
변기는 의례용 관식이 틀림없다고 본다. 그러나 그 바탕에 깔린 메시지는 심
각하다. 즉 고고학자들이 어떻게 물질 증거만으로 과거 사회를 부분적으로라
도 정확하게 이해하려 들 수 있는가 하는 의문을 던지는 것이다. 우리가 어떤
종류의 답이든 찾아내려 한다면 다소 더 어려운 질문 몇 가지를 던져야 할 것
이니, 사람들은 죽음을 어떻게 생각하며 그에 대해 어떻게 행동하고 그 이유
는 무엇인가 등이다. 이런 종류의 질문들에 대한 중요한 접근 방법 한 가지는
장송의례를 서술한 민족지들을 이용하는 것이다. 과거를 해석하려는 고고학
자들은 죽음에 대한 인간의 다양한 반응을 살펴봄으로써 자민족중심의 전제

들을 탈피하려고 해 볼 수 있는 것이다.

1960년대 말 이래로 장례습속을 서술한 민족지를 이용하는 데 새로운 관심이 생겨났다. 피터 욱코는 비서구 사회들에 대한 아주 다양한 연구를 근거로 삼아 선사학자들이 통상 지닌 선입견에 대해 이의를 제기할 수 있음을 예시하였다. 부장품의 존재는 반드시 내세에 대한 믿음이 있었음을 뜻하지는 않으며, 매장된 시신의 방향은 저승의 방향에 관한 생각을 반영하지 않을 수 있고, 화장을 했다고 해서 사후 영혼의 존재에 대한 믿음이 어떻든 있었음을 뜻하지는 않으며, 또 왕가의 무덤이라고 해서 반드시 왕족 묘는 아니다(Ucko 1969). 망자를 처리하는 방식을 보건대 문화에 따라 다양성이 너무나 크므로 어떤 일반화일지라도 무너지게 마련인데 왜냐하면 사회인류학 연구로 알려진 사회들 가운데 적어도 한 사회는 정형을 벗어날 것이기 때문이다. 욱코는 만약 우리가 현재 보는 특정 관습과 고고학적으로 되찾아낸 예를 비교하려 한다면 최대한 많은 수의 다양한 유추들을 고고학 자료의 내용 및 정황에 비추어 검토해야 할 것이라고 결론을 내렸다.

1. 죽음의 사회인류학

고고학자의 민족지 유추 이용에 대한 욱코의 주의 촉구 주장은 사회인류학에서 장례습속에 관한 상세한 사례 연구들[1]이 급증하는 시기에 나왔다. 이 사례 연구 다수는 아놀드 반 게넵과 로버트 헤르츠가 개진한 임계성과 전이, 변형 같은 몇 가지 고전적 개념과 장송의례가 산 자들의 사회를 조직하는 데서 지닌 중요성을 그 출발점과 주제로 삼았다(Van Gennep 1960[1908]; Hertz 1907).

---

1) 가장 이른 예로는 Goody 1962가 있고 그에 이어 Douglass 1969; Bloch 1971: Ahern 1973; Danforth 1982; Metcalf 1982 같은 논문들이 나왔다. 전반적 개관은 Thomas 1975; Huntington and Metcalf 1979(제2판 Metcalf and Huntington 1991); Humphreys and King 1981; Bloch and Parry 1982; Palgi and Abramovitch 1984; Cederroth *et al.* 1987; Damon and Wagner 1989가 있다.

통과의례

나중에 터너와 리치가 더욱 발전시킨 반 게넵의 '통과의례'에 대한 보편주의 이론에서는 한 사회적 상태로부터 다른 상태로의 전이 과정에 세 단계를 설정한다. 이 전이의 순간들에는 임신, 출산, 성인식, 결혼, 죽음 같은 사건들이 있다. 전이는 '임계 전preliminal' 의례(기존 세계로부터의 분리 의례), 임계 의례 혹은 문지방 의례(전이 도중의 의례), 임계 후 의례(새로운 세계로의 통합 의례)(Van Gennep 1960[1908]: 21; Turner 1969; Leach 1976)를 거쳐 이루어진다. 그런데 반 게넵은 자신이 연구 대상으로 삼은 사회들에서 놀랍게도 장송의례의 분리 의례는 거의 없는데다, 있더라도 임계 의례에 비하거나 특히 망자를 사자의 세계로 통합하는 의례에 비할 때 단순하다는 사실을 발견하였다(Van Gennep 1960[1908]: 146).

헤르츠의 작업도 이와 비슷하게 특히 보르네오에서 나온 자료를 통문화적으로 비교하는 데 입각하였는데(다만 그 스스로 야외조사를 실시하지는 않았다.) 역시 애도자들, 시신, 영혼이 겪는 비슷한 전이 과정들에 초점을 맞추었다. 헤르츠는 죽음이 야기하는 공포를 설명하기 위해 이차장(세골장)의 과정을 분석하였다. 보르네오에서는 과거와 현재의 다른 많은 사회들처럼 임계 시기 동안 시신에 대해 한 차례 이상 의례를 베푼다. 헤르츠는 죽음이 망자의 사회적 존재를 파괴하고 또 "사회생활의 원리 자체와 사회가 본래적으로 지닌 믿음"에 타격을 가한다는 지적을 하였다(Hertz 1960: 78). "죽음의 관념은 부활의 관념과 연계되어 있으며 배제 이후에는 새로운 통합이 뒤따른다(Hertz 1960: 79)." 산 자들은 썩어가던 시신이 깨끗한 뼈로 변형되고 애도자단이 재조정되고 재정의되는 데서 영혼의 망자 세계 여행 과정을 본다.

이처럼 시신의 통과를 영혼의 통과와 일치시키는 모델을 쓴 헤르츠의 이론은 불변의 보편타당성을 지닌다고 주장된 적도 있지만 이 이론은 몇몇 사례를 감안할 때 수정이 필요하다. 예컨대 마다가스카르의 이차장 의례에서는 보르네오 이차장의 두드러진 특징인 내세에 대한 믿음과 영혼 여행의 믿음을 강조하지 않는다(Carr 1995: 191; Metcalf and Huntington 1991: 12, 111~112). 헌팅턴이 마다가스카르 남부 바라Bara 이목민의 장례습속을 분석한 데서는 이차장의 과정이 (남성성, 불임, 뼈, 묘와 연관된) 질서와 (여성성, 다산, 살, 자궁과 연관된) 생명력 사이의 중재 조정 활동임을 강조하며 이때 죽음이라는 과도한 질서를 상쇄하는 생명력은 장송의례로 산출되는데 이에서 영혼 여행의 관념은 없다(Metcalf and Huntington 1991: 113~130; Huntington 1973 · 1987). 메트카프와 헌팅턴도 이와 똑같이 반 게넵의 이론이 큰 틀을 제공하는 모호한 공리에 지나지 않으며 각 특정 사회에서 각 의례가 지닌 개념적 생명력을 포착하려면 해당 사회의 문화적 가치라는 내용물로 그 해석 틀을 채우지 않으면 안 된다는 점을 지적하였다(Metcalf and Huntington 1991: 112).

기능주의와 그 이후

20세기 전반의 인류학자와 고고학자들은 반 게넵과 헤르츠의 선구적 착상들에도 불구하고 흔히 인간 사회와 행위를 기능으로 설명하려는 경향을 가졌다. 기능주의는 사회 전체를 그 개개 구성 부분인 인간이라는 주체들보다 훨씬 강조한다. 사회는 생물에 빗대어 말하면 욕구를 가지고 하나의 체계로 작동하는 경계를 지닌 사회 유기체로 볼 수 있다는 것이다. 사회는 그 구성원들이 의식하지 못할 방식들로 환경에 적응하며 그 결과 또한 구성원들은 대개 알아차리지 못한다(Radcliffe-Brown 1952: 178~187; Giddens 1984: 1). 기능주의에서는 장송의례가 애도자들 사이에 사회적 유대가 존재함을 확인시키고 또한 시신이 야기하는 공포, 경악, 혐오에 맞서 정치적 권위를 강화하는 역할을 한다고 해석하였다. 이런 주제들은 큰 영향을 끼친 인류학자들인 말리노프스키, 래드클리프-브라운, 에번스-프리차드의 저작에서 중시되었다(Malinowski 1948: 29~35; Radcliffe-Brown 1964[1922]: 240; Evans-Pritchard 1948: 200). "산 자들을 시신에 연결해 주고 그들을 죽음의 장소에 연접해 주는 죽음의 의례들은 공포, 낙담, 사기 저하라는 원심력들을 상쇄시키며 해당 집단의 뒤흔들린 연대감을 회복하고 그 사기를 재정립하는 가장 강력한 수단이 된다(Malinowski 1948: 34~35)."

좀더 최근의 인류학 연구들은 이런 기능주의의 입장을 아주 분명하게 벗어나서 장송의례와 사회구조 사이의 관계에 대해 한층 발전된 관념들을 개진하고 있으며 그에서는 장송의례의 장을 갈등 및 권력투쟁의 연계 수단으로 본다(Geertz 1973: 142~169). 구디가 서아프리카 로 다가아Lo Dagaa 족의 재산 이양과 권리 및 의무 재할당에 대해 지적하였듯이 "[가진 자와 못 가진 자 사이의] 이런 긴장 관계를 가장 극명하게 흔히 드러내는 경우는 바로 장송의례인데 이에서는 그 친한 사람들 사이에 존재하는 모순들이 실연될 수밖에 없기 때문이다(Goody 1962: 197)." 로 다가아 족의 장례에서는 남자의 시신이든 여자의 시신이든 언제나 족장 지위의 가장 훌륭한 복식을 갖춘 위신 있는 남자 수의를 차려 입음으로써 (흔히 '사회적 인격'이라 불리는) 해당 인물의 사회적 역할과 정체성이 아닌 사회집단 전체의 안녕을 증언한다(Goody 1962: 69~75). 시신의 매장 방식은 지위의 차이뿐만 아니라 해당 인물이 주어진 역할을 어떻게 수행하였는지에 따라서도 달라진다(Goody 1962: 142, 303). 메트카프는 보르네오 베레완Berewan 족의 시신과 영혼 사이의 관계에 대한 분석에서 장례 방식과 사회적 계서가 때때로 연결되지 않음을 지적하였다. 베레완 족의 능묘들은 높이 10m가 넘는 위압적인 나무 구조물로 높은 지위를 나타내며 이를 축조하는 일은 새로운 지도자가 자신의 지위를 공고히 하는 기회가 된다. 무덤이란 것이 산 자를 위해 지은 것일 수는 없으므로 이런 능묘에는 수장의 시신이 아니라 흔히 별 볼일 없는 인물로 판명되는 사람들의 시신이 들어 있을 수 있는데 이는 어떤 지도자가 그런 친척의 죽음을 기화로 장려한 능묘를 축조해 주면서 스스로를 높이려는 의도에서 비롯된 현상일 수 있다(Metcalf and Huntington 1991: 144~151; Metcalf 1982).

모리스 블로크가 마다가스카르 고지대 메리나Merina 족의 친족 구조와 장송의례 사이의 관계를 연구해 본 결과 역시 사회 구조에 대한 실제 관념과 이상화된 관념 사이에 어떤 모순되는 경향성이 있음을 부각시켰다. 이곳 석조집단묘에 함께 묻힌 사람들은 역설적이게도 같이 산 적이 결코 없을 텐데 그 이유는 '파마디아나famadihana(2차장 의례)', 집단묘 무덤(그림 2.1)의 견고함과 영속성, 이메리나Imerina 안의 조상들 땅에 그런 무덤들을 짓는 행위로 표

그림 2.1 마다가스카르 중앙 고지대 메리나 족의 무덤. 시신은 무덤 안의 돌 벤치에 놓았다가 꺼내어 이차장 의례(파마디아나) 동안에 다시 포장을 한다.

현되는 분절적 영속 집단corporate group이라는 이상화된 체계와 달리 현실에 서는 양계 혈통의 친족 체계가 운영되기 때문이다(Bloch 1971: 72, 114, 166~ 170).

이런 연구들이 고고학에 대해 가치를 지닌 이유는 고고학자들이 그간 장례습속 연구에서 고려해야 함을 알게 된 상징들의 맥락을 상세히 탐구해 제시하였기 때문이다. 우리는 앞에서 장례가 어떻게 하나의 정치적 사건이 될 수 있는지 보았는데 그런 경우 지위는 단순히 반영되거나 표현되는 것이 아니라 능동적으로 창출된다. 또 우리는 장례습속의 개념을 일상의 다른 맥락에서 실연되는 사회 구조의 이상적 표상이라고 한 바 있다. 그 외의 개념들도 고고학에 폭넓게 적용할 수 있을 것으로 생각되니 예를 들면 오염과 정화, 산 자와 망자의 분리, 다산성과 재생, 뒤집기 의례, 망자를 산 자들의 세계에 영향을 미치는 조상들로 인식하기 등이 있다. 이런 '사고방식들'은 시공을 초월해 모든 곳에 언제나 적용된다는 의미의 보편성을 띠지는 않는다. 그보다는 이들을 특정한 문화적 논법으로 인식하고 물질 잔적과 다른 증거로부터 해독해 낼 필요가 있다는 것이다.

오염과 정화

이 이항대립 개념은 메리 더글러스가 고안한 것인데 오염 혹은 위험은 어떤 실체가 우리의 세상 분류체계 속 범주들 사이의 '이도저도 아닌 중간' 상황에 있을 때 전형적으로 작동을 개시한다(Douglas 1966; Leach 1976도 참고). 죽음은 두말할 것도 없이 산 자들에게 사회조직이 찢어지는 위험과 부패하는 시신에 의한 물리적 오염이 밀어닥치는 유례없는 상황이다. 애도자, 시신, 물자의 상징적 오염이 산 자들을 짓누르며 이는 죽음의 통과의례 중 임계 단계에서 정화 의례를 베풀고 또 그 오염을 특정한 사람 및 물건들로 이전시키는 행위를 함으로써 상쇄해야 한다.

1980년대 초에 주디스 오클리가 영국 집시들의 정화 및 분계分界라는 개념들을 분석한 일은 고고학에서 '구조주의' 및 '탈구조주의' 사조의 학파들이 출현하는 데 중대한 역할을 한 인류학 연구 중 하나였다. 당시 이안 호더와 그 밖의 사람들은 옛 사회들에 부합하리라 기대되는 가설적 행위 준칙들을 이끌어내기 위해 민족지 기록을 검토하고자 한 이전 방법들을 떠나 '인지적' 접근법으로 물질문화를 연구할 수 있을 가능성에 주의를 기울이고 있던 참이었다 (Okely 1983; Hodder 1982a · 1982b; Donley 1982; Moore 1982; Parker Pearson 1982; Shanks and Tilley 1982).

오클리는 집시들이 오염을 피하기 위해 아주 엄격히 지켜야 한다고 본 상징적 분계의 개념들을 서술하였다. 그녀는 몸의 안과 밖, 집(포장마차 혹은 이동 주택)의 안과 밖, 깨끗한/더러운 동물, 집시와 집시 아닌 사람들 사이의 관계와 연계된 일련의 대응물들을 발견하였다. 오클리는 분계들이 깨어졌기 때문에 시신이 오염을 일으키는 것으로 여긴다고 추정하였는데 수의의 안팎을 뒤집는 것은 안이 밖으로 나왔음을 나타낸다는 것이다. 집시 방랑자는 집시 아닌 이들과는 여러모로 반대되는 생활양식을 영위하지만 죽어가는 집시들은 비非집시 병원으로 데려가며 또 그 시신은 반드시 정착해야 하기에 집시 아닌 이들의 공동묘지에 묻어 고정시켜야 한다. 집시는 죽게 되면 이처럼 집시와 집시 아닌 이들 사이의 분계를 깨뜨림으로써 집시 아닌 이처럼 된다. 묘를 깨끗이 치우는 행위는 외모에 비중을 두는 비非집시들로의 전도된 동일시이다. 값비싼 화환과 정성스러운 장례는 죽은 영혼을 위무하고자 하는 것인데 그의 집과 소유물은 오염되었으니 파괴하든지 아니면 최근 풍조처럼 집시 아닌 이에게 양도해야 하기 때문이다(Okely 1983: 227~228). 죽음에 관련된 오염은 이 집시 사회의 예에서 보듯 한층 넓은 사회적 상호작용 및 분계성의 영역들과 연관되어 있다.

망자를 산 자들로부터 분리하기

망자에 대한 공포는 통합 의례 이전의 임계 시기에 으레 나타나는 특징이다. 우리가 망자를 두려워하기 때문에 그들을 위해 울든 아니면 그들을 위해 울기 때문에 망자를 두려워하든 망자는 보편적으로 두려움의 원천 중 하나이며 그 시신이 부패하는 동안은 특히 그렇다(Huntington and Metcalf 1979). 시간이 지남에 따라 망자를 숭앙하게 될 수 있으며 그래서 두려움과 숭앙은 상호 연관된다. 무덤과 공동묘지 같은 망자의 장소들 또한 두렵고 무서운 감정의 물질적 중심이 될 수 있다. 시신을 산 자들로부터 분리하는 일은 망자에 대한 두려움을 통제하는 한 수단이다. 많은 민족지 연구에서는 망자들이 되돌아오는 길을 찾을 수 없도록 하기 위해 관을 안치 장소로 운반하는 도중에 길을 이리저리 오간다든지 흐르는 시냇물 너머에 망자를 안치한다든지 망자의 소유물과 산 자들 사이의 연계가 끊어지도록 하기 위해 망자의 소유물들 가운데 칼 같은 것들을 둔다든지 애도자들과 묘를 실로 연결하였다가 끊는다든지 하는 사례들을 언급하고 있다. (예를 들면 무덤 입구가 집 입구로 향하지 않도록 한다든지 함으로써) 묘의 방향을 의도적으로 주거의 방향과 맞지 않도록 잡는 예는 널리 나타난다.[2] 남태평양 사발Sabarl 섬 주민들에 대한 바타글리아의 연구는 산 자들에게 최소한의 고통을 주면서 망자가 저 세상으로 옮겨가도록 할

---

2) 예컨대 운구하면서 이리저리 오가는 사례는 마다가스카르 전역에서 보인다(Mack 1986). 냇물 건너 매장하는 사례와 칼 같은 것을 두는 사례는 이반Iban 족에서 보인다(Uchibori 1978). 나머지는 마다가스카르 안에서 모두 보고되어 있다.

목적으로 장송의례에서 의례화된 여러 가지 망각 방법들을 잘 보여준다 (Battaglia 1990).

다산성과 재생-부패와 발효

인간의 생식과 농업의 다산성에 관련된 상징들로 표현되는 재생과 생장이라는 주제는 반 게넵이 고대 이집트의 장례에서 오시리스 신의 재탄생이 지닌 상징성을 분석한 이래로 어김없이 여러 연구자들의 주목을 받았다(Van Gennep 1960[1908]: 157~160). 빅터 터너가 공들여 정립한 임계성 개념도 이와 비슷하게 은뎀부Ndembu 족의 장송의례에서 재생이 지닌 중대성을 예시하였는데 이는 호더가 수단 누바Nuba 족의 매장에서 묘의 형태를 저장 구덩이 모양으로 파고 바닥에 곡식을 흩어 까는 관습에 대해 해석하면서 부각시켰다 (Turner 1969; Hodder 1982c). 블로크와 페리는 이 죽음과 재생의 주제만을 다룬 일단의 논문을 한데 묶어 펴낸 바 있으며 블로크의 글 중 일부는 좀 길지만 여기에 인용할 만하다. "장송의례에서 탄생과 죽음을 뒤섞는 것은 단지 더럽기만 한 죽음과 출생이라는 생물학적 현상을 초월하는 다산의 그림을 창조해 내는 일이다. 그러므로 장송의례는 죽음에 대한 승리뿐만 아니라 인간의 신체적, 생물학적 본질 전체에 대한 승리까지도 실연해 낸다. 탄생과 죽음 그리고 흔히 성적 특질은 여성들의 세계에 위치한 저급한 환상으로 규정되며 따라서 진정한 생명, 다산성은 다른 곳에 있다. 이 때문에 장송의례는 다산을 위한 하나의 계기가 된다(Bloch 1982: 227)."

여성의 성적 특질과 생식력이 장송의례의 상징에서 일반적으로 죽음 및 단절과 연관된다는 블로크의 주장은 그간 여러 논자들의 비판을 받았다 (Dureau 1991: Strathern 1987; Metcalf and Huntington 1991: 7~8). 듀로는 다산성의 상징이 무궁한 사회적 재생산을 정말로 함축하기는 하지만 그 토대는 남성이 여성을 이념으로 조작하는 데 있지 않고 시간이 자궁에서 무덤으로 주기적으로 배태된다는 데 있음을 일깨워준다. 또 우리는 퇴행의 상징과 회생의 상징이 동전의 양면이라는 점을 보아야 할 것이다(Dureau 1991: 34~40). 메트카프와 헌팅턴은 장송의례에서 부패가 거의 보편에 가까운 하나의 상징이라는 사실을 관찰하였다. 그들은 보르네오 베레완 족이 부패 중인 시신을 부엌의 항아리 속에 밀봉 보관하면서 발효된 쌀로 술을 빚어내는 데 상응하는 방식으로 배수하는지 서술하였다(Metcalf and Huntington 1991: 73~74).

뒤집기 의례와 '죽이기'

거꾸로 되돌리는 식의 행위를 한다든지 물건을 전도시키거나 안팎을 뒤집는 현상은 장례습속에서 공통되게 나타나는 의례 요소들이다. 욱코는 줄루Zulu 족의 의례에서 운구하는 이들이 뒷걸음을 친다거나 문 대신에 집 벽에 난 구멍을 이용한다거나 '아니오'를 뜻하면서 '예'라고 한다거나 그 반대로 하는 사례들을 고찰하였다(Ucko 1969). 내세론은 망자의 세계를 산 자의 세계로 전도시킨 것이다. 수의의 안팎을 뒤집어 입히는 습속은 많은 사회에서 공통되게 나타나는데 이를테면 로 다가아 족은 시신의 겉옷을 뒤집어 입힌다. 뒤집기는 의례를 베푸는 동안 일상에서의 반대를 규정함으로써 나날의 관습이 지닌 정상성과 자연스러움을 강화한다. 또 망자와 그 영역을 산 자들로부터 분리하는 역할을 한다. 고인과 관련된 물건들을 '죽이기'는 오염에 대한 염려와 관련될 수 있으며 또 그 소유물들이 '죽는' 수단과도 관련될 수 있으니 이 덕에 그것들은 혼령과 동일한 초자연적 통로로 나아갈 수 있게 된다(Leach 1976). 민족지학이나 고고학에서는 장례습속에 관련된 이런 활동의 많은 사례들이 있다.[3]

조상들의 힘

1960년대에 마다가스카르 고지대의 많은 지역에 농업 개량을 위한 보조금이 지급되었다. 그런데 그 공동체 다수는 농업 자문역들이 보기에 놀랍고 염려스럽게도 그 돈을 옛 무덤을 보수하거나 새 무덤을 짓기 위한 시멘트를 사는 데

---

3) Grinsell 1961. 동 요크셔 철기시대의 정교한 매장들 중 일부(서기전 400~200년경)에는 사슬갑옷, 방패, 장검 같은 부장품들이 뒤집히거나 거꾸로 놓여 있었다(Stead 1991).

그림 2.2 마다가스카르 동부 베트시미사라카Betsimisaraka 공동체가 한 석조 무덤 앞에서 자기 조상들에게 청원을 하고 있다. 마다가스카르 사람 대부분은 그리스도교도이지만 아직도 조상의 중요성과 힘에 대한 깊은 믿음을 견지하고 있다.

썼다고 한다. 이처럼 산 자들이 조상을 존숭하면 조상은 그들에게 음덕을 베풀 것이라는 이야기이다. 조상의 음덕은 논의 생산성을 향상시켜줄 것이고 그러면 벼 작황이 증대될 것이다. 조상의 역할은 마다가스카르의 여러 족속 집단 모두에게서 아주 두드러지며(그림 2.2), 이는 다른 많은 사회에서도 보이는 현상이다(Mack 1986; Newell 1976). 격식을 갖춘 조상숭배 행위는 동아시아의 많은 사회들이 지닌 특성이다(Watson and Rawski 1988; Ahern 1973; Chidester 1990: 125~136). 그 밖의 지역에서는 조상들을 그처럼 존숭하지는 않지만 웃어른에게 마땅히 바쳐야 할 존경심을 가지고 대한다(Kopytoff 1971). 레만과 마이어스는 망자의 불멸성에 대한 보편적 믿음이 모든 문화에 존재한다고 주장한 바 있으며 스테드먼, 파머, 틸리는 조상숭배가 종교의 보편적 측면 중 하나라고 주장한다. 이런 주장은 다소 과장된 것인데 왜냐하면 그들이 조상 범주 속에 귀신, 혼령, 조상 토템들을 포함시키고 또 숭배라는 개념을 경외 혹은 존경과 같은 의미로 넓게 정의하기 때문이다. 그들의 작업은 스완슨이 초기의 통문화적 연구에서 분석한 50개 사회 중 24개에서 죽은 조상이 산 자들에게 영향을 미치지 않는다고 주장한 결론을 수정하려고 시도한 것이었다(Lehmann and Myers 1993; Steadman, Palmer and Tilley 1996: 63~64; Swanson 1964).

우리는 조상숭배 개념을 그토록 느슨하게 정의하는 쪽이 장점이 있다는 점을 의문시해야 할 터이고 또 그런 지식의 토대를 이룬 표본의 크기뿐만 아니라 그 민족지 연구의 내용에 대해서도 의구심을 계속 지녀야 하지만 그래도 스테드먼, 파머, 틸리의 연구는 '조상의 방식'이 거역할 수 없는 권위와 진리가 되는 친족 토대 사회에서 전통이 얼마나 큰 힘을 지녔는지 잘 보여준다. 그렇지만 우리는 일부 사회가 망자를 의도적으로 기억에서 깡그리 지워버려 개개인이 증조부모 윗대의 이름을 기억하지 못하는 사례들이 있음을 무시해서는 안 된다. 그런 한 예는 에콰도르 열대 우림의 아추아르Achuar 족인데 여기서 장송의례의 목적은 망자의 혼령이 산 자들의 기억을 자극하지 않도록 막는 데 있으며 의례 행위는 이전 세대들을 기억에서 지워버리는 집단 기억상실증을 의도적으로 유발한다. 삶과 죽음 사이의 단절은 절대적이며 저 너머와 지금 여기 사이에는 다리가 없고 조상으로서나 종족 선조로서의 필연 같은 것 또한 전혀 없다(Descola 1996: 363~383).

조상들이 산 자들의 일에 간여한다는 관찰 결과는 망자 처리 방식을 주된 관심사로 하는 고고학자들에게 커다란 의미를 갖는데 그 이유는 현대 서구인이 죽음과 삶을 이항 대립적으로 보며 죽음을 마치 쓰레기처럼 바람직하지 않는 일로 여기는 관념을 갖고 있어서 과거에 대한 관점뿐만 아니라 다른 문화에 대한 관점 또한 왜곡할 가능성이 크기 때문이다. 장송의례는 위에서 지적한 대로 위험한데다 오염을 일으키는 실체인 방금 죽은 이를 자비로운 조상 혼령으로 바꾸어주는 역할을 흔히 한다. 베레완 족이 베푸는 '대향연'은 거룩한 조상을 잔치에 참여하도록 불러내는 역할을 하는데 그 조상의 임재는 산 자들에게 이득을 가져다줄 수 있고, 또 격려가 되면서도 위험스러울 수 있지만 바로 이 잔치 동안에 그 위험은 사라진다(Metcalf 1982; Metcalf and Huntington 1991: 96). 이래서 우리는 살아 있는 망자 혹은 강력한 망자라는 말을 할 수 있다. 즉 죽은 이는 생명 혹은 영혼이 내세 같은 망자의 별세계로 가버렸기 때문에 그저 움직이지 못하고 썩어가는 물질이 아니라 성을 낸다거나 은덕을 베풀기도 하는 영적 실체로서 좋은 결과를 달라고 간청할 수 있고 희생제물을 바쳐 불운을 끝내도록 달랠 수도 있다는 것이다.[4]

2. 통문화적 일반화와 신고고학의 중위 이론 모색

고고학자들은 1970년대에 특정 고고학 정황에 대한 유추를 하기 위해서가 아니라 통문화적 규칙성과 일반화를 이끌어내기 위해 장례습속에 대한 민족지 연구들을 활용하려고 하였다(Saxe 1970; Binford 1971; Brown 1971b). 장례습속 연구는 '중위 이론'의 중요 구성 부분이었는데, 이 중위 이론은 고고학적 기록이라는 정태적 잔적과 그 기록을 만들어낸 과거 사람들의 동태적 행위 사이의 일정한 관계에 대한 모색을 뜻한다(Binford 1977; Schiffer 1987). 관찰할 수 있는 사례 모두에서 특정한 관계가 있음을 예증할 수 있으면 과거 사회를 추론하는데 중위 법칙을 적용할 수 있을 것이다.

그래서 일부 고고학자들은 장례 관련 행위와 그 고고학적 잔적 사이의 관계를 규정하고 서술하는 데 쓸 법칙 수준의 원칙을 정립하려는 작업에 착수하였다. 이 사조의 철학적 목표는 인간 사회 동태학 연구의 일반 이론을 구축하려는 데 있었다. 1970년대에는 이런 접근법이 너무나 혁신적으로 보였기에 '신고고학'이라는 이름으로 알려졌고 그로부터 20년이 지난 뒤에도 여전히 그렇게 불리는 일이 흔하며, 때로 '과정주의' 고고학이라고 언급되기도 한다. 신고고학의 초기 주창자 대부분은 미국에서 활동하고 있었다. 그 가운데 루이스 빈포드가 있는데 그가 실시한 매장습속 변이성(한 사회 안의 장송의례들에서 보이는 변이의 정도)과 사회 복합도(그 사회의 복잡성 정도) 사이의 관계에 대한 통문화적 연구는 그런 중위 이론 중 한 가지를 여실히 보여주었다(Binford 1971).

---

4) 조상숭배의 기원 및 표현에 관한 상세한 논의는 본서 제7장을 참조.

빈포드와 매장습속 변이성

빈포드는 다음과 같은 사항을 예기할 수 있다고 제안하였다.

- 망자의 사회적 계서는 망자와 관련을 가진 사람의 숫자와 직접적 상관
  관계가 있다.
- 장송의례에서 인지되는 망자의 '사회적 인격'("생전에 본인이 유지하
  였던 사회적 정체성과 사망 시 다른 이들이 부여할 만하다고 인식한
  사회적 정체성의 합성체(Goodenough 1965(Binford 1971에 인용))")이 지
  닌 여러 측면들은 망자가 생전에 차지한 사회적 위치의 상대적 계서와
  직접 연동한다.[5]

빈포드의 통문화적 연구에서는 인간관계지역파일Human Relations Area Files이
라 불리는 문헌 자료에 민족지가 수록된 약 40개 사회들을 분석하였다. 빈포
드는 사회 지위 변이나 사회문화 복합도를 추론하는 데 정말로 필요하다고 생
각한 수준의 세부 사항들을 얻어낼 수는 없다는 사실을 알았으나 그는 생업
유형이 복합도와 대체로 상관관계가 있다고 판단하였다. 그리하여 빈포드는
다른 연구자가 사회 집단을 생업을 토대로 수렵채집인, 이동 농업인, 정착 농
업인, 이목민이라는 네 가지 정의 유형으로 구분한 것을 이용하면서 자신의
표본 사회들을 이 개략적 범주들로 분류하였다.[6]

그러고 나서 빈포드는 일반적으로 사회적 인격의 여러 부류 혹은 차원들
로 인식할 수 있는 사항들을 뽑았는데 그것들은 나이, 성, 사회적 위치, 사망
시 상황(어떻게 죽었는가), 사망 장소, 사회적 귀속(한 씨족의 성원 자격, 연
대) 등이다. 그는 정착 농업인 사회로 분류된 것들의 장송의례에서는 망자의
사회적 인격을 상징으로 나타내는 데 이런 차원들을 상대적으로 한층 흔하게

---

5) Binford 1971. 이 연구는 Kroeber(1927)가 망자 안치는 생물학적, 우선적 필요사항과 거의 관
   련이 없고 또 법, 종교 혹은 사회조직과 밀접하게 통합되어 있지 않다고 한 주장을 공격하였다.
6) 인간관계지역파일은 빈포드의 연구 이래 정기적으로 업데이트되었다. 빈포드의 언급은
   Murdoch(1957)에 의거한 것이다. 또 빈포드는 다른 민족지 기록들, 주로 벤단Bendann의 1930
   년 조사를 기반으로 하였다.

고려한다는 사실을 발견하였다. 차원 구분은 이목민에서는 가장 적게 나타났고 수렵채집인과 이동 농업인에서는 그보다 약간 많았다. 그래서 빈포드는 다음과 같이 결론지었다.

1. 나이, 성, 사회적 위치 등 사회적 인격의 각 차원에 대한 인식은 정착 농업인과 나머지 사이에 중대한 차이가 있다.
2. 이런 차원들이 몇 가지나 채택되는지도 차이가 있으니 수렵채집인은 정착 농업인보다 적은 수의 차원을 채택하는 경향이 있다.

실제로 복잡한 사회(정착 농업인)일수록 장송의례가 복잡해지는 듯한데 이들은 망자에 관한 정보를 좀더 많이 나타내려고 애를 쓰며 망자의 정체성이 지닌 여러 국면들을 강조한다.

끝으로 빈포드는 이런 사회적 인격의 여러 차원들이 특정 형태의 장례 요소들과 어떤 관계가 있는지 분석하였다. 그는 자신이 선정한 사회들에 대해 보고된 시신 처리 유형, 안치 방법, 묘의 형태, 두향과 위치, 부장품의 형태와 양을 조사하였다.

3. 이런 특정 장례 요소들 중 일부는 사회적 인격의 여러 차원 중 일부와 함수관계를 가지는데
   a) 성은 묘의 두향 및 부장품 유형만으로만 구분된다.
   b) 나이는 시신 처리 유형(묘 이용, 비계 사용, 강 이용 등), 묘의 유형 및 위치로 구분된다.

좀더 접근하기 쉬운 말로 요약한다면 "당신이 어떤 사람인지가 당신이 어떻게 묻히고 당신의 정체성을 구성하는 여러 국면들이 어떻게 여러모로 달리 표현될지에 영향을 끼친다."

삭스와 장례습속의 사회적 차원들

빈포드가 이 연구 결과를 출간하였을 때 아서 삭스는 장례습속의 사회적 차원들에 관한 박사학위 논문(Saxe 1970)을 완성한 참이었다. 삭스는 역할 이론과 선험적 형식 분석법(분류체계들에서 나타나는 '중복성'과 '균질성'의 정도에

대한 연구)의 원리들을 이용하였다. 그는 여덟 가지 통문화적 가설을 제시하고 이를 서아프리카의 아샨티Ashanti, 뉴기니의 카파우쿠Kapauku, 필리핀의 본톡 이고로트Bontoc Igorot라는 세 사회에 대해 검정해 보았다. 그는 굳이 이 장소들에 직접 갈 필요가 없었으며, 다시금 검정은 사회인류학자들이 기왕에 수집하여 출간한 자료들에 대해 이루어졌다.

삭스의 가설은 논리학에서의 예제와 같다. 여기에 그것들을 되도록 간단히 요약하기는 하였지만 삭스의 연구를 제대로 평가하기 위해서는 원문을 주의 깊게 읽어보아야 한다. 여덟 가지 가설은

1. 만약 우리가 장례 절차의 다양한 국면들(예를 들면 시신의 지상/지하 안치 대 부장품의 있음/없음)을 결합해 보면 일단의 순열들을 얻게 될 터인데 그에서 나타나는 여러 가지 조합들은 다양한 사회적 인격들을 나타낼 것이다. 삭스는 이것들이 그럴 가능성이 있기는 하지만 반드시 그렇지는 않다고 결론지었다.

2. 사회적 인격이 어떻게 결정되고 생성되는지는 당해 사회에서 사회적 관계를 조직화하는 원리들에 좌우될 것이다. 삭스는 사회가 복잡하면 복잡할수록 나이, 성, 개인적 성취라는 평등 원리들을 초월하는 (계서 혹은 사회적 위치 같은) 차원들을 그만큼 많이 갖는다고 결론지었다.

3. 사회적 인격의 지위가 낮으면 낮을수록 그만큼 물품의 양이 적게 나타나는 특징을 가질 것이며 그 역도 성립할 것이다. 삭스는 이것이 평등 사회에서는 전반적으로 사실인 반면 계층사회에서는 각 층 혹은 계급 안에서 그러함을 발견하였다.

4. 어떤 인물의 지위가 높으면 높을수록 그만큼 사망 당시 그가 지닌 가장 중요한 정체성이 그보다 덜한 정체성들을 밀어내고 표현될 가능성이 크며 그 역도 성립할 것이다. 삭스는 이를 뒷받침하는 강력한 증거는 발견하지 못하였다.

5. 매장의 구성 속성들에서 중복성의 정도(상관관계의 정도)가 높으면 높을수록 해당 사회는 복잡하고 위계적이며, 그 반대로 균질적(상관관계

가 적음=선항적選項的)일수록 덜 복잡하고 더 평등할 것이다. 이 가설은 검정되지 않았다.[7]

6. 사회가 단순하면 단순할수록 상징들의 구성요소 수, 상징들을 규정하는 대항 집합들의 수, 상징들의 사회적 의미 사이의 관계가 그만큼 깊을 가능성이 커질 것이며 그 역도 그러할 것이다. 삭스는 이 가설은 더 다듬어야 함을 지적하였다.

7. 사회가 단순하면 단순할수록 비정상인 혹은 괴짜를 장례 치르는 절차는 그만큼 변이가 적을 것이다. 이 가설은 검정되지 않았다.

8. 오로지 망자를 매장하기 위한 목적을 가진 공식 구역(즉 공동묘지)은 조상들로 이어지는 혈통의 근거로 결정적으로 중요하나 양이 제한된 자원들에 대한 자신들의 권리를 정당화하는 영속 집단들이 유지할 것이며 그 역도 성립할 것이다.

삭스가 검토 대상으로 삼은 자료를 보건대 그의 학문적 지식에 대해서는 의문이 없다. 다만 통문화적 조사로 검정을 하는 데는 난점들이 있다. 우선 오늘날의 연구자는 민족지 기록이 얼마나 정확한지 전적으로 확신할 길이 없다. 나는 인류학자 중에 지금까지 서술한 모든 사회를 방문할 시간이나 능력을 가진 연구자가 있으리라는 상상을 할 수가 없다. 이는 그저 인류학자들이 애초에 모든 걸 '바르게' 파악하였는지의 여부를 넘어서는 문제로 그 객관성과 불편부당성과 이해에 관해서는 언제나 의문이 제기될 수 있다. 기록된 자료에 대한 그런 통문화적 조사를 할 때는 어느 정도 믿고 들어갈 수밖에 없는데 실험과학의 방법을 고고학이나 인류학 같은 관찰과학에 적용하려는 시도에서는 다소 큰 허점이 생기게 마련인 것이다.

---

7) '정보'는 속성들이 상호 연관되기 때문에 불필요하게 반복된다. 속성들 중 일부는 '중복'되는데 그 이유는 그것들의 의미가 다른 관련 속성들에 의해 되풀이 표현되기 때문이다. 삭스는 '균질성'이라는 용어를 속성들 사이에 상호 연관성이 거의 없다는 의미로 썼다. 이에서는 '정보'가 집중되지 않고 균질하게 분포됨으로써 되풀이되지 않는다. 중복성과 균질성에 관해서는 본서 제4장 140~141쪽에서 좀더 논의한다.

골드스타인과 삭스의 여덟 번째 가설

삭스의 가설들 중에서 가장 흥미로운 것은 여덟 번째 가설인데 이는 메기트가 파푸아 뉴기니의 어떤 집단 성원들이 자신들을 개창 선조의 직계 후손이라고 주장함으로써 토지소유권을 확인하는 사례를 관찰한 데서 나온 것이었다 (Meggitt 1965). 토지가 드문 곳에서는 망자들이 공동묘지에 묻혔지만 토지가 결정적으로 중요한 자원이 아닌 다른 곳에서는 시신 안치 관습이 덜 공식적이었다. 이 가설은 기능적 관계를 사실로 가정한다. 즉 이런 특정한 사회적 반응은 그 사회체계와 생태 요인들 사이의 상호작용과 함수관계에 있다는 것이다. 여기서 전제는 각 개인이 자신의 행위가 잠재적으로 지닌 기능적 목적을 전혀 인식하지 못할 수 있지만 그들의 사회체계는 사람, 조상, 망자 사이에 이런 연계를 조성함으로써 자원 부족 문제에 대처한다는 것이다.

이 여덟 번째 가설은 다행스럽게도 다시금 민족지 기록을 이용해 검정된 적이 있다. 린 골드스타인은 민족지 사례 30개를 연구함으로써 이를 철저하게 구명하였다(Goldstein 1976). 그녀는 이 가설의 일부는 그대로 유지할 수 있음을 발견하였다. 즉 영구적으로 특화되었으며 분명한 경계를 가진 시신 안치 구역의 유지는 희소 자원에 대한 자신의 권리를 정당화하려는 어떤 영속 집단이 그런 관계를 의례로 표현하는 한 가지 수단이 될 수 있다. 그런 안치 구역의 존재는, 결정적으로 중요하나 양이 한정된 자원을 이용 및 (혹은) 통제하는 권리를 가진 영속 집단의 존재를 나타낼 가능성이 크다(Goldstein 1976: 61). 다른 말로 하면 정해진 시신 안치 구역이 없는 경우는 우리에게 사회 구조에 관한 정보를 반드시 주지는 못하는 반면 그것이 있는 경우는 영속 집단들과 조상숭배의 존재에 관해 무언가를 말해 준다는 것이다(Goldstein 1976: 60).

삭스의 가설들 중에서 여덟 번째 가설은 그간 지속적으로 이용되고 검토된 가설이다. 이안 호더는 수단 누바 족의 공동묘지 구조에 관한 자신의 민족지고고학 연구 작업을 토대로 이를 비판한 바 있고 최근에는 이안 모리스가 고전시대 그리스 및 로마의 장송의례에 대한 연구에서 이를 재검토하였으며 크리스토퍼 카도 이를 비판한 바 있다(Hodder 1982c: 196~199; Morris 1991; Carr

1995: 182). 우리는 이 여덟 번째 가설 덕에 공동묘지가 왜 만들어지는지를 이해하는 길로 조금 나아갈 수 있을지 모른다. 하지만 이는 집단들이 희소 자원에 대한 권한을 주장하기 위해 다른 형태의 정당화 방식이 아닌 공식 시신 안치 구역을 언제, 왜 채택하는지 이해하는 데는 도움이 안 된다. 더욱이 조상과의 관계는 삭스와 골드스타인이 추측한 바와는 달리 토지에 대한 기능적 관계를 설정하는 차원을 훨씬 넘어서는 사안이다.

테인터와 에너지 소비

욱코가 장례습속을 근거로 사회에 관한 추론을 하는 데 대해 신중을 기했음에도 불구하고 그의 사례들 중 몇 가지는 부와 지위 혹은 그 둘 중 하나가 어떤 무덤의 내용물, 형태, 크기 혹은 위치에 반영될 수 있다는 점을 보여준다. 또 그는 "민족지로 알려진 대다수의 사례에서 어떤 문화 혹은 사회는 한 가지 유형의 매장으로만 특징지어지지 않으며 오히려 그 반대로 한 사회가 여러 가지 다른 형태의 매장 방식을 취하게 마련이고 …… 그런 여러 형태들은 망자의 지위와 흔히 상관관계를 갖게 마련이다"라고 결론지었다(Ucko 1969: 270 (Chapman 1977: 20에 인용)). 이 주제에 대한 통문화적 연구의 한 예로는 조셉 테인터가 사회 지위와 갖가지 망자 처리 절차 사이의 관계를 구명할 목적으로 103개 사회에 대해 수행한 민족지 분석을 들 수 있다.[8]

테인터는 어떤 장례습속들이 일관되게 사회계서, 즉 시신 처리의 복잡성, 매장 시설(즉 묘 혹은 무덤)의 구축과 위치, 매장의례의 규모와 지속기간, 의례에 투입되는 물질의 양 그리고 인신희생과 관련이 있다는 사실을 발견하였다. 그는 '에너지 소비'라는 추상적 개념을 고안하였고 사례들 중 90%에서 각 개인의 사회계서가 그 매장의례에 쓰이는 에너지 소비의 정도와 상관관계가 있음을 찾아냈다. 이와 대조적으로 사회계서를 부장품으로 나타낸 경우는 사례들 중 5%에도 못 미쳤다(Tainter 1978: 121).

---

8) Tainter 1975; 1977. 테인터의 분석에 관한 더 자세한 사항은 본서 제4장을 참조.

크리스토퍼 카가 최근에 국가 아닌 사회 31개에 대해 실시한 통문화적 연구는 테인터의 에너지 소비 관련 발견 사실들을 뒷받침하지만, 그와 더불어 31개의 사례들 중 13개(즉 42%)나 되는 예에서 부장품의 차이가 '수직적 사회 위치'(즉 위계적 사회체계 안의 계서)와 연관된다는 사실 또한 발견하였다. 그리고 그는 무덤 속에 놓인 부장품 혹은 공헌물의 (양이 아닌) 질이 망자의 지위를 나타낸다고 결론지었다(Carr 1995: 178~180).

카의 접근법은 빈포드가 연구 대상 사회를 선정한 방식과 한정된 수의 변수를 설정한 데 대한 비판이자 생업경제 양식이 사회 복잡성의 정도와 연관될 것이라 가정한 데 대한 비판이다(Carr 1995: 122). 카의 결론 중 가장 중요하고 또 당연히 분명한 부분은 매장습속이 무엇보다도 철학-종교적, 사회적 요인들이 주가 되는 가운데 물리적, 상황적 요인들이 부차적으로 복잡하게 뒤섞임으로써 결정된다는 것이다. 나아가 사회조직과 사회적 인격은 장례습속에서 신앙과 세계관이라는 여과장치를 통해 흔히 간접적으로 그 모습을 드러내며 이 신앙과 세계관 자체는 사회적, 물리적, 상황적 추이와는 별개로 장례습속에 흔하게 영향을 미친다. 매장습속과 시신 처리 절차를 결정하는 신앙의 주류는 흔히 영혼 및 그것의 내세 여행에 관한 신앙과 대항 구조를 비롯한 우주질서에 관한 신앙이다. 사회 복합도와 함수관계에 있는 유일한 변수들로는 개인 정체성의 표현—이는 사회 복합도가 증가할수록 감소한다—과 '수평적 사회 위치'(즉 나이, 성 혹은 어떤 씨족이나 연대의 성원 자격)의 표시—이는 사회 복합도가 증가할수록 증가한다—가 있다(Carr 1995: fig. 2).

카는 이런 일반화와 여타 통계학적 중위中位 일반화들이 사회 행위와 매장의례 사이의 불변적 관계를 나타내는 중위 이론이 되지 못함을 인식하면서도 그런 접근법 한 가지를 개진하고자 간절히 바란 듯 헤르츠의 이론, 즉 시신의 운명이 영혼의 운명에 대한 은유로 쓰인다는 이론이 그런 보편적 이론이 될 수도 있다고 주장하였지만 헤르츠의 명제에 대해서는 내가 앞에서 이미 의문시한 바 있다(Hertz 1907; Carr 1995: 193).

신고고학에 대한 비판들

신고고학의 과정주의 접근법은 실증주의에 입각하여 물질 잔적과 그 사회적 상관계수들 사이의 관계에 관한 포괄적 명제들을 제시하였지만 몇 가지 일반화밖에 내지 못하였으며 그나마 이들에는 때로 많은 예외가 있었다. 그런 일반화들 중 테인터의 에너지 소비 모델과 삭스/골드스타인의 가설은 지금껏 살아남은 두 가지 가설인데 다만 이것들은 그 생성 바탕인 진화론적, 문화 생태적, 기능적, 유물론적 틀과 더불어 다방면으로 비판을 받은 바 있다(Hodder 1982c; Pader 1982; Parker Pearson 1982; Metcalf and Huntington 1991: 14~19). 1970년대 말과 그 이후의 사회인류학 혹은 문화인류학에서는 그런 기능주의 및 유물론적 관점으로부터 벗어나려는 움직임이 있었다. '단순'과 '복합' 같은 용어에는 이전의 '야만'과 '문명'으로 구성된 인종차별적 틀의 암시가 담겨 있으며 그래서 현대 사회들을 분간하는 데 더 이상 도덕적으로 받아들일 수 없다고 판단되었다(Rowlands 1989). 이는 더 세부적으로 들어가보면 '단순' 사회는 '평등' 사회로, '복합' 사회는 '위계' 사회로 등식화된다는 것으로서 위계적 사회가 인류의 성취와 진화에서 정점에 있음을 함축한다. 하지만 '단순한' 사회조직과 기술을 가진 사회라도 아주 복합적인 우주관을 가질 수 있다. 고고학 안에서는 과정주의가 보편적 일반화 및 사회진화에 대해 가졌던 관심이 그간 새로운 접근법들의 도전을 받았는데 이들은 특히 비산업화 사회에 대한 과정주의의 관점을 기계론적이고 (과도하게 단순화를 지향한) 환원주의적이며 비인간화된 관점으로 간주하였다(Shanks and Tilley 1987).

신고고학은 인간 행위의 중위 규칙을 찾아내는 데 치중하느라 과거 사람들이 행한 바에 과도하게 초점을 맞춤으로써 사회 실천과 재귀적으로 연계된 사고방식들을 무시할 정도가 되어버렸다. 신고고학의 중위 이론 주창자들은 옛 사람들이 '왜' 그렇게 했는지가 아니라 '무엇을' 하였는지에 초점을 맞춤으로써 잘못된 규칙들을 찾고 있었던 것이다.

3. 장례습속: 인간의 작용, 권력, 이데올로기

근년의 인류학 저술가 다수는 장례가 정치적 사건으로서 망자의 지위뿐만 아니라 애도자들의 지위 또한 활발하게 협상되고 재평가되는 장이라는 점을 강조한다. 기어츠는 자바의 한 특정 장례에서 일어난 소동을 분석하였는데 이는 망자를 둘러싸고 벌어진 이념적, 정치적 갈등의 양상이 열 살 나이로 죽은 한 소년의 중요성에 전혀 걸맞지 않았음을 명쾌하게 설명해 준다(Geertz 1973). 메트카프와 헌팅턴은 그들의 책에서 상당 부분을 왕의 장례 기간 동안 벌인 왕권 이양 문제를 논의하는 데 할애하였는데 예컨대 수단의 실룩Shilluk 왕들과 딩카Dinka족 정치·종교 지도자들 사이에서 왕의 장송의례와 그 장례 구조물들이 어떻게 다시 왕권제도를 수립하는 데 기여하는지 강조하였다(Metcalf and Huntington 1991: 133~188).

1970년대의 신고고학에서는 장례습속과 망자의 역할 혹은 사회적 인격이 계서 및 지위에 관한 기록으로서의 인간행위를 반영한다고 보는 경향이 있었다. 오늘날의 '탈과정주의'학파 고고학자들은 그런 반영된 이미지의 명확성을 훨씬 의심하는 경향을 띠며 그들이 보기에 장례는 사회적 역할들이 조작되고 획득되며 폐기되는 활기찬 경쟁의 계기이다. 어떤 사람이 사망하였을 때 그 망자는 생전의 그와는 완전히 다르게 표현될 수 있으며 산 자들은 그저 각자의 슬픈 감정을 표하고 귀가하는 이상의 할 일들을 지니고 있다. 그러므로 고고학자가 장송의례의 잔적으로서 찾아내는 물질문화는 적극적 행위 '동태'에서 비롯된 수동적 '정물'들이 아니라 그 자체로 옛 사람들이 자신들의 지각, 신념, 충심을 활발하게 조작한 결과 중 한 부분이다.

장송의례는 인간 활동의 한 특정 분야로 여타 상황에 관련되는 세계 및 실체들과는 흔히 아주 다른 세계 및 실체들이 결합되고 드러나는 장이다. 장송의례는 많은 사례에서 보듯 이념화된 역할, 혼령, 공동체, 제 관계와 관련이 있으며 이들은 경험되는 현재보다는 상상되는 과거 쪽을 더 많이 이야기해 줄 수 있다. 이미 본 바와 같이 블로크가 메리나 족에서 장례 및 무덤으로 표현되는 사회적 표상들과 일상생활의 사회 경제적 실상들 사이에 괴리가 있음을 식별한 것이 그런 예가 되겠다. "현재 속에 과거가 존재한다는 것은 …… 의례 정보교환의 특징인 그 다른 인지 체계의 구성 요소들 중 한 가지인데 이는 일상적 정보교환의 인지 체계에서 나타나는 세계와 달리 실제 경험과 직접 연계되지 않는 또 하나의 세계이다. 따라서 이는 눈에 보이지 않는 실체들이 사는 세계이다. 한편으로는 역할과 영속 집단들이 있고 다른 한편으로는 신과 조상들이 있으며 …… 이 두 가지 유형의 표상들이 서로에게 녹아든 상태이다(Bloch 1971 · 1977: 287)."

그런데 블로크의 이런 체계화가 지닌 문제점 중 한 가지는 표상의 이념적 영역을 나날의 경제, 정치적 실상 경험에서 떼어내 상정한다는 데 있다. 그보다는 인간의 경험이라는 것이 갖가지 표상들 속에서 생겨난다고 생각해야 할 터이며 그 표상들은 가사활동에서 맡은 젠더 및 지위 관계들일 수도 있고 장송의례에서 재구성된 역할들이 될 수도 있다. 그리하여 장송의례는 나날의 실재를 가리는 하나의 이념적 '가면'에 지나지 않을 뿐만 아니라 또한 수많은 표상들 가운데 한 가지 표상의 무대에 지나지 않기도 하다(Tarlow 1992). 게다가 인간의 경험은 의례화된 것과 나날의 것으로 구획되어 있지 않으며 그 뿌리는 각자가 이 세상 속에 살면서 해석하고 실연하는 지식에 있다(Barrett 1994).

사회적 실천과 인간의 작용

역할과 사회적 인격을 강조하는 사회 이론은 그간 '실천' 이론으로 대부분 대체되었는데 후자에서는 역할이 미리 정의되지 않고 사회적 실천을 통해 정의된다고 본다(예를 들어 Bourdieu 1977 · 1984; Giddens 1984). 역할은 유동적이고 무정형이며 아주 미묘한 방식으로 조종되기 쉽다고 여겨져야 한다. 제도화된 역할들은 인간의 행위를 억제하거나 조장할 수 있지만 사람들이 그에 충실할지 어찌할지는 가변적일 수 있다(Pader 1982: 56). 그래서 어떤 사람이 죽었을 때 상징으로 표현되는 정체성들은 애도자들과 망자에 대해 여러 가지 다른 힘들이 작용한 결과이다.

고고학자들은 그동안 일반화와 보편성을 추구한 반면 인류학자들은 근년에 들어 각 문화의 독특함 속에 존재하는 변이와 차이를 탐구하였다. "인류학에서 죽음에 대한 접근법은 문화 개념의 경우와 아주 유사하게 세분화 과정을 겪었다. 이런 세분화의 결과로 그간 이 문제를 초월적이고 보편적으로 보는 관념은 사라지게 되었다(Fabian 1991: 174)." 파비앙은 이런 사태 발전을 다른 사람들이 어떻게 죽는지 연구하는 '민속' 접근법이라 이름 붙였고 그는 이런 연구들이 장례 관련 행위를 서구 사회의 중핵으로부터 안전거리에 둠으로써 죽음이 지닌 '극도의 딜레마'를 대면하기보다는 회피하는 '타자'에 대한 연구가 되어버렸다고 추론하였다(Fabian 1991: 177).

우리는 제7장에서 이 문제로 되돌아갈 것이지만 특정하고 불확실한 현상에 대한 그런 접근법들은 그간 기능주의 접근법이 연구 대상으로 삼은 체계 및 구조가 아닌 사람들, 그들의 신념, 그들의 '작용'(사람들이 지식을 가진 행위주체로서 행하는 바, 행위들 뒤에 놓인 의도들)을 연구 주제로 설정하는 데 중요한 역할을 하였다. 그리고 인류학이 연구 관점을 '내부적emic' 관점(한 사회 안 사람들의 주관적 인식과 신념)과 '외부적etic' 관점(그런 사람들의 행위에 대한 바깥으로부터의 객관적 분석)으로 나누되 그중바깥에서 거리를 두고 보는 외부적 관점을 본래 과학적 접근법이라 여긴 개념 설정의 유용성 또한 실패를 맛보았다.

장례습속에서는 우리가 살면서 경험하는 모든 국면에서와 마찬가지로 생각과 행위가 얽히고설킨 이중성을 형성하며 우리는 이 이중성을 바깥에 서서 자기 생각대로 단순히 그럴듯하게 설명하려 하기보다는 사람들의 신념과 작용에 관련지어 이해해야 한다. 이제 그런 관점들은 최근의 사회 이론에서 확립된 상태이다(Binford 1981b와는 대조적으로 예컨대 Giddens 1984). 우리는 민족지 관찰 보고의 세세한 사항들을 정밀하게 조사함으로써 그 행위주체들이 다행스럽게도 알아차리지 못할 것인데다 문화적 보편현상이라고 가정할 수 있는 잠재 기능과 합리성들을 찾아내려고 할 것이 아니라, 유사보편성 및 일반 주제들은 각각의 문화 맥락에서 취한 것으로 오로지 문화적 변이만을 해석하는 틀을 제공하며 우리가 알고자 하는 이야기 중 아주 작은 부분만을 말해 줄 뿐이라는 사실을 인식할 필요가 있다. 메트카프와 헌팅턴은 보편과 특수 사이의 이런 관계를 다음과 같이 요약하였다.

"죽음의 의례들은 우리가 문화 보편성이라는 붙잡기 어려운 것을 추구할 경우에는 도저히 이해할 수 없는 의미를 지니고 있으며 그 의미는 죽음의 의례들을 특정한 이념적·사회적·경제적 체계의 맥락 속에 놓고 볼 때 비로소 우리에게 드러나기 시작한다. …… 죽음의 의례들과 관련해서는 이중으로 주의를 해야 하는데 그 이유는 기묘한 역설 때문이다. 죽음의 관념들은 우리의 기대와는 정반대로 포착하기 어려울 뿐만 아니라 아주 가변적이기도 하다. …… 반면 삶의 개념들은 …… 모종의 보편적 친밀성을 갖고 있다. …… 즉 풍요다산을 증대시키고 삶을 보전하려는 의례들에서는 동일한 상징들이 생겨난다. …… 죽음은 그보다 훨씬 막연하고 불명료하다(Metcalf and Huntington 1991: 74~75)."

4. 민족지고고학과 유추의 재검토

1960년대 말에 와서 일반적으로 쓰이게 된 단어인 '민족지고고학'은 고고학자들이 고고학 자료가 제기하는 특정 질문에 중점을 두는 가운데 민족지적 현재 속에서 직접 수집한 야외관찰 결과들을 이용하는 연구를 말한다. 장례습속에 연관되지 않는 주제에 관한 많은 민족지고고학, 아니 거의 모든 민족지고고학 연구는 신고고학의 중위 이론 개발 요청에 연계되어 실시되었다. 신고고학은 실증주의 과학철학의 가설연역적 논리구조 속에서 민족지 자료를 수집하고 연구 주제를 설정하려고 하였다(Gould 1980; Stiles 1977; Binford 1981b). 또 민족지고고학은 1979년부터 1985년 사이에 이안 호더가 주도한 '인지' 학파의 핵심 방법이었는데 그 시절은 장차 탈과정주의고고학이라 불릴 사조의 초기 단계에 해당한다. 이에서는 물질문화 상징들이 특정 사회 안에서 작동하는 맥락을 이해하려는 목적에서 그 물질문화가 어떻게 권력과 통제/저항의 이념적 전략을 구성하도록 맞추어지거나 이용되는지 이해하고자 하였다.

민족지 유추의 형태들

민족지고고학의 토대는 '유추'의 이용에 있는데 이는 한 가지 사항을 다른 사항에 등치시키거나 대응시키는 것을 말한다. 이 장 곳곳에서 인용된 다양한 사회들의 장례습속에 대한 나의 사례들은 옛 문화를 연구하는 고고학에서 유추로 유용할 수 있다. 이런 민족지 유추는 신중하게 사용되지 않으면 안 되며 또 고고학자들은 그 타당성을 아주 분명하게 알고 있다. 옐렌은 유추들을 일반 유추, 녹탄鹿彈(알이 굵은 산탄) 유추, 상수잡이 유추, 실험실 유추라는 네 가지 유형으로 규정하였다(Yellen 1977). 일반 유추는 몇 가지 기본 전제들로 국한되는데 예를 들면 모든 인간 사회는 상징을 사용한다는 관찰 결과 같은 것이다. 녹탄 유추는 하나의 특정 민족지 맥락에서 검정을 거쳐 개발될 수 있는 특수 가설들로 이는 그런 특정 상황에 들어맞을 수 있는 특정 고고학 정황이라면 어떤 경우든 '산탄총' 식으로 적용될 수 있다. 상수잡이 유추는 우리가 민족지 사례를 이용해 어떤 고고학적 일반화나 부적합한 고고학 해석을 퇴출시키는 경우 그런 특정한 예제들을 말한다. 마지막으로 실험실 유추는 실험고고학에서 나온 것으로 민족지적 '타자'에 대한 해석을 필요로 하지 않는다.

호더는 유추들을 형태 유추, 확률 유추, 상관 유추로 재정리하였다(Hodder 1982d). '형태' 유추 혹은 단편 유추는 고고학 해석의 기본 구성 요소로서 예컨대 '인골이 든 어떤 구덩이'를 형태 혹은 외양의 유사성을 토대로 한 1차적 해석으로 '묘'라고 인식하는 사례를 들 수 있다. 그렇지만 형태 유추는 이 1차적 식별을 넘어 좀더 복합적인 해석과 이해로 나아가려 할 때는 대단히 큰 제약에 부딪힌다.

'확률' 유추는 보편에 근사한 통문화적 일반화를 이용하는 유추이다. 사회들 중 90%에서 사회적 지위가 에너지 소비의 정도로써 표시된다는 테인터의 준칙이 한 예가 되겠다. (우리가 나머지 10%에 들어맞는 사례들을 만나지 않기를 바라야 하는 문제점을 빼고!) 이 확률 유추가 지닌 문제점은 '왜' 그런 관계가 성립하는지 반드시 해명되지는 않는다는 것이다. 중요한 점은 그런 준칙이 성립한다는 데 있지 그런 연계가 반드시 설명되거나 이해될 수 있다는 데 있지 않다.

그러나 이런 종류의 불변 자연적 추론 사례들을 논박의 여지가 없는 진리로 여겨서는 안 된다. 알리슨 와일리가 주장하였듯이 과거에 관한 모든 가설들이 의지할 수 있는 한 가지 표준 혹은 참조점, '초월적 격자 틀'이란 없다 (Wylie 1985 · 1988 · 1989). 그녀는 그렇게 보는 대신에 보편 지향 추론들은 여러 가지 추론들로 이루어진 연속체의 단지 한 부분일 뿐이며 지금 조사 연구 중인 정황에 대한 지식에 따라 지역에 맞게 적용되어야 한다고 생각한다. 그녀는 다양하고 계통이 서로 다른 증거들을 낼 수 있는 연계 원칙들, 비유한다면 여러 방면에서 추론을 도출하는 일종의 삼각측량을 근거로 삼자고 제안하였다.

'상관' 유추는 사회관계 구조화를 근거로 민족지 맥락과 고고학 사례 연구 사이에 설정하는 간접적 유추를 말한다. 이는 서로 다른 표상들을 공통 구조화 원리로써 연계하는 유추로 볼 수 있다. 호더가 남녀 사이의 관계를 구조화하는 데서 나타나는 오염 및 정화의 개념에 대해 실시한 연구 작업에 따르면 누바 족 사회와 영국 집시 사회가 지닌 동일한 기저 관념으로부터 물질적으로는 얼마나 다른 결과가 나오는지(Hodder 1982c) 알 수 있다. 호더는 자신의 구조화 원리들이 통문화적 보편타당성을 가지는지 여부에 대해서는 결코 분명한 입장이 아니다. 만약 그렇다면 그의 상관 유추가 확률 유추로 전제한 인간 행위 법칙들과 어떻게 다른지 정확하게 알기는 아주 어렵다. 따라서 구조화 원리들은 보편적이 아니라고 가정하고 또 유추의 목적에 적합한지 여부를 판정하기 위해 어떤 수준의 상호맥락 분석(와일리의 '삼각측량')이 필요하다는 가정을 하는 편이 낫다. 최근 제시된 상관 유추의 한 예에서는 영국의 스톤헨지 및 여타 신석기시대 거석 기념물들을 마다가스카르의 석조물들이 지닌 의미와 비교함으로써 영국의 기념물들을 조상을 위해 지은 구조물로 해석하였다. 이 유추의 설득력은 확률 유추와 달리 양자를 연결하는 논증 논리에 있지 않고 고고학 연구 사례의 증거가 그를 어느 정도 뒷받침하고 또 그에 어느 정도 적합한지, 이전에는 예견되지 않았던 연구 방향을 얼마나 열어주는지, 그리고 이전에는 이해할 수 없었던 증거에 대해 얼마나 새로운 지견을 보여주는지에 있다(Parker Pearson and Ramilisonina 1998).

죽음의 민족지고고학 연구들

1980년대에 이르면 고고학자들이 몇 가지 안 되는 적합한 해석을 찾아내겠다는 희망 속에 인류학자의 사례 연구들을 계속 뒤지기보다는 스스로 특정 민족지 자료를 모으지 않으면 안 된다는 사실이 분명해졌다. 이는 '인간관계지역파일'뿐만 아니라 특히 죽음에 초점을 맞춘 정황 연구들에도 마찬가지로 적용되었다. 더욱이 인류학자가 포착한 고정된 한 순간은 과거 사회에서 일어난 계기적 변화들과 비교하기에는 전적으로 부적합하였다. 호더는 자신의 아프리카 민족지고고학 연구 사업을 종료할 즈음에 시간의 흐름에 따른 변화를 연구하는 데 점점 큰 관심을 갖게 되었는데, 이는 동태적 관점 혹은 통시적 관점에서 과거 사회에 관한 추론을 하기 위해 현재의 정태적 순간 혹은 공시적 순간에 대한 민족지 '스냅사진'을 관찰한다는 관념으로부터 분명하게 벗어나는 연구 방향이었다.[9] 그 당시 많은 인류학자들도 현재에 대한 자신들의 연구에서 통사적 관점들을 개발하는 데 점점 더 깊은 흥미를 가지게 되었지만 그래도 오로지 고고학자들만이 현대 사회들에 대한 연구에서 고고학을 역사학과 더불어 이용할 수 있었다. 민족지고고학 또한 호더의 바링고Baringo 지역 연구가 보여주었듯이 한 마을 공동체 안에 머무는 표준적 인류학 접근법과는 대조적으로 시간 요소와 공간 요소들을 한데 결합할 수 있는 지방 단위의 무대를 필요로 하였다(Hodder 1982c). 그리고 민족지고고학을 제대로 수행하기 위해서는 특정 조사 사항들을 넘어 전체 사회의 관점에서 사회 관습들을 폭넓게 인식할 필요가 있었다.

---

9) 일차무스Ilchamus 족 호리병박 문양에 대한 그의 분석이 한 예이다(Hodder 1986).

장송의례 민족지고고학자들은 파비앙의 비판처럼 인류학자들이 서구 사람들의 죽음 수용 방식에 대한 정면 해부를 회피하는 것과는 대조적으로 흥미롭게도 자신들의 연구 초점을 영국 및 미국의 습속에다 맞추었다. 이런 작업의 내용은 아래에 요약하기로 하겠다.

그간 고고학자들이 민족지적 '타자'를 대상으로 약간의 연구 작업을 한 바가 있다(그런 연구의 한 예로는 David 1992). 다음에 소개하듯이 마다가스카르 남부의 탄드로이Tandroy 족에 대해 실시한 장례습속 사례 연구는 장송의례와 건축물이 얼마나 동태적일 수 있는지 또 사회적 지위와 장송의례용 소비 사이의 상관관계가 지난 200년간에 걸쳐 어떻게 변화하였는지를 제대로 잘 보여준다. 이 연구는 무덤 축조에서의 기념물성 발달과정에 초점을 맞추었으며 그로써 통문화적 분석에 사용되는 정태적 민족지 표상들이나 사회인류학 연구에서 때때로 검토되는 (50~100년간의) 짧은 역사적 계기 순서들과는 대조적으로 장기적 시간 차원이 민족지고고학 탐구에 필수적이라는 사실을 분명하게 예시한다.

5. 탄드로이 족의 장례습속과 기념물성의 등장

탄드로이 족이 사는 '가시나무의 땅' 안드로이Androy는 마다가스카르 남부 반건조지대의 한 지방으로, 여기서는 이 섬의 나머지 다수 지역에서 쌀농사를 짓는 것과 대조적으로 주된 생업 형태가 이목이다(Musée d'Art et d'Archéologie 1989). 망자는 단독으로 땅속에 묻히며 다시는 망자가 안식에 방해를 받지 않도록 그 위에 둥근 돌들로 채운 돌담장 형태의 무덤을 짓는다. 이 무덤의 윗부분에는 나중에 죽은 딸린 친족의 시신을 끼워 넣을 수도 있다(Parker Pearson 1999a: 14). 이런 신성한 기념물들은 탄드로이와 마하팔리Mahafaly 사람들이 사는 지방의 전역에서 볼 수 있다. 무덤은 규모가 큰 경우가 흔한데 사방 12m, 높이 1.2m에 양끝에는 '남자 돌들'이라는 커다란 입석들이, 가운데는 중심 기념물이 하나 선다(그림 2.3). 이런 기념 건축은 비교적 최근의 전통이며 탄드로이 사람들이 지난 몇 세기 동안 이용한 여러 종류의 무덤 형태들 중 그저 한 가지일 뿐이다(Heurtebize 1986a: Parker Pearson 1992).

탄드로이 족은 16세기에 정치적 족속 단위로 등장하였는데, 일상을 전쟁과 싸움으로 보낸 '로안드리아roandria'라 불리는 지도자들이 씨족 집단들을 거느리고 있었다. 자피마나라Zafimanara라는 한 종족宗族(혹은 동족)이 최고 권력을 쥐고 있었으며 정치 상황이 고도로 지리멸렬하였음에도 불구하고 19세기 말까지 그 권력을 유지하였다. 우리는 자피마나라 로안드리아를 대개 17세기 말부터 동굴에 안장하는 전통이 있었다는 사실을 제외하고는 17세기와 18세기에 자피마나라, 평민, 노예의 묘 사이에 중요한 구분이 있었는지 여부를 알지 못한다. 이 다양한 양식의 매장은 다시금 시신을 지상에 안치하는 방식과 분간이 된다. 18세기 초의 표준적 장송의례에는 숲 속에 감추어진 나무 울타리 안에 안장을 하는 행위가 있다(Drury 1743[1729]: 175~176). 이 습속은 오늘날까지 이어지고 있으며 석조 무덤 축조와는 대조적으로 많은 지역에서 빈곤과 낮은 지위를 나타내는 의미를 갖고 있다. 18세기 초 동안에는 오늘날과

그림 2.3 현대 탄드로이 족의 무덤. 비행기와 시골 택시를 그려놓았을 뿐만 아니라 무덤 중앙에 세운 구조물이 흔히 식민시대 행정 건물의 형태를 취하고 있지만, 그래도 무덤은 집이 아닌 외양간을 모델로 지은 것이다.

달리 장례가 아닌 남성의 할례의식이 소비의 초점이자 사회관계들을 조정하는 역할을 하였던 것으로 보인다.

무덤의 형식과 묘의 배치

매장에 돌을 사용하는 현상의 시원은 18세기 말로 거슬러 올라가는데 짝을 지은 선돌들('남자 돌들')과 묘 둘레에 두른 돌(연석緣石)들로 시작되었다. 가장 이른 석조 무덤은 아마도 1820년경 축조 개시되었을 것으로 보이는데 동쪽과 서쪽 끝에 선돌들을 가진 소규모 장방형 적석총이었다. 1880년이 되면 회반죽을 쓰지 않고 돌로 지은 낮은 담장을 가진 대규모 무덤들(그림 2.4)이 축조되기 시작하였으며 높은 담장을 두르고 중앙에 무덤 '집'을 가지며 높은 '남자 돌들'이 있는 콘크리트 및 돌로 지은 무덤은 1930년대에 등장하였다. 마지막으로 근년에는 담을 두른 몇몇 무덤들이 축조되었는데 그 담은 공들여 다듬은 돌들의 이음매를 잘 맞추어 쌓았다. 양식에서의 변화상을 보면 흔히 고대의 형태나 옛 형태들이 사라지지 않고 새로운 양식들과 나란히 계속해서

그림 2.4 1905~1910년경 사망한 왕 마하세세를 위해 지은 탄드로이 족의 초기 석조 무덤. 1880년경 처음으로 지어진 이런 대규모 양식은 외양간을 돌로 은유하였음을 나타낸다. 나무 집과 같은 규모의 이보다 작은 그 전 무덤들은 오지에 19세기 초 처음으로 지어졌다.

축조되는 형국이다.

경관에서 두드러진 위치에 석조 무덤을 축조하는 현상은 크게 보아 현재 장방형 나무 울타리로 매장들을 두른 숲 속 공동묘지를 대체하는 중이다. 이런 울타리 매장들은 현대의 석조 무덤들과 크기가 비슷하지만 그중에서 이른 19세기의 형태들은 이른 석조 무덤들과 비슷하게 규모가 훨씬 작다. 지금의 숲 속 울타리 매장과 규모가 크고 아주 눈에 잘 띄는 석조 무덤 사이의 차이는 단지 빈부의 차이일 뿐이라고 여겨진다. 오늘날 안드로이의 모래 지역에서는 몇 킬로미터나 떨어진 곳에서 돌을 수레에 잔뜩 싣고 오든지 아니면 돌과 나무를 섞어 무덤을 지어 석조 무덤 흉내를 낸다. 후자의 경우 돌을 최소한도로 쓰더라도 높은 '남자 돌들'과 묘 위의 소규모 적석만은 갖춘다.

묘와 무덤 상호 간의 배치를 지배하는 사회 규약들이 있다(Heurtebize 1986b: 139~166; Parker Pearson 1999a: 14). 웃어른의 묘는 언제나 아랫사람의 남쪽에 자리 잡는 반면 ('남자 돌들'로 치장하지 않는) 여자들의 묘는 남자의 서쪽에 둔다. 이런 기본 배치 원리는 한 무덤 안에 한 기의 묘만 있든 여러 기가 있든 간에 채택되어 매장들이 상호 연속되면 복잡한 공간 순서를 이룬다. 여러 기의 묘를 가진 석조 무덤은 세 가지 유형으로 세분할 수 있다. '미람피 mirampy'는 무덤들을 서로 잇대어 공유 담을 가진 것이다. '미하로miharo'는 새 묘를 다른 묘 옆에 파면서 그 담을 허묾으로써 두 묘가 한 무덤으로 합체된 것이다. 그리고 '미조mijo'는 두 번째 매장을 기존 무덤의 봉토 안에 끼워 넣은 것이다.

무덤, 소 그리고 집들

오늘날의 무덤은 외양간 모양으로 짓는다. 그 크기는 전통적으로 마을의 동북쪽에 짓는 나무 울타리를 가진 장방형 외양간에 견줄 수 있다. 이런 외양간들은 세운 나무와 가로지른 나무로 구축하며 입구는 남서쪽에 있는데, 집인 경우 이 방향의 출입구는 전통적으로 노예와 여자용이다. 이런 석조 무덤과 외양간의 대비는 석조 무덤을 가리키는 몇 가지 말 중 하나인 '돌 외양간'이라는 용어에서 분명하게 드러난다. 이 은유는 무덤 위 곳곳에 뿔 붙은 소 두개골 윗부분들을 놓는 데서 더욱더 강화된다.

소는 탄드로이 사회의 경제 및 상징에서 하나의 추동력이다. 시신을 매장하기 전에 소를 죽여 매장지에 그 피를 뿌리는 행위와 묘 모서리를 그 피로 표시하는 행위는 모두 장송의례에서 핵심적 부분이다(Heurtebize 1997)(그림 2.5). 혼인관계에서 여자를 주는 집단과 받는 집단이 장례식에서 상호 의무 관계로 소를 교환하는 일은 그 이념적 의미를 다시금 가리키는 표지이다(Parker Pearson 1999a: 11~12). 소는 전통적으로 장례식이 아닌 때에는 죽이지 않는다. 희생용으로 뽑은 놈들은 반드시 거세한 것이라야 하는데 그 이유는 황소의 생식력이 무덤 자리에 본래 내재한 신성성을 해칠 수 있기 때문이다. 무덤에서 희생된 동물로부터 나온 살코기의 소비는 장례에 참석한 이방인과 친족 아닌 사람들 그리고 죽음의 오염을 완화시키는 장례 제관에게만 허용된다.

암소의 젖도 신성한 의미를 갖고 있다. 암소 젖을 짜는 일은 소년과 남자들이 하며 여자들에게는 금지되어 있다. 다만 여자들은 소 젖통에서 직접 우유를 빨아 마시는 권리는 가진다고 한다. 우유는 호리병박에다 암소별로 받아

그림 2.5 장례 행진 전과 도중에 마을에서 소떼를 몰아대고 과시하는 행위와 상주 마을의 소떼를 관에 앞세워 몰고 매장지로 가는 행위는 탄드로이 문화에서 소가 지닌 이념적 중요성을 드러낸다.

집으로 가져가야 하며 집에 들어갈 때는 남서쪽 출입구로만 들어가야 한다. 그렇게 한 후에야 비로소 우유 전부를 호리병박 하나든지 나무 그릇 하나에 함께 부을 수 있으며 다른 소재는 쓰지 않는다. 이와 마찬가지로 의례 전문가가 주관하는 의식에서는 유일하게 나무 그릇만이 용기로 쓰인다. 외양간은 보호 목적 및 다산풍요에 연관된 특정 의례들이 베풀어지는 중심 장소이다. 집 안에 들어갈 때와 다른 지점에서 벌어지는 의례들에서는 무덤에서 매장을 할 때나 씨족 모임 장소에서처럼 신발을 벗어야 한다.

　　19세기와 20세기 초의 소규모 석조 무덤은 '돌 외양간'으로 여겨지지 않으며 사람들이 기억을 하는 과거 시기에도 그러지 않았다. 그러므로 외양간과 무덤 사이의 은유는 최근에 생긴 연계일 가능성이 큰 것으로 생각된다. 우리는 이런 옛 무덤들에 뿔 붙은 소 두개골들을 놓았는지는 알지 못하는데 그것들이 30년 이상은 잔존하지 않기 때문이다. 만약 초기의 석조 무덤들에 대한 은유 모델이 있었다면 언제나 너비보다 길이가 약간 긴 무덤의 비례와 너비 3m, 길이 4m라는 규모로 보건대 그것은 집이었을 가능성이 가장 크다. 또 무덤 동서쪽의 '남자 돌들'은 집의 남북 끝에 세운 지붕 기둥들(각각 '머리 기둥'과 '두개골 기둥'으로 부른다)을 고스란히 반영한다. 초기의 석조 무덤들은 담이 낮은 점과 끝기둥들이 아직 서 있는 점으로 미루어 보건대 특정하자면 무너진 집들을 모델로 하였을 가능성이 있다. 망자의 집은 무너지게 내버려두며 일단 망자를 무덤 속에 안치하고 난 후 그 집을 불태우는데 바로 그 직전의 집 상태가 그런 모습이었을 것이다. 일부 19세기 무덤들의 '남자 돌들'은 마치 집의 마룻대를 장부 이음으로 잇는 끝기둥의 장부처럼 그 꼭대기를 다듬었다. 하지만 입석들의 크기와 모양 그리고 '남자 돌들'이라는 이름은 또한 인간 형태를 아주 많이 연상시킨다. 그래서 인간 형태와 강력한 상징 연관이 있을 가능성이 가장 크지만 이렇게 말한다고 해서 집 끝기둥과의 연관 가능성을 부정하는 것은 아니다.

기념물성 무덤의 기원

석조 무덤의 탄생과 발전 과정에서는 다수의 변화와 변형이 있었는데 특히 규모가 점점 커진 점, '남자 돌들'의 높이가 높아진 점, 반독립 무덤('미람피')으로부터 단독 무덤으로의 변화 그리고 우선시한 방향의 역전(처음에는 북쪽에서 남쪽으로 가면서 낮아졌는데 그것이 남쪽에서 북쪽으로 낮아지는 쪽으로 바뀐 점) 가능성까지 들 수 있다. 이런 일련의 변형 사항들은 또한 친족관계, 배경 경관, 씨족 이주 그리고 탄드로이와 바라, 마하팔리같은 이웃 집단의 여타 매장 형태에서 일어난 변화라는 맥락 속에 놓고 봐야 한다.

석조 무덤들은 어떤 씨족들이 남쪽 모래 지방에서 안드로이 중부와 북부의 바위투성이 지방으로 옮겨갔을 때 생겨났다. 우리는 고고학적 야외 조사를 실시하고 또 이주에 관한 구비 역사를 연구함으로써 아포마롤라이Afomarolahy 씨족이 북쪽으로 이동한 연대를 1800년부터 1880년 사이로 비정할 수 있었다 (Heurtebize 1986a; Parker Pearson *et al.* 1996; Parker Pearson 1999a). 그들은 바로 이 시기 동안에 안드로이 중부의 암석 산괴 가까이에 정착하였다. 우리는 이 바위투성이 지역에서 다수의 옛 탄드로이 석조 무덤들을 발견하였다. 이 무덤들에 묻힌 인물들 중 일부의 이름은 아직도 알려져 있고 아포마롤라이 씨족 및 연관 씨족의 각 동족 가계에 대해 작성된 족보에 나온다(Heurtebize 1986a). 이 인물들의 족보상 위치로부터 사망 연대를 추산해 보면 '남자 돌들'을 가진 가장 이른 장방형 적석총의 연대는 1860년에서 1880년 사이로 나온다. 안드로이 북부에 18세기 초의 소규모 적석총들이 있기는 하지만 이것들은 모양이 다르며 지금 아주 북쪽에 사는 바라 이목민이 지었으리라 추정된다. '남자 돌들'만이 특징인 묘는 좀더 일찍 18세기 혹은 심지어 17세기에 축조되기 시작하였다.

최초의 기념물성 석조 무덤들에 묻힌 이들은 지금 안드리아마냐레 Andriamañare 씨족으로 알려진 지배 자피마나라Zafimanara에 종속된 씨족들의 성원이었지만 그들의 계서는 다른 씨족들보다는 상위로 매겨졌다. 그 무덤들은 이전에는 사람이 살지 않고 숲이었던 지방과 목초 지역에 지어졌으며, 이 초기의 기념물성 무덤들은 숲 속 깊숙이 감추어져 있었지만 나무 울타리 무덤들로 이루어진 공동묘지와는 떨어져 있었다. 간단히 말해 이 무덤들은 이제 돌을 구할 수 있었기 때문에 그렇게 지어졌던 것이다. 하지만 그 무덤들은 상당한 격변기에 등장을 하였으니 그에는 아마도 여러 가지 요인들이 개재되어 있을 것이다. 아포마롤라이 족은 전통적 권위의 속박을 벗어나 새로운 영역으로 옮겨가고 있었다. 이들은 목초지를 둘러싸고 호전적 소 목축민인 바라 족과 경쟁하였다. 또 그들은 바라 양식의 석조 무덤으로부터 영향을 받았을 가능성이 있지만 양자는 구비 역사로 아는 한 서로 혼인하지 않았다.

아포마롤라이 씨족의 수는 급속하게 늘어났으며 이즈음에 새로운 집단 정체성을 가진 동족 혹은 하부 동족들이 기념물 축조 활동을 부분적으로 벌이는 가운데 생겨났을 것이다. 그 사람들이 이런 묘 양식으로 기렸던 최초의 남자들은 소를 많이 소유하였지만 정치적 직위를 가지지는 않았고 또 최고 씨족과 혼인관계를 맺지도 않았다. 최고 씨족의 중앙집권력은 1888년경 쇠퇴하기 시작하였는데 이때 안드로이는 다섯 개의 작은 정치체로 분할되었다. 다른 씨족들은 20세기가 될 때까지 석조 무덤 전통을 널리 채택하지 않았지만 오늘날에는 이런 무덤들이 안드로이 전역에서 발견된다. 숲 속 나무 울타리 매장이 계속 이어지는 한편으로 탁월한 입지의 석조 무덤들을 축조한 현상은 사회관계 및 교환관계를 조정하는 부와 지위의 존재를 명백하게 나타낸다.

이상으로 다음과 같은 몇 가지 유사 보편적 주제들이 떠오른다. 장례 기념 건축의 등장은 정치가 인적으로나 제도적으로 불확실한 순간들에 연계되어 있고 그 혁신들은 (비교적) 고위 집단에 의해 개시되며, 그 사례들은 나중에 모방된다는 것이다. 그 외에도 주변 목초지의 의미, 초기 무덤들이 남성 영역 안에서 남성 매장과 관련이 있는 점, 지배 씨족과 아포마롤라이 족 사이의 관계, 아포마롤라이 씨족 내의 정치 동향 같은 다른 많은 차원들이 있다.

6. 우리를 대상으로 한 민족지고고학: 영국과 미국의 장례습속

영국의 장례만큼 음울한 것도 없다. 부자연스러운 침묵, 무언의 슬픔, 관이 나중에 화장로의 조절되는 가스 불길 속에 넣어질 뿐이라는 사실을 아는 가운데 전기식 커튼 뒤로 사라지는 것을 지켜보는 기괴한 허식 같은 것은 탄드로이족의 활기찬 죽음 제식과는 극명한 대조를 이루는 특징들이다. 영국에서 망자의 시신은 화장되든 매장되든 교외의 공동묘지에 묻히거나 추모공원에 흩뿌려짐으로써 사회에서 격리되고 사람들 눈에서 사라진다(Parker Pearson 1982) (그림 2.6). 나이젤 발리가 표현한 대로 "우리는 우리의 망자를 그저 처리하는 것이 아니라 던져 내버리며 그들과 아무런 지속적 관계를 가지지 않는다 (Barley 1990: 116)." 발리는 사람들이 꺾은 꽃들을 놓고 유골이 자연으로 되돌아가는 것만이 생장에 연계된 부패의 표현일 뿐인 반면, 의례의 필요성과 동시에 그에 대한 깊은 불신감 사이에는 일종의 긴장관계가 있음을 지적하였다 (Barley 1990: 113~116).

그림 2.6 영국의 화장터는 경관과의 연관 관계 및 의미가 모호한 사회 주변부 지역들에 자리 잡고 있다. 건축적으로 별로 두드러지지 않는 화장터의 내부는 사람들이 탐미적 즐거움이나 영적 묵상을 목적으로 흔히 방문하는 교회들과는 달리 장례 업무를 보는 장소로만 여겨진다.

고고학자들은 1980년대 초부터 영국과 미국의 현대 장송의례로 주의를 돌렸고 그 연구 결과는 당시 사회학자와 역사학자들에 의해 늘어나고 있던 연구에 보탬이 되었다.[10] 그 외에 지난 몇 세기의 교회묘지, 납골소, 공동묘지에 대한 편람과 발굴 보고서의 양도 점점 증가하고 있다(Burman 1988; Cox 1996, 1998; Jones 1979; Molleson and Cox 1993; Rahtz and Watts 1983; Reeve and Adams 1993). 이런 연구 문헌 더미에 민족지고고학자들이 기여한 바를 크게 요약하자면 죽음의 물질문화에 대한 관심 부각, 망자를 산 자들로부터 분리하는 데 쓰이는 여러 방식에서의 추세에 대한 탐구, 정체성과 지위의 규정이라 할 수 있다. 핀치가 표현한 대로 "장례 기념물은 여러 가지 동시적 맥락과 담론 속에서 작용을 하면서 살아 있는 것으로 볼 수 있다(Finch 1991: 113)." 여기서는 다음 세 가지 주제를 살펴보기로 한다. 첫째는 영국에서의 화장 발달, 둘째는 개인의 지위와 에너지 소비 사이의 불합치, 셋째는 종교적 신조와 장례습속 사이의 관계이다.

화장의 발달

오늘날 영국에서는 화장이 정상 의례로 인구 중 72%가 화장을 하며 그간 한 세기에 걸친 급속한 수용 과정을 거쳐 이제 상한이라 생각할 수 있는 수준에 도달하였다.[11] 화장은 15년간의 홍보 활동 끝에 1884년 법제화되었다. 반대자들은 화장을 반종교적이고 이교적이며 '최후 심판의 날'에 신체가 부활하는

---

10) 고고학적 연구 작업은 Dethlefsen and Deetz 1966; Deetz and Dethlefsen 1967 · 1971; Rahtz 1981; Gould and Schiffer 1981; Parker Pearson 1982; Cannon 1989; Finch 1991; Tarlow 1992 · 1998; Cox 1998. 사회학, 역사학의 연구 작업은 Ariès 1974 · 1981; Bassett 1995; Bennett 1992: 173~270; Chidester 1990: 251~290; Clarke 1993; Colvin 1991; Curl 1972, 1980; Dempsey 1975; Fulton 1965; Gittings 1984; Gorer 1965; Habenstein and Lamers 1955; Jackson 1977; Kalish and Reynolds 1976; Kübler-Ross 1975; Litten 1991; Llewellyn 1991; Mack 1973; Mitford 1965; Morley 1971; Pine 1975; Rawnsley and Reynolds 1977; Sheskin 1979; Stannard 1974 · 1977; Sudnow 1967; Warner 1959; Whaley 1981.

11) Parker Pearson 1982. National Association of Funeral Directors가 보고한 1996년 영국에서의 화장 비율은 72.2%였다.

데 커다란 장애라고 여겼다. 반면 화장의 이점이라고 자랑한 내용을 보면 훨씬 위생적이고 질병 예방책이 되며 장례비용이 훨씬 적게 들고 인간의 유해가 약탈되는 것을 막을 수 있으며 장례를 실내에서 치를 수 있고 너무 서둘러 매장하는 경우를 방지할 수 있다는 것이었다(Parker Pearson 1982; Tarlow 1992를 참조). 화장 홍보 활동은 마침 위생 관념에 변화가 일어나 시신이 '독기'와 질병을 퍼뜨린다는 인식에 영향을 미치던 즈음에 벌어졌다. 게다가 1870년대에 이르면 이미 장례의 허례허식 취향이 절제와 간소화로 바뀌기 시작한 참이었다(Cannadine 1981: 191~193; Tarlow 1992: 132~133; 1998). 어떤 사람들은 골호의 아름다움과 단순함이 고전시대를 연상시키기에, 추모공원에 심미적으로 꼭 들어맞는 이상형이라고 여겼다. 또 한때 극도로 혐오했던 화장의 관념이 식민지 인도의 화장 종교들과 만나면서 좀더 받아들일 만하고 익숙한 관념이 되었을 수도 있다. 좀더 최근의 화장 정당화론으로는 토지가 매장 묘들로 무가치하게 어질러지는 현상을 막을 수 있고 간단해서 번거로움이 없으며 유해를 안치하는 데 선택의 폭이 좀더 넓다는 점 등을 들 수 있다. 그런데 이런 '실용적' 관심사들은 시신, 망자의 의미, 종교적 신조에 대한 복잡한 태도 변화를 자칫 잘못 전할 수 있다.

화장의 발달은 사라 탈로우가 지적한 바와 같이 (납관에 넣고 방부 기법을 사용함으로써) 신체를 보존하는 일로부터 파괴하는 일로의 전환일 뿐만 아니라 망자의 개인적 정체성 또한 급속도로 와해됨을 알리는 신호탄이었다. 화장 골호·감실·위패의 통일성, 유골을 익명의 추모공원에 뿌리는 것, 공동 기념물 하나로 추념하는 것 그리고 비망록에 한 줄 쓰는 것 등이 모두 망자의 탈구脫區와 익명화에 기여하였다. 또 화장은 사별에 수반되는 사적 감정을 점점 강화하고 구체화하였으며 그런 가운데 근친과 친구들은 남의 방해를 받지 않고 슬픔을 오롯이 할 수 있었다.

피터 줌이 1980년대 영국 라이체스터 주 사람들이 화장과 매장 중 무엇을 선택하는지 연구한 데 따르면 종교적 신조, 죽음의 상황, 사회 정황이라는 세 가지 주요 주제가 부각된다. 첫째, 장례의 선택은 사별한 사람과 망자 혹은 그 둘 중 하나가 열성 신자로서 전통적으로 종교를 믿고 있었을 때나 죽음 때문에 종교적 혹은 영적 위험을 감지하였을 때는 매장과 추념을 포함해 한층 정교한 쪽을 지향하는 경향이 있다. 둘째, '무의미하며' 특히 황당하다고 생각되는 비정상적 죽음(집단사, 급사 혹은 조사)이 발생하였을 때는 이와 비슷하게 매장 절차가 한층 복잡해질 가능성이 커지는데 그 이유는 이런 죽음들에는 "비상한 슬픔을 담아내고 또 일찍 돌아간 데 대한 공정한 보상을 하려는 의도의 장송의례(Jupp 1993: 190)"를 베풂으로써 중요한 사회적 재조정 작용이 뒤따르기 때문이다.

　　마지막으로 줍은 1970년대의 캠브리지 연구에 기록된 것처럼 근친의 경제적·계급적 위치가 또한 중요한 요인이라는 점을 예증하였다. 화장이 그간 계급에 연관된 현상으로서 대대적으로 확산되었다는 관찰은 시골 거주민, 도시/교외 거주민, 시골서 도시로 올라온 사람들 사이의 차이로 뒷받침된다(Parker Pearson 1982: 105; Jupp 1993: fig. 1). 지역에 오랫동안 뿌리를 내리고 살았으며 가족 관계가 긴밀한 시골 노동 계급은 화장보다는 매장되는 쪽을 선택할 가능성이 크다. 이는 매장을 선호하는 다른 측면들과 연계되며, 영국 계급 체계에서의 위치는 그중 단지 한 요인에 지나지 않는다. 긴밀한 관계를 가진 공동체 안에 뿌리를 얼마나 깊이 박고 있는지는 매장을 선택하는 데서 아주 중요한 요소가 충분히 될 수 있다. 화장은 유랑극단 가족, 집시, 이민 가톨릭교도, 많은 시골 공동체 같은 일부 사회집단과(혹은) 지역집단에게 아직도 대체로 받아들이기 어려우며 또 앞으로도 아마 당분간은 그러할 것이다.

지위와 소비

영국의 가족들이 장례습속의 규모 및 정교함으로 자신들의 지위를 표현하는 데 매장보다 화장을 선택하는 중요한 한 측면으로는 화장의 비용이 덜 든다는 점을 들 수 있다. 빅토리아시대의 죽음 처리 방식은 장송의례에 재산을 호사스럽게 과시적으로 소비하는 풍조와 사회적 위치에 따라 그런 소비의 등급이 아주 잘 매겨졌던 사실로 널리 알려져 있는데, 이는 일러야 19세기 중반에 장례를 점점 간소화하는 경향이 등장할 때까지 지속되었다. 그런데 이런 관계는 1977년의 캠브리지 연구가 보여준 대로 한 세기 안에 거의 뒤집어졌다. 이제 집시와 유랑극단 사람들이 장례 과시의 모든 측면에서 가장 허세를 부리는 축에 든 반면 비싼 집에 산 사람들 대다수는 간소하고 값싼 장례를 치렀다 (Parker Pearson 1982).

오브리 캐논은 19세기 캠브리지 주 묘비들에 대한 조사를 한 후 고위 사회 집단의 이런 간소화 지향은 부자들이 기존의 장례 정교화와 대조적으로 검소한 장례 전통을 '고상한 취향'으로 여겨 솔선하는 장기적 주기 현상의 한 부분으로 나타난 것이라고 주장하였다. 그는 '중복성 표출의 법칙'이라는 것을 들어 빅토리아시대 영국(과 접촉기 미국 북동부 이로쿼이Iroquois 족 거주지)의 맥락 속에서 그런 장기적 장례 주기 현상들이 나타남을 설명하였다(Cannon 1989).

이 주기는 부자들이 장송의례에서 아주 많은 소비를 하는 첫 단계로 시작되는데 그는 이를 '정교화 표출 시기'라 불렀다. 나중에 다른 집단이나 계급들이 비슷한 호화 장송의례를 채택하자 엘리트들은 다른 모든 이들과 차별화를 하기 위해 검소한 장례를 채택하는데 이를 '표출 억제'라 불렀다. 캐논의 주장에 따르면 이렇게 하는 이유는 정교화가 한동안 계속된 후에는 소비가 남들에게 별다른 인상을 주지 못하기 때문이라고 한다. 그러는 동안에 엘리트들이 한때 채택하였으나 이제는 낡아버린 천박한 과시 양태를 그보다 낮은 사회 집단이 계속 흉내 낸다. 그리고 이 '표출 억제'의 새로운 습속은 사회 사다리를 타고 점차 아래로 내려간다.

장례 소비로써 사회 지위를 표출하는 데 대한 관심은 15세기 말과 16세기의 사치금지법에서도 그와 대등할 정도로 나타나는데, 이 법은 '졸부'들이 전통적인 지주 귀족 계급과 경쟁하려는 모방 소비를 제한하려는 법이었다. 그로부터 몇 십 년 뒤 군주제주의자이자 성직자인 존 위버는 "관은 망자의 품격과 수준에 따라 만들어져야 하며 무덤으로 주인공이 생전에 어떤 계서였는지 분간할 수 있어야 한다"고 썼다(Gittings 1984; Daniell 1997: 46; Weever 1631(Finch

1991에 인용)). 핀치는 위버가 귀족 계급은 실물 크기의 우상들을 갖춘 높은 무덤들로, '그보다 낮은 신사 계급'은 무덤 대석 판들로 표시를 냄으로써 '상인이나 비루하고 탐욕스런 고리대금업자들'에게 가장 호사스런 기념물을 제공했기 때문에 위협받고 있는 사회질서를 회복해야 함을 어떻게 주장했는지 서술하였다(Finch 1991: 105~106). 그렇지만 핀치가 17세기 노폭 교회 무덤 기념물들을 연구한 결과를 보면 엘리트 가문들이 특히 한층 넓은 범주의 지방 토호 엘리트의 정체성을 만들어내는 사회 전략으로 이런 유물들을 어떻게 적극 활용하였는지 알 수 있다(Finch 1991: 110~111).

종교의 차이와 공동체의 정체성

매장이 아직도 보편적으로 시행되는 영국 시골 공동체 한 곳은 아우터 히브리데스Outer Hebrides, 즉 스코틀랜드 서부 제도의 게일어 사용 주민 공동체이다. 이 제도의 남쪽 섬들은 가톨릭교도가 압도적인 데 반해 북쪽은 장로교도가 우세하지만 20세기의 장례습속은 두 공동체가 스코틀랜드의 나머지 지역 다수 및 영국 전반과는 대조적으로 대체로 비슷하다(Bennett 1992; Ennew 1980; Vallee 1957). 묘지는 교회와 마을로부터 멀리 떨어진 곳에 위치하는데 흔히 바다에 가까우며 관은 전통적으로 같은 교회를 다니는 남자 애도자들 모두가 함께 운반한다. 압도적 다수가 가톨릭교도인 바라 섬에서는 관을 가운데 두고 앞에는 남자들, 뒤에는 여자들이 열을 지어 장례 행렬을 한다. 이는 망자를 산 자들로부터 분리하고, 남자들의 세계를 여자들로부터 격리하며, 남성 공동체의 상호 의존성을 강조하는 역할을 한다. "한 발자국씩 뗄 때마다 죽은 사람이 이 세상으로부터 멀어짐"으로써 그 망자는 의례에서 확실히 "'행위주체'가 아닌 하나의 '물체'"라는 위치를 차지하게 된다(Vallee 1957: 127). 물리적 분리의 순간은 하관을 한 후 그에 앞선 운구 행렬에서 남자 애도자 대표가 잡았던 관 앞과 여자 애도자가 잡았던 관 뒤에 붙였던 장식 술을 제거할 때이다.[12] 스코틀랜드

---

12) 이전에는 그 장식 술을 애도자단의 장이 잘라 지녔지만 오늘날에는 관에 부착된 채로 하관한다.

의 다른 지역들에서는 여자가 묘까지 가지 않는 것이 전통이었지만 여기서는 모두가 묏자리에 가며 "매장 장소에는 고기와 술을 아주 푸짐하게 가져간다 (Buchanan 1793(Bennett 1992: 243에 인용))." 발레는 장례에서 사회적 지위가 사회적 관계를 조정하는 역할은 비교적 작다고 결론짓고 친족관계, 나이 및 성, 종교적 귀속, 거주 지점에 따라 연대solidarity와 차이가 구조화된다고 보았다 (Vallee 1955: 129~130).

7. 소 결

과정주의 고고학자 일부는 그간 사회 지위와 장례 소비 사이의 이런 불합치가 전통과 의례로써 본분과 책무를 규정하는 전통 사회가 아닌 산업 사회들에서만 보일 것인지의 여부를 궁금해 했다. 하지만 이런 불합치는 캐논의 이로쿼이 족에 대한 조사와 위에 언급한 탄드로이 족에 대한 연구가 가리키는 대로 비산업화 사회의 요소 중 한 가지이기도 하며, 맥락과 역사에 따른 특정한 현상이다. 장례습속에 영향을 미치는 사회적, 이념적 요인들과 거꾸로 그런 습속이 미치는 재귀적 영향은 아주 중요하며 복합적이라는 사실을 알 수 있다. 우리가 이념과 장례습속 사이에 어느 정도로 일관된 관계가 있을지 예기하는 것은 결코 간단한 문제가 아니다. 그간 전통 사회들이 장례습속에서의 빠른 변화를 비롯한 역사라고는 도무지 가지지 않은 것처럼 취급하는 경향이었고, 식민 주체 세계가 당해 사회들에 때로 어마어마한 영향을 미쳤음을 제대로 평가하지 못하고 마는 문제도 있었다. 예를 들어 우리는 지위와 합치되는, 장송의례 정교화의 위계가 바로 외부 간섭 및 통치의 결과로 성립하였을 것으로 상정하였다.

캐너딘이 언급한 대로 "죽음의 역사는 적어도 삶의 역사만큼이나 복잡하였다(Cannadine 1981: 242)." 습속을 신조와 간단히 등식화할 수는 없으며 통문화적 규칙성이나 안정적이고 보수적인 의례 및 전통들의 존재를 액면 그대로 받아들일 수는 없다. 이런 까닭에 고고학자의 임무는 더욱 달성하기가 쉽지 않다. 추론과 해석은 실제 관찰한 것과 상상한 것 사이에 상정된 규칙성보다는 되도록 맥락 연구를 바탕으로 삼아야 한다. 그럼에도 물질문화는 중위 이론에서 상정한 바와는 달리 인간 행위의 단순한 반영이나 결과가 아니다. 물질문화는 신조, 이념, 습속을 부분적으로 구성한다고 볼 수 있다. 그래서 민족지고고학의 역할은 다른 인간 집단의 현재에서 도출된 가능성들로 고대나 선사시대 과거를 채우는 것이 아니라 우리의 상상력을 한껏 열어젖혀 죽음과 삶에 대한 인간의 접근방식들을 이례적으로 넓혀주는 데 있다. 브라이오니 콜즈가 말했듯이 "인류학의 가장 큰 기여는 기이한 유물들이 무엇인지 알아내거나 인간 활동의 어느 한 측면에 관한 정보를 제공하는 것이 아니라, 과거가 만족스럽게 설명되지 않았을 때 우리가 인간 행위를 이해하는 데 도움이 될 해석 틀을 제공하는 것이다(Orme 1981: 284)."

3장 몸 읽기

몸은 우리가 죽음과 접촉하는 가장 중요하고도 근본적인 원천이다. 어떤 의미에서 우리가 죽음에 대해 가진 유일한 초상은 창백한 납빛 시신에 아로새겨진 초상이다. 그래서 시신은 사람들이 자신들의 감정을 표출하는 대상일 뿐만 아니라 죽음과 그 이후 세계를 표상하는 데 쓰는 물체이기도 하다(Prior 1989: 21).

우리가 시신을 취급하는 방식은 사람 몸 일반에 대한 우리의 태도뿐만 아니라 망자 일반 및 구체적인 특정 고인에 대한 우리의 태도에 관해서도 많은 것을 일러준다. 사람의 몸은 우리가 세상을 범주화하고 그에 대해 의미를 부여하는 하나의 외면일 뿐만 아니라 인간 경험의 토대이자 인간이 세상과 관계를 맺는 토대이기도 하다.[1] 시신에 대한 태도는 누구나 죽게 마련이라는 엄연한 사실에도 불구하고 다양하고 가변적이다. 이런 태도는 망자 처리 습속을 통해 형성되며 여러 가지 방식으로 구체화된다. 시신을 어떻게 처리하며 그것(혹은 그 유해)을 어디에 안치하고 그 사람을 어떻게 기억하거나 잊는지는 모두 우

---

1) 몸을 사회인류학으로 연구한 많은 저작들 가운데 참고할 것으로는 Polhemus 1973 · 1988; Beck 1975; Blacking 1977; Turner 1984 · 1992; Brown 1988; O'Hanlon 1989; Featherstone *et al.* 1991; Synnott 1993; Connor 1995가 있다.

리가 어떤 인물의 삶과 죽음, 우리 자신의 삶과 죽음에 대한 이해에 도달하려는 수단들이다. 우리가 죽음을 포용하거나 경원하는 태도는 우리의 존재론적 안정 추구(존재의 유한함을 받아들이게 됨)뿐만 아니라 사회의 가치 및 인식에 대해서도 아주 많은 이야기들을 해 준다.

각 시대의 다양한 시신 처리 방법은 몸이 소멸할 것이 확실함에도 그 형태 유지를 도모하려 한다는 역설과 겹치면서 그간 사람의 몸, 그 한계, 자아 구축에서의 그 역할에 관한 당대의 관심사가 형성되는 데 기여했을 수 있다. 몸은 "그를 둘러싼 이론 및 실천의 산물이며 그런 이론 및 실천들이 다중적인 만큼 몸 또한 다면적이다(Prior 1989: 14)." 쉴링은 사람 몸을 "사회로 들어가 그에 참여하는 결과로 일정 한도 안에서 변형이 되는 미완의 생물학적, 사회적 현상이다"라고 정의하였다(Shilling 1993: 12).

이런 관념들이 전적으로 새로운 것은 아니다. 반 게넵은 입회 의례를 논의하면서 이와 다른 방향에서 작업을 하였다. "끝으로 만약 우리가 또한 음핵 절제, 처녀막 천공, 회음 절개, 음경 요도 절개 행위 등을 염두에 두고 보면 그간 사람의 몸을 그저 나무토막처럼 여겨 각자에게 맞도록 각 부위를 자르고 다듬었음이 분명하게 드러난다. 즉 튀어나온 것은 잘라버리고 격벽은 뚫어버리며 편평한 표면은 오스트레일리아 원주민들처럼 때로 대단한 상상력을 가지고 조각을 하였던 것이다(Van Gennep 1960[1908]: 72)." 메리 더글러스가 보기에 몸은 '무엇보다도' 자연스러운 상징체계로, 몸이 이 체계를 통해 겪는 물리적 경험은 자기 존재를 드러내는 데 매체 역할을 하는 사회적 범주들을 변형시키고 또 그것들에 의해 변형이 되는 식으로 사회 세계에 질서를 부여한다(Douglas 1966 · 1973; Tuan 1974도 참조). 푸코는 권력/지식이 사회적으로 구축한 산물이 곧 몸이라고 인식하고 그 작용은 몸을 둘러싼 온갖 사회적 실천들에 좌우된다고 보았다(Foucault 1977 · 1979).

신체 개변과 그에 따른 자기정체성의 개작은 애도자들이 장례 도중 흔히 벌이는 신체 훼손의 특징들인데 예를 들면 일부 뉴기니 사회에서 돌도끼로 여자 친척의 손가락을 제거하는 습속이나 20세기 초 오스트레일리아 원주민 와

그림 3.1 탄드로이 족 출신 고고학자인 레트시이사트세가 어머니의 장례식에 참석하였을 때의 모습이다. 그녀의 죽음과 그로부터 석 달 뒤에 치러진 매장 사이의 기간 동안에 남자 친척은 그 누구도 머리카락이나 턱수염을 자르지 않았다. 그런데 매장이 완료되자마자 가족 중 남자들은 아주 작은 소년에 이르기까지 모두 수염을 깎았다.

라문가Warramunga 집단의 애도자들이 자해를 하고 난타를 하며 넓적다리 힘줄을 고의로 잘라 절름발이가 된 사례 등이 있다(Spencer and Gillen 1899에서 관찰되어 Durkheim 1965[1912]: 435~436에 보고됨). 이보다 좀 덜 극단적인 신체 변형으로는 애도자들이 머리카락을 자른다거나 고의로 텁수룩하게 자라도록 내버려 두는 예를 들 수 있다(Leach 1958)(그림 3.1). 이런 사례는 고고학에서도 아주 드물기는 하지만 맞닥뜨릴 수 있는데, 예를 들면 영국 남부 윈터슬로 Winterslow의 한 청동기시대 봉토분(G3) 밑에서 몇 사람 분의 눈썹 터럭이 면도칼 한 개 및 화장묘와 공반 발견된 적이 있다(Barrett 1994: 123). 그렇지만 가장 중요하고도 근본적인 신체 변형 무대는 바로 시신이다. 시신 처리는 인간형태의 '끝마무리'를 나타내며 그런 까닭에 우리에게 아주 옛적의 몸에 대한 태도들을 일러줄 수 있다.

경계 넘기

1977년 자타가 공인하는 구조주의 인류학자 에드먼드 리치는 의구심을 잔뜩 품은 고고학자들을 청중으로 해서 그들이 '산 것'과 '죽은 것'을 항상 명확히 구분되는 범주로 나눈 점을 반성하고 그 사이의 불분명한 구역에 대해 숙고해야 한다고 설명하였다(Leach 1977: 169). 그는 구석기시대 매머드 사냥꾼들이 죽음을 어떻게 개념화하였는지를 구조주의의 입장에서 해석하고자 시도하였다. 그의 기본 전제 중 한 가지는 모든 인간이 자신의 몸 안과 밖을 구분하는데 관심을 갖고 있으며(Douglas 1973), 특히 양자를 연결하는 구멍들(항문, 요도, 음경, 질, 젖꼭지, 입, 코, 귀)에 대해 그러하다는 것이다. 그는 지금까지 알려진 모든 종교에서 그런 구멍들이 어떻든 커다란 상징적 의미를 가지고 있으며 다만 우리가 그 의미를 충분하게 이해하지 못하고 있을 뿐이라고 주장하였다(Leach 1977: 171). 그의 생각은 메리 더글러스의 주장, 즉 "〔몸의〕 구멍들에 대한 관심은 사회적 출구와 입구, 대피로와 침입로를 얼마나 중시하느냐에 좌우된다"는 주장(Douglas 1973)을 상기시킨다. 줄리아 크리스테바가 몸의 경계 부위들이 깔끔하게 처리되지 않는 데 대한 공포심과 혐오감을 묘사하기 위해 '영락 상태'라는 용어를 쓴 점도 페미니즘 정신분석의 틀 안에서 구조주의를 달리 긍정한 것이다.[2] 그녀가 권력과 위험이 있는 장소로 설정한 경계 넘기—시신, 월경 피—개념은 여러 고고학적 적용 사례가 있는 중요 개념이다.

리치는 '문화'(이승) : '중간지대' : '자연'(저승)이라는 응집된 삼중 구조 개념으로 이런 원리들을 합체하여 일련의 경계 범주들을 설정하였다. 시신은 불태우고 먹거나 아니면 땅속, 하늘 위, 담 너머 혹은 신전 묘당의 지성소 속에 자리 잡고 있을 범접할 수 없는 저승과의 경계에 위치한 '중간지대'에 묻어야 할 터였다(Leach 1977: 171~173). 리치가 세운 이처럼 단순하나 중요한 원리들은 인지고고학자들조차 대체로 잊거나 무시(Hodder 1982c 참조)하였는데 다만 초기 탈과정주의에서는 이와 비슷한 관심사들에 힘입어 물리적 신체에 대

---

2) Kristeva 1982. 이에 대한 비판은 Lowenhaupt Tsing 1993을 참조.

한 접근법을 제시하고(Shanks and Tilley 1982) 망자의 경관 속 배치 문제를 재고(Parker Pearson 1982: 110)하기도 하였다.

1. 최근 및 현대 영국에서의 죽음에 대한 거리 두기

영국에서 시신에 대한 태도는 그간 화장이 점차 유행함에 따라 상당한 변화를 겪었다. 화장이 상징하는 분해 작용을 '장의사업자'가 매장 신체를 되도록 보존하기 위해 기울이는 여러 가지 노력과 망자가 단지 '잠든' 것으로만 느끼는 애도자들의 감정과 비교해 보면 그 차이를 잘 알 수 있을 것이다. 이전 시대의 관념을 알려면 조각된 묘비에 표현된 형상들을 보면 된다. 잉글랜드와 스코틀랜드의 16세기 위령비들은 주로 귀족 가문 문장을 모티프로 하는 반면 그보다 나중인 17세기 것들은 해골, X자로 교차시킨 뼈, 불 꺼진 초, 자른 나무, 종, 모래시계, 여타 '죽음의 상징'들을 표현하였다(Tarlow 1998)(그림 3.2). 묘비의 아래 부분에 인간의 부패한 몸이 맞는 종말을 표현하는 것과 대조적으로

그림 3.2 더비셔 이얌Eyam 교회묘지의 17세기 말 무덤에 표현된 해골과 X자로 교차시킨 뼈. 반대편에는 모래시계를 표현해 놓았다.

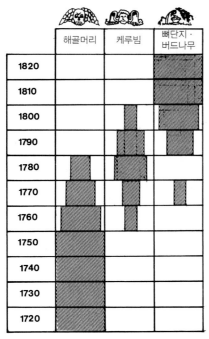

	해골머리	케루빔	뼈단지·버드나무
1820			▨
1810			▨
1800		▨	▨
1790		▨	▨
1780	▨	▨	
1770	▨	▨	
1760	▨	▨	
1750	▨		
1740	▨		
1730	▨		
1720	▨		

그림 3.3 디츠와 데슬레프센은 미국 뉴잉글랜드 지방 묘비들에 대해 연구하여 영국의 묘비들에서 보이는 변천과 비슷한 변화 양상을 식별하였다. 그들은 1760년에서 1790년 사이에 묘비의 해골머리 문양이 케루빔과 뼈단지·버드나무 문양으로 대체됨을 발견하였다.

윗부분에는 흔히 천상의 순수한 영혼이 지닌 운명을 나타낸다. 시신의 운명에 대해 궁극적으로 말라빠진 뼈가 되어버리고 만다고 보는 이런 17세기의 현실적 태도와 그로부터 벗어나는 이행과정을 나타내는 18세기의 양상은 많은 교회묘지들에서 볼 수 있다. 즉 해골 같은 묘비 의장과 사망 방식에 대한 솔직한 문구들로부터 사랑하는 사람이 단지 잠들거나 안식하거나 천국에서 기다린다는 등의 완곡한 어구들로 바뀌고 있다(그림 3.3).[3] 18세기 말에서 20세기 중반 사이의 명문들은 조상 친족을 덜 언급하는 대신 배우자와 근친을 더 많이 언급하며 그 관계의 감정적 성격을 강조한다. 죽음에 대한 인식은 더 이상 몸이 벌레 먹이로 변모하고 영혼은 영원한 영적 삶을 누린다는 이중적인 것이 아니라 일몰, 바다 너머 여행 혹은 수확에 이어 사랑하는 이들과 내세에서 만난다는 것으로 바뀐다.

이런 '미화'는 묘비로만 국한되지 않는다. 시신을 둘둘 감았던 천은 흔히 치장한 수의로 대체되었고 18세기에는 전반적으로 관으로 대체되었다. 재력 있는 사람들은 시신이 좀더 잘 보존되도록 흔히 납으로 봉한 관에 묻혔다. 또

---

3) 미국 뉴잉글랜드에 대해서는 Dethlefsen and Deetz 1966; Deetz and Dethlefsen 1967·1971을 참조.

한 이 시기 동안 장의 전문업이 등장하였으며 그로써 애도자들은 시신을 대면하는 일로부터 더욱 확실하게 분리되었다. 시신은 근사하고 위엄 있게 보이도록 얼굴 분장을 하고 입을 철사로 고정하는 작업 및 기타 기법을 쓴 후에야 비로소 산 자들에게 모습을 드러냈다. 관에는 밀기울을 채워 넣고 시신의 다리는 묶어 운구할 때 덜컹거리지 않도록 하였다. 매장 방식도 영국 전역에서 명백한 변화를 나타낸다. 잉글랜드 동부의 바튼-온-험버Barton-on-Humber 같은 교회묘지를 발굴(Rodwell and Rodwell 1982)해 본 결과, 중세 및 중세 이후 시대 초기에 비교적 얕게 묻고 묘들을 영구 표지 없이 불규칙하게 배치하던 전통을 버리고 이제 1.8m 깊이의 묘들을 규칙적 방안 구획선에 따라 배치하고 분명하게 표시를 하는 쪽으로 바뀐 듯한데, 이는 이전에 너무나 흔하였듯 새 묘가 선축 묘들을 자르고 들어서지 않도록 하기 위해서였다. 다른 물질적 변화로는 관 표찰이 점점 유행한 점을 들 수 있다(예를 들어 Cox 1996). 18세기가 되면 개인의 정체성이 그 이전의 어느 때보다도 강조되는데, 이는 개성을 점점 더 강하게 구축하였음을 가리킨다(Gittings 1984; Johnson 1996). 망자를 분리된 실체로 경원시하는 대신 이제는 접촉할 수 없게 되었지만 나중에 꼭 재회할 인물에 대한 슬픔이 죽음과 연관된 중심 감정을 차지하였다.

사라 탈로우가 지적하였듯이 시신, 개인, 애도에 대한 태도에서 이런 이행이 일어나는 데는 수십 년이 걸렸다. 이처럼 반대되는 관점들은 동일 사회 안에서 양극화되며 또한 변형되기도 쉽다. 19세기의 화장 채택도 이와 똑같은 식으로 계급에 연관된 것이어서 죽음에 대한 '완곡한' 접근방식이 '선도와 지체'의 경쟁적 과정을 거쳐 점차 늘어났는데, 오브리 캐논이 캠브리지 주 19세기 묘비 양식에 대해 논증하였듯이 처음에는 독립 농민들이 변화를 선도하였고 나중에는 그들의 농업 노동자들이 받아들이기 시작하였다.[4] 화장 또한 사랑하는 이의 시신이 급작스럽게 사라진다는 점에서 위와 비슷하게 '완곡한' 접근방식에 반대되는 것으로 여겨질 수 있다. 이와 같이 시신에 대한 태도

---

4) Cannon과의 개인적 교신; Tarlow 1998과 본서 제2장도 참조.

는 계기적으로 변화하지만 양립하지 않는다. 즉 태도들은 점차적으로 진화하지 않고 기존 질서에 대한 급진적 반작용 양상을 띤다. 오늘날 영국에서는 환경 및 경관에 대한 현대의 관심에 연계되어 '환경친화적' 장례의 관념이 인도주의적 '손수 치르기' 장례나 비종교식 장례처럼 점차 인기를 얻고 있다(Albery et al. 1993; Bradfield 1994). '환경친화적' 매장은 위험에 처한 야생 지역들을 보호할 뿐만 아니라 철학적 주류 접근방식들로 구체화되는 공허하고 기계적인 상품화, 소외, 파괴와는 대조적으로 "야생이 그간 언제나 우리에게 제공한 경외감, 황홀감, 마력, 신비, 경이" 또한 되살아나게 하는 방식이라고 간주된다(Bradfield 1994: 6). 이런 새로운 움직임은 화장 관습과는 반대되는 견지에서 스스로를 분명하게 구분지우며 점차 수가 늘어나는 중산 계급 및 상위 중산 계급 급진 환경론자, 공상가, 뉴에이지 애호가와 여타 사람들이 주도하는 가운데 21세기에 가면 이전에 화장이 점차 증가하였듯이 화장을 대신해 점차 유행할 수도 있다.

　　물론 현대 서구사회에는 여러 가지 시신 처리방법이 있다. 화장을 할 수도 있고 매장을 할 수도 있으며 그냥 유기(Chapman and Randsborg 1981: 1에 인용된 *Monty Python's Flying Circus*.)할 수도 있다. 다만 바다 수장은 드물다. 그렇지 않으면 우리 시신을 의사들의 수술에 '내맡겨' 각 부분을 산 사람의 신체에 이식할 수도 있다. 이와 동시에 죽음의 의학적 연구(Illich 1975)에서는 망자의 상당 부분을 부검하는 일이 필요한데, 사망의 의학적 원인을 찾아내기 위해 두개골을 둘로 절단하고 흉부를 열어젖힌다. 머지않아 영국에서 미국의 인체 냉동 보존술을 받아들일 수도 있는데 이는 월등하게 발전한 미래의 의학 기술이 생명을 되살리고 죽은 사람의 치명적 질병을 고칠 수 있으리라는 희망에서 시신(돈을 좀 적게 들이면 머리만)을 냉동 보존한다. 이처럼 죽음의 불가피성을 받아들이길 거부하는 입장은 정신치료법 같은 다른 현대 사업들이 죽음을 체념하고 받아들이도록 하는 데 중점을 두는 것과는 다소 배치되는 부류의 신체 필멸성에 대한 태도를 보여준다.

2. 신체의 파괴

고고학자들은 장송의례를 발굴해 낼 수는 없으며 그 끝마무리 습속의 결과로 남은 매장물만을 발굴할 수 있을 뿐이다. 우리는 선사시대 주민들 중 태반이 벌인 장송의례의 물리적 잔존물 혹은 흔적이나 그 망자의 잔적 자체를 아예 손에 넣지 못하는 경우가 아주 흔하다. 시신을 숲 속에 내버려 두든지 단 위에 올려놓든지 아니면 지면에 놓거나 심지어 얕게 묻더라도 뼈조차 전혀 남지 않을 정도로 완전히 파괴될 수 있다. 많은 문화의 장례습속은 화장해서 재를 흩어버리는 경우처럼 망자의 모든 물질 잔존물 흔적을 적극적으로 제거하는 쪽을 지향한다.

화장

사람들이 시신을 처리하는 일이 순전히 기능적인 측면만을 지닌 경우는 거의 없다. 이를 생생하게 보여주는 예는 스코틀랜드 북부 제도에서 청동기시대(서기전 2400~1100년)에 실시된 화장 습속이다. 이 섬들의 숲 대부분은 그 이전 신석기시대에 사라졌으며 그래서 땔감이라고는 마른 이탄과 부목浮木밖에 없었다. 인간의 몸을 잘 화장하기 위해서는 대개 약 1톤 정도의 마른 나무를 태워야 한다. 거기서 희소했던 나무는 집을 짓는 데도 필수적이라는 사실을 염두에 두면 이탄과 부목 땔감을 모으고 불을 때는 일은 정말로 어려운 일이었음에 틀림없다. 그렇더라도 청동기시대에는 영국 제도 전역에서 화장이 이미 지배적 장송의례가 된 것으로 보이므로 이 섬사람들은 외고집을 부리기보다는 자신들에게 대단히 중요하였던 시신의 본질과 그 변형에 대한 일단의 신념을 행동으로 실연하였을 것이다. 죽음은 그저 시신을 처리하는 문제가 아니라 상당한 복잡성을 지닌 신비스럽고 상징적인 담론이었을 수밖에 없다(Downes 1999).

이는 인도 힌두교도의 화장 습속 뒤에 있는 신앙을 예로 설명할 수 있는데 이들은 망자를 바라니시Varanisi(바나라스 혹은 베나레스) 시로 가져가 갠

지스 강 변에서 화장한 후, 유골을 이 성스러운 강에 흩뿌린다. 힌두교에서는 우주 및 사회의 질서를 유지하고 그로부터의 해방을 이루는 것이 중심 주제이다. 의례 희생은 질서를 지속시키고 미래의 환생을 위한 공덕을 쌓는 것이며, 장례는 서기전 14세기 이래로 베다 경전에 제시된 화장법을 따랐다. 시신은 희생 불의 신이자 몸의 구성 요소들을 흩어버리는 아그니 신에게 바치는 희생 제물이다. 몸은 재가 되고 눈은 해를 향하며 숨은 공기 속으로 흩어진다. 불을 통해 새로운 몸이 내세에서 다시 태어난다. 이 저승에 사는 조상들 자체도 사람으로 다시 태어나기 위해서는 죽어야 한다(Chidester 1990: 87~102; Parry 1982, 1994).

아마존지역 야노마모Yanomamö 족의 장례습속은 우리에게 고고학적으로는 보이지 않는 또 다른 의례를 선사한다. 망자는 화장을 하며 그 유골은 안을 파낸 통나무에 넣고 바수어서 가루를 낸다. 그리고 나서 이를 표주박에 넣어 친족 집단의 집 지붕에다 보관한다. 통나무는 바나나 수프로 깨끗이 헹구어낸 후 불태우고 수프는 마신다. 두 번째 의례에서는 표주박의 내용물을 바나나 수프에 섞어 망자의 근친과 친구들이 마신다. 이런 족내 식인습속에 이어 축제가 벌어진다(Chagnon 1992: 135~137). 망자는 두려움과 함께 존중의 대상이다. 그들에 대한 기억은 자꾸 떠올려져서는 안 되며 그들은 잊혀야 한다. 하지만 그와 동시에 그들의 결정적으로 중요한 본질은 산 자들이 잃어버려서는 안 되기에 살아 있는 친족 집단의 몸속에 합체되어 재순환되어야 하는 것이다.

이차장 의례

집단 표상에 대한 헤르츠의 논문은 이차장 의례에 초점을 맞추었다(Hertz 1907). 우리는 이 의례를 시신의 잔존물을 원래의 안치 장소에서 수습하여 새로운 지점으로 옮기기 전의 긴 중간 기간을 포함하는 의례라고 정의할 수 있다. 모든 화장 습속은 기술적으로 보면 (유골을 화장 장소에 그대로 두는 경우를 제외하고는) 이차장 의례와 연관이 되는데, 다만 이 용어는 시신이 두 번째 의례에서 안치할 깨끗한 뼈들로 변형되는 과정을 포함하는 습속에 대해서만 대개 적용된다. 헤르츠는 보르네오의 다양한 '다약Dayak' 사회들에 관한 서술 기록을 가지고 작업을 하였는데 죽은 인물의 유해가 살이 붙은 상태에서 썩은 시신으로 그리고 깨끗한 뼈들로 변하는 물리적 진전 과정은 망자의 영혼이 산 자들의 땅으로부터 중간 지대를 거쳐 조상 망자의 땅으로 가는 영적 여행을 반영한다는 점을 인지해 냈다. 애도자들도 이와 비슷하게 일차장 의례, 애도 그리고 이차장 의례라는 세 단계를 통과하였다.

우리는 그리스도교 신앙이 '최후 심판의 날'까지 유골을 손상되지 않은 채로 유지해야 한다는 생각을 포함하여 화장이든 매장이든 단장 의례에 연관된 것으로 생각하지만 실은 이차장이 규범인 그리스도교 문화들이 많이 있다. 그리스 북부의 동방 정교회 공동체(Danforth 1982), 마다가스카르 중부 및 동부의 영국 국교회 공동체 및 가톨릭교회 공동체,[5] 나폴리 로마 가톨릭교도들(Pardo 1989)은 모두 시신을 부패 장소로부터 납골당이나 개인 지하 납골소로 옮기는 이차장 의례를 거행한다. 이차장을 하면 해체된 인간 유골의 최종 목적지가 앞 단계의 장례 정황을 아주 벗어날 가능성이 크다.

인골을 부분적으로 옮긴 때문에 생겨나는 정형성들은 고고학적으로 찾아낼 수 있다(Carr and Knüsel 1997). 서기전 4200년에서 서기전 3000년까지의 영국 신석기시대에서 이차장 의례는 장례습속의 주요 부분이었던 것으로 보이는데 그에서는 뼈 다발과 해체된 유골들을 무덤, 동굴, 기타 매장 유구에 안치하였다. 유골의 어떤 부분은 한 정황에서 다른 정황으로 이동이 되기도 하였다. 예를 들어 영국 남부 웨스트 케넷 석실분(그림 1.5와 3.4)에서는 두개골이 적게 나타나지만 근처 윈드밀 힐의 방죽 길 의례용 원형 봉지에서는 풍부하게 발견된다(Piggott 1962; Smith 1965).

신체의 분해는 이념의 견지에서 볼 때 개인성을 부정하고 집단성을 주장하는 데 절대적으로 필요한 요건일 수 있다. 물리적 신체는 섕크스와 틸리가 영국 및 유럽 신석기시대 석실분 및 장분長墳의 집단 매장에 대해 주장한 바

---

5) 메리나, 베자노자노Bezanozano, 베트시미사라카 같은 집단들의 예(Mack 1986).

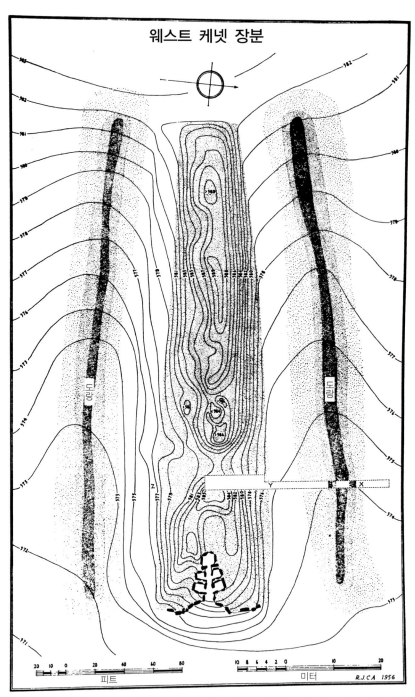

그림 3.4 웨스트 케넷의 장분은 양 옆의 도랑에서 파낸 백악을 그 가운데 긴 봉분으로 쌓는 식으로 구축하였다. 봉분 동쪽 끝의 묘실들에는 인골들이 들어 있었다.

있듯이(Shanks and Tilley 1982 · 1987) 사회조직을 은유적으로 나타내는 역할을 한다. 그러면서도 그 의미와 은유는 상당히 다양하다. 한 문화에서 벌어지는 파괴 의례와 동일한 의례일지라도 다른 문화의 맥락에서는 아주 다른 의미와 중요성을 지닐 수 있다. 고고학자가 안고 있는 해석상의 어려움은 그런 잔존물이 나중에 다른 곳으로 옮겨지거나 최종 안치처가 파괴되는 경우 더욱 가중될 수 있다.[6]

3. 인체 먹기

식인습속은 고고학과 사회인류학 둘 다에서 가장 주목받는 주제들 중 하나이지만 그 존재를 논란의 여지없이 입증하기란 대단히 어렵다(Brothwell 1961; Hogg 1958; Helmuth 1973; Sagan 1974; Arens 1979; Brown and Tuzins 1983; Elgar and Crespi 1992). 그간 식민자들이 '타자성'을 규정하면서 머리로 지어낸 가공의 구축물일 뿐 존재하지 않는다는 주장까지 나온 반면 피식민자들은 오히려 유럽인들의 식인습속을 비난하였다(Arens 1979; Lewis 1986: 64~66). 사실 가장 분명한 사례들 중 하나는 16세기에서 18세기에 걸쳐 영국 및 유럽 사람들이 인골 분말, 미라 조각, 사람 골수 및 피를 약으로 소비한 습속이다. 가장 이례적으로 스웨덴과 덴마크에서는 참수된 범죄자의 더운 피를 다양한 기능장애 치료약으로 마셨다(Gordon-Grube 1988; Peacock 1896: 270~271). 간접 증거들 중 한 가지는 파푸아 뉴기니 고지대의 포레Fore 족 여성과 어린이들이 앓은 바이러스성 질병인 '쿠루kuru병'의 감염경로를 조사한 데서 나왔는데, 이는 뇌의 제거와 관련이 있는 것으로 보이며 아마도 망자 식인습속과 연관될 가능성이 있

---

6) 영국 제도의 신석기시대 돌방무덤들의 경우가 그랬던 것 같다. 오크니Orkney의 빈 무덤들은 아마도 신석기시대 말이나 청동기시대에 재사용되었을 것이다. 아우터 히브리데스의 무덤들은 철기시대에 개수되었다(Hingley 1996). 웨스트 케넷 장분에서 나온 인골들은 아마도 1670년대 혹은 1680년대에 그 지역 의사인 로버트 투프가 꺼냈을 것인데 당시 그는 옛 인골 분말을 의약으로 팔았다(Burl 1979: 127).

다고 추정되었다(Glasse 1977; Gajdusek 1977; Steadman and Merbs 1982).

식인습속에 대한 인류학의 설명

식인습속은 살린스가 지적하듯이 실제 벌어질 때조차도 언제나 상징적이다 (Sahlins 1983: 88). 식인습속은 재난과 기아의 상황들[7] 외에는 그저 먹기 위해 먹는 경우는 거의 없다. 파푸아 뉴기니 미얀민Miyanmin 족의 경우는 한 가지 예외일 수 있는데 여기서는 두 종족 사이에 반복된 피의 복수가 인간 살코기 추구로 바뀌었던 것으로 생각된다(Dornstreich and Morren 1974). 우리는 식인습 속이 친족은 삶고 외부인은 굽는 상징적 대항 요리법의 한 부분이었다는 레비 스트로스의 주장은 사실성이 없다고 일축할 수 있다(Lévi-Strauss 1966). 1960년 대와 1970년대에 실시된 문화생태학적 연구는 인간의 살을 먹는 경우 얻는 영양가와 적응 잠재력에 초점을 맞추었다(Shankman 1969; Vayda 1970; Garn and Block 1970; Walens and Wagner 1971; Bygott 1972; Dornstreich and Morren 1974). 아 즈텍 귀족들이 인신희생물의 팔다리를 먹었다는 정복자들의 관찰 보고에 대 해 하너와 해리스는 환경이 고갈된 생태계에서 단백질을 획득하는 적응 수단 으로 해석한 바 있는데[8] 다만 대부분의 인신희생이 먹을거리가 풍부한 수확기 에 벌어진 점이 문제이기는 하다. 하너와 해리스는 먹힌 자의 재생이라는 상징 적 동기와 인간 살의 신성성을 표방한 것은 감추어진 생태유물론을 합리화한 데 지나지 않는다고, 즉 상징과 문화가 살코기 단백질에 대한 허기를 '덮어 감 춘 것'이라고 보았으나 이런 관점은 다른 연구자들이 명백하게 터무니없는 자 민족중심의 해석이라고 배척하였다(Lewis 1986: 77; Fiddes 1991: 171~179).

대부분의 사회인류학자들은 이 현상을 상징적 교감, 망자의 능력 획득, 영혼의 해방, 망자의 귀신에 대한 복수 혹은 처벌 같은 관념으로 설명하기를

---

7) 1972년 안데스 여객기 추락사고(Read 1974), 도너 대隊 재난(Gzowski 1980; Grayson 1990), 고고학적으로 조사된 플랭클린 북극 탐험대(Beattie and Geiger 1987; Beattie 1999), 1884년 Minonnette 호의 선원들이 '선실 보이' 리처드 파커를 먹은 사례(Simpson 1984).

8) Harner 1977; Harris 1977 · 1986. 이에 대한 반론은 Ortiz de Montellano 1978 · 1983; Castile 1980을 참조.

선호한다(Strathern 1982; Sahlins 1983; Bowden 1984; Lewis 1986). 이는 그저 먹는 것과는 결코 관련이 없으며 주로 사회질서를 유지하고 재생시키며 심지어 수립하기 위한 하나의 방편이다(Sanday 1986: 3. Cf. Sutton 1995). 족내 식인습속은 장송의례의 구성요소가 될 수 있으며 조상의 정수를 대대로 전하는 행위의 한 부분일 수 있다.[9] 파푸아 뉴기니 기미Gimi 족 여자는 전통적으로 죽은 남자 가족들이 땅속에서 썩는 것을 막고 망자의 혼이 조상 숲 혼령들과 하나가 되도록 해방시키기 위해, 또 남자들이 여자들의 음경 모양 피리를 훔쳤기 때문에 그 과정에서 여자들이 월경 출혈을 하게 되었다는 가공의 시나리오에 입각한 복수를 위해 그 살을 먹었다(Strathern 1982). 족외 식인습속은 어떤 죽음에 대한 복수 살인을 한 뒤에 벌어졌으며, 장송의례의 한 측면으로 벌어지는 경우는 거의 없다.[10] 이 두 가지 습속은 아케Ache 혹은 과야키Guayakí 같은 아마존 지역 인디언 집단들에서 모두 관찰되었는데 다만 식인습속의 지식과 실제는 인류학자와 다른 외부인들이 캐내지 못하게끔 되도록 깊숙이 감추어져 있다(Clastres 1998: 211~235). 마지막으로 그리스도교의 기본 전례에 상징적 식인습속이 담겨 있음을 지적해 둔다. 성聖변화라는 교리는 가톨릭교도들이 영성체하는 동안 영하는 포도주와 빵이 신부의 축성기도 후 그리스도의 피와 살이 된다는 교리이다.

식인습속의 고고학적 증거

고고학은 민족지학과 마찬가지로 야만인과 원시인의 타자성(별종성)을 식인습속 주장으로 구체화하고 또 그럼으로써 자신은 문명화되었기에 우월하다는 자기정체성을 강화하는 데 기여한 분야들 중 하나이다. 대중의 상상력은 신문

---

9) 예를 들면 화장 인골을 먹는 야노마모 족(Chagnon 1992: 135~137)과 트로브리안드Trobriand에는 죽은 아버지의 해체된 시신을 파내어 아들들이 그 살을 훑는 것을 효심의 표시로 보는 습속(Malinowski 1929: 133(Lewis 1986: 73에 인용))이 있다.

10) 이 습속은 흔히 적의 힘을 얻는 수단이었다. 또 파푸아 뉴기니(Strathern 1982)와 피지(Sahlins 1983)의 에토로Etoro, 칼룰리Kaluli, 다리비Daribi 족의 한 특징이라 할 수 있다. 마오리Maori 전사들이 적의 눈알을 먹은 것은 적들의 '마나mana', 즉 혼을 취하는 수단이었다(Bowden 1984).

의 흥밋거리 기사에서 나타나듯 고고학 연구로 식인습속을 발견해 냈다는 이 야기가 실리면 언제든지 탐독할 준비를 갖추고 있다.

고고학적 증거를 식인습속에 관련지어 해석하는 일이 최근 되살아나는 듯한 감이 있다(Sutton Phelps and Burgess 1964; Roper 1969; Turner and Morris 1970; Flinn *et al.* 1976; Branigan 1982; Trinkhaus 1985; Wall *et al.* 1986; White, T. D. 1992; Villa and Mahieu 1991; Turner 1993; Owsley *et al.* 1994; Melbye and Fairgrieve 1994.). 프랑스 남동부 퐁브레구아Fontbrégoua 동굴 유적에서는 신석기시대에 도살된 동물 뼈들 사이에서 나온 인골들이 그 동물 뼈들과 똑같은 자른 자국을 나타 내는 반면 인골의 긴 뼈들은 마치 골수를 꺼내려고 깬 듯하였는데 모든 인골 에 육식동물 이빨 자국은 없었다(Villa *et al.* 1986). 미국 남서부 아나사지Anasazi 문화에 속하는 유적들인 차코 캐년Chaco Canyon과 망코스Mancos의 푸에블로 II/III기(서기 1000~1300년) 퇴적층들에서 드러난 인골의 변형 흔적은 타살에 이 은 식인습속의 가능성을 나타내는 사례들로 간주된 바 있다(White, T. D. 1992; Turner 1993; Turner and Turner 1992; Turner *et al.* 1993). 고고학자들이 지금까지 인간 잔존물에 대한 연구로부터 식인습속을 식별하는 데 쓴 기준으로는 다음 과 같은 것들이 있다.

1. 뇌의 노출

2. 얼굴 훼손

3. 불탄 뼈

4. 뼈 절단

5. 일정 결락 요소들의 존재

6. 긴 뼈의 한쪽이 부러지고 쪼개져 골수 구멍이 노출됨

7. 뼈의 자른 흔적

8. 골절

9. 모루 혹은 망치돌에 까진 상처들

10. 많은 척추 뼈의 결락

11. (거친 도기 그릇에 뼈를 넣고 조리한 데서 생겨난) 뼛조각 끝 닳음

단 하나의 사례만으로는 그 어느 것도 식인습속의 증거가 되기에 충분하다고 판단할 수 없으며 모든 기준이 충족되어야 한다(Turner 1993; Turner et al. 1993; Flinn et al. 1976: 308). 예를 들어 이전에 식인습속을 나타낸다고 여겼던 네안데르탈인의 뼈들, 그중에서도 특히 크라피나Krapina에서 출토된 불타고 쪼개어진 뼈들과 몬테 치르체오Monte Circeo의 과타리Guattari 동굴 유적에서 나온 손상된 두개골에 대해 정밀한 화석과정 연구를 해 보았더니 식인습속 가설을 뒷받침하지 못하였다(Binford 1981a; Behrensmeyer et al. 1986; Trinkhaus 1985; White and Toth 1991). 요건을 실제로 충족시키는 고고학적 사례들은 모두 패배한 외부인들에게 가해진 호전적 식인습속인 듯한데 이는 별로 놀랄 일도 아닌 것이 장송의례 동안 친족이 행하는 공감적 식인습속에서는 그런 광범위한 뼈 변형이 일어날 가능성이 적기 때문이다.

따라서 고고학에서 식인습속을 의심의 여지없이 입증하기란 극히 어려우며, 이를 절대적으로 증명하려면 사람의 대변 화석에서 인간의 조직 혹은 뼈를 식별해 내야 한다.[11] 고고학적 잔적에서 식인습속의 존재를 입증하기 어려운 이유는 한편으로 방법론과 관련이 있다. 그러나 다른 한편으로 이념적인 문제도 있다. 위에 개요를 서술한 대로 '원시적인' 것에 대한 국수주의와 인종주의라는 문화적 인습이 대중의 인식 속에 너무도 깊이 뿌리박혀 있기에 고고학자들이 그런 주장을 논박하려면 대개 아주 고심을 해야 하는데, 서구에서 의심을 품지 않은 지 여러 세기나 된 인종차별의 태도를 불식하기란 정말로 어렵기 때문이다. 식인습속이 문명화된 정신으로 보기에 너무나 혐오스런 무시무시한 악습이 아니라 시신 변형의 여러 가지 방식들 중 단지 한 가지일 뿐이라고 이해될 때까지는 그런 선정적 고정 관념은 계속해서 강화될 것이다.

---

11) Bahn(1990)이 이런 주장을 하였는데 최근 미국 유테Ute 산山 카우보이 워시Cowboy Wash의 아나사지 문화 유적의 구덩이 구조물에서 출토된 인간 분석糞石을 검사하였더니 인간의 경우 심장 근육에서만 높은 농도로 발견되는 단백질인 마이오글로빈에 대해 양성 반응이 나왔다(Whittell 1998).

4. 시신의 자세 잡기와 꾸미기

묘 안 시신의 자세를 잡는 방식은 신체 조작에서 중요한 한 측면이다. '사후경직'은 죽은 지 열두 시간 이내에 이루어지기에 시신은 대개 아직 유연성이 있을 때 어떤 식으로 정돈된다. 흔히 눈은 감게 하고 다른 구멍들은 막는다. 장은 사람이 죽은 뒤 대개 한 번 움직인다. 사후경직이 된 뒤에 신체를 풀어 다시 정돈을 할 수도 있다. 서기전 2000년경의 연대를 가지고 있으며 나중에 바빌로니아 설형문자 점토판에 기록된 세계에서 가장 오래된 문학서로 한 영웅이 불멸을 찾아 나선 이야기인 『길가메시 서사시*The Epic of Gilgamesh*』에는 "죽은 자와 잠든 자는 어떻게 그렇게 서로 닮을 수 있을까!"라는 구절이 나온다(Anon. 1960). 너무도 많은 문화에서 시신을 묘 속에 안치하는 자세가 수면 자세라는 점은 하등 놀랄 일도 아니다. 시신을 태아 자세로 구부려 옆으로 안치하거나 머리 밑에 베게 혹은 머리 받침을 받쳐 놓을 수도 있다. 안데스의 잉카 족에서는 미라로 만든 시신을 태아 자세로 단단히 묶었다. 수면 자세와 태아 자세는 둘 다 재생 혹은 조상 땅 도착의 준비 태세일 수 있다.

시신 자세 잡기는 사회집단들 사이의 차이, 한 사회집단 안의 차이를 드러내는 한 가지 수단일 수 있다. 남동유럽 청동기시대 초기(서기전 2400~1700년경)의 공동묘지들에서는 모든 매장이 구부린 자세로 얼굴을 동쪽으로 향하였지만 남자들은 오른쪽을 아래로, 여자들은 왼쪽을 아래로 하여 놓였다(Shennan 1975; O'Shea 1981a · 1996; Rega 1997). 두향은 흔히 자세 잡기의 중요한 한 측면이 된다. 때로는 동쪽, 즉 일출과 재생의 방향이 시신이 향하는 방향이다. 그렇지만 두향은 동일 사회 안에서조차 엄청나게 다양하기 때문에 보편적 결론을 낼 수가 없으며 그래서 각 정황을 개별적으로 감안해야 한다. 민족지를 보면 흔히 망자의 두향이 산 사람이 잘 때의 두향과는 반대가 되든지 최소한 달라야 한다. 마다가스카르 남부의 탄드로이 족은 시신을 정장시켜 머리는 서쪽, 발은 동쪽으로 해서 집 안에 안치하는 반면 산 사람은 머리를 동쪽으로 해서 잔다.

시신의 옷 차리기와 시신 담기

어떤 형태의 씻기를 포함하는 시신 안치 준비는 현대 문화들에서 거의 보편적인 현상이다. 고고학적으로는 이를 시신의 자세에서, 시신을 특수용기 속에 안치한 데서 혹은 식별할 수 있는 찌꺼기를 남기는 물질로 시신을 처리한 데서 흔히 탐지할 수 있다.

시신을 어디에 담느냐는 많은 사람들에게 가장 큰 관심사이다. 망자는 항아리, 안을 파낸 통나무, 소가죽, 직물 싸개, 심지어는 캐딜락 안에 안치될 수 있다. 서구 사회에서는 관 안에 담는다는 관념이 너무나 깊이 뿌리를 박고 있어서 시신은 당연히 어떤 식으로든 통에 담아야 한다고 여긴다. 지팅스는 근대 초기 영국에서 관이 점점 유행하게 된 사실이 개인주의에 대한 태도의 변화와 어떻게 연계되는지 보여준 바 있고, 탈로우는 그것이 시신에 대한 인식의 변화와 연계된다고 보았다. 그런 용기들은 위생적이며 깨끗하기 때문이라고 합리화할 수 있지만, 사실 그 주된 역할은 시신이 썩는다는 물리적 측면에 사람들의 관심이 가지 않도록 시신을 눈에 안 보이게 감추고 치우는 데 있다. 정말로 사람들의 관심은 대개 망자의 생전 직업 혹은 지위를 나타내는 관 자체에 쏠릴 수 있으니 아주 좋은 예로 동물, 차, 도구, 배, 식물 형태로 된 현대 가나의 관들을 들 수 있겠다. 이처럼 화려하게 색칠을 해서 예에 어긋나는 관들은 그리스도교인의 통상적 태도에서는 용납할 수 없다고 여겨지고 그래서 종교적 정통성에 적극적으로 반하는 요소들로 간주될 수 있다.[12]

슈나이더와 바이너는 이와 비슷하게 장례습속에서 옷감이 시신을 차려 입히거나 감싸는 등 여러 가지 역할을 함을 논한 바 있다(Schneider and Weiner 1989). 필리-하닉은 마다가스카르에서 시신을 감싸고 또 시신과 함께 넣는 장례용 숄인 '람바 메나ramba mena'를 연구해 친족 관계가 어떻게 이 훌륭한 옷감을 통해 상징적으로 표현되는지 탐구하였다(Feeley-Harnik 1989).

---

[12] 이런 양식은 지난 20년 내에 생겨난 것이기는 하지만 이 관들의 기원은 수장의 일인용 가마를 조각해서 만든 데 있다. 과거에 그런 가마를 하나 만들었으나 그가 때 이르게 죽자 그의 관으로 썼던 것이다(Secretan 1995).

5. 없어진 익명의 시신

나이젤 발리는 영국 사람들의 기묘한 의례에 대해 좀 익살을 부린 조사를 벌이면서 영국인이 재난 혹은 사고 뒤에 시신을 되찾는 데 특히 집착하는 점을 관찰해 냈다. 다른 문화들과는 대조적으로 "만약 시신이 없으면 당신이 계속 전진하도록 해줄 장례를 치를 수가 없다(Barley 1990: 115)." 제1차 세계대전의 모든 실종자 및 무명 전사자를 기리는 런던 화이트홀 전사자 기념비는 영국 문화에서 몇 안 되는 '시신 없는 매장들' 중 하나이다. 이 전몰자를 위한 거국적 슬픔 분출의 중심지는 여전히 '현충일' 퍼레이드가 벌어지는 주된 장소이다. 미국의 무명용사 무덤은 알링턴 국립묘지에 서 있는데 잉거솔과 닉켈이 지적하였듯이 그 중요성은 조국을 위해 자기 소멸을 포함한 희생을 감수하였음을 상징하는 데 있다. "이는 가장 위대한 서구인의 희생, 역사의 한 순간에 이루어진 초월만을 향한 자기희생에 대한 기념비이다. 이 무덤은 지워진 개인적·사회적 존재의 순백 '타불라 라사tabula rasa(무명서판)'이며 산 자들에게 신의 은총이 없다면 너나없이 가야 한다고 말하는 외로운 선언문이다(Ingersoll and Nickell 1987: 219)."

두 차례 세계대전의 전쟁 기념비에 대해서는 그간 많은 글들이 있었다 (Borg 1991; Davies 1994; Ignatieff 1984; McIntyre 1990; Mayo 1988; Moriarty 1995; Mosse 1990; Scruggs 1985). 제1차 세계대전은 50만 명이 넘는 영국 병사의 시신이 확인되지 않았거나 실종된 채로 끝났다. 너무나 많은 사람이 죽었다는 고통스런 상흔을 더욱더 키운 사실은 너무나 많은 시신을 되찾을 수 없었고 또 식별된 사망자들도 본국으로 되돌려 보내지 못했다는 점이었다. 대부분의 이전 전쟁에의 대량 전사자들은 정체 불명의 묘 구덩이들 안에 한데 묻혔지만, 양차 세계대전 후에는 영국과 미국 정부가 숭고한 희생—개인 정체성의 상실—에 대한 전사자 기념비를 세움과 더불어 사망자 개개인을 복위시키는 데 상당한 노력을 기울였다.

집단 매장으로 개개 망자가 익명이 되어버리는 그런 이차장 의례와는 기묘하게 반대되는 양차 세계대전의 장례 관습은 대량 학살에서 죽은 개개인들을 추념하는 데 목적이 있었다. 그런 추념 활동의 결과로 영국에서만 약 25,000개의 기념비가 도시와 마을에 세워졌다. 그 배열은 집단적이 아니라 위계적이어서 장교들은 다른 계급들과 구분되었고 특정한 군 직위들이 적혔다. 대부분은 지역 기념비로 건립되었으며 그에는 해당 교구나 소도시 출신 망자들의 이름이 새겨졌다. 20세기 초 영국이라는 엄격한 계급 구조의 사회에서 공동 투쟁을 벌이다 죽은 이들이 각자의 사회 계급에 합치되는 경향을 가진 군 계급에 따라 상호 구별된 것이다.

그럼에도 전사자 기념비라는 개념은 그에 당혹스런 입장인 고고학자들이 인식한 바보다 더 널리 퍼져 있다. 전사자 기념비는 탄드로이 장례 경관의 정규적 특징이며 이는 본국 안드로이에서 멀리 떨어진 곳에 묻힌 이들을 위해 의례로 세운 입석의 형태를 띤다. 고고학적 사례로는 영국 청동기시대의 일부 원분을 들 수 있는데 잉글랜드 미들랜즈 어슬링보로Irthlingborough 유적의 두 기는 주 매장이 없었으며 다만 그중한 기에는 가운데에 묘 구덩이가 하나 있기는 하였다. 서튼 후 유적의 경우 제1분 속 수수께끼의 앵글로색슨 선묘船墓에는 시신 흔적이라곤 아무것도 없었다(Bruce-Mitford 1975). 이 고분을 전사자 기념비로 비정할 수 있는 가장 확고한 증거는 머리 위치일 가능성이 큰 곳에 신발 두 짝이 서로 3m 이상 떨어져 놓인 점이었는데, 이는 중심 목실묘에 실제로는 시신이 들지 않았는데도 마치 든 것처럼 꾸몄음을 시사하였다.[13]

6. 신체의 보존

가장 잘 알려진 시신 보존 기법 가운데 하나는 미라로 변형시키는 방법이다.

---

13) Parker Pearson *et al.* 1994. 일부 고고학자는 이런 해석을 받아들이기를 주저하면서 유해가 산성 토양의 화학적 분해 작용으로 완전 분해되었을 가능성을 지적한다(East 1984; Carver 1998). 이 시기에는 고위 신분자의 시신에 대개 복식을 갖추어 입혔는데도 여기서는 시신에 그런 흔적이 없다는 점은 확실하다.

'미라'라는 말은 기묘하게도 잘못된 것인데, 그 이유는 이 말이 왁스 혹은 역청을 가리키는 페르시아어 기원의 아라비아어에서 유래되었으나 그 물질들이 미라를 만드는 데 대개 쓰이지 않기 때문이다. 이는 아마도 이집트 미라가 검게 변색한 것을 옛적에 보고 오인한 탓인 듯하다(Partridge 1994: 12). 미라 제작 과정은 특히 고대 이집트와 연관되어 있지만 이는 문화적, 지리적으로 훨씬 더 넓게 퍼져 있었다. 일찍이 엘리엇 스미스가 이집트로부터 남아메리카, 카나리아 제도, 마다가스카르 그리고 세계 다른 지역들로 광대한 전파가 일어났다는 고고학적 추론을 한 것은 신체를 되도록 원형 그대로 보존하려는 욕망이 아주 여러 가지 문화적·이념적 뿌리로부터 생겨날 수 있음을 이해하지 못한 데서 비롯되었다(Elliot Smith 1933). 이런 이해 부족은 '일탈' 고고학에서 자주 나타나는데 이에서는 좀더 사려 깊은 저술가들이 유추를 엄격하게 이용하는 것과는 매우 달리 시간적·공간적으로 아주 떨어진 문화들 사이에 가공의 관련성을 흔히 주장한다. 그런 허위 이론들은 문화 혁신이 어떤 '고도 문명'과 접촉하고 그 영향을 받아야만 비로소 일어날 수 있다고 주장하는 경향이 있으며, 이는 서구인의 사고방식이 아직도 지배 및 문화적 우월성이라는 인종주의 관념에 붙들려 있음을 가리키는 우려스런 표시이다.

시신을 보존하는 다른 방법으로는 레닌과 에바 페론의 경우 같은 방부보존법, 냉동보존술에서 추구하는 냉동보존법, 살과 내장을 제거하는 법 혹은 아래에 서술하듯이 중세 초기 성인 유해 같은 성뿔유골 보존법이 있다. 내장과 살을 제거한 예는 이 장의 뒤에서 검토할 파지리크Pazyryk 무덤의 사례처럼 시베리아 철기시대 유적에서 알려져 있다.

7. 이집트 신왕국 파라오들과 우주로서의 시신

고대 이집트의 장송의례에서 시신은 핵심이었으며 신왕국 제18~20왕조(서기전 1570~1070년경) 파라오들의 미라는 이를 가장 생생하게 예시한다. 그 전에는 선왕조시대(서기전 3150년 이전) 묘들에서 관찰된 대로 건조한 모래 속에 매장을 함으로써 자연적인 미라화 과정이 일어났다. 그래서 일부 저술가들은 특히 그런 미라 처리를 하지 않았다면 부패하였을 피라미드 및 무덤 환경에 안장된 파라오의 시신들을 근거로 삼아 나중의 그런 시신 처리 방법이 이런 자연 작용을 바로 적용한 것이라고 설명하려 한 적이 있다(Leca 1979). 그런데 이런 설명은 가능성이 적은데, 그 이유는 장묘 구조물 속에 안치된 가장 이른 파라오들의 시신이 실제로 부패해 버린 사실로 보건대 만약 이집트인들이 정말로 모래의 자연 건조 작용을 모방하였더라면 그런 부패는 피할 수 있었을 것이기 때문이다.

또 다른 이론적 설명은 공중위생 때문이라는 가설이다. 즉 초기 파라오들의 매장 전 빈殯 기간이 길어 시신을 보존할 필요성이 생겨났으리라는 설명이다. 하지만 이 시기에는 장송의례로 표현되는 내세 인식 혹은 불멸성에 대한 생각은 없이 그저 시신을 내보인다는 실제적 관심만이 있었을 것이다(Partridge 1994: 10). 끝없이 늘어지기만 하는 장송의례에서 시신을 내보이는 당장의 정치적 목적을 충족시키기 위한 단기 전략의 일환으로 신체 보존이 개시되었을 가능성은 정말로 있지만 그런 보존의 관심이 바로 처음부터 죽음을 넘어선 불멸성을 획득하려는 소망과 연관되어 있었을 가능성도 충분히 있다.[14] 빈 기간이 길다고 해서 반드시 인공적 보존 방식이 필요한 것은 아니며 또 어떻든 초기의 미라들은 양호한 보존 상태를 달성하지 못하였다. 고대 이집트인들이 모래의 건조 작용을 알고 있었음은 의심의 여지가 없지만 그렇다고 해도 이것이 시신을 인공적으로 보존하는 의례가 애초에는 지배 계급으로만 국한된 이유를 설명해 주지는 못한다. 미라 제작은 신체, 죽음, 우주에 대한 태도의 다양한 변화들을 포괄하는 복잡한 문화 습속으로만 설명될 수 있을 뿐이다.

미라 제작: 방법과 신화

미라 제작 과정에는 여러 가지 기법들이 쓰였는데 이들은 같은 시기에 한꺼번

---

14) 이는 본서 제1장에서 언급하였듯 제1왕조 파라오들에 동반된 다수 가신의 존재가 시사한다.

에 이용되기도 하고 또 시간의 흐름에 따라 달리 쓰이기도 하였다. 서기전 5세기에 글을 남긴 헤로도토스는 각각 가격이 다른 세 가지 방법에 대해 서술하였다(Partridge 1994: 11~12). 가장 비싼 방법은 콧구멍으로 쇠갈고리를 넣어 뇌를 끄집어내고 배를 갈라 내장을 제거한다. 종려주酒로 시신을 닦은 다음 향료로 정화를 하고 향수를 채워 넣은 후 70일간 천연 탄산소다에 담가 놓았다가 마지막으로 씻은 후 붕대를 감는다. 우리는 이 천연 탄산소다 '목욕'이 물을 사용하지 않아야 함을 알고 있으며 그래서 과학 연구를 위해 기증된 한 인체에 대해 최근 이 방법으로 실험을 해 미라의 마른 외관을 재현하는 데 성공한 바 있다. 이른 시기의 미라 제작 방법은 제18왕조에서 제21왕조 사이(서기전 1570~1293년경)에 바뀌었다. 즉 나중 시기에는 손을 가슴 위에 교차시키는 대신 엉덩이 옆에 두고 인공 안구를 쓰며 얼굴 형태를 유지하기 위해 입으로 톱밥과 수지를 채워 넣고 방부 처리한 내장을 다시 몸속에 집어넣으며 마른 사지를 불룩하게 하기 위해 피부 밑에 진흙이나 짚을 채워 넣었다.

미라 제작과 연관된 신화들은 고왕국시대(서기전 2686~2181년)의 피라미드 원전(제5왕조 이래의 피라미드 묘실 벽에 쓴 명문들), 중왕국시대(서기전 2040년~1780년경)의 관 원전 그리고 그 뒤 신왕국시대의 '사자의 서'(무덤 안에 넣은 파피루스)로부터 복원할 수 있는데, 망자에 대한 심판과 그에 이은 내세라는 주제가 시종 지배한다(그림 3.5). 신화는 계속 상기되고 실연되는 이야기로써 사람들이 각자 자기 운명을 이전부터 지금까지 계속 인정되는 보편적 윤리 및 숙명의 관점에서 이해할 수 있도록 해 주어야 한다. 이런 신화의 주제들은 이집트의 경우 3천 년이 넘는 기간에 걸쳐 윤색되고 개변되었을 것이며, 플루타르크가 기록한 것은 그중에서 그리스도교 시대에 가장 흔하였던 판이라 하겠다.

오시리스의 부활 신화는 그를 배신한 동생 세트의 손에 오시리스가 죽임을 당하고 궤짝에 넣어져 나일 강에 버려지는 이야기로 시작된다. 그 여동생 이시스는 오시리스의 시신을 되찾았지만 세트가 이를 토막 내어 이집트 전역에 흩뿌려버렸다. 이시스는 그의 모든 시신 토막들을 주워 모았지만 음경만은 그러지 못했으니 이는 (대지모신 하토르에게 바쳐진 뾰족한 코를 가진 물고기인) 옥시린쿠스가 삼켜버렸기 때문이다. 시신은 아누비스에 의해 되맞추어지고 원래의 피부로 감싸져 태양신 레re에게 보내졌으며 이시스와 그 여동생 네프티스가 날개 달린 팔로 바람을 일으켜 새 생명을 불어넣었다. 그 이후로 오시리스는 망자의 신으로서 내세를 통치하였으며 누구나 죽으면 또 하나의 오시리스로 변하였다.

부활이라는 주제는 여러 면으로 이루어진 마음_몸을 가진 어떤 단위체에 대한 인식을 전제로 하는데 그 단위체는 '카ka'(생명력—우주 영으로부터 나온 신성한 정수의 한 조각—이는 두 짝의 팔로 표현됨), '아아쿠aakhu' 혹은 '아크akh'(축복받은 영—이는 새로 표현됨) 그리고 '바ba'('인격', 영혼과 윤리의식—이는 인간의 머리를 가진 새로 표현됨)와 더불어 신체인 '카-트kha-t'로 이루어져 있다(Wallis Budge 1987[1893]: 340~341; Andrews 1985: 12; Hornung 1992). 이외에 개개인은 '이름'(이름 붙이는 행위가 그 사람을 창조하였다)과

그림 3.5 고대 이집트의 망자 심판. 커다란 저울의 두 접시 중 한쪽에 마아트Ma'at(진실)의 깃털을 놓고 다른 쪽에 망자의 심장을 놓아 달았다. 만약 심장이 무거우면 이는 순수하지 못한 사악한 마음을 나타내기에 망자를 잡아먹는 괴물 암-무트Am-mut의 먹잇감이 된다.

'그림자'(이는 죽어서도 몸과 함께 존재하나 이리저리 돌아다닐 수 있다)를 가졌다. '바'와 '아아쿠'는 사람이 죽으면 몸을 떠나므로 그 속에 되살려야 하며 그래서 몸은 이것들을 받아들이도록 준비를 갖추어야 한다. '카'는 무덤 속에 머무르고 있으니 이 셋이 모두 함께 몸에 들어가 재결합을 할 수 있다.[15]

투탕카멘

신왕국시대(서기전 1570~1070년) 미라 중 최소 44구의 왕족 미라가 잔존하지만 그중 도굴되지 않은 채로 발견된 것은 세 구뿐이다. 그것들은 두말 할 것도 없이 투탕카멘과 그의 무덤에서 나온 태아 미라 둘이다(Carter and Mace 1923; Desroches-Noblecourt 1965; Edwards 1979; El Mahdy 1989 참조). 후자는 각각 붕대로 감았으며 두 겹의 신체 모양 나무 관에 안치하였는데 관에는 도금을 하고 석고 미장을 한 것 외에 아무런 치장도 하지 않았다. 투탕카멘의 시신은 이와 대조적으로 대단히 정교하게 처리를 하였다(그림 3.6). 우리는 다른 파라오들의 시신에 남은 눌린 자국과 표시들로부터 시신을 붕대로 감싸면서 그 속에 일단의 유물들을 넣었다는 사실을 안다. 어떤 경우에는 복부의 방부보존 처리 절개 부위를 덮은 금이나 (파라오 아닌 이들의 묘에서는) 구리 합금 혹은 수지로 만든 마개들이 남아 있기도 하였다. 투탕카멘의 보물들은 다른 파라오의 시신을 어떻게 처리하였는지 비교 추정해 볼 수 있는 잣대를 제공하지만 한편으로 투탕카멘의 시신은 그 치세 동안의 이념적, 정치적 정황 때문에 두드러지게 특별한 처리를 하였던 듯하다. 투탕카멘은 재위하는 동안에 선왕 아크나튼이 아텐 유일신 숭배로 배교한 것을 버리고 다시 전통 신들을 섬기는 쪽으

---

15) '사자의 서'는 망자에 대한 심판을 포함한 내세로의 여행으로 시작한다. '아니의 파피루스'(아니는 서기전 1300년경 테베 왕궁 사제단의 서기 이름: Wallis Budge 1987[1893]: 338~351)에서는 아누비스 신과 토트 신을 저울 옆에 표현하였다. 오시리스-아니는 그 시험을 통과해 오시리스의 신성 궁정으로 들어가도록 허락을 받은 것으로 나타내었다. 그런 심판은 비개인적이고 절대적인 것처럼 생각되지만 파피루스에 나타난 이야기는 실은 한 서기의 손으로 지어낸 인간의 산물이다. 그래서 망자의 운명은 바로 산 자가 초자연적 권위에 호소하는 듯 짐짓 꾸며 판정한 것이었다.

로 되돌아갔다. 서기전 1325년 투탕카멘이 죽음으로써 위기가 촉발되었는데 그 이유는 후사를 남기지 않았기 때문이었다.[16] 그래서 그의 매장은 초자연적 질서와 후계에 관한 중대한 합법적 선언을 하기 위한 핵심 행위였음에 틀림없으며 이런 까닭에 그의 장송의례가 지닌 상징성과 장려함은 다른 파라오들의 장례를 꼭 그대로 대변하지는 않을 가능성이 있다.

죽은 파라오의 시신을 무덤으로 운반한 경로는 하下이집트의 성스러운 옛 도시들을 돌아가며 방문하는 순례 과정을 상징하였다. 시신은 배 모양의 영가 위에 얹고 하이집트를 상징하는 색인 붉은 황소가 끌어 운반하다 다시 배에 실어 장례 신전까지 옮겼다. 붉은색은 또한 관을 덮은 장막, 사암 관과 색칠한 화강암 뚜껑 그리고 하관 순간 깨뜨린 토기의 색이기도 하였다. 시신은 무덤 안 묘실에 머리를 서쪽, 발을 동쪽으로 해 이례적으로 겹겹의 용기들 속에 놓았는데 그런 두향은 부활할 때 떠오르는 태양을 마주 보

그림 3.6 투탕카멘 미라의 붕대를 푼 모습. 원래 린넨 붕대를 감고 황금 마스크로 덮었는데 이는 네 겹으로 내장된 왕의 모습 중 가장 안쪽의 것으로 바깥에서 안쪽으로 가면서 점점 신 같은 존재가 됨을 나타내는 것으로 여겨진다.

16) 투탕카멘의 미망인(아마 그의 동생이기도 하였을) 앙케세나문과 그의 왕위는 왕조시대 이집트의 매우 복잡한 정치 및 친족에 관련된 교묘한 조치 속에서 왕의 기병대 대장이자 아크나튼의 사위였던 아이(그는 앙케세나문의 할아버지이기도 하였다!)가 차지하였다. 앙케세나문은 히타이트의 한 왕자와 결혼할 예정이었으나 그 왕자는 이집트로 오던 도중 살해되었다(Aldred 1988: 297~298).

라는 뜻이었다. 석관은 네 겹의 금 감실 안에 안치하였으며 그 안에는 미라 모양 삼중 관이 들어 있었다. 이들 중 제일 안의 것은 순금제인 반면 나머지 둘은 나무에 금칠을 한 것이었다. 모두 날개 달린 이시스와 네프티스의 형상, 각각 상·하이집트를 상징하는 성스러운 독수리와 코브라로 치장하였다.

부속실에는 커다란 닫집 서랍이 들어 있었는데 그 안에는 투탕카멘의 시신에서 제거한 장부들을 설화석고 항아리들에 담아 놓았다. 간·폐·위·장은 각각 특정 신에게 맡겨졌고, 주술적인 명문들을 내면에 새긴 축소 미라 모양 관들에 안치되었다. 뇌는 콧구멍으로 빼내고는 보관하지 않은 듯하다. 심장은 몸속에 그대로 남겨 두었으며 복부 절개 부위는 금판으로 닫았다.[17] 그의 두개골 윗부분은 금 구슬과 시유 도기 구슬로 태양신 아텐의 이름을 새겨 넣은 코브라 네 마리 모양으로 치장하였으며 그 꼭대기에는 금 독수리와 뱀을 올렸다. 비슷한 문양 장식은 그의 넓적다리에도 놓았다. 각 손가락과 발가락은 고운 린넨 붕대로 감았고 각 팔다리와 몸 전체도 그렇게 하였다. 그의 음경은 발기된 위치로 붕대를 감쌌다. 이와 동시에 시신에는 연고를 쏟아 부었으며(불행하게도 너무 많이 부음으로써 궁극적으로 그리고 역설적으로 신체의 많은 부분을 파괴하였다) 붕대 안에는 유리, 홍옥수, 청금석, 장석, 철 그리고 특히 금을 집어넣었다. 그리하여 부식되지 않고 오래도록 변치 않는 이 금속은 죽은 파라오가 변형되는 동안 보호하는 역할을 하였다.

투탕카멘의 사지 끝부분은 금 손가락 싸개, 반지, 발가락 덮개, 샌들로 보호하였고 팔뚝에는 금팔찌를 채웠다. 가슴은 금 목걸이 및 드리개들과 목 테 하나로 장식하였고 머리는 그 비길 데 없는 금 마스크로 덮었다. 허리춤에는 금제 단검과 칼집 한 점, 철제 날을 가진 금 손잡이 단검 한 점이 놓였다. 그의 목은 머리와 몸통을 연결함으로써 사회적 세계와 영혼의 세계라는 두 부분을 하나로 통합하는 가장 중요한 부위인지라 철제 부적(당시에는 철이 희귀한

---

17) 투탕카멘의 머리카락은 신전 사제처럼 밀어 놓았다. 아마도 화살 하나가 그의 왼쪽 귀 근처 두 개골을 관통해 생겼을 상처를 처리하느라 그랬을 것이다(Aldred 1988: 297~298).

신소재였다)으로 치장하고 또 특별히 금 목걸이, 구슬, 독수리, 코브라, 신들의 이름이 적힌 파피루스 한 장, 목가리개 하나 그리고 (오시리스의 표장인) '제드djed' 기둥을 하나씩 좌우에 끼워 보호하였다. 투탕카멘의 두 팔은 관에 표현된 대로 교차시켜 왼손에는 목동의 구부러진 지팡이를, 오른손에는 농부의 도리깨를 쥐어놓았다.

이와 같이 투탕카멘의 신체와 그 용기들에는 어질어질할 정도로 다양한 금 장신구 형태를 위주로 산 자의 세계와 죽은 자의 세계, 하이집트의 땅과 상이집트의 땅, 머리와 몸통의 결합, 몸과 영혼의 결합을 가리키는 일련의 복잡한 이중적 지칭물들을 표현해 놓았다. 그의 시신은 한 왕국뿐만 아니라 우주 전체를 구현한 것이었다.

8. 성인의 유골들: 불가사의한 물질로서의 인간 유골

중세 초기의 유럽인들이 성인의 유골에 집착한 사실은 시신을 둘러싼 정결과 오염에 대한 다소 모순된 태도를 잘 보여준다(Geary 1986 · 1994; Brown 1981). 그리스도교 교리에 따르면 몸은 죽으면 영혼으로부터 분리되지만 죽은 자들로부터 산 자들이 일어나는 때인 '최후 심판의 날'에 다시 결합하게 되어 있다. 이 최후의 보편적 부활이라는 주제는 신이자 인간인 예수 그리스도가 십자가에 못 박혀 죽은 뒤 죽음의 세계로부터 되돌아왔다는 관념에 연계되어 있다. 이 십자가 유물, 예수, 그 사도 및 다른 성인들의 잔적으로 추정되는 것들에는 정결함과 성스러운 힘이 주입되었다. 보통의 시신들은 이와 대조적으로 오염되고 몹시 혐오스런 것들이었다. 우리는 성인들의 시신이 너무나 깨끗한데다가 불멸의 성질을 띠어 무덤 속에서 썩지 않았다는 이야기를 듣는다. 서기 674년 죽은 일리Ely 대수녀원 원장 성녀 에텔드리다의 묘는 많은 세월이 지나 파헤쳐졌는데, 비드에 따르면 그녀의 시신은 놀라울 정도로 잘 보존되어 있었다고 한다. 대부분의 사람들에게 "유골은 사람들 사이에서 계속해서 살고 있는 성인 자체였으며 선 혹은 악을 불러오는 초자연적 힘의 직접 원천이어서 그것들을 가까이 접촉하거나 소유하면 그 힘에 동참할 수 있었다(Geary 1986: 176)."

성인 유골에 대한 관심이 컸던 두 시기인 서기 750~850년과 11세기에 성인들의 뼈는 '공공의 권위를 대체하고 또 공동체를 보호, 안전하게 하며 개개인 및 교회의 지위를 결정하고 공동체에 경제적 번영을 가져온 기적적 힘과 능력'을 가졌다고 해서 아주 소중하게 여겨졌다(Geary 1986: 179). 이런 유골들을 파내어 팔고 선물로 교환하거나 심지어는 그 성스러운 힘을 얻기 위해 서로 다투어 훔치기도 하였다. 각 성인의 유골을 담기 위해 보석으로 뒤덮인 성골함을 만들었으며 이런 성물 용기들은 유럽에서 가장 화려한 수도원 및 대성당의 성상 안치소에 안전하게 보관되었다. 메로빙거 왕조(서기 480~700년) 동안에는 성인들의 유골을 프랑크 왕 및 귀족들의 허리띠 버클 성골함 안에 넣어 몸에 매기까지 하였다. 8세기 말에 성인 유골에 대한 수요가 증대하는데 이는 카롤링거 왕조의 세력 확장과 관련이 있고 특히 서유럽에서 그리스도교가 다른 종교 이념들에 대해 승리를 거둔 사실과 관련이 있는 반면, 11세기의 재생은 성지 순례가 점차 인기를 얻고 또 새로운 교회들이 설립된 점과 관련이 있을 가능성이 있다. 브라운이 요약하였듯이 "성인 유골 같은 높은 위세 물품들은 깊이 분열된 공동체들에서 중요한 역할을 할 수 있다. 사회 안의 반목과 갈등은 그런 물건들의 정체성과 가치를 둘러싼 논란을 통해 표현되거나 심지어는 실연될 수도 있다(Brown 1981: 222)."

9. 파지리크의 냉동 무덤: 신성한 경계로서의 사체 피부

지금까지 발견된 가장 주목할 만한 선사시대 사체들 중 일부는 중국과 몽골리아의 국경에 가까운 구소련 알타이 산맥 기슭에 묻힌 서기전 500년에서 서기전 300년경의 사체들이다(Rudenko 1970; Polosmak 1994; Bogucki 1996). 25기로 이루어진 일단의 원형 적석총들 가운데 한 기(1호분)는 1929년 발굴되고 다섯 기는 1947년에서 1949년 사이에 발굴되어 영구동토 속에 보존된 사체들과 풍부한 유기물질 및 여타 자료들이 드러났다. 무덤들은 도굴되었지만 잔존 유물의 양은 전 세계 고고학자들을 깜짝 놀라게 했다. 아주 이례적인 부류의 증거들이 수습되었으며 사람 피부 문신과 대마Cannabis sativa 흡입용 소규모 텐트는 그중단지 두 가지 예일 뿐이다.

각 고분의 한가운데에는 커다란 장방형 수혈식 묘가 있었다. 시신은 머리를 동쪽으로 해서 목실의 남쪽에 안치되어 있었는데 목실 자체도 묘광의 남쪽에 자리 잡고 있었다. 묘실의 바깥 부분은 거칠게 다듬은 통나무들로 구축된 반면 안쪽 부분은 손질한 목재들로 만들어졌다(그림 3.7). 사체 혹은 사체들은 통나무 관 안에 놓여 있었는데 5호분 같은 경우에는 묘실 벽에 박아 넣은 통나무들이 그 관을 덮고 있었다(그림 3.8). 묘실 천장은 자작나무 껍질, 이끼 그리고 때로는 낙엽송 껍질 및 관목으로 덮여 있었다. 그리고 묘 구덩이 안 북쪽 3분의 1 되는 곳에 말들이(5호분의 경우에는 마차 한 대와 함께) 묻혀 있었는데 그들의 머리는 대개 동쪽을 향하였다. 발굴된 대형 적석총(지름 36~46m) 다섯 기의 묘실 통나무에 대한 나이테연대를 수립하였는데 두 기(1호분과 2호분)는 같은 해에 축조되었고 4호분은 그보다 7년 뒤, 3호분은 4호분보다 30년 뒤, 5호분은 4호분보다 11년 뒤에 축조되었음이 드러났다.

루덴코는 서기전 5세기에서 서기전 3세기 사이에 서쪽 초원지대에 살았던 스키타이 족Scythians에 대한 후대의 문헌 기록을 근거로 이 무덤들이 봄 아니면 가을에 축조되었다고 생각하였다(Rudenko 1970: 279). 이 무덤들을 축조한 파지리크 문화라는 이름을 가진 철기시대 사회는 스키타이 사회들과 마찬가지로 말을 타고 가축들을 영역 안 이리저리로 몰고 다닌 유목 및 이목 사회였다고 생각된다.

보존된 사체들

대형 고분에 든 시신들은 모두 방부처리를 한 것들이었다. 내장과 근육 조직은 제거되었고 뇌는 두개골에 구멍을 뚫어 빼냈다. 그래서 팔과 다리, 등, 가슴 위와 배를 가로질러 길게 베인 자국들이 남게 되었으며 이것들은 말총 혹

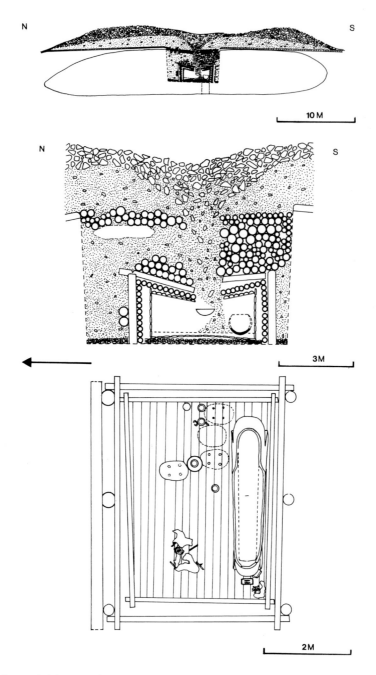

그림 3.7 파지리크 2호분의 도굴된 봉분 단면도(맨 위)와 묘실 단면도(가운데) 및 묘실 평면도(아래). 묘의 수혈 위로는 (주로 뿌리째 뽑은 나무의) 통나무 원목, 흙, 돌들로 이루어진 석총이 덮였다. 무덤 안에는 관(오른쪽), 다리가 네 개 달린 탁자들, 단지 한 점, 여타 용기들과 수많은 부장품이 있었다.

그림 3.8 파지리크 5호분의 관에는 한 남자의 시신이 들어 있었고, 관 위에는 한 여자의 시신이 놓여 있었다. 묘실 측벽에서 튀어나온 통나무들이 이 관을 쐐기처럼 끼워 덮고 있다.

은 힘줄로 기웠다(그림 3.9). 기묘하게도 이 자국들 중 일부는 손가락 및 발가락까지 이어지거나 젖꼭지와 사타구니까지 이어졌다. (2호분 안의) 한 남자는 엉덩이, 다리, 어깨의 피부에 작은 홈들이 깊게 패여 있었는데 아마도 소금 같은 보존제를 집어넣기 위한 홈이었을 것이다. 5호분의 남자는 오른손 가운데 손가락 끝 손톱 부위를 실로 동여매었는데 이 실의 끝은 그의 사타구니 피부에 부착되어 있었다. 5호분과 2호분의 여자 사체들 속에는 말총과 식물질을 채워 넣었다.

2호분의 남자는 머리에 투부鬪斧로 가격을 당하고 피부가 두 귀를 잇는 선에서 뒤로 목까지 벗겨졌다. 그럼에도 남은 머리카락은 깨끗하게 면도가 되어 있었다. 2호분 여자의 머리카락은 완전하게 밀어버렸는데 그녀의 변발은 머리 옆에 놓인 반면 5호분 여자 및 남자의 머리에는 머리카락이 남아 있었으니 전자는 머리카락을 두 갈래로 묶어 모자를 통해 늘어뜨렸다. 남자들의 얼굴에는 수염이 없었는데 이는 아마도 면도를 하였거나 뽑아버린 탓이겠지만 2호분의 남자는 사람털로 만든 가짜 턱수염을 걸치고 있었다. 1호분과 2호분

그림 3.9 파지리크 5호분 남자의 시신으로 몸의 연조직을 제거한 후 등 가운데와 어깨를 따라 피부를 기운 모습을 보여준다.

에서는 타래진 사람 머리카락을 가죽과 펠트 조각들에 꿰매어 단 것들이 발견되었다. 2호분 관의 머리 쪽 끝에는 가죽 주머니 하나가 있었는데 그 안에는 머리카락들이, 또 같은 무덤 안의 축소 모형 가죽 지갑에는 사람의 깎은 손톱이 들어 있었다.

피부 '경계'에 뚫린 구멍들은 특별히 두드러지게 표시를 하지는 않았는데 다만 예외로 4호분 출토 남자 두개골의 코 부분에서 나무 마개 하나가 발견되었으며 시베Shibe 유적에서 비슷한 연대를 가진 또 다른 공동묘지에 묻힌 젊은 남자의 눈구멍은 꿰매어져 있었다. 그 외에는 젖꼭지, 사타구니, 배꼽이 시신 안치 준비에서 특별히 관심을 쏟은 부분이었음을 암시하는 희미한 표시들만 있을 뿐이었다. 우리는 크리스테바가 깨끗했던 신체 경계들이 죽음을 맞아 그렇지 못하게 되는 것을 권력 및 위험의 자리로 관찰한 사실을 잊어서는 안된다(Kristeva 1982). 죽음을 맞이하여 일어나는 신체 경계 넘기의 상징 작용은 헤로도토스Herdotus가 스키타이 왕족들에 관해 "그들은 망자에 대한 애도의 표시로 손에다 상처를 내고 귀의 일부분을 찢으며 화살을 왼손을 관통해 찔러 넣는다."고 한 서술을 루덴코가 지적한 데서도 암시된다(Rudenko 1970: 114). 그 외에 파지리크 사체들에서 보이는 신체 경계 넘기의 유일한 사례는 귀걸이를 매달기 위해 뚫은 구멍들이다. 남자는 왼쪽 귓불에 하나, 여자는 어느 한쪽에 하나를 뚫었다. 2호 남자의 머리 상처와 피부 벗김은 아마도 전투에서 죽은 탓이라고 추정된다.

이런 정교한 처치는 그 사체를 영원토록 보존하려는 열정이 다소 지나쳤던 증거로—적어도 절개 행위의 숫자와 범위로 보건대— 해석할 수 있을 것이다. 머리카락을 민 것은 구멍을 뚫기 위한 준비로 설명할 수 있겠지만 머리카락과 손톱을 보관한 것은 이런 사체의 끝부분들을 마법용으로 쓰거나 악령이 사용하는 위험을 피하기 위한 목적이었던 것으로 해석할 수 있다. 이런 이유 부여는 어느 정도는 사실일 수도 있으나 우리가 이런 기묘한 의례들을 이해하려 할 때는 반드시 전체 그림을 염두에 두어야 함을 명심해야 한다. 이런 습속들은 집합적으로는 사체와 그 경계들, 특히 피부와 머리카락 및 손톱에 대한 일단의 강경한 태도들에 연관된 듯하다. 중요한 것은 이런 시신들의 실체(즉 근육 조직과 내장)가 아니라 그것의 덮개나 표면이었다. 이는 털을 다듬어내고 골격 위에 펼친 텐트처럼 보존되어야 했던 것이다.

문신과 동물 상징

이런 해석은 이론과 자료를 연결하는 하나의 고리로서 만족스러울지도 모르지만 다른 형태의 증거로써 더 분명하게 확증하는 작업이 필요하다. 그런 증거는 2호분 남자의 문신이 가장 극적으로 보여준다(그림 3.10). 그의 오른쪽 다리, 팔, 등 그리고 몸통에는 동물 및 여타 의장의 문신들이 있다. 문신들은 아마도 페매기보다는 바늘로 찔러 새겼을 것이며 흰 피부에 푸른 표시들로 보였을 것이다. 피부 밑의 지방층이 아닌 근육이 변색한 점은 이 남자가 중년이 되어 살이 찌기 전 젊었을 때 문신을 하였음을 나타낸다. 우리는 이 남자 몸의 문신을 그의 청년기에, 아마도 그 생의 형성 단계에서 성인식을 하는 동안 새겼던 것으로 추측할 수 있다. 루덴코는 스키타이 족 같은 집단들에 관한 문헌

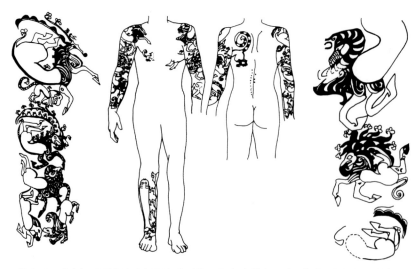

그림 3.10 파지리크 2호분 남자의 문신. 양 옆은 오른팔 및 왼팔 문신들의 세부이다. 왼쪽 다리에 문신이 표시되지 않은 이유는 그 피부가 보존되지 않았기 때문이다.

기록을 근거로 삼아 문신 새기기가 귀족 혈통 집단에서 남성성과 용기의 표시였다는 주장을 하였는데 다만 1993년 그 근처에서 발견된 '냉동 처녀'의 몸에 비슷한 문신이 잔존한 점으로 보건대 높은 신분의 표지였을 가능성이 더 큰 것으로 여겨진다(Rudenko 1970: 113; Polosmak 1994; Bogucki 1996).

　　우리는 이런 문신들을 어떻게 해석해야 하는가? 그 문신들은 공공연하게 노출된 적이 거의 없었을 것이다. 망자에게는 꽉 죄는 셔츠, 카프탄, 바지, 스타킹, 신발이 동반되었는데 이는 그가 살아 있을 때 대개 온전하게 차려입었음을 시사한다. 문신 새기기의 의미는 문화에 따라 다르며, 태국/버마 국경지대의 샨Shan 족에게는 질병에 대한 의학적 '예방주사' 같은 것이고 (Tannenbaum 1987: 693; Gell 1993: 21), 유럽 사회에서는 죄수, 군인, 선원 및 여타 사람들이 대항적 정체성, 집단 정체성 혹은 특징을 표시하는 것이다(Gell 1993: 22). 역사시대의 폴리네시아 사회에서는 문신 새기기가 중재자를 거치지 않은 신과 자아 사이에 하나의 장벽을 두어 사회적 보호막을 강화함으로써 문신한 사람을 보호함과 동시에 구성한 하나의 성격 무장이었으며 이는 신들에 가까운 문신 안 한 이들이 공유하지 못한 인간성의 낙인 같은 것이었다(Gell

1993: 314). 알프레드 겔이 폴리네시아의 문신 새기기에 대한 연구에서 지적하였듯이 그 의미는 전적으로 정황에서 나오며 그래서 우리가 2호분 남자의 문신이 가진 의미를 풀어내고자 한다면 바로 정황에 대한 분석을 반드시 해 보아야 한다.

이처럼 신체 외관을 강조한 다른 표지들로는 거울(2호분 두 점, 6호분 한 점)과 빗이 있다. 피부에 대한 이와 유사한 관심은 동물 가죽 처리에서도 보인다. 묘 대부분에는 (이목민에게 가죽 제품이 지닌 중요성을 감안하면) 아마 별로 놀랄 정도는 아닐 숫자의 가죽 용기 및 털가죽 옷과 더불어 특히 가죽을 오려 특정 동물을 표현한 괄목할 만큼 많은 양의 도안들이 있었다. 1호분의 관 자체가 수탉 형태 실루엣으로 도려낸 가죽들로 치장되어 있었다. 부서지기 쉬운 자작나무로 이처럼 아름다운 관들을 만들어내기란 쉬운 일이 아니었고 그래서 우리는 그것을 (바같은 대충 다듬고 안은 마무리를 잘 한) 목실과 더불어 사용하였다는 사실로 보아 피부를 은유적으로 표현한 것이라고 해석할 수도 있다. 마구에도 그 동물 자체에 제2의 피부를 주기 위한 가죽 마면이 들어 있었다.

우리는 그 남자 몸에 새긴 문신의 상징성을 분석함으로써 이와 관련된 방면의 탐구를 더 해 볼 수 있다. 의장들은 등 아래 부위 및 오른쪽 다리 아래 부분의 점 문양 몇 개를 제외하면 다양한 동물들로 이루어져 있다. 이 동물들 열 마리 가운데 적어도 일곱 마리가 여러 종으로부터 요소들을 뽑아 합체함으로써 우리가 그리핀 혹은 키메라라고 부를 수 있을 만한 놈들로 형상화한 것이었다. 그의 왼쪽 가슴과 등에는 가공의 동물(아마도 사자-그리핀) 한 마리가 있고 또 그보다 작은 놈이 오른쪽 가슴에 있다. 그의 오른팔에는 뒤틀린 궁둥이를 가진 당나귀를 공격 중인 듯 보이는 날개 달린 괴물 한 마리, 역시 뒤틀린 궁둥이를 가진 숫양 한 마리, 뿔에 독수리의 부리와 새의 머리가 표현된 동일한 자세의 사슴 한 마리, 엄니를 드러낸 육식동물 한 마리 그리고 뒤틀린 궁둥이를 가지고 뿔과 꼬리에 새의 머리들이 있는 사슴 한 마리가 새겨져 있다. 왼팔에는 두 마리의 사슴과 한 마리의 산양이 표현되어 있는데 보존 상태가 좋지는 않지만 그 동물들 중 둘은 뒤틀린 궁둥이를 가진 것으로 보이며 하나는 새의 머리와 꼬리를 가지고, 다른 하나는 독수리의 머리를 갖고 있다. 오른쪽 다리에는 엄니를 가지고 뿔이 돋은 괴물 한 마리, 물고기 한 마리, 숫양 네 마리가 있다.

이런 신체 문신들의 특정 주제는 병치된 키메라 같은 놈들, 다른 육식동물들 그리고 공격 받고 있음을 암시하는 뒤틀린 몸을 갖는 초식동물들이다. 키메라 의장의 의미는 최근에 철기시대 그리스 및 서부 유럽에 대한 연구에서 서로 다른 여러 부위를 혼합한 점에 초점을 맞추어 궁구된 바 있는데 그런 혼합은 차이에 대한 혼란스런 거부를 나타내며 이는 무질서한 폭력의 인식과 연계됨으로써 경계 넘기와 양극성이 빚어내는 위험과 모험을 은유적으로 표출하려는 것이라고 한다(Shanks 1993; Green 1997: 906). 이런 해석은 그로부터 멀리 떨어진 파지리크 유적에서 출토된 인간 피부에 표현된 키메라 같은 짐승과 동물 폭력 장면의 공반관계를 상기시킨다. 하지만 만약 우리가 이런 표현들을 철기시대 세계 안에서 해당 지역만의 독특한 견지와 더불어 범지구적 관점에서도 이해하고자 한다면 이런 표상들의 정황을 더 깊이 탐구해야 할 것이다.

물질문화와 동물 상징

이런 동물들이 무덤에서 출토된 다른 형태의 물질문화에 표현된 정황들을 보면 특정한 정형성들을 띠는데 특히 말 및 마구가 든 바깥쪽 묘실과 시신이 놓인 안쪽 묘실을 비교할 때 그러하다. 파지리크 미술에는 많은 동물들이 표현되어 있지만 그 숫자와 공반관계는 아주 다양하다. 가장 드문 종은 인간(턱수염 난 머리로만 표현됨), 말, 물고기, 늑대 그리고 독수리 혹은 맹금류이다. 초식 엘크 사슴, 사슴, 숫양은 대체로 재갈 갖춤으로 국한된다. 육식 고양잇과 동물들도 굴레 갖춤에 나타나지만 그와 똑같이 안장 장식에서도 보인다. 하지만 안장 장식에서 가장 흔한 동물 의장은 포식동물과 그 먹잇감 동물이다. 즉 초식동물을 공격 중인 육식동물상인데 전자는 문신에서 그랬듯 흔히 뒤틀린 궁둥이를 갖고 있다. 다양한 새들, 특히 백조 · 수탉 · 누른도요 · 뇌조는 굴레 갖춤과 안장에서는 나타나는 정도가 덜하되 여자의 관식·관·진흙 병·펠트 달집에 오려내기 세공으로나 갈기 덮개로서 더 흔하게 나타난다. 키메라/그리핀(혹은 괴물)들은 안장 갖춤, 굴레 갖춤 그리고 여타 마구를 장식하지만 (외측 묘실에 대비되는) 내측 묘실에 넣은 장구에서 다른 동물보다 한층 흔하게 표현되는데 예를 들면 2호분 목걸이에 나타나는 사례를 들 수 있다.

이와 같이 키메라/그리핀(둘 다 인간 피부 및 인체와 밀접한 연관성이 있는 정황에 표현된 것들)과 (그보다는 정도가 덜하지만) 새들은 안쪽 묘실에 있는 인간의 영역과 가장 직접적으로 관련된다. 하지만 괴물인 키메라/그리핀 같은 놈들은 '상상의' 동물로뿐만 아니라 위험, 권력, 무질서한 폭력의 임계적 '중간지대' 동물로 인식할 수 있다. 그러므로 그것들을 인간의 피부에 장식한 사실은 그 주인공과 그 너머 혼돈 사이의 경계가 지닌 핵심적 의미에 이목을 집중시키고 또 그를 강화하는 역할을 하며, 그 경계는 문신을 새김으로써 넘었지만 그 후 이 강력하고 위험스런 존재들로 보호되었다. 이와 비슷하게 초식동물을 공격하는 육식동물이라는 포식자/먹잇감의 짝은 특히 인간과 말 사이의 경계면인 안장에 나타난다. 흥미로운 사실은 말이 인간과 마찬가지로 미술에서 대개 표현되지 않는다는 점이다. 말들은 사람과 마찬가지로 치장을 해서 사람들 무덤 속으로 합체되었다. 이와 같이 말은 상징적으로 인간에 가까웠는데 다만 망자와 동등하지는 않은 동반자로 취급되었다.

2호분의 문신을 한 남자는 전신에 걸쳐 피부를 조직적으로 떼어낸 것 외에도 머리 가죽이 벗겨졌을 뿐만 아니라 머리에 타원형 투부로 구멍 세 개가 뚫렸다.[18] 그가 죽은 나이는 약 60세였을 것으로 추정되지만, 그의 상처로 보건대 이 노련한 전사는 변사를 당하였다. 문신들은 그가 고위 신분이자 귀족 혈통임을 나타낼 테지만 또한 전사의 복장으로도 읽을 수 있다(Zavitukhina and Barkova 1978; Rudenko 1970: 113). 트르에른느는 호머시대 그리스 전사의 몸에

---

18) Zavitukhina and Barkova 1978: 42~43. 피부는 다음 세 시점 중 어느 한 때에 벗겨졌을 것이다. 즉 이 남자의 머리 가죽을 벗겨냈을 때, 그 시신의 매장 준비를 하던 때, 이 무덤이 도굴되었을 때이다. 어느 시점에 그랬든 그 행위는 이 경계를 찢어버리는 데 대한 모종의 관심을 예증한다.

대한 버넌트의 분석을 근거로 삼아 "개개 전사의 몸은 난투 속에서 '포고 장치' 역할을 하였으니, 이는 자신의 영예를 공표하는 등급들로 장식되었다"고 주장하였다(Vernant 1991a · 1991b; Treherne 1995: 128). 이 파지리크 전사가 전투를 벌이는 동안 문신들은 비록 옷 속에 완전히 감추어져 있었을지라도 그의 피부는 이 문신의 힘과 위협 의장들 덕에 파열, (그로부터 틀림없이 생길) 신체 침투, 미관 손상, 죽음의 위험으로부터 보호를 받았다.

10. 토탄 늪 사체들: 인신희생인가 사회적 추방인가?

파지리크에 속이 빈 시신들이 묻히고 있던 때와 동시기의 북서 유럽에서는 소규모 인간 집단이 이례적 방식으로 최후를 맞이하고 있었으니 그 때문에 장차 이들의 사체에는 후대 뭇사람의 이목이 집중될 터이었다. 지난 수십 년 동안 덴마크, 독일, 영국, 아일랜드, 네덜란드의 토탄 늪에서는 아주 많은 시기에 속하는 1800개체가 넘는 시신이 보존되어 수습된 바 있다. 덴마크에서 발견된 418구의 토탄 늪 사체 혹은 유골 가운데 16구에 대해 방사성탄소 연대 측정을 하였더니 서기전 840년부터 서기 95년경 사이로 나왔는데 이는 청동기시대 말부터 로마화 이전 철기시대를 거쳐 로마 철기시대 초기 전반부에 해당한다(Tauber 1979; Sellevold *et al.* 1984). 이 시신들은 파지리크 사체들과는 대조적으로 기억 속에서나 구체적으로나 아주 잘 보존되기를 바라는 어떤 의도도 없이 버려졌을 것이다. 그들의 이야기는 베이난트 판 데르 산덴이 북서 유럽에서 발견된 토탄 늪 사체들, 그 정황과 발견의 상황을 아주 훌륭하게 검토하여 멋지게 들려주고 있다.[19] 덴마크의 토탄 늪 사체를 유명하게 만든 이는 P. V. 글룹인데 그는 서기 98년에 쓰인 타키투스의 『게르마니아*Germania*』를 광범위하게 이용함으로써 그 사체들이 대체로 다산의 대지모신인 네르투스에게

---

19) Van der Sanden 1996; 또 Dieck 1972 · 1986도 참조. 다른 토탄 늪 사체 혹은 골격 중 최소 아홉 구도 연대가 신석기시대 이른 시기로 비정된다(Bennike 1985 · 1999, Thorpe 1996: 134). 영국 및 아일랜드의 토탄 늪 사체에 관해서는 Turner and Scaife 1995를 참조.

바쳐진 희생물이었다고 해석하였다.[20] 글롭은 타키투스가 토탄 늪 및 습지 속에 나뭇가지로 만든 썰매 모양 운반구 아래 빠져 죽은 이들을 가리켜 '비겁자, 도망자, 남색자들'이라고 한 언급을 논거로 이용한 최초의 인물은 아니었다. 즉 이런 설명은 1824년 처음 공간소개되었으며, 하인리히 히믈러는 훨씬 나중인 1937년 무장친위대 장교들에게 한 연설에서 이를 인용하면서 그 "타락자들"에 대한 처벌이 아니라 "그저 그런 비정상적 삶을 끝장내준 것"이라고 설명한 적이 있다(van der Sanden 1996: 166~167에 인용됨).

이 토탄 늪 사체들이 취급된 몇 가지 방식은 약간의 예를 들어보면 알 수 있다. 톨룬트Tollund 인은 머리를 서쪽으로 하고 몸 오른쪽을 아래로 하여 남쪽을 바라보면서 웅크린 상태로 발견되었다. 눈은 감았으며 가죽 모자, 가죽 허리띠 그리고 목둘레를 꽉 죄고 있어서 그를 목 조여 죽인 듯 보이는 가죽 끈 올가미를 제외하고는 완전히 빨가벗고 있었다. 머리카락은 짧게 잘랐고 턱에는 짧게 깎은 수염이 있었다. 그라우발레Grauballe 인은 벌거벗은 채 바로 누워 있었는데 몸이 뒤틀렸고 다리는 구부렸으며 머리는 북쪽을 향하였다(그림 3.11). 그는 충치를 앓았으며 척추염 초기 증세도 갖고 있었다. 그의 손은 톨룬트 인과 달리 양호한 상태로 잔존하였으며 섬세한 손은 그가 육체노동을 하지 않았음을 입증하였다(Vogelius Andersen 1958). 그의 위와 장 내용물에는 편충 알과 독성균류인 맥각麥角에 감염된 풀이 들어 있었는데, 이 균류는 발작, 정신 이상, 괴저를 일으킬 수 있으며, 환각제인 LSD는 이로부터 만들어진다(Van

---

20) "토탄 늪 남자들은 신으로서 그리고 여신의 남편으로서 짧은 시간—봄 축제 시기와 이 마을 저 마을을 여기저기 돌아다닌 시간—을 보낸 후 종교의 최후 요구를 실행하였다. 그들은 희생이 되었고 신성한 토탄 늪 속에 놓였다. 그리고 죽음으로써 다음 해의 행운과 다산을 보증하는 의식들을 완성하였다. 그와 동시에 자신들을 희생하고 죽음으로써 스스로를 다산의 여신인 대지모신 네르투스에게 영원히 바쳤다(Glob 1969: 190~192)." 또 글롭은 타키투스의 관찰을 언급하였는데 타키투스는 게르만 부족인 세모네스Semmones 족이 "자신들의 야만스런 의식을 거행하면서 공동체의 선을 위해 무시무시하게도 인신희생으로 의식을 시작"한 반면 게르만 족의 법에서 "배신자와 도망자는 나무에 목매달고 겁쟁이, 게으름뱅이, 악명 높은 악인은 머리에 썰매 모양 운반구를 씌워 늪 진흙 속에 처박는다. 이 처벌의 차이는 죄를 반드시 널리 공표하되 혐오는 감추라는 원칙에 따른 것이다."라고 썼다. 또 타키투스는 간음하다 들킨 여자는 그 친척들이 보는 앞에서 머리카락을 자르고 마을 밖으로 쫓아내었다고 기록하였다.

der Sanden 1996: 118~117, 141; Renfrew, J. M. 1973). 입, 손, 발에 타는 듯한 감각을 일으키기 때문에 '성 안토니우스의 불'이라고 부르는 맥각 중독은 역사시대에 습윤한 여름이 호밀 작황에 영향을 미치면 때로 만연할 정도가 되기도 하였다(Laurence and Bennett 1980: 782~783). 그라우발레 인이 삼킨 양은 경련을 일으키고 환각 상태에 빠진 후 의식 불명 혹은 사망에 이르기에 충분할 정도였다.

보레모세 I은 다리를 교차해 구부려 앉은 자세에 머리는 한 바퀴 뒤틀린 채 버려진 성인 남자이다. 눈은 아마도 감았던 듯하며 꺼칠하게 자란 수염은 그가 죽던 날 면도를 하지 않았음을 나타낸다. 다시금 그의 섬세한 손은 그가 육체노동에는 낯선 이였음을 시사한다. 오른다리는 (죽기 전에나 죽은 후에) 무릎 위가 부러졌으며, 두개골 뒷부분을 후려갈겨 생긴 구멍을 통해 뇌가 보였다. 이 외에 그의 목둘레에는 대마 끈이 풀매듭 되어 있었다. 그는 나체였지만 머리 밑에 작은 천 조각이 놓여 있었고 발에는 양가죽 어깨 망토 두 개가 둘러져 있었다. 보레모세 II는 아마도 여자였던 것 같다. 그녀는 얼굴을 아래

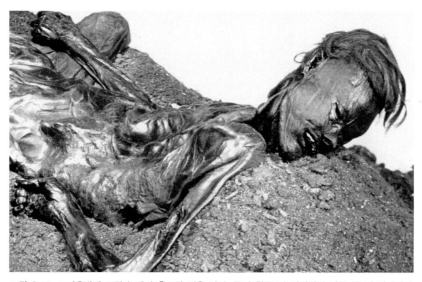

그림 3.11 그라우발레 토탄 늪에서 출토된 젊은 남자. 목이 한쪽 귀 아래에서 다른 쪽 귀 아래까지 가로질러 잘린 때문에 그의 뒤틀린 머리는 몸에서 거의 분리될 정도였다. 눈을 뜬 넓적한 얼굴은 면도를 하였지만 머리카락은 보통 길이였다.

로 해 엎드리고 머리를 북쪽으로, 발을 남쪽으로 하여 놓여 있었다. 그녀의 머리카락은 겨우 2.5cm 정도였고 호박 구슬 하나와 청동 원판을 뀁 가죽 끈 목걸이를 제외하고는 빨가벗었으며 천 조각들이 다리 위에 놓여있었다. 짧은 막대기 세 개, 유아 뼈들, 토기 한 점이 그녀의 상반신 쪽에 놓여 있었다. 그녀의 오른쪽 다리는 무릎 아래가 부러졌는데 아마도 죽기 전 그렇게 된 것 같다. 호박 구슬은 이 연대(서기 1~2세기)의 이 지방에서 대개 고위 인물의 묘에 공반되는 유물이다. 보레모세 III은 살이 찐 여자인데 얼굴을 아래로 해 엎드리고 머리는 동쪽으로, 한쪽 다리는 허리춤까지 끌어올린 채 놓여 있었다. 그녀의 머리카락은 중간 정도 길이였지만 머리 뒷부분은 가죽이 벗겨졌고 얼굴은 강한 타격을 받은 듯 짓이겨져 있었다. 그녀의 몸은 아주 작은 하얀 황새풀 꽃들로 만든 단 위에 놓였는데 늪지의 생태로 보건대 이 꽃들은 토탄 늪의 다른 부위에서 꺾어 모은 것 같다.

죽음과 식단

이런 철기시대 토탄 늪 사체들에서 시신과 사지의 일관된 방향 혹은 정규 자세는 보이지 않지만 몇 가지 공통된 흥미로운 특징들이 있다. 약 14개체가 어떻게 죽었는지 명확한 증거를 갖고 있는데 목매달기 혹은 목조르기, 목 앞 자르기, 둔기 구타, 참수, 칼로 찌르기, 묶은 채 익사시키기(추정) 등으로 죽었다(Van der Sanden 1996: 155~165). 몇몇은 이런 방법 몇 가지를 함께 써서 죽임을 당하였고 일부는 심하게 맞아 죽었다. 예를 들어 그라우발레 인은 목 앞을 칼로 자르기 전에 오른쪽 관자놀이를 다쳤고 부서진 정강이뼈는 그의 다리가 고의로 부러졌음을 가리킨다. 죽기 전과 죽은 후에 과도한 폭력이 가해졌다. 영국 린도우Lindow 토탄 늪에서 나온 3구의 사체 중 가장 잘 보존된 린도우 II는 목이 졸리고 칼에 찔렸는데 만약 동시에 그렇게 당했다면 찔려서 나온 피가 작은 웅덩이를 이루었을 것이다. 그 외에 아마도 도끼로 머리를 두 차례 맞았을 터인데 너무 세게 맞아서 깨어진 두개골 뼛조각이 뇌를 찌르고 들어갔고 어금니 하나가 깨졌다(Stead *et al.* 1986; Brothwell and Bourke 1995).

글롭은 빈데비Windeby에서 출토된 소녀 사체의 다리 아래 부위에서 해리스선(영양실조 때문에 뼈에 생기는 선들)을 식별하였기에 그녀의 겨울 식단이 부적절하였다고 주장하였지만 다른 토탄 늪 사체 일부의 섬세한 손발과 공반 물품의 질을 고려하면 토탄 늪에서 최후를 맞이한 사람들 중 다수는 범상치 않은 사회적 지위를 가진 사람들이었다고 생각된다(Glob 1969: 113). 예를 들어 훌드레모세Huldremose 여자 및 하랄스키에르Haraldskjaer 여자와 공반된 직물의 질은 로마 철기시대 초기 고위 인물의 묘에서 발견되는 것들에 견줄 수 있다(Bender Jørgensen 1979; Parker Pearson 1984b). 또 토탄 늪 시신과 유골들은 일부 개체의 키가 작기는 하지만 철기시대 인구 집단의 키로서는 큰 축에 드는 경향이 있는데 이는 서기 1세기에서 4세기까지의 덴마크 지배 엘리트와 공유하는 요소로서 그 이유는 아마도 그들의 식단이 다른 이들보다 나았기 때문일 것이다(Sellevold *et al.* 1984). 그런데 이런 결론은 위장 내용물로 보건대 마지막 식사가 보리, 아마 씨앗, 마디풀, 노랑냉이로 만든 묽은 죽으로 추정되는 세 사례와는 서로 맞지 않는다. 몇 연구자는 이런 단순한 음식이 사형선고를 받은 이들을 위한 특수 식사라고 추정하였지만 표준 식사였을 가능성도 그와 똑같이 있다.

가죽과 벌거숭이 상태

철기시대 토탄 늪 사체 다수는 분명히 벌거숭이로 혹은 그에 가까운 상태로 버려졌다.[21] 그들이 걸친 유일한 옷은 대개 동물 가죽으로 만든 것으로 특히 허리춤까지만 내려오는 어깨 망토이며 실로 짠 옷은 대개 시신에서 떨어져서 나 그 위 혹은 아래에서 발견된다(Van der Sanden 1996: 124~134). 가장 제대로 차려입은 예인 훌드레모세 여자는 가죽 어깨 망토를 걸치고 있었는데 또 다른 어깨 망토를 덮고 있었던 한편으로 목둘레에 모직 스카프를 두르고 허리에는

---

21) 린도우 인을 분석해 보니 피부에 색칠을 하였을 가능성이 있음이 드러났다. Pyatt *et al.* 1991 · 1995; Cowell and Craddock 1995.

치마를 둘렀다. 근처에서는 모직 겉옷으로서 주름 잡힌 긴 옷이 발견되었다. 그녀의 오른쪽 다리 및 발과 오른팔에 난 상처는 반복적으로 난도질을 당했음을 나타낸다. 우리는 많은 사례에서 옷이 잔존했는지 그렇지 않은지 혹은 이전 조사자들이 사체와 공반된 직물 잔적을 놓친 것인지 확신할 수 없지만 가죽 제품들(어깨 망토, 완장, 신발, 모자, 허리띠 등)이 이 사체들과 밀접하게 공반되는 점은 의도적이었을 가능성이 상당히 있다. 만약 그들이 어떻든 옷을 걸친 상태로 발견된다면 그 옷은 거의 언제나 가죽으로 만든 것이며 또 신체의 많은 부분, 특히 성기와 아랫도리를 가리기에 적합하지 못한 것들이다.

　　우리는 가죽 옷이 철기시대의 옷에서 정규적 구성 부분이었는지 알지 못하는데 그 이유는 그 몇 세기 동안 덴마크와 독일에서는 화장이 주된 의례였으며 시신의 옷을 비교할 만한 분묘 자료도 거의 없기 때문이다. 그렇지만 청동기시대 중기의 묘들에서 가죽 어깨 망토는 없이 주로 모직물로 된 옷감과 의복들이 든 사례가 있는 반면 네덜란드 에머르-에르프스헤이덴베인Emmer-Erfscheidenveen에서 출토되어 이처럼 이른 연대로 알려진 토탄 늪 사체 하나는 가죽 어깨 망토를 둘렀으며 그의 모직 옷 및 여타 가죽 옷은 둘레에 놓여 있었다.[22] 이 편년 범위의 다른 쪽 끝에 해당하는 서기 1세기(로마 철기시대 초기) 유틀란트 뢰네Lønne의 고위 분묘에 매장된 '푸른 옷 소녀'는 가죽 옷 흔적은 전혀 없이 푸른 모직 옷을 입고 있었다(Bender Jørgensen 1979). 또 로마 철기시대 초기의 분묘에서 구리 합금 및 철제 옷 장구에 수착된 채 잔존한 옷 흔적도 가죽보다는 직물을 흔하게 이용하였음을 증언한다(Bender Jørgensen 1979). 그래서 철기시대 토탄 늪 사체들에서 이처럼 가죽 옷의 비중이 잠재적으로 큰 점은 당대의 양식을 벗어날 가능성이 다분한데다 볼품없이 한정적으로 사용된 것으로 보아 시신에 이목을 집중시키려는 '제2의 피부'로서 가죽 옷을 입기는 하였지만 부적절하다는 사실을 강조하려는 듯한 표시들임을 알

---

22) 청동기시대의 복식에 대해서는 Glob 1974; Hald 1980; Bender Jørgensen 1986 · 1992를 참조. 네덜란드 출토 토탄 늪 사체의 복식은 van der Sanden 1996: 124에 서술되어 있다.

수 있다. 희생물 일부에서 머리를 부분적으로 깎은 사실 또한 이와 비슷하게 부적절하고 수치스러운 상태를 강조하는 역할을 한다고 추정할 수 있을 것이다. 가죽과의 공반관계가 지닌 의미는 판단하기가 쉽지 않지만 이런 피부 상태, 가죽, 털가죽들은 동물들에 옷을 입힌 것처럼 희생물을 인간 세계로부터 의례로써 분리하는 역할을 하였을 것이다.[23]

희생인가 처형인가?

토탄 늪 사체들이 버려진 시기 동안에 화장은 위에서 언급한 것처럼 고고학적으로 알아볼 수 있는 주된 장송의례였다. 화장된 뼈들은 그 의례의 마지막 단계에서 금속제 복식 장구 달랑 한 점과 더불어 장골 토기 안에 넣어져 소규모 원분 속에 묻혔다. 이런 최후의 안식처는 취락들이 수원에 아주 가까운 점과는 대조적으로 대개 물에서 500m 가량 떨어진 높고 건조한 땅이었다.[24] 철기시대 망자가 지닌 상징적 지세는 세 부분, 즉 불탄 마른 뼈들로 완전 변모하였으며 불로 만들어진 것들과 공반된 존경할 만한 망자의 저 위쪽 세계, 중간에 있는 산 자의 세계, 완전히 변모되지 않고 짐승 같은 상태로 되돌아간 희생된 망자 및 처형된 망자의 아래쪽 습한 세계로 나눌 수 있다. 토탄 늪은 또한 곡물이 든 토기 단지, 작은 나무 조각상, 쟁기, 군데스트룹Gundestrup 냄비 같은 수입된 금속제 큰 솥, 사람 머리카락, 옷, 청동 목걸이, 무기류 등 아주 다양한 봉헌물의 최후 안식처이기도 하다(Glob 1969; Parker Pearson 1984b).

이런 품목들 중 어떤 것은 다산과 재생을 상기시킬 수도 있지만 또 어떤

---

23) 철기시대 사람들은 인간의 피부가 토탄에 오래 노출되면 자연 무두질 과정을 거쳐 가죽처럼 변형된다는 사실을 알았을 수도 있다. 동물 가죽은 토탄 늪 속에 사람의 시신을 버리는 행위의 모든 의미 및 과정을 둘러싼 상징성과 연관이 있을 수 있다. 안 로스는 초기 아일랜드 전통의 드루이드와 그 참관자들이 신들과 의사소통을 하고 미래를 내다보기 위한 목적으로 몸을 수소 가죽으로 감쌌음을 지적한 바 있다(Ross 1986: 164). 이는 제시해 봄직도 한 설명이지만 시간, 공간, 전통에서의 차이와 수소 가죽이라는 특수성 때문에 어떤 직접적 비교도 가능성이 적다. 토탄 늪 사체의 가죽 옷들은 양, 송아지, 사슴 가죽으로 만든 것들이다.

24) Parker Pearson 1993a. 덴마크 철기시대의 장례 경관에 대한 더 자세한 논의는 본서 제6장을 참조.

것은 사회적 평등을 유지하기 위한 목적으로 유통 과정에서 제거되기도 하였을 것이다. 그뢴토프트Grøntoft 같은 유적에서 드러나는 서기전 150년경 이전의 취락 증거는 대체로 평등한 마을 공동체들이었으면서도 어떤 농장들 사이에 근소하기는 하나 경제 자원에서 차이가 점점 늘어나고 있었음을 나타낸다(Parker Pearson 1984b). 모든 가구들이 농업에 종사하고 있었던 이런 공동체들에 관한 증거는 보레모세, 그라우발레, 하랄스키에르 사체들이 나타내는 증거와는 서로 맞지 않는데 후자는 육체노동에 참여하지 않았던 사람들의 존재를 가리키기 때문이다. 호데Hodde와 크라그헤데Kraghede에서 발굴된 예처럼 규모가 크고 세력 있는 농장들은 서기전 150년경 이후로 엘리트 장송의례와 더불어 이 철기시대 사회들의 주변부에서 등장하였다.

각 사망과 폐기의 정황이 복합적이기에 일단의 원인들 중 꼭 어느 한 가지 때문이라고 해석할 수 없음은 의문의 여지가 없다.[25] 그렇지만 연쇄 살인과 은밀스런 살해에 이어 시신을 몰래 버린 사례는 실제로 발견되지 않았으며 그래서 이들은 적합한 설명이 될 수 없다(Connolly 1985; Parker Pearson 1986). 많은 토탄 늪 사체들이 구조 혹은 구출을 하는 데 동아줄을 지각없이 사용한다든지 함으로써 실패한 불행스런 결과라는 주장들 또한 도외시할 수 있다(Briggs 1995; Parker Pearson 1986).

우리는 '일하기 싫어한' 토탄 늪 사람들이 인신희생의 제물이거나 전쟁 포로, 사회의 희생양, 주술사 같은 버림받은 사람으로서 처형된 사례들로 해석해 볼 수 있다. 다수는 사회에서 상위 부류에 속하는 출신이었을 수 있으며 또 주술사, 샤먼 혹은 신관들이었을 수도 있다.[26] 그렇지만 여유 있었음에 틀림없는 그들의 삶을 불명예스러운 죽음과 겹쳐 놓고 볼 때 비교적 평등한 국지적 공동체들로부터 상호 투쟁하고 불평등한 사회적 분단들로 구성된 공동체들로 바뀌어가던 사회를 나타내는 하나의 라이트모티프leitmotif로 생각할

---

25) 예를 들어 Gebühr(1979)에서는 빈데비 소녀가 정상 매장이며 이례적 안치를 가리키지 않는다고 주장하였다. Munksgaard 1984 and Fischer 1999도 참조.
26) 의례로 왕을 시해하였다는 해석 또한 가능하다. Frazer 1911을 참조.

수도 있을 것이다.

　영국 린도우 늪에서는 서기 1천년기 초에 속하는 세 구의 토탄 늪 사체들이 함께 발견되었다. 이들 중 하나인 린도우 III은 퇴화한 엄지를 갖고 있었는데 존 매길튼은 이 때문에 신체 완벽성이 왕위에 오르기 위한 요건 중 하나인데다 시저에 따르면 도덕적으로 불완전한 자는 희생제물이 되기 십상이었던 사회에서 그 개체가 불완전한 인물로 취급되었을 가능성을 제기한 바 있다(Brothwell and Bourke 1995: 56~57; Magilton 1995: 186). 유럽 대륙에서도 신체 비정상을 지닌 철기시대 토탄 늪 사체들이 있는데 예를 들면 네덜란드의 이더 Yde 유적에서 출토된 소녀는 가벼운 척추만곡 증세를 지녔고, 즈베일로 Zweeloo 유적에서 출토된 여자 유골은 앞 팔과 다리가 이례적으로 짧았으며, 도이링어Dojringe 유적에서 출토된 두 구의 남성 유골 중 하나는 오른팔이 왼팔보다 짧고 척추파열 증세가 있는데다가 두 개의 천공 구멍을 가진 반면 다른 하나는 왼쪽 팔이 짧고 두개골에 구멍이 뚫렸다 치유된 흔적을 갖고 있었고, 독일 카이하우젠Kayhausen에서 출토된 소년은 엉덩이에 손상을 입어 정상적으로 걸을 수 없었고, 덴마크 엘링Elling에서 출토된 서른 살 먹은 여자는 골다공증을 앓았다(Van der Sanden 1995: 155; 1996: 138~142). 지금까지 철기시대 토탄 늪 사체들 중 극히 일부에 대해서만 정밀 조사를 벌인 사실을 감안하면 놀라울 정도의 비율이 신체 비정상을 나타내는 셈이다. 이로써 그들 중 다수를 '신들이 손을 댄 탓에' 무언가 일반 사람들과는 달리 (신체적으로나 정신적으로) 불완전하면서도 특별하다고 여겼을 가능성을 상정할 수 있다. 그들은 희생을 위해 특별히 양육되면서 죽임을 당하는 순간까지 여유로운 삶을 살았을 수 있다. 타키투스가 말한 '게으름뱅이'는 실은 종국적으로 초자연적 세계에 바쳐지는 희생물이라는 영광을 누렸던 특수 범주의 사람들이었을 수도 있는 것이다.

11. 소 결

몸은 단순한 생물학적 단위가 아니라 주도면밀하게 다듬어낸 인공물로 죽음의 순간 이후 더욱 가공이 되고 변형이 되는 대상이다. 이는 죽음과 내세, 사회의 경계들, 인간됨의 본질, 사회적 세계의 질서 잡기에 관한 표상들을 전하는 데 쓰인다. 시신을 처리하는 과정에서는 살아 있는 몸에 관한 복합적 개념들(인간이라는 것이 무엇인지, 행동 규범을 어떻게 따라야 하는지) 및 전체로서의 사회에 관한 개념들뿐만 아니라 죽음의 본질에 대한 개념들까지도 구체화된다. 신체의 고고학적 잔적은 망자를 산 자들로부터 분리시켜 인간 이해의 또 다른 차원 속에 위치지우는 통과의례에서 절정부에 해당한다. 우리는 이차장 의례 후의 집단 매장 같은 사례에서는 그런 의례 과정의 끝부분 행위만을 찾아낸다. 또 파지리크 분묘 같은 일부 사례에서는 매장 이전의 여러 국면들을 복원할 수 있으니 예컨대 시신의 피부를 갈랐다가 기운 사실을 들 수 있다. 통치자의 신체는 투탕카멘의 미라화된 신체에서 보았듯 흔히 사회(전체로서의 사회)적 신체이며 그래서 그런 시신의 처리는 공위 기간이라는 위험스런 임계시기를 반영하거나 그런 일시적 사회 분열의 제도적 극복 활동을 반영할 수 있다. 각 사회에서 각 인간 집단이 시신을 어떻게 이용하는지에 대한 보편적 해석이란 없으며 각 조사의 정황에 따라 과거 사람들의 태세와 이해를 복원하고자 노력해야 할 것이다.

4장 지위, 계서, 권력

으스대는 문장紋章과 화려한 권력,
아름다움이, 부가 가져다 준 그 모든 것들이
모두 함께 필지의 시간을 기다린다.
영광의 길들은 단지 무덤에 이를 뿐이니.[1]

신고고학의 사고방식이 득세하게 되는 1960년대 말과 1970년대 이전의 옛 사회 해석에서 '문화역사' 접근법을 취한 연구들은 고고학적 잔적으로부터 인간행위의 상징적 · 의례적 · 사회적 측면을 추론할 때 경험론적 신중을 기할 필요가 있음을 강조하였다. 이는 혹스와 스미스의 이른바 '추론 난이도 사다리'에서 가장 잘 드러나는데, 그에서는 과거의 여러 국면 중 가장 접근하기 쉬운 것은 기술과 경제라고 여겼다(Smith 1955). 신고고학이 문화역사의 귀납적 추론 방식을 배척하고 가설연역적 방법들을 선호함에 따라 이 추론 사다리의 더 윗부분 가로장들을 조사할 수 있다는 새로운 낙관론이 생겨났다. 만약 올바른 가설들이 구성될 수 있다면 의례 조직, 사회조직에 관한 명제들도 검정될 수 있다는 것이었다.

---

[1] 토머스 그래이(1716~1971)의 '시골 교회 묘지에서의 비가'로부터.

1. 사회진화론

장례습속의 사회적 차원들에 대한 신고고학의 접근법은 그 근저에 '사회진화'의 개념을 깔고 있다. 고고학자와 인류학자들은 자신들의 학문이 시작된 맨 처음부터 진화적 발달 단계들을 개념화하였다. 19세기에 존 러복은 야만, 미개, 문명의 세 단계 구분에 대해 언급하였고, 이런 '진화적' 사고는 고든 차일드가 1930년대와 40년대에 제시한 마르크시즘적 틀에서도 여전히 중요한 특징이었다(Lubbock 1865; Childe 1951; McNairn 1980). 신고고학의 사회진화에 대한 관점은 스튜어드, 화이트, 프리드, 서비스, 살린스 같은 문화인류학자들의 단선 문화진화론 및 다선 문화진화론을 발전시킨 것이었다(Fried 1967; Sahlins 1958·1968; Sahlins and Service 1960). 이런 접근법들은 다윈이 세운 인류 혈통의 생물학적 진화론을 일부 수정한 것이라기보다는 그와 같은 19세기 사람이었던 허버트 스펜서로부터 유래된 것이었는데, 스펜서는 인간 사회들이 '적자생존'에 따라 단순한 것에서 복잡한 것으로 진화하였다는 사회진화 모델을 제시한 사람이었다(Ingold 1986). 서비스와 살린스의 유단, 부족, 군장사회, 국가라는 사분안과 프리드의 평등사회, 계서사회, 계층사회, 국가사회라는 사분안은 1960년대 이래로 고고학의 사고를 늘 따라다녔다. 다만 과거 사회들이 복합성을 발전시킨 경로에 대해서는 고고학자들 사이에 의견 차이가 있었으며 어떤 이들은 일부 사회 범주를 더 작은 단위로 나누기도 하였는데, 이를테면 군장사회를 '통합 지향' 군장사회와 '개별화 지향' 군장사회로, 혹은 '단순' 군장사회와 '복합' 군장사회로 나누기도 하였다(Renfrew 1973a; Renfrew and Shennan 1982; Bintliff 1984; Earle 1987·1991; Yoffee and Sherratt 1993; Wason 1994).

그리하여 신고고학의 매장습속 연구 다수는 특히 초기 사회들의 복합도를 식별하는 데 초점을 맞추었으며 대표적 관심사를 들자면 그 사회들이 비교적 평등한 유단과 부족사회였는지, 계서가 있는 군장사회였는지, 아니면 계급-계층화가 이루어진 초기 국가였는지 등이었다. 이 접근법은 복합도, 그리고 그 당연한 귀결로서의 적응 적합도가 사회적 불평등과 착취에 직접 연관된다는 관념을 암묵적으로 담고 있을 뿐 아니라 또한 아주 다양한 인간 사회가 모두 이 네 가지 범주로 요약된다고 하였다. 이에 대해 사회인류학자 에드먼드 리치는 자신이 50개가 넘는 군장사회 유형들을 알고 있는데 그것들을 단 하나의 범주로 몰아넣는다는 것은 불합리하기 짝이 없고 또 과도한 단순화 지향의 환원주의라고 공박하였다(Leach 1979). 신고고학의 사회진화론에 대한 한층 지속적인 공격은 탈과정주의고고학자들과 여타 학자들로부터 가해졌다(Clastres 1977; Giddens 1979 · 1984; Leach 1982; Shanks and Tilley 1987; Rowlands 1989; Shennan 1993; Yoffee 1993; Barrett 1994: 161~164; Whittle 1997: 146~147).

이런 형태의 사회 정치적 유추를 적용하는 데는 크게 보아 두 가지 일반적 문제점이 있다. 첫째로는 리치가 지적한 것처럼 '군장사회' 같은 포괄적 개념을 사용하면 처음에는 다양한 사례와 자료들을 이해하는 데 도움이 될지 모르지만 결국에는 전 세계의 다양성을 덮어버림으로써 군장사회로 특징지어질 수 있는 특정 사회들 사이의 차이점을 이해하는 데 걸림돌이 되어 버린다. 예를 들어 영국의 신석기시대에서 철기시대에 이르는 선사시대는 3천 년 이상에 걸친 시기인데, 전 기간을 군장사회의 시기로 특징지을 수 있을지 모르지만 그렇게 하는 것이 이 긴 기간 동안의 변화와 다양성을 이해하는 데 특히 도움이 되지는 않는 것이다. 휘틀이 지적하였듯이 "일단 중요 규칙들이 깨트려져 여러 사회제도들이 다루기 쉬운 수의 유형들로 환원되고 그것들이 진화 경로들을 따라 배열되면 …… 일반 모델을 견지해야 할 이유는 점점 더 없는 듯이 보인다."

둘째로 이 모델에서는 군장사회를 집합적으로 구성하는 인류학적 특성 대조표에다 고고학적으로 가시적인 일정한 특징들을 대응시켜야 하는데, 후자는 전자의 전체 목록 중 일부분일 뿐만 아니라 그 식별이 모호한 경우가 많은데다 여러 가지로 문제시되는 추론 투성이인 경우가 허다하다. 예를 들면 기념 건축물과 공물 재분배는 분명히 군장사회 전체는 아닌 일부의 특징인데도 그처럼 고고학적으로 가시적인 관습은 군장사회를 고고학적으로 식별하는

데 흔히 필수적 우선 요소가 되고 있는 것이다(Whittle 1997: 147).

2. 매장습속의 변이성과 사회조직

루이스 빈포드와 여타 미국 신고고학자들은 사회조직을 복원하기 위해서는 단일 '문화'의 매장습속들에서 보이는 '변이성'을 분석해야 한다고 주장하였다. 신고고학자들은 각 개인의 장례 상징 표현에 쓰일 수 있는 여러 가지 역할과 정체성을 탐구하고자 하였으며 민족지학자들이 '이런 부족은 이렇게 하고 저런 부족은 저렇게 한다'는 식으로 주장한 서술들의 타당성을 공격하였다. 여기서 각 개인은 삭스가 관찰한 바와 같이 "일관성 있는 사회 인격체로서 다른 사회 인격체들과 관계를 맺을 뿐만 아니라 또한 전체 사회 체계가 지시하는 규칙과 구조적 통로들을 따라 그런 관계를 맺는다(Saxe 1970: 4)." 빈포드와 여타 학자들이 도입한 이 매장습속 변이성이라는 개념은 기왕에 장송의례를 행위의 심형心型 혹은 사회적 규범이 낳은 산물이라고 규범적으로 규정한 것을 분쇄하려는 의도에서 나왔다(Binford 1971; O'Shea 1984). 크리스 피블스는 고고학자들이 갖가지 시신 처리 방식의 다양성과 빈도로부터 사회적 차이 뒤에 내재한 원리들을 추론할 수 있을 것이라 여겼는데, 그 이유는 각 개인이 생전의 사회적 위치에 따라 매장되었을 것으로 상정되기 때문이었다(Peebles 1971: 69).

지위의 정의

구디너프의 '역할 이론'은 신고고학자들이 과거 개인의 복합적 사회 인격을 고고학적으로 식별할 수 있는 일련의 역할이나 사회적 정체성들로 나누는 수단이 되었다.[2] 이를테면 한 여자는 지도자, 어머니, 농민, 기혼자라는 여러 가지 사회적 정체성을 가질 수 있는데, 이 다중적 정체성 중 어느 하나나 전부는

---

2) 신고고학이 역할 이론을 어떻게 이용하였는지를 더 알려면 본서 제2장을 참조.

그녀의 장송의례 동안에 비물질적 형태 아니면 물질적 형태로 상징화될 수 있다. 삭스는 산 자들이 망자를 안치할 때 어떤 정체성을 상징화할지는 생전의 망자와 그 산 자들이 여러 가지 정체성 속에서 맺은 권리와 의무 관계에 따라 결정된다고 주장하였다(Saxe 1970: 9).

장례습속을 연구하는 고고학자들에게 그간 중심된 과제 하나는 획득(혹은 성취) 지위(사회적 위치 혹은 계서)와 귀속(혹은 생득) 지위를 어떻게 분간할지였다. 사회학 이론에서 '귀속 지위'는 우리가 통제할 수 없는 속성들(나이, 성, 그리고 종족)로 구성된 반면 '획득 지위'는 우리가 살아가는 중에 교육과 개인적 성취로 얻은 지위로서 이는 사회학자들이 과거 사회보다는 현대 사회에서 더 큰 역할을 지닌 것으로 여긴 특성이다(Parsons 1951). 하지만 그와는 다소 달리 고고학자들은 그간 이 용어들을 높은 지위가 획득이 되는 사회(즉 크게 보아 평등사회)와 그것이 세습으로 생득이 되는 사회(즉 출생으로 지위의 위계적 순서가 매겨지는 사회)를 구분하는 데 썼다.

수직 분화와 수평 분화

각 지위의 등급이 여타 지위들에 대해 불평등한 관계로 매겨지는 사회에서는 부와 지위에 대한 접근도가 개인에 따라 차별이 있는 '수직 분화', 즉 계서를 나타내며 또한 생활을 유지시켜주는 기본 자원에 대한 접근도가 사회 계급 혹은 '성층'들에 따라 불평등하게 조직된 '계층화'를 나타낼 수가 있다. 프리드에게 계서사회란 "귀한 지위들이 어떻든 한정되어 있기 때문에 그런 지위를 차지할 만큼 충분한 능력을 갖춘 사람들이라 해도 실제로는 모두 그러지는 못하는 사회이다(Fried 1967: 109)." 프리드는 다른 이들이 그간 군장사회라 부른 것들(Sahlins 1958; Service 1962; Earle 1987 · 1991)을 효율적으로 서술하였는데, 다만 그의 틀은 어떤 사회가 계서사회와 계층사회 둘 다에 해당한다거나 국가가 아니면서도 계층화될 수 있다는 점에서 검토의 여지를 남기고 있다.

크리스 피블스와 수전 쿠스는 계서사회의 특징인 사회적 불평등을 분간하는 데 장례 정황에 표현된 사회적 인격의 여러 측면에 대한 해석을 근거로 삼은 이론적 틀을 제시하였다(Peebles and Kus 1977). 그들의 틀에서는 사회적 인격이 '하위' 부분과 '상위' 부분 두 가지로 나뉜다. 하위의 측면들은 나이, 성 그리고 생애 동안의 업적이다. 상위의 차원들은 나이, 성 혹은 획득 지위의 덕으로 돌릴 수 없는 에너지 소비, 부장품 혹은 여타 상징으로 표시된다 (Peebles 1971; Peebles and Kus 1977). 바꾸어 말하면 상위 수준에서의 사회적 차이가 불평등을 가리킬 수 있다는 것이다. 어떤 사회라도 매장들에 하위 및 상위의 사회적 인격 둘 다가 포함되어 있다면 곧 그 사회는 계서사회로 해석될 수 있을 것이다.

그런데 고고학자는 이런 해석을 검토하는 데서 '수직 분화'(예를 들면 왕, 평민, 노예)와 '수평 분화'(어떤 연대 혹은 반족半族의 성원)를 구분할 수가 있다. 피블스와 쿠스는 다음 두 가지 방식으로 수직 분화를 수평 분화로부터 구분할 수 있을 것으로 제안하였다.

- 수직 분화를 나타내는 상징들은 피라미드 모형의 사회 성층을 이루면서 (위층에는 아주 적고 바닥 층에는 많이) 분포할 것이다.
- 매장습속에 소비된 에너지의 양이 또한 고려될 수 있다.

피블스는 이미 그 이전의 저술에서 지역 상징과 초지역 상징이라는 또 다른 구분 방안을 제시한 바 있다. 전자는 주어진 지역 안의 개인들을 차별화하는 것이고, 후자는 다양한 지리 경계와 족속 집단 경계를 가로지를 가능성이 클 것이다. 피블스와 쿠스는 오늘날 마운드빌Moundville이라 알려진 미국 앨라배마 주 소재의 기념 건축물 단지에서 미시시피 문화기(서기 1050~1550년) 매장들의 위계 구조를 도출하는 데 이런 원칙들을 썼다. 그에 대해서는 이 장의 말미에서 자세히 검토하기로 한다.

테인터와 복합도 측정

테인터의 사회 복합도 측정을 겨냥한 접근법에서는 매장의례를 의사소통 체계의 한 유형으로 해석하고, 그 속에서 일정 상징들이 죽은 자에 대한 정보를 전한다고 본다. 테인터는 장례 속성들에서 '중복성'의 개념을 탐구하였다

(Tainter 1975, 1977. 또 Tainter 1980, 1981도 참조).

- 장례 관련 속성들이 특정 집단과 밀접하고 일관되게 상호 관련되면 높은 중복성을 지닌 상황(그가 '조직화'라 칭한 갖춤 반복 현상)이 생겨난다. 가상의 예를 들자면 곰 발톱, 칼, 토기류가 상호 공반 발견되는 한편 비버 이빨, 긁개, 구슬류 또한 그와 비슷하게 별도의 한 무리로 공반되는 것이다.
- 낮은 중복성을 지닌 상황(그는 '엔트로피'라고 불렀는데 이는 수학에서 빌려온 용어이다.)은 특정 집단에 장례 관련 속성들이 거의 공반되지 않는 것이 특징이다.

테인터는 높은 중복성이 이질적이고 복합적인 정보 체계에서 보일 것으로 예상되기 때문에 높은 중복성을 가진 매장습속 체계는 사회에 관련을 짓는다면 위계적이고 복합적인 사회의 산물일 것으로 추론하였다. 거꾸로 낮은 중복성은 단순하고 평등한 성격의 사회를 시사한다.

테인터는 지위의 수평적(나이 및 성에 기반을 둔) 차원과 수직적(귀속적 혹은 성취적 계서) 차원에서 보이는 구조 분화의 정도를 측정함으로써 여러 묘들 사이의 에너지 소비 차이를 연구하고 그로써 전반적 조직화(즉 중복성)의 정도를 측정하고자 한 것이다.[3] 그는 수평적 분화가 아닌 수직적 분화를 측정하기로 하였는데, 이유는 그 쪽이 덜 모호하다고 여겨졌고 또 계서 수준들의 숫자가 구조 분화의 정도를 나타낸다고 판단되었기 때문이다. 그는 검토 결과를 계량화하여, 미국 일리노이 주 우드랜드Woodland 문화 중기의 사회들이 13.671의 구조 분화와 0.7496의 조직화 정도를 달성하였는데 이 구조 복합성은 우드랜드 문화 후기 초에는 떨어졌다가 우드랜드 문화 후기 말과 미시시피 문화기에는 다시 증가한다고 주장하였다.

테인터의 접근법에 대해서는 그간 비판이 없지 않았는데 신고고학 안에서도 나왔고 또 나중의 탈과정주의 접근법에서도 나왔다. 그 문제점을 들자면

---

3) 매장의례에서의 에너지 소비에 관한 설명은 본서 제2장을 참조.

어떤 체계의 내적 분화를 조금이라도 정확하게 측정하는 데 필요한 철저성이 부족하고 에너지 소비 정도로써 분명한 지위 수준들을 판정할 수 없었으며 또한 수직 분화와 수평 분화의 상호의존성(O'Shea 1984: 15~20; Pader 1982: 60~61)을 다루지 못하였다는 것 등이다. 아마도 가장 명백한 문제점은 한 사회를 숫자(!)로 나타내는 환원주의, 과학주의의 오류일 것이다.

3. 신고고학의 지위 연구 사례들

제임스 브라운은 미국 오클라호마 주 동부 스피로Spiro에 있는 한 의례 중심지 자료를 근거로 미시시피 문화의 매장습속을 연구하기로 하였다. 그의 방법론은 의미론의 분석법에 바탕을 두었다. 브라운은 장례 행위들에 토대를 둔 핵심 도표를 구축하였는데, 이 나뭇가지 모양의 표에 설정된 몇 가지 경로로 여러 매장 유형 집단들을 구분할 수 있었다. 그는 이로부터 이를테면 성인이라는 조건이 분류의 선행요건인 매장 유형들을 식별하였다. 또 그는 매장 유형들의 계서를 '관리 배려'(사망 후 처리의 규모와 질)라는 잣대에 따라 매기고 각 유형이 전체 인구 중에서 차지하는 비율을 재는 방법을 제시하였다. 마지막으로 그는 이 스피로 유적의 정형성을 민족지 기록으로 남은 미국 남동부 나체스Natchez 족 군장사회와 촉토Choctaw 족 군장사회의 경우와 비교하였다 (Brown 1971a).

　　북미 대평원 역사시대의 아리카라Arikara 족, 포니Pawnee 족, 오마하 Omaha 족 인디언의 매장 습속에 대한 존 오쉬어의 분석은 매장습속 변이성을 가장 정치하게 다룬 신고고학 연구이다. 이 이웃하는 세 집단은 모두 단독묘 매장을 실시하였는데 오쉬어는 서기 1675~1860년의 시기로 연대가 측정된 다수의 공동묘지에서 발굴된 자료를 검토할 수 있었다. 그는 친족관계, 사회 구조 그리고 장송의례에 대한 일정량의 민족지 서술을 근거로 삼을 수 있었던 한편으로 현존 사회에서 관찰할 수 있는 정보의 양 및 유형과 고고학적으로 되찾을 수 있도록 남은 것 사이에 개재하는 여과 작용을 고려한 명시적 고고학 방법론을 개발하는 데 특히 관심을 갖고 있었다(O'Shea 1984: fig. 2.2). 오쉬어는 역사시대의 민족지 자료에 대한 검토로부터 수직적 사회 지위는 무덤 축조에 들이는 공의 정도와 부장품의 유형 및 양으로 상징화되는 반면 수평적 사회 지위(예를 들면 씨족, 반족, 연대 등)는 중립적 가치의 경로들로 표현된다고 관찰하였다(O'Shea 1981a · 1984). 바꾸어 말하면 수평적 차원은 머리모양, 의복, 토템 부장품 같은 썩기 쉬운 물질문화로 표현되는 반면 수직적 지위 구분은 썩지 않는 인공물로 표현되었다.

대평원의 매장습속 변이성

오쉬어의 분석은 주로 묘 부장품 상호 간의 공반관계와 묘별 유물들의 실제 공반상을 직접 겨냥한 것이었다. 그의 유물 형식분류는 기능, 소재의 조성, 제작자(토착민/유럽출신 미국인)를 토대로 하였는데 유물 형식 86개를 식별하여 크게 세 부류, 즉 첫째 교역된 신체 장신구, 복식품, 도구, 둘째 토착민의 장신구와 도구, 셋째 '사회기술적' 물품(새나 작은 포유류의 뼈, 돌 파이프 혹은 홍점토 장신구, 돌 창끝 및 동물 소상)으로 나누었다. 오쉬어의 방법론은 다음 네 단계로 구성되었다.

1. 유물 조합 사이의 공반관계와 묘군 조합 사이의 공반관계에서 통계학적 정형성 찾아내기.
2. 나이, 성, 빈도, 공간 분포에 따른 통계학적 배열.
3. 지위 차(수직, 수평 및 제3의 범주로서의 특수 지위 분화)에 따른 각 하부 조합의 분류.
4. 각 집단 혹은 하부 조합에 대한 해석과 그 사회적 의미의 추론.

그의 통계학적 분석 방법에는 공반관계 측정법(켄달 타우), 주성분분석법, 군집분석법 등이 있다. 공반관계 측정법은 유물끼리와 유물과 매장 유형, 나이, 성이 얼마나 상호관련이 잘 되는지 판정하는 데 쓰였다. 주성분분석법은 유물 공반관계의 주된 군들을 식별하는 데 쓰였고(R-모드 분석), 군집분석법은 묘들 사이의 구조상 유사점을 식별하는 데 쓰였다(Q-모드 분석). 많은 민족지 관찰 결과와 맞아 들어간 계서 차이는 세 부족 집단 각각에서 유물의 다양성과 값비싼 교역품의 존재로 표현된 수직적 구분들로 나타났다. 포니 족에서는 추장 계서를 파이프의 존재와 높은 수준의 부로써 알아 볼 수 있었고 의례 담당직은 파이프와 새 부리의 부장으로, 그리고 특수 위세직은 조각된 파이프석, 창끝, 새 부리 및 여타 품목의 부장으로 식별할 수 있었다.

수평적 구분 또한 찾아냈는데, 성인과 성인 이하 사람(아이와 청소년들) 사이의 차이는 묘의 크기와 나이 관련 유물들로 구분이 되었고 남성과 여성의 구분은 이와 마찬가지로 성 관련 유물들에서 분명히 드러났으며 족내 사회들(비밀 결사, 연대 혹은 반족)의 성원은 마합류 조가비의 존재로 표시되는 듯 하였다. 특수 지위는 죽음의 상황(집단묘들과 이례적 시신 자세), 시신의 부재(기념비 무덤) 그리고 '적대적 처형'(참수)으로써 식별되었다.

오쉬어는 세 부족 사이에서 차이를 거의 발견하지 못했지만, 아리카라 부족과 포니 부족의 장기적 추이에 대한 그의 분석은 아주 급속한 변화들을 보여주었다. 그 예로는 단독묘 매장으로부터 복합 공동묘지로의 변화를 들 수 있는데 이는 아마도 마을들이 합쳐질 때와 지위를 둘러싼 마찰이 있을 때 자기정체성을 유지하기 위한 노력에서 비롯되었을 것이다. 매장에 상징으로 표현된 여성 활동의 중요성 증가는 백인과의 교역에서 남성이 관장한 모피 교역이 쇠퇴하고 옥수수 및 여타 농산물의 중요성이 증가한 데 기인한 것으로 해석되었다. 다만 여자들의 묘에서 이제 발견되는 도구들이 농업용이 아닌 가공 및 제조용이기는 하였지만 말이다. 오쉬어는 또한 유럽출신 미국인들의 상품을 교환하기 위한 남자들 사이의 장거리 연계망 소멸이 이런 변화를 일으킨 한 요인이라고 주장하였는데, 그런 쇠퇴는 마을 안에 백인 교역자들이 직접 내도함으로써 야기된 것이었다.

아리카라 부족에서는 소규모 지위 차의 축소 현상이 역시 마을 간 통합에 따라 일어났을 수 있는데 일단의 모호한 지위 등급들이 확대된 공동체들 안에 설정된 것이었다. 포니 족은 이와 대조적으로 자신들의 수직 분화 체계를 견지하고 공고히 하였는데 그 결과로 부의 차이가 증대되고 나이를 기반으로 한

(성인 아닌 이들과 성인 사이의) 구별이 한층 유지되기 어려운 쪽으로 변화하였다(O'Shea 1984: 280~283). 이 사회들은 연구 대상 시기 동안 줄곧 질병 및 전쟁으로 많은 사람들이 죽었으며 문화 접변의 영향을 받았다. 오쉬어는 공동묘지들이 약 60년이라는 짧은 기간 동안 사용되었고 또 묘의 두향을 비롯한 장례 양식들이 아주 급속하게 일시적으로 변화하는 경향이 있음을 알아냈다.

중석기시대의 사회 분화

마렉 즈빌르빌은 오쉬어와 더불어 카렐리아 지방 올레니오스트로프 Oleni'ostrov의 대규모 중석기시대 공동묘지를 조사하였는데 역시 비슷한 '차원' 분석법을 썼다(O'Shea and Zvelebil 1984). 그들은 부장품 공반관계에서 나이나 성에 기반을 두지 않은 몇 가지 차이가 있음을 인지하였다. 부장품의 '풍부한 정도'(어떤 묘의 부장품 수)는 짐승이빨 치레걸이의 존재에 대응하는 경향이 있었으니 곰 이빨은 '부장품이 가장 풍부한 사람'(주로 성인 남자), 그다음은 엘크 사슴 혹은 비버 이빨(주로 성인 남자와 모든 연령의 여자) 그리고 마지막으로 그런 치레걸이가 없는 묘(주로 늙은 남자)였다. 그들은 이런 차이를 먹을거리 획득에 연계된다고 추정되는 신체적 능력의 표지로 해석하였다. 또 특별한 지위 표시들도 있었다. 남녀를 모두 포함하는 네 개의 매장은 샤먼의 매장이었을 가능성이 있었다. 이들은 수직으로 세워 서쪽을 바라보게 매장되었는데 이는 다른 이들이 수평으로 동쪽을 향해 묻힌 것과는 반대된다. 이 집단 중 셋은 '풍부한' 부장품 일괄을 갖고 있었다. 또 하나의 집단은 조각된 우상들과 함께 묻혔는데 이들은 다른 의례 전문가들로 추정되었으며, 오쉬어와 즈빌르빌은 그들의 나이가 다양한 점(청소년 포함)을 근거로 이 지위는 귀속적, 즉 세습적이라고 주장하였다. 사냥 책무와 연관된다고 추정된 또 다른 특별 지위의 집단은 성인 남성 11명을 각각 투사용 뼈 첨두기만 함께 넣어 매장한 사실을 근거로 인지하였다. 그래서 오쉬어와 즈빌르빌은 이 사회가 상당한 사회 분화를 이루었으며 그 지위 중 일부는 세습적 성격을 띠었다고 결론지었다. 나아가 그들은 부장품의 수와 다양함을 근거로 이 중석기시대 사람들이 석기 교역을 중심으로 한 복합경제를 영위하였으며 이는 초기 단계의 제도화된 사회 불평등 체계에 연계된다고 추론하였다(O'Shea and Zvelebil 1984: 35).

제이콥스는 나중에 이를 재검토한 후 이런 결론들에 대해 의문을 제기하였으니 점판암 칼 같은 '위세' 유물조차 지역산인 점은 오쉬어와 즈빌르빌의 해석과 합치되지 않는다고 지적하였다. 그들은 자신들의 전제 때문에 그 유적을 '불필요하게 복잡화하였다'는 것이다(Jacobs 1995: 395). 제이콥스는 (인골의 안정 동위원소 분석 결과를 토대로) 유물의 '풍부함'과 살코기 소비 사이에 역분산 관계가 있고, 살코기 소비 증가와 인골 강도 사이에 상관관계가 없으며, 유물 군집들과 부의 등급들이 나이/성과 무관하게 균질한 점이 모두 두 연구자가 그 매장 조직이 복합사회를 반영한다고 읽은 데 반한다고 결론지었다(Jacobs 1995: 395~396).

제이콥스는 오쉬어와 즈빌르빌의 방법론이 아니라 여러 군집들에 대한 그들의 해석을 문제 삼은 것이었다. 풍부한 부장품은 부와는 관련이 적고 애도자들이 너무 이른 나이에 죽은 사람에 대해 슬픔 및 상실감을 이례적으로 표현함으로써 과잉 보상을 하려 한 것과 더 관련이 있을 수 있다(Jupp 1993: 190). 고고학자들은 사회적 지위가 살아가는 동안 성취한 지위가 아닌 귀속적 혹은 세습적 지위일 수 있는지 판정하는 문제에서 그간 상대적으로 풍부한 부장품을 가진 성인 묘에 상응할 정도로 부장품을 많이 지닌 아이가 때때로 나타나는 현상이 세습적 지위 구분의 존재와 그에 따른 수직 분화의 존재를 예시한다고 주장하였다. 그렇지만 이 문제는 우리가 예상하는 만큼 그렇게 단순하지가 않다. 민족지를 보면 죽은 아이에게 성인 묘 선물을 주는 사례가 있는데 예로는 오스트레일리아 북부 연안 앞바다의 섬들에 사는 티위Tiwi 수렵채집민들을 들 수 있다(Hart and Pilling 1966; Goodale 1971). 현대 영국의 장례습속에 대한 줍의 연구(제2장 참조) 또한 너무 이른 죽음이 주는 상처와 그에 관련된 공들인 장송의례를 잘 보여준다. 아이나 젊은 어른의 죽음은 슬픔을 꾹 눌러 참아야 하는 가족의 비극일 수 있지만 또한 그 때문에 애도가 확대되고 사회 집단 전체가 장례 봉헌을 할 수도 있다.

　올레니오스트로프 공동묘지에 관한 연구에서는 모든 것이 부장품의 '의미'에 달려 있었다. 즈빌르빌은 그 후 올레니오스트로프에서 발견된 엘크elk 사슴 소상들을 극지 부근 지방에서 엘크 우주를 상징적으로 표현한 중요 표지로 인식한 바 있다. 어떤 묘에 작은 상이 존재하면 그 묘의 주인공이 초자연적 힘의 영역과 관계를 갖고 있음을 알려주되 다만 젊은 사람의 묘에 그것이 존재함은 반드시 세습적 지위를 가리키지는 않는다는 것이다. 모든 것은 우리가 부장품에, 그 다양한 양과 형태에 어떤 의미를 부여하느냐에 달려 있다.

4. 부장품과 지위

밥 채프먼은 스페인 로스 미야레스Los Milliares 유적의 이베리아 동석시대(구리시대) 합장묘들을 분석하고 무덤 내용물을 근거로 삼아 스스로 '위세' 무덤들이라 이름 붙인 중심 군집을 인지해 냈는데 그에는 상아 및 구리 제품, 타조 알 구슬, 흑옥 및 호박 구슬, 돌 그릇, 설화석고 소상들이 있었다(Chapman 1977: 27~29; 1981 · 1990: 176~207). 그는 이런 무덤들과 '위세' 물품이 없거나 그런 물품이 조금만 있는 다른 무덤들 사이의 차이가 알마그로와 아리바스의 주장과 달리 평등사회가 아닌 계서사회를 가리키는 것이라고 주장하였다(Almagro and Arribas 1963: 45~46; Chapman 1981: 405). 채프먼은 그 앞 신석기시대의 장례습속은 (무덤 규모가 작고 부장품이 지역산인데다 아주 적은 점으로 보건대) 친족관계와 혈통을 기반으로 하는 낮은 밀도의 영속 집단을 나타내며 이것이 동석시대로 가면 비세습적 계서 집단들로 진화하고 다음 청동기시대 초기에는 세습적 지도체제를 갖춘 계층화된 사회로 바뀐다고 해석하였다. (아르가라 기라고도 알려진) 이 청동기시대 초기의 무덤들은 집단적이 아니라 개별적이었으며 취락들 안에 위치하였다. (금과 은 장신구 같은) 위세적 부장품의 분포는 나이와 성에 따른 차이를 가로지르며 또 채프먼이 식별한 다섯 개의 지위 등급 가운데 최상위 등급에는 유아 및 어린이의 매장들이 있어서 그가 보기에 세습 지도체제와 귀속 지위를 시사하는 듯하였다.

슬로바키아 브란치Branč의 청동기시대 초기(서기전 2400~1700년) 공동묘지에 대한 수 쉐난의 분석도 이와 비슷하게 부장품에 초점을 맞추었다(Shennan 1975). 그녀의 연구 또한 부장품이 풍부한 아이 매장이라는 중요한 수수께끼를 다루었는데 성장을 하고 매장된 어린아이들(그 부장 품목들이 성인 여자들과 공반된 다른 사례들로 추정컨대 소녀들)의 존재는 귀속 지위의 증거라고 단언하였다.

쉐난은 상호 공반관계도 살피는 가운데 각 유물 형식의 가치 척도를 노동력 투입의 견지에서 나누었다(그림 4.1). 그래서 비지역산 유물은 제작에 관련된 노동력뿐만 아니라 그 수송에 필요한 노동력 또한 담고 있다고 설정하였

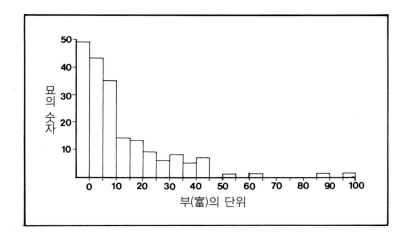

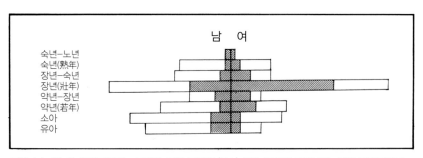

그림 4.1 맨 위 막대그림표는 브란치 유적 묘들의 '부富' 점수 분포를 나타낸다. 아래 막대그림표는 인골의 나이와 성에 대비해 본 '부'의 분포이다. 10 단위 이상의 부를 가진 인물들(빗금)은 '부유한' 것으로 구분된다.

다. 여자와 소녀들이 착장한 정교한 관식과 여타 장신구들은 전반적으로 남성과 공반된 유물들보다 높은 가치를 지닌 것들이었다. 그와 동시에 남성의 매장과 여성의 매장은 각 성의 특유한 의상들뿐만 아니라 해당 시신이 묘 안에 안치되는 방식에도 큰 차이가 있었다. 쉐난은 이런 장례 증거에 대해 두 가지로 대비되는 해석을 할 수 있다고 결론지었다. 즉 여자의 사회적 지위가 남자의 지위보다 높았든가 아니면 여자들이 자신들의 남성 친족이 축적한 부로 치장을 하였다는 것이다.[4]

중부 유럽 철기시대 할슈타트 말기(서기전 650~450년)의 대군장과 그 하위 군장들이 관할한 위세품 분여 체계에 대한 프랑켄슈타인과 로랜즈의 해석도 이와 비슷하게 높은 지위의 인물을 나타낸다고 보이는 다양한 단독 묘실 봉토분에 부장된 물품들의 위계를 근거로 하였다. 대군장 묘는 금제품, 음용기, 수레와 여타 화려한 장비의 존재로 식별하였는데 그 이후 호호도르프Hochdorf 유적에서 최근 발견된 이 시기의 이례적 매장이 가장 좋은 사례이다(Frankenstein and Rowlands 1978; Biel 1986)(그림 4.2). 하위 군장들의 묘실에는 탈것과 음용기는 들어 있을 수 있지만 금제품이나 여타 귀중 품목은 들어 있지 않다. 프랑켄슈타인과 로랜즈는 당시 발달 중이던 사회위계 구조의 가장 높은 수준에서 이런 장거리 교역품들을 관할하면서 하향 재분배를 통제하는 식으로 그런 위세품들을 소유하였던 것이라고 생각하였다. 그렇지만 이런 위세품 재분배 모델은 몇 가지 측면에서 비판을 받을 수 있다. 첫째로 위세품들이 반드시 그 위계구조를 거쳐 아래 방향으로 내려갔다고 하지만 그런 '하향 침투'에 대한 실제 증거가 없다. 또 음용기 같은 품목들의 교역이 사실상 활발하게 이루어지지 않았을 가능성이 크며 이런 음용기들은 한번 취득하면 수입 포도주가 아닌 지역산 음료들을 마시는 데 이용되었을 가능성이 아주 다분하다. 이런 음용기들은 정치적 권위가 장거리 교환망 통제보다는 얼마나 환대를 베푸는지에 연계된 상황에서 벌어진 품위 있는 잔치와 음주 방식을 상징하는 것으로

___

4) 쉐난의 작업이 젠더 및 친족관계에 관련해 지닌 의미에 대해서는 본서 제5장의 논의를 참조.

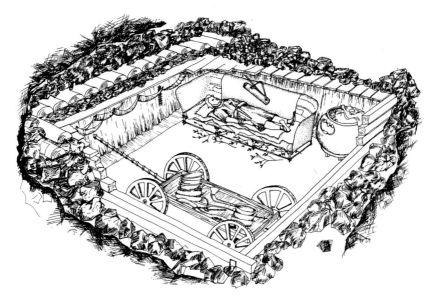

그림 4.2 독일 호흐도르프 유적 할슈타트 D기 철기시대 고분의 묘실 복원도.

추정된다(Dietler 1990: 386~387).

　　클라우스 란스보르는 청동기시대 덴마크의 사회 분화를 분석하면서 청동 유물과 금제 유물의 '가치'를 각 금속의 무게로 환산하는 방식으로 부를 측정하려고 노력하였다.[5] 금이 부장된 묘는 그것이 없는 묘보다 대개 청동기가 풍부하였다. 남성의 묘에는 여성의 묘보다 대개 청동과 금이 더 많이 들어 있었다. 그래서 그는 금속의 양이 사회 지위를 반영하며 이는 남성과 여성 사이의 불평등뿐만 아니라 각 성 안에서의 불평등 또한 가리킨다고 결론지었다(그림 4.3). 또 인구밀도와 불평등의 정도 사이에도 상관관계가 있었는데 인구밀도가 높아지면 높아질수록 그만큼 사회적 불평등이 더 생겨났음을 시사하였다. 그리고 여성의 지위는 청동기시대 동안 향상된 듯 보이는데 란스보르는 이를 농경 집약화 및 확대의 결과인 듯하다고 해석하였다.

_____

5) Randsborg 1973 · 1974. 이와 비슷한 Arnold(1988a · 1988b)의 연구는 부장품의 가치를 그 희소성으로 추산하였다.

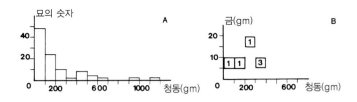

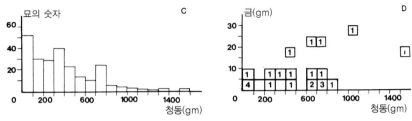

그림 4.3 덴마크 청동기시대 중기(II기) 여성과 남성 매장의 '부富' 점수를 표시한 막대그림표. A: 금이 없는 여성 묘, B: 금이 있는 여성 묘, C: 금이 없는 남성 묘, D: 금이 있는 남성 묘.

이보다 나중에 콜린 렌프류는 불가리아 흑해 연안 바르나Varna의 동석시대(서기전 4000~3500년경) 공동묘지에서 드러난 금 치장 매장들에 대한 연구에서 여러 가지 금속의 가치를 통문화적 견지에서 어느 정도로 고정할 수 있는지 궁구하였다(Renfrew 1986. 또 Chapman 1991도 참조). 렌프류는 금이 '최고 가치'를 지녔으며 또 동석시대 사회에서 상징 작용을 통해 사람들의 눈길을 끄는 높은 가치를 지닌 희소 물품으로 관념화되었다는 판정을 하는 데 다음과 같은 다섯 가지 근거를 제시하였다.

1. 금은 얼굴과 성기 같은 몸의 주요 부위를 개별적으로 치장하는 데—금은 테라코타 마스크 위를 덮고 금제 음경 덮개로서 모습을 나타낸다—쓰였다.

2. 금은 '권표'와 '홀笏' 같은 권력 상징들의 정규 구성요소였다.

3. 어떤 유물들을 마치 전체가 금인 듯 보이도록 꾸몄는데 예를 들면 돌도끼를 금박으로 둘러쌌다.

4. 금은 구리보다 아껴 썼으며, 그래서 금판은 그 무게에 비해 최대한 넓은 표면을 덮도록 두드려 펴서 썼다.

5. 금은 반사성이 강하고 반짝반짝 빛나며 녹이 슬지 않고 내구성이 크다.

우리는 렌프류의 가정들 중 일부, 예를 들면 얼굴과 성기를 덮은 품목들이 높은 가치를 지녔다는 가설에 대해 트집을 잡을 수 있을 터이나 그의 틀은 부장품과 그 소재의 상대적 가치를 판정하는 유용한 접근방식을 제공한다. 더 문제시되는 부분은 그 가치 뒤의 의미를 해석한 데에 있다. 금이 풍부한 매장들이 과연 렌프류가 믿은 대로 군장들을 기리는 것이었는가, 아니면 금이 종교전문가, 샤먼 혹은 심지어 신들과 연관된 신성하고 마법에 찬 소재였는가? 다른 말로 하면 '홀'이라고 한 것들이 정말로 직권을 상징하는 표장이었는가?

5. 식단, 건강, 지위

'문화생태학'은 신고고학의 또 한 가지 핵심 개념이었는데 이는 인간 사회를 하나의 체계로 제시하며 그 체계는 전체 사회 안에 존재하는 다양한 하위 체계들 간의 상호작용을 통해 더 넓은 범위의 생태계에 적응한다고 본다. 문화생태학에서 유래된 이 '적응'의 개념은 빈포드가 "물질문화는 인간의 신체 외적 적응 수단이다"라고 언명을 한 이후로 신고고학과 늘 함께 하였다(Binford 1962). 이것이 그간 장례 정황들에 적용된 측면 한 가지는 뼈 및 이빨의 스트레스 지표들이 가리키는 건강 수준으로 해당 주민 집단의 적응도를 측정함으로써 한 사회의 적응 효율을 식별해 낸다는 것이었다(Buikstra 1981). 이와 거꾸로 스트레스와 연관된 외상 및 상해는 질병과 스트레스를 이기고 살아남은 증대된 능력을 나타내며 그래서 주민 집단의 적응도와 효율적 적응 전략을 가리키는 증거라고 주장할 수도 있으니, 스트레스 지표가 없다는 사실은 그런 사람들이 신체에 스트레스가 처음 엄습했을 때 그로부터 회복하지 못하고 죽었음을 가리키는 특징일 수 있다는 것이다(Wood *et al.* 1992; Roberts and Manchester 1995: 164). 두말할 것도 없지만, 기능주의자들이 사회를 무엇보다도 적응 단위로 묘사하고 사회가 적응 적합 여부로써 장기적 생존을 위한 자기 선택을 한다고 보는 데에는 커다란 철학적 문제가 남는다(Giddens 1984).

인간 잔적을 대상으로 한 식단과 건강 연구는 다른 분석 방법들과 손을 맞잡고 수행된다면 차별적 사회 지위에 대한 새로운 연구 방향을 열어줄 중대한 잠재력을 갖고 있다. 뼈의 영양 스트레스(압박) 지표 연구, 미량원소 분석, 안정 동위원소분석이 과거 사회에 내재한 건강과 식단에서의 불평등을 식별해 내는 데 잠재력이 있음을 예증한 것은 대체로 1970년대의 일이었다. 그보다 최근에는 속성續成작용(뼈, 조직 등의 분해), 표본추출법, 해석을 재평가함으로써 식단 증거가 간접적이라는 점을 부각시켰고 또 신뢰할 만한 결과를 산출하기 위해서는 신중과 주의가 필요하다는 사실도 부각시켰다(Goodman and Armelagos 1988; Sillens *et al.* 1989; Ezzo 1994; Pate 1994).

영양 압박 지표들

비타민 C와 D 부족으로 각각 걸리는 괴혈병과 구루병(곱사등) 때문에 인골에 특정한 영양 압박의 흔적이 남을 수 있다. 구루병은 18세기와 19세기 영국의 가난한 사람들 사이에서 흔한 신체적 고통의 원인이었지만 이것이 없었더라면 그간 고고학이 특정 영양 압박에 관련된 질병의 존부를 근거로 한 지위 연구를 거의 해 낼 수 없었을 것이다(Roberts and Manchester 1995: 173; Martin *et al.* 1985). 비특정 영양 압박 지표로는 에나멜 형성 부전증, 빈혈증(골격에 다공성골비대증으로 나타나는 철 부족), 체 모양 안와, 해리스선, 청소년기 골다공증과 성장 저해증이 있다.[6] 이런 압박 지표들에 대한 연구가 사회 지위에 관한 연구에 어떻게 기여할 수 있는지 보여주는 사례로는 쿡이 미국 일리노이의 서기 1천년기 우드랜드 기 중기 주민집단에서 제1대구치의 에나멜 결함을 연구한 예를 들 수 있다. 그녀는 부장품, 묘 유형, 위치로부터 추론한 지위에서의 차이들과 합치되는 일관된 정형성을 식별해 냈다. 낮은 지위의 인물들은 에나멜 결함을 앓은 빈도가 더 높았을 뿐만 아니라 성인과 더불어 아이들도 그러해서 이는 세습적 혹은 귀속적 지위의 증거로 해석되었다(Cook 1981:

---

6) 에나멜 형성 부전증은 Cook 1981; Goodman 1991; Skinner and Goodman 1992를, 해리스선은 Lallo *et al.* 1977; Martin *et al.* 1985: 266; Stuart-Macadam 1989; Mays 1985를, 성장 저해증은 Roberts and Manchester 1995를 참조.

143~144). 그렇지만 이런 비특정 압박 지표들을 근거로 특정 인골 집단에서 단한 가지 식단 결함을 결정적으로 진단해 내기는 어려울 수 있다(Huss-Ashmore *et al.* 1982).

미량원소와 안정 동위원소

스트론튬과 바륨은 건강을 유지하는 데 필요한 십여 가지 미량원소와 함께 식단 지표로 이용되는 비필수 미량원소들이다(Buikstra *et al.* 1989; Ezzo 1994). 스트론튬은 다른 미량원소들과 마찬가지로 속성 작용을 받기 쉽기는 하지만 살코기 위주 식단과 옥수수 위주 식단을 분간하는 데 정말 유용한 듯한데 다만 뼈 속 스트론튬과 식단의 살코기 대 식물 비율 사이에 간단한 비례 관계는 없다(Sillens and Kavanagh 1982; Aufderheide 1989; Pate 1994; Burton and Wright 1995). 북미 남동부 미시시피 문화기의 '엘리트' 매장 인골과 '평민' 매장 인골의 스트론튬 수준을 비교해 보았더니 중대한 차이가 없었으며 이는 부장품 및 묘위치의 차이와 상관없이 전 표본이 비슷한 식단이었음을 시사한다(Blakely and Beck 1981). 그와는 대조적으로 멕시코 찰카칭고Chalcatzingo의 올멕Olmec 매장들(서기전 1150~550년)에서 나온 인골의 스트론튬 수준은 부장품 양에 따라 차이를 보이기에 죽어서 좀더 많은 부장품을 갖춘 사람일수록 그만큼 살아서도 더 많은 살코기를 소비하였음을 시사하였다(Schoeninger 1979). 바륨은 뼈에서 스트론튬과 비슷하게 작용하지만 속성 작용의 영향을 받을 가능성이 좀더 크다(Ezzo 1994). 이는 해양 자원에 의존한 식단을 가리키는 지표이며 그래서 식단 변화를 조사하는 문제들에 적용되었다(Burton and Price 1990; Larson *et al.* 1992). 역사시대에서 뼈 속 납의 수준 차이는 사회적 불평등을 인지해 내는 데 유용할 수 있는데 예로는 백랍 그릇에 대한 접근도나 납 수도관에서 나온 물에 대한 접근도 차이 그리고 직업 차이까지도 들 수 있다(Aufderheide 1989: 254).

인골 속의 안정 탄소 및 질소 동위원소 분석법은 그간 옥수수, 기장, 수수의 도입(특히 북미 여러 지역으로의 옥수수 확산), 동물 혹은 식물 단백질 의존도의 변화, 육상 먹을거리 자원에 대비한 해양 먹을거리 자원 의존도 등의 문제들에 답하는 데 쓰인 바 있다(Vogel and van der Merwe 1977 · 1978; Tauber 1981; Walker and DeNiro 1986; Burger and van der Merwe 1990; Schwarcz and Schoeninger 1991; Katzenberg 1992). 하스토프와 요하네센이 안데스 잉카 시기 인골과 조리용 토기 안 찌꺼기의 안정 질소 및 탄소 동위원소 변이에 대해 연구하였더니 시간의 흐름에 따라 가옥 평면 배치 및 도기 형태에서 일어난 변화들에 견주어볼 수 있는 다른 흥미로운 변화들이 나타났다(Hastorf and Johannessen 1993). 완카 II기(서기 1300~1460년)와 완카 III기(잉카시기, 서기 1460~1532년) 사이의 식단에서 옥수수가 증가하였는데(이는 C4식물의 존재로 나타남) 하스토프와 요하네센은 이를 옥수수로 빚은 맥주의 소비에서 비롯된 것으로 해석하였다. 그들은 완카 II기의 신흥 엘리트들(이는 가옥 크기와 매장에서의 차이로 나타남)이 정치적 복종과 동맹을 조장하기 위해 옥수수 맥주를 분배함으로써 일종의 부채관계를 만들어내고 있었고 또 그 결과로 신흥 엘리트 계급과 평민들 사이의 괴리는 점점 커지고 있었다고 주장하였다.

1970년대에 이런 기법들을 쓰는 데 대해 가졌던 낙관론은 이제 방법론과 속성 작용을 좀더 신중하게 고려해야 한다는 쪽으로 완화되었지만 그럼에도 그런 방법들이 옛 주민집단들 안의 식단 차이를 식별하는 데 상당히 기여할 수 있다는 아주 좋은 표징들이 있다. 아직까지는 안정 동위원소 및 미량원소 분석 연구들이 주로 북미에서 나오고 있지만 영국의 신석기시대 주민 집단들에 대한 새로운 연구들은 동물 단백질(살코기나 젖이나 피)에 대한 높은 의존을 가리키는 놀랍도록 높은 질소 값을 식별해 냈는데, 이는 그들이 이목민이었거나 아니면 표본 추출된 개체들이 다른 이들과 달리 식육 식단 위주였을 가능성을 제기하였다(Richards and van Klinken 1997; Richards, M. 1998).

6. 부장품과 지위의 재고

신고고학자들이 지위에 대해 채택한 이론적 관점은 크게 보아 탈코트 파슨스 같은 이들의 구조기능주의 사회 이론에서 나온 것이었으며 그래서 그들은 계급, 집단 간 갈등, 사회 (유동성에 대비되는) 폐쇄성 그리고 사회 지위의 성격 등에 대한 유럽학자들의 관점과는 다른 전후 북미의 관심사를 집약해 보여준다(Turner 1988: 10). 이 주제에 대해 그 이후 좀더 최근에 이루어진 연구 작업에서는 지위가 세 가지 차원, 즉 첫째 각 개인의 정치적 차원, 친족관계와 자임自任 젠더, 둘째 (사회적인 것에 대한 우리의 인식을 구조화하는 의복, 언어, 시야, 신체적 성향과 취향 같은 총체적 문화 실천으로서의) 각 개인의 생활양식, 셋째 각 개인의 경제 계급(마르크시즘의 의미에서 본 사람들의 소유권에 대한 관계 혹은 생산 수단 통제에 관한 관계)으로부터 형성되는 것으로 간주한다(Bourdieu 1984; Turner 1988). 브라이언 터너는 지위를 특정 생활양식에 기반을 둔 것으로 정의하고 그 생활양식은 공유된 삶 및 식사 채비, 권력·부·희소 자원에 대한 독점적 접근권 그리고 집단 내 혼인 결연 및 여타 관습적 규약의 유지를 통해 지속되고 표현된다고 보았다.

이와 같이 지위는 희소 자원에 대한 경쟁을 포괄하지만 계급과 바로 등치되지는 않는데 그 이유는 지위 집단이 전형적 생활양식의 재생산을 필요로 하는 공동 집단성을 띤 데 반해 경제 계급은 반드시 자기정체성 확인의 생활양식에 관계되지는 않기 때문이다. 현대 시장경제 사회들에서는 두 측면 모두가 시민권과 더불어 지위의 세 가지 차원을 형성한다. 터너는 자본주의 이전 비시장경제 사회들에서는 여러 가지 다른 요인들을 인지해 내야 한다고 주장하였다. 그런 사회들은 '계급'들이 아닌 사회 계층('신분')으로 구성되었으며 그 속에서 경제적 · 정치적 · 종교적 요소들은 상호 분리할 수 없을 정도로 너무나 밀접하게 얽혀 있다(Lukács 1971). 전통사회에서의 사회 성층(지위 · 계급 · 권력의 결합체)은 폐쇄적 사회 계층 혹은 신분을 지향하며, 그 속에서는 (문장紋章, 정복正服, 사회적 위세의 표장들을 소유함으로써 과시되는) 명예의 개념들과 오염 및 신성성 같은 종교적 신념들이 사회질서를 전체적으로 조직하고 정당화하는 데 필수적이다(Weber 1958; Turner 1988: 20~21).

역할로부터 실천으로

1980년대 동안에 신고고학에 대한 일련의 비판들이 일어났다. 역할 이론과 역할 및 사회적 인격 개념은 재검토되고 비판을 받았다. 이제 개인의 역할이 지닌 속박과 그에 대한 불가피한 순응이 아니라 어떤 사람의 정체성을 생성하는 사회적 실천에 비중이 두어졌다(예를 들어, Pader 1982: 54~56). 이제 사회는 역할들이 아닌 행위주체agency들로 구성된다고 여기게 되었다(Bloch 1977; Parker Pearson 1982; Giddens 1984; Barrett 1994). 옛 사람들은 어떤 거대한 계획의 포로로서 미리 정해진 사회적 역할들을 연기해 내는 자동인형이 아니라 자기 생각이 있고 즉석에서 역을 해 내는 주역들로 간주되었다. 과정주의 접근법의 또 한 가지 약점은 그 고고학자들이 민족지 자료를 무비판적으로 이용한 데 있으니, 흔히 간접 자료를 이용하거나 아주 극소수의 관찰 결과를 토대로 하고 가능한 변이성을 충분하게 입증하지 않음으로써 오도된 일반화를 낳았던 것이다(O'Shea 1984: 20~21). 어떤 일반화든 언제나 그 규칙에 대한 예외들이 있게 마련이다. 민족지 기록은 시간성 없는 현재로나 가까운 과거로 취급되었다. 하지만 그것은 사실 근본적이고도 흔히 파멸적인 변화의 시기들을 기록한 것이므로 그에다 공시적 사회질서를 덮어씌움은 온당치 못한 일이다. 그렇게 함으로써 어떤 공동체를 순간 촬영으로 동결시킨 사진이 과거 사회들에 대한 하나의 모델이 되었으며 그런 까닭에 과거 사회들은 정지된 칸들로 이어진 만화 같은 일련의 누중된 현재들이 되어 버려 우발성과 변화를 지닌 역사의 맥락을 밝혀내는 데 실패하고 만 것이다.

장례습속은 그간 사회 및 사회 구조라는 추상적 개념들을 수동적으로 반영하는 듯 취급되었지만 그러지 말고 사회적 관계들이 교환과 결연을 통해 활발하게 생성·변형·종식되면서 제도들이 만들어지는 활동의 장으로 취급해야 한다(Parker Pearson 1982). 장송의례는 많은 사회에서 그저 사회 구조 및 사회 역할들을 재확인하는 활동이 아니라 삶, 세습, 경제의 핵심적 계기이다. 망자는 스스로 자신을 묻지 못한다. "만약 묘가 어떤 식으로든 사회 지위를 나타낸다면 장례 주관자의 사회적 지위도 망자 못지않게 그에 연관되어 있다

(Leach 1979: 122. 또 Härke 1997도 참조)."

이와 같이 좀더 최근의 사회 지위 개념이 의미하는 바는 여러 가지이다. 우리는 장송의례를 통해 만들어진 정체성들은 역할이 아닌 문화적 실천들로 구성된 것이라는 점을 인식해야 한다(Bloch 1971; Parker Pearson 1982; Barrett 1990). 예를 들면 부장품은 정체성 일습 중 그저 한 요소에 지나지 않을 뿐 아니라 애도자들이 자신과 망자의 관계에 관해 무언가를 표현함과 아울러 망자의 정체성을 드러내기 위해 취한 일련의 행위들이 극점에 달한 결과물이다. 그래서 지위는 매장 및 공반 부장품의 양식에 반영되게 마련인 역할이 아니라 역사 속에 자리 잡고 또 조작이 될 수 있는 온전한 한 벌의 관습적 실천이다. 둘째로 사회 가치를 조직하는 데서 영예와 신성성의 개념은 부와 소유권보다 훨씬 더 중요할 수 있다.

계서와 지위를 넘어: 형식으로부터 내용으로

신고고학 성향의 연구들에 대한 비판은 그 기저에 놓인 해석의 전제와 선입관에 초점을 맞추었다. 예를 들어 에너지 소비 모델에서는 고고학적으로 관찰된 잔적으로부터 계산된 소비가 전체 의례에 든 소비와 일치한다고 가정하였다(Pader 1982: 60~61; O'Shea 1984: 17). 신고고학의 접근법은 내용보다는 형식에 비중을 두었던 것이다. 특정 부장품이나 매장의례 자체가 지닌 의미와 상징은 평가 절하되어 버려 왜 어떤 수장의 매장에 특정 품목들이 공반되는지는 특별하게 취급되지 않은 반면 그런 유물들의 공반관계와 그것들이 가리키는 '부'만이 분석에서 핵심을 이루었다.

초기 탈과정주의의 비판들은 매장습속 해석에서 의미가 지닌 중대성을 재차 강조하였다. 페이더는 아마존 바라사나Barasana 족의 남성 시신과 여성 시신에 딸려 묻힌 유물의 양 및 질이 부의 측면에서 차이를 보이지 않고 또 단순한 노동 분화도 보이지 않지만, 여자들의 정체성은 세대공동체와 밀접하게 연관된 반면 남자들의 정체성은 의례 및 공동 활동과 밀접한 관련이 있어서 남자들은 이로써 여자들에 대한 통제와 지배를 달성한다는 사실을 관찰하였다(Pader 1982: 59(Hugh-Jones 1979: 109를 인용)).

계서와 지위는 장례 같은 계기들에서 이미 주어진 것이 아니라 활발하게 다투어 이루어내는 성질을 지닌 것들이다. 예를 들어 영국 16세기 엘리자베스여왕 시대에 장례 허식을 통한 지위 표현은 권력투쟁의 한 측면이었다. 여왕은 사치금지법으로 귀족사회의 장례를 바싹 통제하였는데 그 목적은 지배 계층의 힘 및 안정성 과시를 억제하고 또 부/권력과 계서/지위 사이의 괴리가 점차 커지는 데 당면하여 사회의 여러 등급을 유지하는 것이었다(Gittings 1984). 이런 사례는 우리에게 세습 권력의 유지에서 일어나는 긴장 관계와 단절 현상에 관해 무언가를 말해 준다. 신고고학자들은 사회 고위직 세습 승계의 존재를 초기 국가의 지표이자 발달된 군장사회 혹은 복합적 군장사회의 지표로 간주하였으며 이는 평민들과는 분리된 왕조 지배 엘리트의 존재를 뜻한다고 보았다. 물론 우리가 문헌사에서 어떤 세습 통치 왕조를 조사해 보더라도 그에서는 혈통의 불가피한 단절현상들이 보인다.[7] 여기서 중대한 사항이기에 고고학자들이 꼭 유념해야 할 점은 권력관계와 정치 구조를 조사하는 데서 어떤 직—파라오든 여왕이든 황제든—의 제도적 성격이 각 인물의 그 직 승계 수단—세습이든 선거든 혹은 찬탈이든—과 똑같이 중요하다는 것이다.

선물인가 소유물인가?

부장품은 시신과 공반됨으로써 오염이 되었든 그렇지 않든 그저 개인적 장구로만 볼 것이 아니라, 한 번도 사용된 적이 결코 없는 개인 비품으로 고인을 위해 특별히 만들었음이 분명한 사례처럼 망자와의 선물 교환에 관련이 있는 물품으로도 보아야 한다. 잉글랜드 동부 어슬링보로의 청동기시대 초기 원분 안에 묻힌 한 성인 남성은 플린트 단검 한 자루와 다른 플린트 도구들을 갖추고 있었는데 마모흔 분석을 해 보니 사용된 적이 한 번도 없어서 그 장례를 위해 제작되었을 것으로 확인되었다(Parker Pearson 1993b: 78~81). 덴마크 보룸 에

---

7) 예를 들면 고대 이집트(본서 제3장 참조)

스오이Borum Eshøj의 청동기시대 중기 고분에는 한 젊은 남자가 묻혔는데 이는 부장품이 지위를 곧이곧대로 반영하는 것이 아니라 권력 놀음과 장례 허식의 작용에 깊숙이 연관되었음을 상기시키는 사례였다(그림 4.4). 잘 보존된 통나무 관 안의 시신 위에는 분명히 장검으로 보이는 칼 한 자루가 놓여 있었다. 그런데 정밀하게 조사를 해 보니 그 나무 장검 칼집 안에는 실제로 칼집 길이에 비해서는 너무나 짧은 청동제 단검 한 자루가 들어 있었다(Glob 1974; Broholm 1943~1947). 우리는 좋게 보아주어 장례를 주관한 애도자 집단이 실수를 하였거나 장검 칼집 안에 단검을 넣는 것이 일반적으로 인정된 의례 행위였다고 주장할 수도 있으나, 같은 시기의 다른 매장들에서 단검 아닌 장검이 시신에 공반된 증거에 비추어 보건대 이 두 가지 가능성 중 그 어느 것도 성립할 것 같지 않다. 이는 의도적인 눈속임이었던 것이다.

민족지를 보면 많은 사례들에서 수의가 생전 입었던 옷을 왜곡하여 표상하는데 이는 고고학자가 자칫 시신의 장엄구를 그 사람의 생전 소유물 및 의복 양식을 대표한다고 해석하지 않도록 주의해야 함을 일러준다. 패트리샤 루버톤은 17세기 아메리카 인디언 묘들에서 조가비 구슬 부장이 증가한 사실을, 시신에 대한 장엄 증대가 아니라 그것들이 백인들에게 공물로 바쳐지지 않도록 하려는 정치적 저항을 구현하는 의례 소비 행위라고 해석한 바 있다

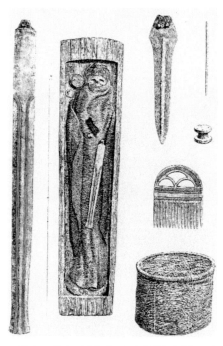

그림 4.4 덴마크 보룸 에스오이의 청동기시대 통나무 관 매장으로 장검 칼집(관 안 및 왼쪽) 안에 단검 (오른쪽 맨 위)이 들어 있었다. 장례 조직자들이 그 장례에 참석한 다른 이들의 눈을 그런 식으로 속이려고 하였을 수 있다. 그들은 이렇게 다른 이들을 기만함으로써 자신들의 사회적·경제적 위치를 속이려 하였을 것이다.

(Rubertone 1989). 어떻든 개인적 물품들은 흔히 시신과 함께 매장되지 않는 여러 방식으로 처리된다. 예를 들어 마다가스카르 남부 탄드로이 족은 망자의 오염된 소유물들을 집 안에서 불태우는데 매장의례의 마지막 단계에서 그것들에다 불을 놓는다.

또 리처드 브래들리는 혁신에 부여되는 가치가 시간의 흐름에 따라 쇠퇴한다는 점에 주의를 환기시킨 바 있다. 그는 포니 족과 아리카라 족에 대한 오쉬어의 연구를 이용해 교역수입품으로 인한 토착 물품의 이런 가치 상실을 예증하고 (부장품이) '그다지 풍부하지 않은' 묘보다 50년 뒤의 '풍부한' 묘가 당대 사회에서 사회적 중요성이 덜하였을 수 있다는 주장을 하였다(Bradley 1990; O'Shea 1984). 또 우리는 어떤 부장품이 시신에 동반된 이유가 오로지 그런 품목을 물려받을 마땅한 후계자가 없었던 탓이었을 수 있음을 알아야 한다 (Chapman 1983). 전세傳世물품을 부장했을 가능성이 있는 사례로는 영국 청동기시대 초기 매장들(서기전 2500~1500년)에 든 흑옥 목걸이를 들 수 있는데 이런 목걸이들 다수는 구슬들이 닳았고 여러 차례 수리하거나 다른 구슬로 교체한 증거가 있는 점으로 보아 그것들이 묘 안으로 들어간 때는 첫 제작 때로부터 분명히 아주 한참 지난 시점이었다(Sheridan and Davis 1998).

그렇지만 폴 할스테드와 존 오쉬어는 자신들의 사회 저장 이론에서 부장품에 대해 '위험 완충용'이라는 관점을 적용하였다(O'Shea 1981b; Halstead and O'Shea 1982·1985). 오쉬어가 나바호Navajo 족의 은 장신구류에 대해 주장하였듯 먹을거리가 풍족할 때 그것을 개인적 가치재와 교환해 둠으로써 먹을거리가 희소해져 기근이 들었을 때 그 가치재를 먹을거리로 다시 전환할 수 있을 것이다. 그와 똑같이 장례 정황에서의 가치재 부장은 그런 물품들을 산 자들이 보유함으로써 가치를 잃어버리는 것을 예방하는 한 수단이 될 수 있다. 알맞은 기간만큼만 유통되도록 함으로써 악성 인플레이션 가능성을 통제할 수 있는 것이다. 하지만 설령 그런 적응 행위의 동기가 '사회 전체'가 아닌 특정 개인의 상황 인식에 기인한다고 하더라도 이런 기능주의적 접근은 모든 사회적 행위를 그 적응 가치로 환원시켜 버린다.

그간 기능주의적 접근법은 이전에는 '원시적'이라고 보았던 사회들이 실은 자신들의 환경에 아주 잘 적응하였음을 밝혀낸 점에서는 매우 유용하였으나, 인간의 작용 그리고 특히 의례 행위가 사회관계가 아닌 생태적 관심사들에 추동된다고 본다. 하지만 사회현상을 그 환경에 대한 사회의 잠재 적응 영역으로 환원해 설명하면, 행위주체의 작용·전통·권력을 둘러싼 흥미로운 주제들은 그만 한옆으로 비켜나는 결과를 낳고 만다.

7. 계서와 권력 사이의 관계

탈과정주의고고학의 관점들은 장송의례 고고학 연구에 결정적으로 중요한 두 가지 설명 재편을 몰고 왔다. 한 가지는 장례습속이 권력과 이념의 작동을 담고 있어서 이를 드러내 보일 수 있다는 인식이고, 다른 한 가지는 장송의례를 계서와 권력이 분리될 수 있는 때에 벌어지는 정당화 사건으로 간주할 수 있다는 것이다(Miller and Tilley 1984; Bloch 1977). 블로크가 마다가스카르 메리나 족의 의례 상징에 대한 연구에서 주장하였듯이 사회는 여러 가지 많은 사회적 계서들로 나뉠 수 있지만 소수 통치 계급은 나머지 주민 집단 각각이 어떤 계서를 지녔든 상관없이 그들에 대해 정치·경제 권력을 행사할 수 있다. 기능주의는 이데올로기를 그저 사회 경제 체계를 유지시키는 기능을 하는 부수적 '투영' 체계 혹은 '인지' 체계의 한 부분으로 쓸모없는 '깃털 휘두르기' 정도로 여긴다. 고전적 마르크시즘 개념에서는 이데올로기를 '허위의식' 혹은 생산 관계에서의 불평등 정당화라고 여긴다. 이런 모든 접근법과는 대조적으로 탈과정주의 접근법에서는 이데올로기를 상징들로 구축된 인간 존재의 조건을 실생활로 실현하는 사람들의 관계라고 다시 정의할 수 있을 것이다.

이제 고고학자들이 장례습속을 이해하기 위해서는 그런 사건이 사회관계의 인지된 현실을 표상하며 또한 갈등, 협상, 거짓 전달을 쉽사리 야기한다고 생각해야 한다. 장례는 권력 구조가 근본적으로 재배열되는 계기이며 단순히 사회질서를 반영하는 것이 아니다. 또한 사람들의 사회관계에 대한 이해와 존재의 의미 자체가 물질과 비물질의 형태로 표현된다. 장송의례는 의례로든 세속적으로든 실생활로 체험되는 경험을 제시하고 형성하는 여러 방법들 가운데 강력하기는 하지만 그저 한 가지에 지나지 않는다.

정당화, 시간, 변화

고든 차일드는 나중에 탈과정주의 접근법에서 핵심 개념들로 한층 철저하게 탐구될 몇 가지 연구 방향을 개척하였는데 특히 장송의례에서의 권력과 지위 사이의 관계를 주목한 점과 장례 물질문화가 고고학자에게 사회적 지위를 언제나 직접 반영해 보이는 것은 아니라는 인식을 한 점이 유의된다. 차일드의 논문은 지금은 대체로 잊혔지만, 장송의례의 장기적 추세에 관한 1945년 논문에서 시기 획정에 관한 몇 가지 중요한 관찰을 하였다(Childe 1945). 그는 선사시대 유럽에서 전반적으로 볼 때 항구적 무덤 축조 지향은 주거 정교화로 대체되었고, 시간이 흐르면서 무덤 및 그 갖춤에 부를 덜 쓰게 되었으며, 왕묘들은 친족 기반 사회들이 영역 국가들로 변모하는 동안 일어난 정당성 위기 및 확인의 시기에 흔히 등장하였다는 점 등을 지적하였다. 그는 왕묘들이 다음과 같은 특징들을 가진다고 정의하였다. 즉 장엄함과 웅대함, 엄청나게 풍부한 묘 갖춤, 인신희생의 존재(그림 1.6), 다른 어떤 사람들과도 중대하게 차별되는 의례의 거행(그는 군장들이 이와는 대조적으로 평민들과 비슷한 식으로 무덤에 묻혔으나 한층 위풍당당하고 비용을 많이 들였다고 간주하였다.)이다. 고대 이집트, 미노아시대 크레타Crete, 중부 유럽 철기시대 할슈타트 D기에서 "문명의 등장에 앞서 군장들이 사회적 잉여를 집중 축적하는 신성왕의 지위로 올라앉았다." 왕묘는 내적 경제력, 특히 장거리 교역 덕이 아니면 '더 고도의 문명'과 접촉한 덕에 등장하였다는 것이다.

스튜어트 피고트는 차일드의 이런 사회학적 접근법을 미심쩍어하면서 비판하였는데 그는 왕묘들이 국가 출현기에 언제나 등장한 것은 아님을 지적하였다. 차일드가 자신의 논거를 과장했다는 피고트의 지적은 확실히 올바르지만 그는 대대적 장례가 정치적으로 불안정하고 발전 단계에 있는 상황과 흔히 함께하며 또 엘리트의 장례 허식이 정치 정당화에 기여했다는 차일드의 좀더 미묘한 논지를 제대로 이해하지 못하고 말았다(Piggott 1979).

1980년대 동안 이루어진 다수의 연구들은 장송의례에서 부의 공헌 및(혹은) 노동력 투여를 특징으로 하는 과시적 허례의 주기와 함께 단순성의 시기를 식별함으로써 차일드의 장기 추세 개념을 확인하고 또 더욱 발전시켰다. 정당화의 주기들은 영국 빅토리아시대와 덴마크 철기시대의 매장습속에서 두드러지는데 그에서는 엘리트의 등장을 알리는 화려한 장례들에 이어지는 여러 세기 동안 반허례적 엘리트 매장 의식이 벌어졌다.[8] 브래들리도 이와 비슷하게 영국 선사시대에서 장례 부문이 내로라하는 과시와 소비의 장으로 시작하였다가 물에의 봉헌물 투기, 취락 방어, 의례 기념물 건립 같은 다른 정황들의 우세 때문에 쇠퇴하는 시기들이 연속됨을 인지해 냈다(Bradley 1984 · 1990). 모리스는 고전시대 아테네의 장송의례에서 그와 비슷한 기념물 건립 주기를 식별한 바 있다(Morris 1991 · 1993: 128~155).

8. 마운드빌: 선사시대 '군장사회' 의 장송의례들

선사시대 장례습속을 근거로 한 지위 연구가 가장 큰 영향을 미친 부분이 바로 사회 불평등 출현에 대한 이해라는 데는 의심의 여지가 없다. 그간의 분석은 망자와 더불어 아주 다양하고 많은 부장품을 묻은 사멸한 사회들에 초점을 맞추는 경향이 있었으며, 부장품 투입에 연관되었을 우주관에 관해서는 연구가 거의 이루어지지 않았다. 둘째, 크게 보아 편년 설정의 문제 때문에 아주 넓은 시간대를 단일 시기로 취급하였다. 셋째, 정형성 선별과 군집 인지의 방법들이 아무리 체계적이고 엄격하며 객관적이라 하더라도 그 결과에 대한 해석은 한없이 모호하고 의문의 여지가 아주 많았다.

---

8) Parker Pearson 1982 · 1984b. 상세한 사례 연구는 본서 제2장 및 제6장을 참조.

미시시피 문화 복합

서기 1050년경부터 1550년 사이에 북미 남동부의 태반에는 일련의 상호 연관된 문화 습속을 영위한 아메리카 인디언 공동체들이 살았는데 그 습속으로는 신성 광장을 구획 설치하고, 그 광장 안에 꼭대기가 평평한 장방형 토루를 축조하며, 옥수수를 재배하고, 의례용 무기류, 구리 목가리개, 바다조가비 장신구 그리고 날개 달린 뱀·두개골·맹금·손바닥 안의 눈 같은 특정 의장들로 이루어진 공유된 상징 표출 활동에 참여한 행위 등을 들 수 있다. 이 문화 복합은 미시시피 문화라고 이름 붙여져 있는데 몇 개의 지방 중심지에서 가장 잘 알려져 있고 그들 중 일리노이 카호키아Cahokia의 것이 가장 크다.[9] 동시대의 메조아메리카 문명들과 명백하게 비슷함에도 불구하고 선행하는 우드랜드 기 말기에서 주민 집단의 중요한 단절 현상을 나타내는 증거가 없고 또 멕시코 만을 가로지른 주민 이주의 증거도 없다. 그럼에도 메조아메리카의 이념 및 우주관 일습에서 상당한 요소들을 채택한 듯한데 특히 우주관에 입각한 방향 잡기, 꼭대기가 평평한 의례 '피라미드', 의례용 광장, 일부 표상 양식, 옥수수 재배 및 식량화 등을 들 수 있다.

앨라배마 주의 마운드빌Moundville은 두 번째로 큰 의례 단지인데 광장 하나를 둘러싼 29기의 토루군으로 이루어져 있으며 광장 한 가운데에는 이 대규모 토루들 중 3기가 있다(Knight and Steponaitis 1998). 마운드빌에서는 20세기 전반에 3051기의 매장들이 발굴되었는데 주로 광장 바깥을 둘러싼 공동묘지에서 나왔지만 일부 매장은 토루 안의 것들이었다. 가옥들 또한 외곽 지대에 위치하였다. 광장은 어느 시점에서 그 남쪽, 동쪽, 서쪽은 버팀목을 받친 목책으로 둘러싼 반면 북쪽은 블랙워리어 강으로 열려 있었다. 광장은 토루들과 마찬가지로 네 방위에 맞추어 자리 잡았다. 중심 토루(A)는 약간 다른 방향으로 NNE-SSW였다.

---

9) 미시시피 문화에 관한 일반 저작은 Peebles 1979 · 1987; Drennan and Uribe 1987; Milner 1990; Steponaitis 1991; Welch 1991; Barker and Pauketat 1992를 참조.

시신은 반듯이 누운 상태로 매장되었는데 두향은 대개 북-남이었지만 동-서, 남-북, 서-동도 있었고 뼈를 다발로 묶은 것도 있었다. 또 유아 매장, 기둥 구멍이나 토루 속에 넣은 성인 두개골, 일부 묘에 딸려 묻은 매장 같은 특수 매장도 있었다. 이런 특수 매장들은 그간 기단 구축 및 의례 마무리(진단 의례)와 관련이 있는 것으로 해석되었다. 그 외의 다른 특별한 매장으로는 목이 잘리거나 사지가 절단된 채 매장된 인골들과 연골 발육 부전에 의한 곱사등이 셋을 한데 엎어서 묻은 사례가 있다.

부장품과 지위

피블스와 쿠스는 2053기의 묘에서 부장품 조합을 검사하여 위에 말한 특수한 매장 이외에 11개의 장례 '분단'을 식별하였다(Peebles and Kus 1977).

- 가장 많은 집단은 부장품이 없는 매장들(1256기)과 토기만 든 매장(분단 V~X 341기)이다.

또 다른 두 분단은 부장품의 종류가 적었다.

- 분단 III은 211기인데 동물(비버, 박쥐, 개구리, 물고기, 오리, 바다조가비) 모양 토기들, 동물(사슴, 새 발톱, 거북 등) 부위들이 들어 있었다.
- 분단 IV는 투사식 첨두기, 놀이용 산가지, 뼈송곳을 부장한 50기의 매장들이다.

피블스와 쿠스는 이상의 집단들이 생전에 성취한 지위들을 나타낸다고 생각하였고 그에는 양성과 모든 나이의 사람들이 포함되었다. 그들은 이런 분단들을 세 개의 '고위' 분단인 Ia, Ib, II에 대조되는 '종속' 차원의 분단들로 규정하였다.

- II 분단은 모든 나이와 양성으로 이루어진 67기의 매장들(그중 15% 이상이 토루 속에 있었음)로 길쭉한 구리 목가리개, 방연광 덩이, 조가비 구슬이 부장되어 있었다.
- Ib 분단(43기의 묘로 그중 약 4분의 1이 토루 속에 있었음)은 성인 남자와 어린이들만 포괄하였고 구리 귓불꽂이, 석판(아마도 그림 그리기

용), 다양한 광물질(붉은색 및 흰색 도료용?), 곰 이빨 치레걸이와 길쭉한 구리 목가리개를 부장하였다.

- Ia 분단(모두 토루 안에 묻힌 7개체)은 아마도 모두 성인 남성이었을 것이며 구리 도끼, 구리로 감싼 조가비 구슬, 진주 구슬 그리고 대부분의 경우 묘 채움 흙 속에 유아 유골과 두개골들이 들어 있었다.

이상의 고위 집단(분단 Ia, Ib, I)은 계서사회의 상위 층들을 나타낸다고 여겨졌는데 특별한 부장품뿐만 아니라 토루 안에 묻힌 빈도가 훨씬 높다는 점(다만 11분단 중에서 다른 여섯도 일부 매장이 토루 속에 들어 있었음)이 단연 돋보인다(그림 4.5).

피블스와 쿠스는 계서사회임을 나타내는 보완 증거로 다음과 같은 다른 표지 다섯 가지를 찾아냈다.

1. 한 취락 구역은 좀더 큰 가옥들을 갖고 있었고 '고위' 매장에서 출토되는 유물과 유사한 유물들이 나왔으며 화덕 아래에 유아 매장을 하였다. 이런 건물들은 엘리트의 거소로 해석되었다.

2. 마운드빌 지방 안의 여러 취락들은 각각의 가상 자원 가용권에 연관시킨 유적 크기가 위계 구조를 나타내었다.

3. 취락들은 비옥한 토양과 생태 다양성이 가장 큰 구역들에 입지하였으며 그로써 지역 단위로서의 자치성을 담보하였다.

4. 각 세대공동체 수준을 뛰어넘는 생산 활동의 증거가 있는데 특히 기념물을 건립하고 구슬, 토기, 조가비 제품 같은 물품을 거주 구역에서 떨어진 지구들에서 전문적으로 생산하였다.

5. 환경의 예측불가능성에 대한 완충작용을 하는 사회적 메커니즘들이 있었는데 공공 창고(?), 장거리 교역, 만연한 전쟁으로부터 공동체를 보호하기 위한 대규모 목책시설 같은 형태를 띠었다(Peebles and Kus 1977: 439~444).

이런 주장들이 제기된 지 20년이 지난 지금에 와서 되돌아보면 그중 다수에 대해서는 특별한 변론이 필요하다고 평가할 수 있다. 두 번째, 세 번째, 네 번

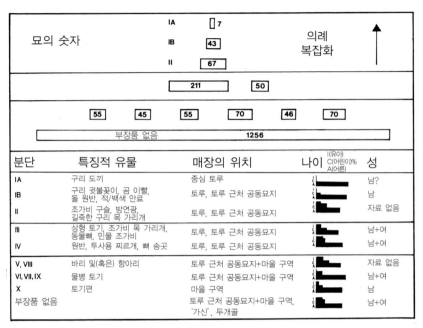

묘의 숫자	IA □7	의례 복잡화 ↑	
	IB 43		
	II 67		

211   50

55   45   55   70   46   70

부장품 없음   1256

분단	특징적 유물	매장의 위치	나이 I(유아) C(어린이)% A(어른)	성
IA	구리 도끼	중심 토루		남?
IB	구리 귓불꽃이, 곰 이빨, 돌 원반, 적/백색 안료	토루, 토루 근처 공동묘지		남
II	조가비 구슬, 방연광, 길죽한 구리 목 가리개	토루, 토루 근처 공동묘지		자료 없음
III	상형 토기, 조가비 목 가리개, 동물뼈, 민물 조가비	토루, 토루 근처 공동묘지		남+여
IV	원반, 투사용 찌르개, 뼈 송곳	토루, 토루 근처 공동묘지		남+여
V, VIII	바리 및(혹은) 항아리	토루 근처 공동묘지+마을 구역		자료 없음
VI, VII, IX	물병 토기	토루 근처 공동묘지+마을 구역		남+여
X	토기편	마을 구역		남
부장품 없음		토루 근처 공동묘지+마을 구역, '가신', 두개골		남+여

그림 4.5 피블스와 쿠스가 마운드빌의 매장들로부터 도출한 피라미드형 사회 위계.

째, 다섯 번째 주장은 반드시 계서사회의 존재를 나타내는 추론이라고 할 수는 없다. 그렇지만 첫 번째 주장은 부장품에서의 불평등성을 세대공동체들의 불평등성에 실제로 연결시켰다. 그러나 '엘리트' 거소라고 한 것이 단지 의례 건물이었을 수도 있다. 부장품의 양과 질에 분명하게 불평등성이 있기는 하지만 피블스와 쿠스가 그것을 귀속적 계서에 직결시킨 것 또한 문제시될 수 있다. 제일 위 집단(Ia 분단)은 모두 성인이고 아마도 남성일 터이며 둘째 집단(Ib 분단)은 몇 명의 어린이와 남성들이다. 이런 분단들을 규정하는 데 쓰인 지위 품목들은 기본적으로 획득될 수 있었던 사회적 위치를 나타내는 것일 수 있다. Ib 분단의 어린이 몇 명(피블스와 쿠스의 분석에서는 이들이 토루 속에 묻혔는지에 대해 언급이 없다)은 고위직 애도자들이 증여한 물품들을 가진 것이었을 수도 있다.[10] II 분단의 혼합 집단들에 대해서도 같은 이야기를 할 수 있다.

10) 이 장의 앞부분에서 논의한 대로임. Metcalf 1982; Hart and Pilling 1966; Jupp 1993.

매장들의 편년

마운드빌 자료는 약 600년에 걸친 것들이고 그래서 피블스와 쿠스는 모든 시간적 변이를 자신들의 정태적 위계 모델 안에 포괄하였다. 스테포나이티스와 나이트의 토기 편년 분기에 따르면 네 개의 큰 시기로 나뉘는데 마운드빌 I기(서기 1050~1250년), II기(서기 1250~1400년), III기(서기 1400~1550년), IV기(서기 1550~1650년)이다(Steponaitis 1983; Knight and Steponaitis 1998).

마운드빌에서 처음으로 중앙집중화가 일어난 시기(서기 1050~1200년경) 동안에는 단지 두 기의 토루만 축조된 것으로 알려져 있다. 지방 단위 토대 공고화 시기(서기 1200~1300년)의 초인 서기 1200년에서 1250년 사이에는 대부분의 토루들이 축조되고 묘들이 그 둘레에 배치되며 목책이 설치됨으로써 신성 광장 공간이 규정되었다. 서쪽의 공동묘지에는 구리 목가리개, 조가비 구슬, 조각된 석판(피블스와 쿠스의 분단 II와 Ib?)을 부장한 고위 매장들이 있었다. 이 매장들은 유적의 서쪽 부위에 집중되었다. 이 시기 동안에 광장은 또한 주거 구역이기도 하였지만 그 이후 세기들에서는 마운드빌이 망자의 장소로 바뀌었다.

서기 1250년에서 1450년 사이에 매장들은 광장의 서쪽을 따라 확산되었고 동쪽과 서쪽 모두를 덮었는데 특히 동북쪽에 집중되었다(그림 4.6). 서기 1300년에서 1450년 사이의 시기는 그간 '최고권 확립기'라고 묘사된 바 있는데 유물이 아주 풍부한 매장(분단 Ia와 Ib) 모두가 이마도 이 시기에 속할 것이다(Steponaitis 1983: 168). 그래서 '엘리트' 매장들은 거의 전적으로 서기 1250년에서 1450년까지 길어야 200년이라는 짧은 기간 동안에 국한하여 축조되었다. 목책은 서기 1300년경 이후로는 더 이상 수리되지 않았고 그 장소에는 대체로 사람들이 살지 않아서 둘레에 사는 공동체들의 공동묘지가 되었지만 어쩌면 군장의 거소와 의례 중심지로 쓰였을 수도 있다. 서기 1450년에서 1650년 사이에는 토루 중 단지 3기만 계속 쓰인 것으로 보인다. 이 시기에는 마운드빌의 중요성이 옛날 역사 속 이야기가 되어 버렸는지 아니면 이제 하위 엘리트 중심지로 전락하였는지가 논란거리일 수 있다. 마운드빌과 여타 중심

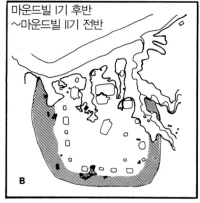
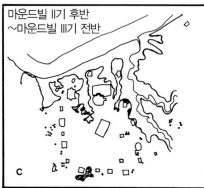

그림 4.6 블랙워리어 강 남안 마운드빌의 의례 토루와 공동묘지들의 시기별 양상. A: 취락 구역(빗금)과 단지 두 기의 토루만 존재. B: 대부분의 토루들이 축조됨과 더불어 목책 안 취락(빗금)과 일부 매장들이 존재. C: 매장들이 있고 토루들 중 일부 사용. D: 매장들이 있고 토루는 거의 사용 않게 됨.

지들에는 서기 1540년 스페인 정복자 데 소토De Soto와 그의 군대가 방문을 하였을 수 있는데 이 때 그들은 아파팔라야Apafalaya라는 이름의 이 지방에서 같은 이름을 가진 군장이 지배하던 정치 집단 하나와 조우하였을 것이다 (Knight and Steponaitis 1998).

부장품: 의미와 가치

브래들리가 부각시킨 대로 이전 연구의 편년 분기와 시간의 흐름에 따른 가치 축소에 문제점이 있을 뿐 아니라 엘리트 권력에의 길과 마운드빌의 흥망성쇠에 부수한 상황들 또한 사회진화가 아닌 구조 및 인간 작용의 관점에서 이해해야만 한다(Bradley 1990; Knight and Steponaitis 1998). '엘리트' 매장의 구리는 나중 시기의 미시시피 문화에서 한층 얻기가 쉬워졌을 뿐만 아니라 오늘날 우리가 예기하는 애초 목적과 달리 쓰였을 수 있다. 스테포나이티스는 '엘리트' 정황들에 든 비실용적 무기류의 상징 기능을 지적하고 그것을 나체스Natchez 족의 역사민족지 기록에서 죽은 군장이 생전에 참여한 의례들을 기념하기 위해 그의 관대 위에 긴 담뱃대(화살 혹은 창 던지개)를 놓는 습속과 비교하였다(Steponaitis 1983: 172~173). 둘째, '엘리트' 매장 부장품들은 '번쩍번쩍 빛남'과 아마도 보디페인팅(부장품 중 광물들은 붉은색 및 흰색 도료를 만드는 데 썼을 것이다)을 강조하기 위한 듯 보인다. 그런 측면들은 성인 남성인 경우가 압도적으로 많은 이런 인물들을 태양과 다산성 같은 핵심 이념 상징들에 연계하였을 것이다. 그들은 정치 지도자이자 의례 지도자였을 것이다.

향후 연구가 가능한 또 한 가지 방향은 짐승 품목 및 표상들의 토템적 성격을 조사하는 데 있다. 상대적으로 호화로운 매장에서는 곰 이빨 치레걸이가 두드러지는 반면 다른 짐승들은 그보다 평범한 매장들에서 나타난다. 이런 짐승들은 미시시피 문화기 사람들이 대체로 먹지 않았던 종들이고 모호한 범주를 대표하는 것으로 볼 수 있다.[11] 대개 식용으로 하지 않았던 터부 동물들은 각 종의 짐승을 각 범주의 사람과 동일시하는 식의 토템적 의미를 가졌을 수 있다(Lévi-Strauss 1962 참조).

옥수수: 경제와 우주관

고고학자들은 흔히 미시시피 문화를 엘리트와 평민으로 이루어진 귀속 계서체계를 갖춘 복합 군장사회의 으뜸 사례라고 말하지만 이런 동일시는 의문의 여지가 있다. 인골 연구에 따르면 '엘리트'와 '평민'들 사이에는 식단의 차이가 없는 한편 존 블리츠가 러법 크릭Lubbub Creek 단지와 그 일대를 조사한 결

---

11) 식단 증거에 관해서는 Michals 1981을 참조.

과 드러난 '위세품'들의 분산적 분포는 작은 농장들 사이에 위세품 획득 및 교환이 광범위하게 이루어지고 있었음을 뜻한다고 한다(Blakely and Beck 1981; Powell 1992; Blitz 1993a: 176~178). 사이타는 최근 미시시피 사회를 재검토하고 공납 혹은 위세품 경제체제를 가진 계급 기반의 군장사회가 아니라 여러 의례 지위들을 가진 가변적이고 불안정한 공동체적 질서의 사회였다고 주장하였다(Saitta 1994).

서기 1050년경에 이런 생활양식이 생겨난 이유는 무엇인가? 마운드빌 일대의 지방에서 선행하는 세기들인 우드랜드 기 말기의 매장들은 마운드빌에서 발견되는 특징들을 전혀 보이지 않는다. 이 공동체들은 대규모 촌락과 소규모 소촌들로 이루어졌으며 대체로 야생 먹을거리를 이용하였고 기본적으로 평등한 사회였던 듯하다(Steponaitis 1983: 162~163). 미시시피 문화기 취락 유형은 마운드빌 I기 동안 그와는 대조적으로 주민들이 농장과 소규모 소촌들로 분산되는 가운데 마운드빌 최초의 토루 2기가 축조되면서 소규모 의례 중심지 하나를 형성한다. 마운드빌이 자신과 여타 소규모 지역 중심지들 그리고 분산된 농장들로 이루어진 3부 위계의 정점에서 이 지방을 진정으로 지배하는 일은 그보다 나중인 서기 1200~1300년에 이르러서야 비로소 가능하였다.

우드랜드 기 말기에는 옥수수를 먹을 수는 있었으나 희소하였으며 이는 마운드빌 I기에 가서야 비로소 주식이 되었다. 옥수수는 그간 연구자들에게 미시시피 사회의 복합 사회조직을 탄생시킨 경제 집약화의 작인作因으로 여겨졌다. 하지만 먹을거리는 먹기에 좋을뿐더러 생각하기에도 좋다(Lévi-Strauss 1962: 162). 우리는 옥수수를 그저 생존을 위한 생산물로서 획득하였다고만 생각할 것이 아니라 사람들이 세상에 대해 가진 신념에 혁명을 가져올 수 있는 함의를 가진, 그보다 넓은 이념의 한 부분으로서 획득한 상징 품목이기도 하다고 생각해야 한다.

옥수수의 신성한 힘과 그 의례적 중대성은 남미의 잉카인들에게서 잘 입증된다(Bauer 1996). 메조아메리카에서는 이 시기의 마야 사람들이 옥수수를 하나의 신으로 의인화하기까지 하였다(Coe 1993). 북미 남동부에 대한 역사민족지 기록은 이 신성한 옥수수가 영혼을 가졌으며 불탄 옥수수는 모아서 망자의 영혼들에게 양식으로 먹이고 또 '초록 옥수수 춤'을 추는 가운데 기단 토루들에 상징 매장들을 더하기도 하였음을 이야기해 준다(Hall 1976; Knight 1986). 옥수수의 채택은 서기 800년에서 1000년 사이에 일어난 가장 혁명적인 변화였으며(이에는 토루 축조, 장방형 벽구 가옥, 조가비 태토조절제 혼입 토기, 정교한 장례 물품 및 여타 유물들이 수반되었다) 그런 사실은 고고학 발굴에서 탄화 옥수수가 풍부하게 수습되는 점과 인골 분석 결과 옥수수가 식단 요소로 섭취되었음이 밝혀진 점으로 보아 분명하다(Steponaitis 1986: 387~388).

옥수수는 정치적 의미를 띤 복잡한 상징적 먹을거리로서 중대하였음이 거의 틀림없다. 잔치를 벌이는 데 토루 기단을 이용하고 배례 상징 표현으로 대형 장식 토기들을 쓴 사실은 당시 옥수수가 지닌 중요성을 가리키는 여러 측면일 수 있다(Blitz 1993b; Pauketat and Emerson 1991). 에머슨은 옥수수 자체나 그 조리과정을 흔히 표현한 작은 석상들이 삶 및 죽음을 관장하는 다산의 신인 대지모신으로 해석됨을 지적하였다(Emerson 1997: 195~212). 프렌티스는 인간들이 식물들과 동일시되었으므로 새로운 생명을 가져오는 씨앗들은 어린이로 재탄생하는 망자의 영혼과 동일시될 수 있다고 주장하였다(Prentice 1986). 옥수수는 그저 먹을거리만 공급한 것이 아니라 다시 싹을 틔우도록 열 지어 심어 놓듯이 망자들을 땅에 '심는' 우주 방향 재설정의 역할을 하기도 하였던 것이다.

우주관과 권력: 고고학과 역사민족지

미시시피 문화 출현 문제의 핵심에는 사회 이론에 연관된 한 가지 문제가 있다. 문화생태학의 적응 이론들은 복합적 사회 위계의 발달과 옥수수의 채택을 전쟁 압박 및 수확 실패의 위험에 대한 적응의 관점에서 설명한다. 그런 이론들을 배척하면서 인간이라는 행위주체, 전통, 혁신의 역할을 강조하는 접근법을 선호한 경우라 하더라도 이데올로기는 때로 전과 다름없이 사회 불평등을 정당화하는 한갓 메커니즘에 지나지 않는다고 여겨졌다.[12] 하지만 이데올로기는 그저 사회 계서를 정당화하기 위한 부차적 기능을 가진 것은 아니다. 이데올로기에는 사람들이 자기 세계에 의미를 부여하려 한 노력과 그것을 이해하고 해석하려는 끊임없는 시도가 들어 있다. 옥수수는 완전히 새로운 관점의 핵심에 자리 잡고 있었고 아마도 그 관점에는 (말 그대로 신성한 질서인) 위계에 대한 복잡한 관념과 옥수수를 심고 거두는 행위를 삶과 죽음의 주기에 대한 은유로 보는 복잡한 관념들이 들어 있었을 터이다. 북미 남동부에 옥수수가 등장함으로써 세계를 개념화하는 데서 지금까지 알려지지 않았던 새로운 방식이 생겨났다. 이 이념적·문화적 꾸러미가 왜 당시 이 지방 전역에서 아주 복잡한 국지적 변형들을 거치면서 선택되었는지는 역사적 우연성, 장기 전통, 인간 작용에 연관된 문제이다. 그러나 그중에서도 우주론적 메시지와 그에 수반된 잔치, 설명될 수 있으며 질서 바른 우주, 모두 수긍한 내세 같은 요소들이 가장 중요하였을 터이다.

그간 미시시피 문화뿐만 아니라 메조아메리카 사회들의 우주창조설과 우주관을 탐구하는 데서 아주 흥미로운 몇 가지 진전이 이루어졌다.[13] 미시시피 세계는 도기 의장, 가옥 형태, 토루 평면, 장방형 광장에 표현되었듯 4부로 구분된 형태로 배열되었으며 또 동서남북 방위에 맞추어 정렬되었다. 그리고 남성의 신성한 질서가 중재하는 가운데 땅, 다산, 무질서, 붉음, 여성 세력(?)에 연계된 하계下界와 하늘, 태양, 전쟁, 정치, 백색, 순결, 남성 세력에 연계된 상계上界로 더 세분되었을 것이다(Knight 1986: 678; Pauketat and Emerson 1991: 932~935). 나이트는 또한 3부 숭배와 그 상징들의 존재를 주장하였는데 첫째는 의례 무기류와 의장들 같은 품목으로 표상되는 전쟁/우주창조설, 둘째는 토루들과 그것들을 정화하기 위한 수단으로 새로운 땅 밑에 주기적으로 매장을 하는 행위로 표상되는 토착 대지/자생적 상징, 셋째는 신전 소상들로 표상

---

12) 행위 주체의 역할에 대해서는 Smith 1990; Saitta 1994; Cobb and Garrow 1996을 참조하고 정당화 메커니즘으로서의 이데올로기에 대해서는 Steponaitis 1986: 392를 참조.

13) Hall 1976; Knight 1986·1989; Pauketat and Emerson 1991; 메조아메리카는 Coe 1993을 참조.

되는 조상숭배이다(Knight 1986: 677~679). 그는 정치 조직과 종교 조직이 대개 아주 밀접하게 얽혀 조화되기에 그것들을 분리하려는 시도는 아무런 의미가 없다는 점을 강조하였다(Knight 1986: 685).

우리는 이 지방에 16세기에서 19세기에 걸쳐 살았으며 자기 조상들이 멕시코에서 왔다고 여긴 위계적 나체스 족 및 촉토 족의 역사민족지 기록에서 이런 해석들과 비교되는 흥미로운 사실들을 찾아낼 수 있다(Cushman 1899; Fundaburk 1985; Swanton 1967). 나체스 족의 군장들은 태양을 숭배한 문화 속에서 '태양' 혹은 '위대한 태양'이라 불렸고 반쯤은 신의 지위를 가진 절대적 통치자들이었다. '위대한 태양'인 대군장은 인공 토루 꼭대기에 신전처럼 지은 집에 살았다고 서술되어 있다. 군장들은 구리 관식과 목걸이를 착장하였으며 그 배우자, 시종, 가신은 군장의 장례에서 때때로 희생제물이 되었다. 사망한 군장을 위해 자신의 유아를 목 졸라 죽인 한 평민에 관한 이야기까지 있다. '태양'의 시신은 신전 토루에 매장하기 전에 상반신을 붉게 칠하였으며 넓적다리를 붉은색과 흰색 깃털 줄로 번갈아 덮었다. '태양'들은 남자였지만 혈통은 모계였다. 계급 족외혼 체계가 작동함으로써 '태양'의 4세에서 7세손은 평민으로 분류되었다. 하지만 그와 동시에 평민으로 태어난 인물도 전쟁에서의 용맹으로 고귀한 지위를 획득할 수 있었다.

우리는 이렇게 해석함으로써 신성한 질서라는 '위계'의 진정한 의미를 되찾았다. 이떤 남성 시신은 반짝반짝 태양을 반시히는 상징들로 치장하고 또어떤 시신들은 붉은색과 흰색 칠을 하고 구리 목가리개를 착장시켜 토루 속에 배치하는 행위는, 형식과 내용이 쪼개어져 내용이 배척되어 버리는 쓸모없는 지위 차이 탐구와는 대조적으로 새로운 가능성을 여는 한층 만족스런 의미를 띠게 된다. 또 나체스 족 사례연구는 획득 계서와 귀속 계서를 분간하려는 시도가 쓸모없음을 부각시키는데 왜냐하면 두 과정은 동시에 작용하기 때문이다. 사실 사회조직을 측정하는 수단으로서의 계서에 대한 탐구는, 이데올로기와 권력을 한층 통합적으로 연구하는 데서는 거의 부적합할 정도로 의미를 잃어버리게 된다.

9. 소 결

사회 복합도와 지위 분화 정도에 대한 조사 연구는 지난 30년간 장송의례 고
고학의 주된 관심사였다. 매장이 한 인물의 사회적 인격이 지닌 여러 측면에
관한 지견을 제공할 것이라는 생각은 그간 특히 부장품 연구에 적용되었지만
그 해석이 아주 복잡한 문제라는 점은 인정해야 할 것이다. 묘의 부장물은 망
자의 소유물이었는가 아니면 애도자들의 선물이었는가? 혹은 그것들은 어떤
계보의 마지막 사람과 함께 묻힌 전세품이었는가? 부장품 투입 여부 또한 세
습 원칙이 변화함에 따라서나 좀더 넓게 사회 안의 정치적, 이념적 조류에 따
라서 바뀐다. 이와 마찬가지로 장례 상징의 형태뿐만 아니라 그 의미 또한 해
석해 내야 할 부분이다. 마운드빌이나 바르나의 '고위' 묘에 묻힌 이들은 정치
지도자인가 혹은 종교 지도자인가 아니면 양자인가?[14) 지도자들이 정치권력
과 종교권력을 동시에 쥔 절대 권력자로 가는 길 또한 탐구되어야 할 중요 주
제 중 하나일 것이다.

　또 장송의례 연구는 그 접근법에서 역할 이론과 사회 복잡화 진화론으로
부터 장례 사건들의 역사 · 정치적 상황성에 대한 관심과 실천이론들로 변화
를 겪었는데, 이는 어느 한 순간의 계서 설정과 복잡성 측정이라는 정태적 틀
을 벗어나 산 자들이 망자를 자원, 미래상, 표상으로 이용하는 계기적 정치 행
위들의 역사 궤적으로 보게 되었음을 말한다.

---

14) 영국고고학에서 군장사회, 지위, 사회 복잡화를 둘러싼 논쟁은 그간 흔히 웨섹스 지방의 신석기
　시대 말기 및 청동기시대 초기의 기념물과 정교한 매장을 중심으로 벌어졌다. 이에 대한 다양한
　해석에 관해서는 Piggott 1938; Childe 1940; Fleming 1971 · 1973a · 1973b · 1996;
　Renfrew 1973a; Startin and Bradley 1981; Clarke *et al.* 1985; Barrett 1990 · 1994;
　Bradley 1993; Parker Pearson 1993b; Edmonds 1995; Whittle 1996 · 1997을 참조.

5장 젠더와 친족관계

젠더는 사회의 남성성과 여성성 구축, 즉 사회가 남자와 여자의 사회적 차이에 부여한 가치들이 중심을 이룬다. 이런 점에서 젠더고고학은 과거 사회들의 사회 계층화 및 진화에서 계서만큼이나 중요한 사회 구조를 연구하는 데 한몫을 한다(Gilchrist 1991: 497).

젠더의 고고학적 연구는 대체로 1980년대와 1990년대의 현상으로, 그 주제들 중 다수가 탈과정주의고고학 접근법에서 보이는 노선들을 따라 발전하였다.[1] 한편 친족관계의 고고학적 연구는 그와 다소 다른 최근 역사를 갖고 있으며 1960년대와 1970년대 초 신고고학의 초기 낙관론 속에서 잠깐 출현하였다가 여러 해 동안 방치된 후 이제 옛 DNA의 분자생물학적 연구 및 여타 인골 분석법에서 이루어진 진전들과 손을 맞잡고 다시 등장하는 참이다.

젠더 개념 및 젠더와 생물학적 성 사이의 관계는 그간 널리 논의되고 정의된 바 있다. 1975년 인류학자 게일 루빈은 "젠더는 사회적으로 부과된 양성 구분이다. 이는 성별 사회관계의 산물이다"라고 말하였다(Rubin 1975: 179). 가

---

1) 중요한 저작으로는 Gordon 1986; Cannon 1991; Conkey 1991; Eisher 1991; Englestad 1991; Hastorf 1991; Pollock 1991b; Dommasnes 1992가 있다.

장 최근의 고고학적 정의는 간단히 말해 성의 문화적 구축물이라는 것이다 (Moore and Scott 1997: 259). 젠더는 알리슨 와일리가 보기에 주어진 것이 아니고 개개인의 속성 또한 아니며 분명히 정치적 차원, 동태적 역사과정을 가진 하나의 구축물이다(Wylie 1991: 22~29). 마리-루이즈 쇠렌센은 이에 더해 과거 사회의 구조에서 핵심적으로 중요한 이 사회적 구축물은 물질문화를 통해 협상이 되고 유지된다고 하였다(Sørensen 1987 · 1991: 122).

우리가 남성과 여성이라는 범주들을 미리 정해진 대로 받아들이는 선입견을 가진 채 우리 자신의 문화 환경을 벗어난 곳의 성과 젠더를 이해하려고 하면 문제가 생긴다. 고고학자들은 반드시 자연적 · 생물학적 성과 구축되고 문화적인 젠더가 양분된다는 인식을 갖고 연구 작업에 임해야 한다(Meskell 1996). 우리는 팀 테일러와 팀 예이츠가 지적한 대로 성 정체성들이 남성과 여성이라는 우선적 짝 편성 안에서뿐만 아니라 그런 양성 구분을 따르지 않는 범주들 안에서도 상당히 복잡하고 유동적으로 나타나리라는 점을 예기하고 있어야 한다(Taylor 1996; Yates 1993: 46; Yates and Nordbladh 1990).

1. 뼈 연구에 의한 성 판별

남성 혹은 여성 성기의 보유 여부는 대개 어떤 인물의 생물학적 성 판별에 확실한 한 가지 지침이 되는 반면 유골에서 남성 혹은 여성의 특성을 식별해 내는 일은 그보다 덜 명쾌하다. 성인 여성 골격은 평균적으로 남성 골격보다 넓은 골반을 갖고 있고 광대뼈가 덜 튀어나왔으며 눈썹 두덩은 덜 솟아올랐다 (Chamberlain 1994). 또 키에서도 평균적으로 차이가 있다. 골학자들은 성인 유골인 경우 95% 정도까지 확신을 가지고 성을 비정할 수 있겠지만 어린이 유골의 성 판별은 그보다 훨씬 문제성이 많다. 어린이 유골의 성차는 영구치와 골반 좌골 홈에서 탐지될 수 있으나 이런 구분이 결정적인 것은 아니다(Rega 1997; Holcomb and Konigsberg 1995). 성인 유골에 대한 생물학적 성 비정조차도 남성 쪽으로 편향될 수 있으며 이는 왜 그처럼 많은 공동묘지 집단들에 흔히 여성보다 남성이 많이 묻힌 것처럼 나타나는지를 설명해 줄 수도 있다. 바이스는 성인 유골의 성 판정에 개재되는 이런 체계적 편향성은 남성 쪽으로 12% 정도라고 한다(Weiss 1972). 유골의 성차에 영향을 미치는 또 한 가지 요소는 호르몬 이상 때문에 생겨난다. 여성의 에스트로겐 부족은 왜소발육증을 유발할 수 있는 반면 (예를 들어 젊었을 때 거세된 결과로 일어나는) 남성의 안드로겐 부족은 관절 및 뼈 끝 생장에 영향을 미침으로써 얇고 긴 다리뼈와 긴 턱뼈를 생성한다(Schwartz 1995: 16~17). 또 소녀의 신체는 줄기찬 운동으로 안드로겐을 높은 수준으로 유지할 수 있으며 그로써 남성 같은 좁은 골반을 이룰 수 있다는 주장이 제기된 바 있다(Taylor 1996: 56). 옛 DNA를 찾아냄으로써(이에 관해서는 이 장의 끝부분에서 언급한다) 어린이 유골 성 판별처럼 어려운 분야에서 그 가치를 입증하는 새로운 성 판정법들이 나타나고 있다.

어떤 개체 범주들은 생물학적으로 불명확할 수 있는데 그 이유는 선천적 증후군이나 문화적으로 생겨난 신체 변형 때문이다. 전자에 속하는 간성間性 집단은 드물어서 인구 1000명당 한두 명 꼴이며 태아의 남성화(유전적으로 여성인 태아에서의 남성 성기 증후군(AGS)), 생식선 역도태, 클라인펠트 증후군(세 가지 이상의 성염색체로 생기는 여성 호르몬과 남성 생식기), 고환 자성화雌性化 증후군 같은 조건의 결과이다(Rega 1997: 242; Moore 1988; Taylor 1996: 63~65). 그런 개체들은 베스 리거가 지적하듯 많은 문화에서 흔히 중요한 사회적 위치를 차지하지만 너무 희소하기 때문에 결코 성 판별의 주축이 되지는 못한다(Rega 1997: 242). 신체 성의 문화적 변형은 두말할 것도 없이 현대 세계에서도 잘 알려져 있다. 호르몬을 변경하거나 수술을 함으로써 성전환이나 부가적 성 범주를 생성할 수 있다. 선사시대 사회에서 쓰였을 가능성이 있는 특수한 호르몬요법 한 가지는 임신한 암말의 오줌을 마시는 것이다(Taylor 1996: 212~214).

2. 페미니즘 이론과 젠더 구분 고고학의 등장

페미니즘 및 페미니즘 이론의 정의에 대해서는 합치된 견해가 없으며 또 연구자들도 동일하고 이념적으로 일관된 준거 틀의 이미지를 대체로 거부한다(De Lauretis 1986: 14~15). 페미니즘이 여자들의 권한 확보에 대한 남성의 억압에 반대하는 저항 및 투쟁 운동으로서 지닌 이론적 목표들로는 남성 지상주의에 대한 비판, 여성에 대한 성 차별 정의 등이 있다. 역사학, 인류학, 고고학이 여자들을 새로이 재조명한 초기 단계에서는 그 초점을 남성 중심주의 담론에 대한 반박, 과거의 강력한 여자 인물들에 대한 인식, 과거 사회에서의 가모장제 탐구, 지금까지 무시되었던 여자 권한 영역들의 인식 등에 둠으로써 잃어버린 균형을 되찾고자 하였다. 쇠렌센은 젠더를 고고학적으로 탐구하는 데 가장 유용한 두 가지 범주의 고고학적 자원에 대해 요약한 바 있다(Sørensen 1992: 34). 우리에게 젠더 범주의 정보를 흔히 전해 주는 영역으로는 매장 활동, 복식을 통한 개인 용모 표출(그 많은 부분은 장례 정황들로부터 나옴), 몇 가지 유형의 미술(그 일부는 장례에 관련됨)이 있다. 가사 단위 및 활동으로부터 나온 고고학 잔적들은 이것들보다는 문제성이 많은 부문이지만 먹을거리 생산, 노동 분화, 쓰레기 범주들, 공간 질서에 관한 정보를 줄 수 있다. 장송의례 고고학이 과거 젠더 범주화에 대한 어떤 탐구에서도 결정적으로 중요한 요소임은 아주 명확한 사실이다.

장송의례 고고학에서의 남성중심주의 담론

고고학은 우리 자신의 선입견과 인정되지 않은 전제들을 발굴해 내려는 끊임없는 투쟁이라고 할 수 있다. 이는 부장품에 대한 우리의 의미 부여에서 가장 분명하게 드러날 것 같은데 좋은 사례로는 윈터스가 미국 중서부 고기古期 말 매장들을 분석하면서 이중 잣대를 적용한 데 대해 메그 콩키와 자넷 스펙터가 비판한 것을 들 수 있다(Conkey and Spector 1984: 11; Winters 1968). 윈터스는 남성 묘에서 교역품이 발견되면 그것은 그 남자가 장거리 교역체계에 관여하고 있었음을 가리킨다고 여긴 반면 여성 묘인 경우는 그런 품목이 남성 친척으로부터 받은 선물을 나타낸다고 보았다. 묘에 부장된 갈판은 주인공이 여자인 경우에는 그녀의 일에 씨앗 갈기가 포함되었음을 가리키고 남자인 경우에는 그가 그 갈판을 만드는 일에 관여하였음을 가리킨다는 것이다! 인정되지 않은 많은 가정들이 우리의 해석에 슬그머니 침투해 있으니 그 예로는 성에 따른 노동 분화에 보편성을 상정하는 것, 젠더에 따른 신체 차이(남자와 여자의 몸이 달리 보이는 방식들), 성의 상품화, 여자들을 사적·가정적·소수적·주변적·자연적인 것에 관련짓는 것, 여자들은 재생산 능력으로 규정하고 남자들은 사회적 역할로 규정하는 것, 여자들을 사냥에 관련짓지 않고 배제하는 것, 어떤 활동들(특히 사냥)은 채집 같은 다른 활동보다 원래부터 중요하다는 인식 등을 들 수 있다(Wylie 1991; Gilchrist 1997; MacCormack and Strathern 1980; Gibbs 1987; Hurcombe 1995).

최근에 이안 호더는 자신이 전에 이중 잣대를 적용했던 점을 언급하고 남자와 여자의 표상에 대한 차별적 취급 문제를 재평가한 바 있다. 근동지방의 신석기시대 초기에서 특히 작은 입상들로 구체화된 정교한 여성 상징 표현들은 여자들의 힘 아니면 무력함 중 그 어느 쪽을 나타내는 것으로도 여길 수 있는 반면 신석기시대 말기에서 대체로 무덤에 보이는 남자들의 정교한 상징 표현들은 의문의 여지없이 남자들의 힘을 가리킨다고 받아들여졌다(Hodder 1991). 또 우리는 레비스트로스와 다른 이들의 친족체계 모델에 대한 페미니스트들의 비판도 이에 포함할 수 있는데 그런 모델들은 여자 교환이라는 기본 전제를 토대로 하고 있으니 그에서는 여자들을 그 아버지와 남형제들이 물물교환하는 힘없는 가재도구로 여긴다(Rubin 1975; Collier and Yanagisako 1987).

장송의례 고고학의 검토되지 않은 전제들에 연관된 주된 방법론적 이슈는 그간 공반 부장품 및 복식을 토대로 생물학적 성을 비정하는 문제였을 것이다. 이는 점점 더 엄격한 인골 분석이 체계적으로 적용됨과 더불어 대체로 고고학의 자체 쓰레기통으로 넘겨야 할 터이지만 어떤 영역에서는 여전히 문제가 되니 그 때문에 현대의 상투적 젠더상像이 강화되고 또 부가적이거나 복장 도착적倒錯的일 개연성을 가진 과거 젠더 범주들을 더욱 못 보고 만다.

흥미로운 사례 한 가지는 유럽 초기철기시대의 할슈타트 D기 동안인 서기전 500~480년쯤에 프랑스 동부 빅스Vix의 한 봉분 안에 이례적 수준의 부장품과 함께 묻힌 인물(그림 5.1)의 정체성 문제이다(Joffroy 1954·1962). 잔존 두개골과 뼈들을 처음에는 30세에서 35세가량의 여자 것으로 식별함으로써 그 무덤이 '빅스 공주' 묘로 불렸으나 그 후 연구에서는 이 사람의 성이 불명확할 뿐 아니라 남성일 가능성이 있다는 견해까지 제시되었다(Charles(Joffroy 1954 중); Sauter 1980). 이는 빅스 공주가 복장 도착 남성 신관이라는 재해석을 낳았다(Spindler 1983). 이런 스핀들러의 재평가는 파울리가 이전에 독일 슈투트가르트-바드 칸슈타트Stuttgart-Bad Constatt에서 발견된 동일시기 엘리트 매장 두 기에서 남성의 복장 도착을 식별한 사실에 부합하였는데 그곳에서는 여성 장신구와 더불어 창끝들이 발견되었다(Pauli 1972: 133). 그 후 세 번째 인골 연구를 하여 빅스 공주는 여자일 가능성이 가장 크다는 사실을 확인하였으며, 그래서 베티나 아놀드는 슈투트가르트-바드의 주인공들 또한 실제로 여자들이었다고 주장하였고 또 스핀들러 및 여타 (남성) 고고학자들이 그동안 남성 중심 권력 구조 속에서의 남성 지위를 나타내는 남자들로 생각한 다른 중요한 할슈타트 D/라 텐 A기 매장의 유해들도 그와 마찬가지라고 주장하였다.[2]

샘 루시가 동 요크셔 앵글로색슨 매장들의 성과 젠더를 재평가해 보니 장신구류를 가진 여자와 무기류를 가진 남자로 예상된 이원 구분 대신에 '중성적' 묘들이나 부장품을 동반하지 않는 묘들이 큰 부분을 차지함이 드러났다. 웨스트 헤슬러튼West Heslerton 묘지에서는 뼈 보존 상태가 좋지 않아 인골 분석에 장애가 있기는 하였지만 세 여자(둘은 확실, 하나는 가능성 큼)가 무기류와 함께 묻혔고 소어비Sewerby 묘지에서는 장신구류를 가진 매장 셋이 남성

---

2) Langlois 1987; Arnold 1991: 369. 발표되지 않았으나 크뉘셀Knüsel이 최근 실시한 분석에서는 빅스 공주의 성을 확정하고 또 두개골 및 좌골 연접부에서 결함을 식별해내었는데, 이는 그녀가 분명히 비대칭의 얼굴을 갖고 발을 질질 끌면서 걸었던 사실을 일러주며 이런 점들은 그녀가 여성 신관이자 샤먼으로서 역할을 하였을 가능성 쪽에 무게를 실어주는 측면들이다.

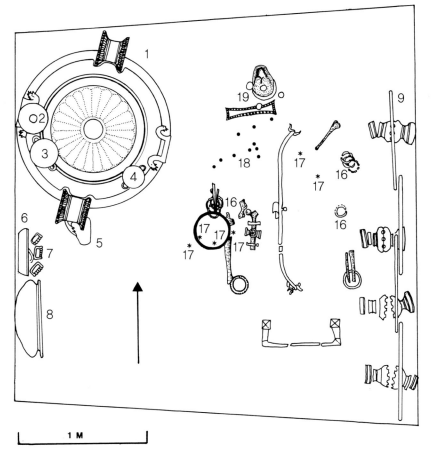

그림 5.1 빅스의 목실묘 안에는 부분적으로 보존된 인간 유해가 마차 운전석(그 바퀴들은 그림 오른쪽의 9번)에 놓여 있었으며 그와 더불어 엄청나게 큰 청동 크라테르 단지(1번, 술을 담는 그리스의 그릇), 수입 도기들(3, 4번), 청동 및 은 그릇(2, 5~8번), 두개골의 금 '대륜'(19번) 그리고 구슬(18번), 안전핀(17번, 브로치), 팔찌(16번) 같은 개인 품목들이 부장되어 있었다.

일 가능성이 크다(Lucy 1997). 이전에 브러시가 노폭의 스퐁 힐Spong Hill에 있는 주로 화장묘로 이루어진 공동묘지에 대해 이와 비슷한 결론에 도달한 적이 있으며(Brush 1988) 그래서 루시는 묘들 중 3분의 1에 성 연관 유물들이 없는 점은 이교도 앵글로색슨 사회에서 젠더가 중요한 사회 구조화 원리가 아니었을 가능성을 시사한다고 주장하였다(Rahtz *et al.* 1980; Richards, J.D. 1988도 참조).

물론 우리가 요크셔와 스퐁 힐의 사례 둘 다에서 잘 썩지 않는 물질문화에 대해 이끌어낼 수 있는 관찰 결과들은 그 주인공들이 죽어 입었던 완전한 복식을 단지 부분적으로만 보여줄 뿐이다. 그러므로 복식에서 남성/여성이라는 양분적 젠더 구분이 없다는 데 기반을 둔 결론들은 그런 옷이 실제 잔존하지 않는다는 사실을 감안해 잠정적 결론으로 쳐야 할 것이다. 잉글랜드의 다른 지역들에 있는 일부 앵글로색슨 여성 추정 매장들에 대해 재평가를 해 본 결과 또한 북미의 베르다쉬berdache(두 개의 영이라는 뜻)에 가까운 제3의 남-여 젠더가 존재하였을 가능성을 식별해 내기에 이르렀다(Knüsel and Ripley in press(인쇄 중): Whitehead 1981; Williams 1986; Whelan 1991a).

여자의 권력, 여자의 부

고고학의 젠더 연구에서 두 번째 주제는 과거 사회에서 여자들이 지녔던 권력에 관한 증거를 탐구하는 것이었다. 파울라 웹스터는 시몬 드 보부아르와 슐라미스 파이어스톤의 주장을 인용하였는데 그 내용은 여자들이 그간 보편적으로 억압을 받았으며 이 억압의 근본 원인은 여자들의 역할이 임신과 출산이라는 노동 및 그와 관련된 육아라는 짐 때문에 보육 및 양육으로 국한된 데 있다는 것이었다(Webster 1975: 150; de Beauvoir 1953; Firestone 1970). 고고학 연구로 그런 실제적 언명들의 사실 여부를 밝혀낼 수 있을까?

　　마거릿 에렌버그는 『선사시대의 여자들』이라는 책에서 어떤 특출한 여자들, 그중에서도 특히 빅스 공주와 동 요크셔 웨트왕 슬랙Wetwang Slack 철기시대 마차에 매장된 여자를 부각시켰다(Ehrenberg 1989: 168~171). 이 두 매장은 높은 지위를 의문의 여지없이 나타내는 그 부장품들을 보면 자기 공동체 안에서 가장 강력한 집단의 성원이었음에 틀림없다. 리브 헬가 돔마스네스는 오세베르그 선묘에 묻힌 노르웨이 바이킹시대 왕비의 정체성·권력·중대성이 그 시대의 배와 여타 관련 유물들에 보이듯 나무에 조각을 하고 배를 짓고 항해를 한 남자들의 활동을 더 높이 치는 바람에 흔히 평가절하되고 있음을 지적하였다(Ingstad 1982; Dommasnes 1992: 2). 이 모든 사례에서 다른 고고학적, 문헌적 자료들은 이 여자들이 주로 남자들이 차지한 지위들을 가졌으며 그래서 권력을 다소 소유하였던 것으로 상정할 수 있음을 가리킨다. 이것들의 존재는 여자들이 그런 지위로부터 배제되지 않았음을 예증하는 것이다.

여자들의 및 장례 복식을 근거로 그들의 권력을 해석해 내는 데 관련된 문제들은 이안 호더가 케냐 바링고 호수 지방 이목민의 여자 장신구류를 민족 지고고학적으로 관찰한 데서 다루었다(Hodder 1982c: 77~83). 이 가부장, 부거父居, 일부다처제 사회에서 여자들이 지닌 낮은 지위는 그들이 착용한 귀걸이 및 목걸이의 양 및 질과 걸맞지 않았다. 젊은 여자들은 40개에 이르는 목걸이를 착용한 한편 50세가 넘은 나이든 여자들은 그저 25개 정도의 목걸이를 착용하였다. 호더는 만약 이 젊은 여자들이 죽어 생전복식을 착용하고 묻힌다면 그들의 지위는 실제보다 훨씬 높은 듯 보일 것이라고 주장하였다.

여자가 남자와 같은 부를 가진 또 다른 예는 마릴린 스트래선의 파푸아 뉴기니 하겐 산山 지방에 대한 연구에서 찾아볼 수 있다. 비록 여자들이 중요한 의례에서 '남자들처럼 되기'는 하지만 그들의 치장은 분명히 다른데 이는 그들의 역할이 (교환을 실행하는) 교섭자가 아닌 (교환 물품을 지닌) 중개자임을 뜻한다. '모카Moka' 의례를 위한 여자들의 정식 춤옷은 이 중개자의 지위를 상징하는데 몸 앞에는 그녀의 남형제들이 그녀 남편에게 빌려주었을 멜론고둥 껍질을 걸고 등 뒤에는 그녀의 남편이 그녀 남형제들에게 준 선물임을 알리는 뜻에서 진주조개 껍질을 걸친다. 과거에는 아내들이 '모카'에서 남편의 부를 과시하곤 했는데 별보배고둥 껍질들을 긴 줄에 꿰어 칭칭 두르고 조가비 앞치마를 걸쳤다. 혼례식의 신부들 또한 이와 비슷하게 혼수 귀중품 일부를 착용하곤 하였다(Strathern 1972: 156).

많은 고고학자들은 자신들이 그간 남성 매장과 여성 매장 안에 든 부富와 물품들에 대해 늘 이중 잣대를 적용해 차별적 해석을 한 사실을 알아차리지 못하였다(Hodder 1991). 묘 안 부의 생전 소유권과 그 사용 문제는 이런 두 민족지 사례가 보여주듯 장례 물질문화를 지위, 권력, 젠더 역할의 견지에서 이해하려는 어떤 고고학자라도 가장 풀기 어려운 질문들 중 한 가지이다.

가모장제와 아마존들

선사시대의 가모장제에 대한 관심은 1861년 J. J. 바호펜과 1884년 프리드리히 엥겔스의 주장에 대체로 뿌리를 두고 있는데 그들의 주장에 의하면 가모장제가 인류문화에서 초기 난혼 단계의 뒤이자 엥겔스가 "여성의 세계 역사상 패배"라고 이름 붙인 바에 앞서는 보편적 단계를 형성하였다는 것이다. 엥겔스는 인류 발전의 초기 단계는 집단 혼인이 특징인데 혈통은 여자와 모거제를 따라 추적할 수 있다고 주장하였다. 여자들은 가정에서 지상권을 가졌으며 그 높은 지위는 그들이 생산의 사회적 관계 안에서 중심 위치를 차지한 데서 비롯되었다는 것이다.

이런 결론들은 고고학적 증거가 아닌 옛 신화와 민족지 사례들을 토대로 하였다. 엥겔스의 가모장제 사회 단계설은 루이스 헨리 모건이 19세기에 서술한 이로쿼이 모계 및 모거母居 사회 민족지에 아주 큰 영향을 받았을 가능성이 다분한데 이로쿼이 족에서 여자들은 식량 생산 및 분배, 긴 집 안에서의 생활을 관장하였으며 남성 평의회 원로들, 의례 전문가, 전사 집단들에 대해 커다란 영향력을 행사하였다(Webster 1975; Brown 1975). 오늘날 다른 많은 모계제와 모거 사회들의 사례들이 세계 여러 지역에서 알려져 있는데 예를 들면 멜라네시아 도부 섬 사람들이 있다(Fortune 1932). 하지만 이로쿼이를 포함한 이 사회들 중 그 어느 것도 여자들이 하나의 집단으로서 남자들에 대해 절대적 권력과 권위를 가진 가모장제 사회로 여겨지지는 않는다.

마리아 김부타스는 신석기시대 초기(서기전 10000~5000년) 농경 공동체들을 모친 중심 사회로서 농업, 정착, 평등, 평화적 모계제 사회였을 것이며 최고 여성 신을 숭배하였다고 해석하였는데 이는 남동 유럽 및 근동의 세대공동체 정황에서 출토된 여성 소상과 조상들의 상징성에 대한 연구에서 비롯되었다(Gimbutas 1974 · 1989 · 1991). 그녀의 관점은 많은 고고학자의 지지를 받지는 못하였지만 그래도 일부 생태여성주의자와 뉴에이지 추종자들은 지금까지 비판의 여지가 없는 사실로 받아들이고 있다(Ehrenberg 1989; Hodder 1990; Meskell 1995; Taylor 1996: 148~164). 최근 그 소상들의 상징성에 대해 출토 정황을 중심으로 분석해 본 결과 김부타스의 최선을 다한 노력에도 불구하고 여성 소상과 가모장제 사회 혹은 지모여신 숭배 사이에 쉽사리 등치관계를 설정할 수 없음이 매우 만족스럽게 밝혀졌다.[3] 사실 제7장에서 논의하듯 이런 진흙 소상들로부터 나온 지모여신 숭배라는 해석은 전적으로 틀렸다고 볼 아주 훌륭한 이유들이 몇 가지 있다.

서기전 5500~5000년 즈음 중부 및 서부 유럽 신석기시대 초기 농경 공동체에서 여자들이 차지한 위치에 관해 다소 더 충분한 장례 증거가 있으니 선대문토기(LBK라고 약칭함) 문화의 긴 집 공동체들과 연관된 공동묘지 형태의 증거이다. 에렌버그는 주거지 바닥 면적에 관한 통문화적 일반화를 토대로 이런 긴 집에 거주한 공동체들이 모계제 및 모거 사회였을 것이라고 주장하였다(Ehrenberg 1989). 이로쿼이 같은 모거제와 모계 혈통 사회들은 자매들의 공동체가 결혼을 한 후 한 지붕 아래 사는 경향을 갖고 있으며 그래서 그런 사회들에 대한 기록에서는 한 집당 바닥 면적이 대부분 35m²를 넘는 것으로 보고되었다. 그런데 어떤 통문화적 일반화든 언제나 예외가 있게 마련이다. 예를 들어 LBK 긴 집들은 이로쿼이 집들에서 보듯 화덕 여러 기가 줄지어 있지 않고 일반적으로 단 하나의 주된 화덕만을 갖고 있다고 생각되며 이런 점에서 그들은 아마존 지방의 바라사나 족 같은 부계제, 부거 사회 집단들의 긴집과 더 유사하다고 할 수 있다(Hugh-Jones 1979 참조). 또 흥미롭게도 LBK 장례 증거는 그간 모계 친족체계에서 비롯된 것으로 해석되었지만 그 연구에서 내린 추론은 의문스럽기 짝이 없을 정도이다(Van de Velde 1979a · 1979b).

신석기시대 가모장제는 집어내기가 어려운 반면 철기시대 아마존(여자 전사)들은 장례 기록에서 식별해 내기가 훨씬 쉽다. 옛 그리스 사람들은 자신들의 우주 신앙 체계에서 호전적이고 몹시 사나운 여자들의 사회에 대한 이야기에 특별한 자리를 부여하였다. 히포크라테스와 헤로도토스는 그 여자들이

---

3) Chapman 1997; Hitchcock 1997; Kokkinidou and Nikolaidou 1997; Bender 1997: 179. 이 소상들의 의미에 관한 논의는 본서 제7장을 참조.

돈 강 동쪽 스키타이 지방과 사우로마티아Sauromatia 지방에 산다고 하면서 그들에 관해 아주 광범위하게 썼다. 이제 우리는 우크라이나와 코카서스에서 서기전 5세기 및 그 이후에 속하며 피장자가 여성 전사로 생각되는 상당수의 매장 사례들을 갖고 있다(Rolle 1989; Rolle et al. 1991; Taylor 1996: 199~205). 그들의 무기류는 아주 다양한데 갑옷, 창, 화살, 방패 등이 있다. 이 시기의 매장에 대한 인골 분석은 많은 사례가 현대 기준에 미치지 못하며 이른바 '남성' 유골이라는 것들 중 일부는 활동량이 많고 말을 탔던 여자 전사의 골반에 생겨났을 법한 변형을 감안할 때 여성의 매장으로도 여길 수 있다(Taylor 1996: 202). 테일러는 스키타이 지방에서 지금까지 약 40기의 여성 전사 매장이 알려졌다고 추산하였고 또 사우로마티아 지방의 전사 매장들 가운데 20% 정도가 여성 묘로 생각된다고 보고하였다(Taylor 1996: 202). 장례 정황으로부터 젠더를 연구하는 데에는 그 젠더를 유물 조합에 근거해 미리 추론하는 작업과는 별도의 인골 분석이 항상 이루어지지는 않았다는 방법론적 문제를 감안할 때 아직 많은 약점, 편견, 문제점들이 잠재하고 있다 하겠다.

3. 젠더 정체성과 정황의 의미들

우리가 과거 사람들이 구분하였던 젠더를 해석해 내려고 노력하는 데서는 이전 설명들을 구성한 전제와 방법론들 중 당연시할 수 있는 것은 없다는 차원에서 재검토를 해야 함을 인식할 필요가 있다(Bender 1997: 179).

젠더 해석에는 생물학적 성을 인골로 판정하는 작업의 난점과 문화적으로 구축된 사례를 식별해 내는 데서의 문제점은 별도로 하더라도 어려운 점이 가득하다. 파푸아 뉴기니 동부 고지대의 후아Hua 족 같은 공동체에 대한 민족지 연구 사례들은 젠더 구축과 협상의 모호성, 변이성, 투과성, 가변성을 잘 보여준다(Meigs 1984, 1990). 후아 족은 개개인을 성적 특징뿐만 아니라 '누nu'라는 것의 보유량으로도 분류하는데 이 '누'는 (액체 형태를 지니고 피, 오줌, 지방,

점액 혹은 정액 같은 신체 물질 속에 존재한다고 믿는) 남성과 여성의 생명 정수이다. '누'의 보유량에 따라 ('입회를 하지 못한' 혹은 '여자들 같은') '피가파figapa'와 (여성의 '누'가 전혀 없는 '젊은 남성 입회자들'인) '카코라 kakora'라는 범주들이 규정된다. 어린이와 가임 연령 여자들은 여성 '누'로 가득 찬 반면 여성과 성관계를 하지 않고 여자들의 음식을 먹지 않은 젊은 남자들은 남성 '누'를 가지지만 여성 '누'는 없다. 아이를 몇 명 낳고(그래서 자신들의 여성 '누'를 다 써버려 한층 건조하고 딱딱해진) 폐경기를 지난 여자들은 남성화되는 반면 (여러 해 동안 여자들과 성교를 하고 우연한 접촉을 하며 여자들이 마련한 음식을 먹음으로써 여성 '누'를 얻은) 늙은 남자들은 나이를 먹어감에 따라 '피가파'로 재분류된다. 그리하여 성적으로는 여성인 사람도 남성다움 및 여성다움의 정도를 이런 식으로 재는 이동식 잣대에 따라 남성화된 것으로 분류될 수 있으며 그 역도 성립한다.

이 후아 족 사례는 남자와 여자를 변치 않는 본질로 보는 관념의 토대를 무너뜨릴 뿐만 아니라 젠더 변형이 반드시 상관 물질 현상을 낳지는 않을 가능성과 복식이 그 착용자가 채택한 젠더 역할과는 다른 역할을 뜻할 수 있을 가능성 또한 제기한다. 우리는 그와 비슷한 사례를 바로 우리 시대에서 찾아볼 수 있다. 19세기에 바지는 분명한 젠더 관련 가치를 가졌기에 여자들이 그것을 '복장 도착적으로' 채택하면 여러 가지 뜻으로 해석하고 도전적으로 보았다(Wilson 1985). 오늘날 서구 세계에서 바지는 더 이상 착용자의 젠더 정체성에 영향을 미치지 못하는데 다만 치마는 (스코틀랜드 사람들에게는 실례지만!) 여전히 그렇다.

옛적에 여자들의 지위가 변화하였다는 엥겔스의 해석이 기반을 둔 마르크시즘의 틀 안에서는 여자들의 젠더 지위가 생산의 사회적 관계 속에서 차지하는 위치로 규정된다. 이와 비슷한 생각은 에렌버그가 신석기시대 말기의 '제2차 산물 혁명'이 미친 영향을 논의하면서 쟁기를 쓴 남자들이 종래 호미 및 삽을 쓴 여자 경작자들로부터 권력을 빼앗았다고 주장한 데서 찾아 볼 수 있고 또 존 바레트가 영국 청동기시대 말기에 젠더 역할이 변화하였다고 설정한 모델에서도 찾아볼 수 있다(Ehrenberg 1989; Sherratt 1981; Barrett 1989). 바레트는 그때 일어난 가사 공간, 음식 준비 및 시중, (화장묘의 종언으로 표시되는) 상속체계의 변화 때문에 농업 다산성과 아마도 인간 다산성에 대한 통제 또한 새로이 강조하게 되었을 것이라 주장하였다. 금속과 새로운 철 기술의 보조적 역할이 점점 더 커짐에 따라 새로운 젠더 역할과 연배年輩들이 금속 생산 및 교환 영역의 바깥에서 그와 별도로 수립되었다. 그렇지만 헨리에타 무어는 사회 안의 여자와 남자에 대한 문화적 가치 판단은 그저 각각이 생산 관계 속에서 차지하는 위치가 아니라 그것을 넘어서는 무언가로부터 나온다고 주장하였다(Moore 1988: 35). 바꾸어 말하면 남자와 여자가 각각 무엇을 하는가 보다는 각각의 활동이 획득하는 의미가 더 중요하다는 것이다.

　이로써 우리는 하나의 문제 구역으로 들어가는데 왜냐하면 과거에 그런 활동들에 부여된 문화적 가치 판단에 대한 평가를 해야 할 뿐만 아니라 우리 자신의 가치 체계 또한 식별하려고 무진 애를 써야 하기 때문이다. 린다 허컴은 자기 학생들에게 과거에 남자들은 사냥꾼이었을 가능성이 더 큰 반면 여자들은 채집인이었을 가능성이 더 크다고 하는 자신의 전제를 설명하는 데 그런 명확성이 필요함을 지적하였다. "이런 생각이 성 차별적이라고 말하면 그것은 성에 따른 신체 차이가 하나의 진화 전략이었다는 점을 놓치게 되고 또한 그 활동들의 '지위'에 대한 우리 자신의 문화적 경험 때문에 편향이 되는 것이다. 여학생들은 여자들이 사냥꾼이었던 것으로 여기기를 원하였는데 그 이유는 '그 여학생들'이 더 높이 평가한 일이 바로 사냥이기 때문이었다(Hurcombe 1995)."

바이킹 여자들

이 문제의 일정 부분은 고고학자들이 위에 언급한 빅스와 웨트왕의 사례 같은 고위 매장에서 여자들을 찾아내려고 하는 것과 맞닿아 있다. 이 대목에서 유럽 북부의 바이킹 여자 교역자들에 대한 안네 스탈스베르그의 분석은 흥미로운 비교가 된다(Stalsberg 1991). 이전에는 여성 묘의 물품을 측정하는 저울을 남성 중심적으로 해석하였기 때문에 그런 물품은 남편의 작별 선물, 높은 계서의 표시 혹은 여자의 남편이 멀리 나간 동안 그녀가 임시로 책임을 맡고 있다 죽은 증거—그 여자가 바로 교역자였을 가능성이 아니라면 실제로 그 어떤 것이든 상관없다!—를 대변한다고 보았다(Stalsberg 1991: 77). 그것은 어떻든 이보다 약간 뒷시기에 여자들이 교역 활동을 하였다는 중세 스칸디나비아의 문헌 기사들이 많이 있고 또 서아프리카 및 다른 곳의 많은 사회에서 여자들이 주된 교역자인 경우가 두말할 것도 없이 흔하였다. 스탈스베르그는 여자들의 교역자 역할을 인식하는 데 관련된 이 문제는 고고학계 안의 전통이라는 족쇄 때문에 생겨난다고 주장하였다.

돔마스네스는 젠더 역할과 장례 관련 잔적에 관한 최초의 명시적 연구(이는 젠더고고학의 최초 간행물일 것임)에서 바이킹시대 노르웨이 남자와 여자의 여러 가지 지위들을 조사하였다(Dommasnes 1982). 여자들은 해외 교역이라는 신흥 경제 분야에서 권력과 권위를 누렸을 뿐만 아니라 가정 안에서도 상당한 힘을 가지고 있었다. 10세기 이래로 '호화롭고' 정교하게 구축된 여자 묘들이 나타나는데 이 시기는 남자들이 농장을 멀리 떠나 있었기에 여자들이 가정에서 모든 책임을 도맡아야 했던 사회적 불안기였다(Dommasnes 1982 · 1991: 67). 그럼에도 여자들은 가정 안에서를 제외하고는 대개 직접 권력보다는 영향력을 지녔던 것으로 보인다.

노르웨이 서부의 대형 봉토분에는 매장이 여러 기 들어 있지만 그 속에서 여자들은 한 예를 제외하고 주된 위치에서 결코 발견되지 않았다. 배장(해당 시신을 봉분 안에 두 번째로나 그 뒤에 묻은 것) 또한 여자가 남자보다 두 배로 흔하다. 만약 그 봉토분이 농장 창건자를 위해 축조되었다면 이런 특징들은 해당 사회가 젠더에 기반을 둔 위계적 사회라는 점에 부합한다(Dommasnes 1991: 70). 또 돔마스네스는 비록 여자들은 묘 안에 (대장장이 도구를 제외한) 아주 다양한 도구를 갖추었지만 그녀들만을 위한 물품이라고는 직조 도구뿐이었음을 지적한다. 이는 바이킹 여자들이 옷감 생산을 전문적으로 하였을 뿐만 아니라 그 독립적 판매로부터 생기는 교역 소득 또한 유지하였음을 시사한다. 끝으로 돔마스네스는 여자들의 지위가 생산관계 안에서의 경제적 위치보다는 다산 숭배 연관 관계에 좀더 의존하였으며 또 철기시대 동안 여자들의 위치가 쇠락함에 따라 다산 숭배 역시 그 우월적 위치를 잃어버리고 공공 생활에서의 지위가 격하되었다고 주장하였다.

4. 어린 망자: 과거 어린이의 고고학적 연구

최근 들어 어린이와 그들의 젠더 발달 과정에 대한 고고학 연구에 관심이 증대하였는데 이는 그간 보이지 않았던 분야를 보이게 한다는 측면을 지니고 있다(Sofaer Derevenski 1994 · 1997; Meskell 1994 · 1996; Baker 1997). 소페르 데레벤스키와 다른 이들이 지적한 대로 '어린 시절'은 배우고, 놀고, 탐닉하는 감상적 시절이라는 서구적 관념을 함축하는 매우 문화 특정적인 개념이며, 다른 많은 사회들에서는 그와 대조적으로 젊은이들이 어린 나이부터 성인의 일에 참여해 일을 한다. 관심을 끄는 여러 분야 중 한 가지는 어린이들이 모든 과거 사회에서 커다란 기여를 하였음이 거의 틀림없는데도 그들의 잔적은 의례 및 여타 장례 정황에서 너무나 적게 표현되는 경우가 흔하다는 사실이다.[4] 이는 대부분의 선사시대 주민에서 어린이 사망률이 최소 50%였다는 앤드류 체임벌린의 추산과 15~30%의 어린이들이 한 살이 못 되어 사망하였다는 레가의 추산에 비추어 보면 한층 더 이례적이다(Chamberlain 1997: 249; Rega 1997: 235~236). 그래서 우리는 어린이들이 성인과 똑같은 방식으로 매장된 범상치 않은 사례에 이목을 집중하게 된다. 예를 들어 (이전 유고슬라비아 안) 모크린의 청동기시대 초기 공동묘지에 대한 레가의 분석은 이곳 소녀의 사망률이 소년에 대비해 의미심장하게 높은 사실을 부각시켰는데 그녀는 소년들을 선호해 소녀들을 경시하였다는 결론으로 비약하지 않고 오히려 그 반대로 주장하였다. 당시 어린이 및 유아들이 대개 집과 취락 밑에 묻힌 점을 감안하면 이

---

4) 예를 들어 Lucy 1994; Rega 1997; Lillie 1997.

런 어린이들이 공동묘지에 포함된 점 자체가 다른 어린이들과는 구분이 된다. 모크린에서 어린이 묘의 비율이 낮다는 점(추정 사망률로 예상되는 비율보다 훨씬 낮다)은 여기 묻힌 특정 어린이들은 꽤 특수하였고 그래서 소녀들이 소년들보다 더 중요하였음을 가리킨다는 것이다.

잉글랜드 동부의 이교도 앵글로색슨 공동묘지들에 나타나는 나이–성 관계에 대한 엘렌 페이더의 분석 결과는 나이에 기반을 둔 관계들이 여자와 어린이들에게 어떻게 연계되었는지 부각시켜 주었다. 여자와 어린이는 각각 남자와 공유한 특성보다 아주 크게 많은 특성들을 서로 공유하였으니 예컨대 남자 어린이가 남성과 연계된 유물을 가진 사례가 아주 드문 반면 많은 남녀 어린이가 공반 부장품의 견지에서는 여성으로 취급되었다는 것이다(Pader 1982: 129~131). 양성 관계는 이 되기 바로 직전 단계가 되어서야 비로소 성 관련 유물들과 일관된 공반 관계를 맺으면서 분명해졌다(Pader 1982: 167~170). 모크린의 청동기시대 초기에서는 이와 대조적으로 차별의 주축이 성이었고 아주 어린 아이조차 엄격하게 구분된 젠더 범주에 따라 매장되었다(Rega 1997). 말콤 릴리는 우크라이나의 중석기시대 및 신석기시대 공동묘지 인구 집단들에 대해 이와는 다소 다른 결론에 이르렀는데 그에서는 어린이들이 죽기 전에 특정 젠더를 이루지 못하였으며 다만 어린이들이 아주 다양한 유물들과 함께 묻힌 사실로 보건대 그들이 중요한 사회적 행위주체로는 인정되었음을 알 수 있다는 것이다(Lillie 1997: 222).

루시가 지적한 대로 어린이 매장에 관한 가장 특출한 점 한 가지는 우리가 그 덕분에 묻히는 자와 묻는 자 사이의 간극을 절실히 느낄 수 있다는 것이다. 다시 말해 우리는 장송의례 고고학자로서 어린이들을 성인 세계 안에서 조작되는 실체들로, 즉 어른들에 의해 매장되는 대상으로만 볼 뿐이다(Lucy 1994: 24~25). 그래서 우리는 어린이의 세계를 결코 경험하지 못하며 다만 당시 그들의 단축된 삶과 때 이른 죽음을 감당하면서 그에 의미를 부여하고자 한 어른들의 경험만을 체험할 수 있다.

탈과정주의고고학자들이 권력, 지배, 저항에 관심을 가진 데 대한 일부 비판에서는 개개인이 실제 겪었던 경험의 현상학적 측면들이 빠졌다는 점을 강조한다. 철학자 후설의 전통을 이은 '현상학'은 "우리가 당연시하는 사항들을 살펴보고 이론적 전통 때문에 잊히거나 사소하다고 치부된 것들에 주의를 환기시킴으로써" 인간의 경험을 "바깥으로부터가 아니라 삶의 흐름 안쪽으로부터" 이해하고자 하는 시도이다(Gosden 1994: 108). 최근의 접근법에서는 어떻게 "신체들을 개별적이고 물질적인 차원을 유지하면서도 사회적·역사적 과정으로 다룰 수 있느냐"를 강조하고 있다(Meskell 1996: 9(Connell 1995: 64를 인용)). 린 메스켈은 현상학적 접근법을 써서 이집트 데이르 엘 메디나Deir el Medina 유적의 신왕국시대(서기전 1570~1070년) 동부 네크로폴리스 안에 옛 사람들이 어린이 시신을 매장한 경험을 재구성하고자 시도하였다(Meskell 1994, 1996: 11~14). 그녀의 표본들 가운데 하나는 골반 척추만곡증을 앓아 심한 장애아가 된 소년이 있는데 왼쪽 엉덩이가 비정상적인 데다 한쪽 다리가 다른 쪽보다 짧고 두 다리가 모두 부풀어 올랐다. 이 소년은 몸을 붕대로 두르고 가는 나뭇가지 세공 바구니에 안치되었는데 그 바구니가 너무 짧았기에 두 발이 옆에 난 구멍으로 튀어나왔다. 메스켈은 그 매장이 비용이 많이 들지 않고 또 으리으리하지도 않았지만 커다란 돌로 묘 구덩이를 덮기 전에 그 안에 필요한 봉헌 음식을 넣은 점을 보면 정말 보살핌과 관심을 기울인 사실이 잘 드러난다고 하였다. 메스켈은 이 소년이 이미 하나의 인격체로 여겨졌기 때문에 그의 때 이른 죽음은 그런 보살핌과 개인적 반응들을 이끌어냈다고 결론지었다.

그렇지만 애도자들의 슬픔이 지닌 개인적이고도 직접적인 성격과 삐죽 튀어나온 발을 보는 마음의 고통스런 감정에 대한 그녀의 관찰은 낯선 문화에 대한 인식 및 해석에서 생겨날 수 있는 문제점들을 잘 보여주는 사례이다. 여기 제시된 해석은 우리가 서구 사회 속에서 장애자에 대해 가진 태도 때문에 느껴야 할 바를 집어넣어 복원한 그림이다. 이 증거는 다른 식으로도 해석해볼 수 있다. 즉 그 장애 소년은 사랑을 받지 못했고 또 사람들이 그에 대해 애도하지도 않았을 수도 있다는 것이다. 심지어 그의 죽음은 환영을 받았을지도 모른다. 세심하게 배열된 봉헌물들과 커다란 뚜껑돌은 그가 되살아와 산 사람들에게 더 이상 고통을 주지 못하도록 하는 데 주된 목적이 있었을 수도 있다는 것이다.

감정의 인류학과 연민의 고고학을 연구하는 다른 이들이 지적한 바 있듯이(Dettwyler 1991; Silk 1992) 증거는 모호한 경우가 허다하다. 이는 단순히 증거가 부족하다는 문제가 아니라 대조되는 감정의 복잡성을 어떻게 읽어내고 이해하며 또 의례 과정에서 조작되고 조정되는 내적 감정들의 작용 및 반작용을 어떻게 읽어내고 이해할 것이냐는 문제이다. 과거 사람들의 감정적이고 구체화된 경험에 대한 고고학적 연구를 추구해야 한다는 메스켈의 생각은 전적으로 옳지만 우리는 연구와 감정이입 사이에 놓인 가느다란 선을 밟고 따라 걸어가는 형국에 처해 있다. 감정이입 접근법을 쓰게 되면 인정되지 않은 우리 자신의 선입견을 과거로 덮어씌우는 일이 불행하게도 일어날 가능성이 너무나 크다.

어린이 매장에 대한 연구 성과 검토는 어린이 희생, 유아살해, 유기 및 방치로 인한 죽음의 문제들을 고려하지 않고서는 완결될 수 없을 것이다. 이제 로마시대 영국, 고대 카르타고, 잉카제국, 로마 말-비잔틴 초기 이스라엘에 대해 고고학적 증거를 토대로 아주 많은 종류의 유아 살해를 주장한 다수의 연구가 이루어졌다(Mays 1993; Lee 1994; Sillar 1994; Smith and Kahila 1992). 그런데 그 증거의 질과 주장들의 힘은, 별로 놀라운 일도 아니지만 사례에 따라 아주 다르다. 그 정황은 잉카인들의 '카파코차Capacocha' 의식처럼 공식적이고 대단히 의례화된 희생 사례부터 이스라엘 아스칼론Askalon 유적처럼 원치 않은 아기들을 분명히 몰래 갖다버린 사례에 이르기까지 아주 다양하다.[5]

5. 덴마크 선사시대의 여자, 남자, 어린이

팀 테일러는 그의 도발적인 책 『선사시대의 성』에서 젠더에 따라 엄격하게 구

---

5) Sillar 1994: 56~58; Smith and Kahila 1992. 인신희생에 관한 더 많은 정보는 본서 제1장을 참조.

분된 복식이 사회적 불평등을 확립하는 데 도움을 주었다고 주장하였다(Taylor 1996: 223~226). 젠더별 복식으로 성에 따른 차별을 자연스럽게 만들어버림으로써 사회적 위계의 존재 또한 자연스럽고 의심할 여지가 없는 듯 보이도록 교묘하게 속일 수 있다. 덴마크는 중석기시대에서 철기시대에 이르는 편년이 계기적으로 수립되어 있기에 이 흥미진진한 주장을 검사해 보고 또 그와 더불어 서기전 5600년경부터 서기 400년 사이의 6000년에 걸친 기간 동안 세계의 한 곳에서 젠더 관계가 변화한 양상도 추적해 볼 수 있다. 이는 또한 마이클 만이 (근동에서 서기전 3000년경) 역사가 최초로 기록된 이래 18세기까지 젠더 관계가 가부장제의 형태를 유지하면서 대체로 변화하지 않았다고 한 포괄적 주장(Mann 1986: 31)을 비판적으로 검토할 수 있는 기회도 된다.

젠더를 문화적으로 구축하기 시작한 때는 지금부터 약 20만 년 전 옛 호모 사피엔스로까지 거슬러 올라간다고 추정하기도 하지만 무덤과 미술 표현들이 처음 나타난 10만 년 전 이전에서는 고고학적으로 확인이 안 된다(Whelan 1991b). 유라시아의 중기 및 후기 구석기시대 매장들은 의아스럽게도 그중 높은 비율이 남성으로 비정되었고 그래서 휄란은 이를 근거로 삼아 예컨대 해롤드의 추론처럼 후기 구석기시대의 "남성과 여성은 부장품의 분포나 어떤 범주의 특성에서도 크게 다르지 않다"고 한 이전의 결론(Harrold 1980: 202)들을 의문시하면서 당시 여자들은 전반적으로 매장되지 않았을 수 있을 뿐이라고 하였다. 이런 연구 현상으로 보건대 젠더 범주화에 대한 우리의 탐구는 현재로서는 그보다 나중 시기로 한정될 수밖에 없는데 마침 덴마크 중석기시대 말기(서기전 5600~4200년경) 문화와 그 공동묘지들은 그에 대한 연구의 수준을 감안할 때 우리 검토의 이상적 출발점이 된다.

덴마크 선사시대의 젠더에 관해서는 그간 많은 연구가 이루어졌다(Randsborg 1974 · 1984; Levy 1982; Kristiansen 1984; Gibbs 1987; Sørensen 1987 · 1991 · 1992; Ehrenberg 1989: 130~139; Damm 1991a · 1991b; Parker Pearson 1993a; Meiklejohn et al. 1997). 청동기시대에 관한 다수의 문헌에 대해서는 쇠렌센이 여러 가지 접근법과 그 남성 중심적 · 경험적 · 이론적 난점들의 다양한 성격

을 상세하게 비판하면서 광범위하게 재검토한 바 있기 때문에 여기서는 장례 증거를 근거로 해석해 낸 추이를 간단하게 요약하기로 하겠다(Sørensen 1992).

중석기시대

베드베크, 네데르스트Nederst, 스트뢰뷔Strøby, 에게데Egede, 튀브린드 비 Tybrind Vig 같은 중석기시대 말 매장 집단들로부터 나온 증거는 남녀 매장과 특정 유형 부장품들이 젠더에 연관되어 공반됨을 나타낸다(Albrethsen and Petersen 1976; Clark and Neeley 1987; Meiklejohn *et al.* 1997; Thorpe 1996: 76~87). 조사된 묘의 숫자가 적고 묘들이 때로 부장품을 갖지 않기도 하지만 어떤 매장은 망자의 복식이나 시신과 함께 놓인 부수 유물들에서 현저한 젠더 구분을 나타낸다.[6] 예를 들어 여자들의 매장은 치레걸이 이빨 구슬의 군집이 특징인데 발굴자들은 이들을 원래 옷에 기워 매달았던 것으로 해석하였다. 베드베크 유적 단 한 사례에서만 치레걸이 이빨 구슬 한 점이 성인 남성과 함께 발견되었는데 그의 뒤통수 아래 놓여 있었다. 남성 매장들에서는 흔히 플린트 돌날 하나가 골반 부위에, 돌 및 뿔 도끼머리들이 상체 주변에 놓여 있었다. 어떤 여성 매장들에는 뼈송곳과 횡축 플린트 화살촉 형태의 부수 유물들이 머리맡에 놓여 있었는데 한 사례에서는 골반 위에 뼈 단검이 있었다. 도끼와 남성, 많은 양의 이빨 구슬과 여성이라는 공반관계는 덴마크의 여타 중석기시대 공동묘지들과 남부 스웨덴 스카테홀름Skatteholm의 공동묘지들에서도 보인다.

그럼에도 제3의 젠더가 있었을 수 있다. 베드베크의 한 삼중묘 안에는 한 살 된 아이 시신과 함께 그 오른쪽에 25살에서 30살 된 성이 불분명한 성인이 놓여 있었는데, 그 경추 사이에 뼈 화살촉이 박힌 점으로 보아 아마도 살해된 듯하다(그림 5.2). 유아의 왼쪽에는 35살에서 40살 된 역시 성이 불명확한 한 사람이 놓여 있었는데 그 아래턱 밑에는 작은 플린트 돌날, 동물 및 인간 이빨

---

6) 이는 Orme 1981에서 베드베크의 부장품 분포가 젠더보다 나이를 더 강력하게 나타낸다고 여긴 것과는 반대된다.

치레걸이 일괄, 구멍이 뚫리지 않은 고라니 이빨, 담비 아래턱, 노루 뼈들이 있었다. 이 인물에서는 무언가 이상 상태가 두드러지는데 아마도 제3의 젠더, 의례 전문가 혹은 둘 다임을 나타낼 것이다. 부장품 중 일부는 이보다 정도는 덜하지만 나이에 따른 구분과 연관되었을 수 있는데 성인과 함께 발견된 이빨 구슬 일괄은 양이 더 많고 또 (고라니뿐만 아니라 야생 돼지, 들소, 황소, 엘크사슴도 있는 등) 종의 다양성도 더 크다.

그림 5.2 베드베크의 중석기시대 공동묘지에서 성이 불확실한 두 어른 사이에 어린이가 묻힌 모습. 이빨 구슬 다수와 플린트 돌날 하나가 오른쪽 시신에 공반된 점은 다른 매장들이 나타내는 젠더 범주들 안에 들어가지 않으며 그래서 이 인물이 제3의 젠더에 속하였을 가능성을 암시한다.

신석기시대와 청동기시대 초기

이어지는 시기인 신석기시대 초기(서기전 4200~2800년경)의 봉토분과 돌멘에서는 인골이 보존된 경우가 아주 드물다(Thorpe 1996: 129~134). 부장품이 흔히 잔존하기는 하지만 그래도 젠더 관계에 관해서는 거의 말을 할 수가 없는데 다만 예외로 드라그스홀름 Dragsholm의 한 단일 매장에 20살 된 남자의 유골과 함께 토기 한 점, 호박 구슬, 돌 투부 한 점이 든 사례가 있다. 중기 신석기시대의 긴 돌방무덤도 대체로 똑같은데 다만 몇 사례에서 뼈가 잔존하기도 하였다. 샬롯 담은 비록 이런 유적들에 남자, 여자, 어린이가 존재하기는 하지만 그들의 잔적이 해체된 경우가 흔하여 개체 분간이 안 된다고 주장하였다(Damm 1991a: 132). 다른 말로 하면 신석기시대 중기 망자의 개별 정체성은 전적으로 분해되어 익명의 집합 조상들로 녹아 붙어버렸다는 것이다(그림 5.3). 물론 우리는 그들의 일상생활

중 다른 국면에서 젠더가 어떻게 구축되었는지는 말할 것도 없고 마지막 집단 안치 전의 장송의례 과정에서는 어떠하였는지도 알 수가 없지만 샬롯 담은 집단 거석 무덤들로 명료하게 표방된 이념적 표상들이 영역 기반 혹은 친족 기반 집단들 사이의 차별과 불평등을 뜻한다고 주장하였다(Sjögren 1986도 참조). (네덜란드) 제일란트의 거석 무덤들이 지닌 흥미로운 특성은 다수의 묘실이 짝을 이룬다는 점이다. 묘실 하나는 다른 묘실보다 언제나 작고 만들기도 좀 잘 못 만들었다. 불행하게도 그 어느 것에도 인골이라고는 남아 있지 않아 우리는 이런 짝이 나이, 젠더 혹은 친족관계로 사람들을 구분하는 기능을 하였는지 여부를 알지 못하는 형편이다.

신석기시대 후기 단일장묘 문화(서기전 2800~2400년)와 청동기시대 초기 단검 시기(서기전 2400~1800년)의 봉토분들은 당시 동부 유럽에서와 똑같이 엄격한 젠더 분류 그림을 우리에게 선사한다(Shennan 1975; Shennan 1993; Rega 1997 참조; O'Shea 1996)(그림 5.4). 일부 여자들의 매장에는 작은 간 돌도끼, 플린트 돌날, 뼈 도구, 도기, 구리 및 호박 장신구들이 공반되었다. 다리를 구부린 유골들은 남쪽을 바라보고 누워 있었는데 남성 대다수는 오른쪽을 아래로 하고 머리는 서쪽을 향해, 여성들은 왼쪽을 아래로 하고 머리는 동쪽을 향해 누웠다. 이런 정형은 성인뿐만 아니라 어린이에게도 적용되지만 15%의 남성들이 여성 젠더와 관계 있는 자세로 묻힌 점에서 성과 젠더가 딱 들어맞지는 않는 증거가 있는 셈이다(Damm 1991a). 물론 이런 발언은 문제성이 없지 않은데 왜냐하면 대부분의 매장이 뼈가 아주 드물게 잔존하는 가운데 시신 얼룩으로만 남아 있어서 인골로 성 구분을 명확히 할 수 없기 때문이다.

청동기시대 중기

청동기시대 중기(서기전 1800~1300년)의 보존된 관 매장들은 그간 젠더와 관련해 상당한 흥미를 끌었는데 그 이유는 일부 매장이 이례적으로 잘 보존되었을 뿐만 아니라 부장된 물품 및 복식 속성들이 남성과 여성에 따라 젠더가 아주 강하게 구분된 듯한 범주화를 나타내었기 때문이었다(Sørensen 1992; 또

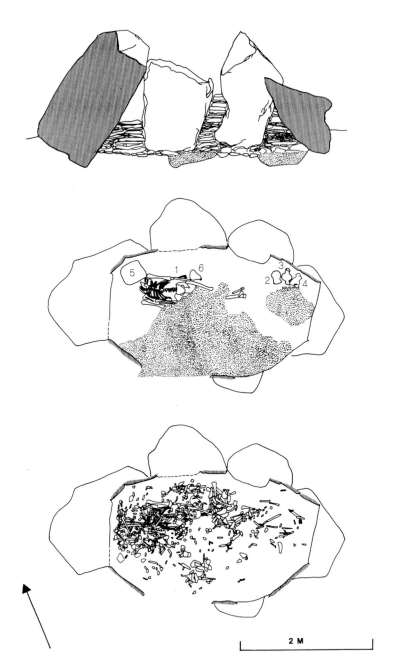

그림 5.3 덴마크 퍼넬 비커Funnel Beaker 시기의 거석 무덤인 '클로케호이Klokkehøj'의 단면도와 평면도. 이에는 애초에(서기전 3300년경) 돌 '베개'(5번)를 가진 20살에서 35살 된 머리 없는 남자의 유골(가운데 그림), 어린이의 두개골(6번), 긴 뼈 조각(1번), 토기 세 점(2~4번)이 들어 있었는데 서기전 2800년경 어린이 9명과 어른 13명의 해체된 뼈들(아래 그림)이 추가되었다.

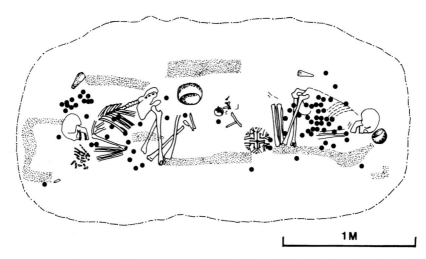

그림 5.4 스웨덴 남부 베딩에Bedinge 유적에서 확인된 단일장묘 문화기의 두 젊은 여성 매장으로 이례적으로 호화로운 일괄 유물들이 공반되었는데 목공용 플린트 도끼 2점, 토기 단지 4점, 플린트 돌날 4점, 구리 귀걸이 1점, 호박 구슬 100점 이상, 뼈 뜨개바늘 3점, 토기 문양 새기개 1점, 양 뼈들이 있었다.

Randsborg and Nybo 1984도 참조). 남자와 여자의 복식은 여러 가지로 달랐는데 특히 머리쓰개와 머리 땋는 방식 그리고 복장 착용에서 그러하였다(Broholm and Hald 1948; Sørensen 1991). 청동기시대 묘에서의 금속 재부(그림 4.3)에 대한 란스보르의 분석 결과는 여자와 남자들이 모두 상당량의 청동 제품 및 금 제품과 더불어 묻혔음(일반적으로 남성의 묘에서 출토된 금속의 평균 무게가 더 나가는데 이는 여성 매장에서는 발견되지 않는 장검들이 부장되었기 때문이다)을 잘 보여주었다.[7] 봉헌 퇴장물에서는 청동기시대 말기로 가면서 여성 젠더와 관련된 청동 복식 물품의 양이 점점 더 많아지는 데 반해 남성 젠더에 관련된 유물들은 그와 반비례하였기에 그간 그 의미에 대해 많은 논란이 있었다(Kristiansen 1984; Gibbs 1987; Sørensen 1992).

---

7) Randsborg 1973 · 1974의 좀더 자세한 논의는 본서 제4장을 참조.

철기시대

청동기시대 말과 철기시대 초기의 장례 전통은 (제3장에서 논의한 토탄 늪 사체들을 제외하고는) 거의 보편적으로 화장이다. 철기시대 초기에 대해서는 금속 복식 장구들의 젠더 연관 관계가 명확하지 않은데 그 이유는 슬프게도 오루프고르 같은 대규모 공동묘지에 대해 인골 분석이 이루어지지 않았기 때문이다. 란스보르는 경작 체계 등장이 특징인 이 농업 경제에서 여자들의 노동력은 중요하였을 것이지만 그들의 권력은 외양간을 가진 긴 집의 형태에서 보이듯 폐쇄적 세대공동체들이 세워짐으로써 제약을 받았을 것이라고 주장하였다. 그 여부는 알 길이 없으며 또 토탄 늪에서 봉헌물로서의 여자용 청동 장신구가 사라지는 점은 젠더 관계에서 일어난 중대 변화보다는 단순히 엘리트 체제의 붕괴나 교환체계의 와해를 뜻할 수도 있다. 철기시대 초기의 매장과 긴 집들에서 얻어낼 수 있는 아주 평등한 사회라는 그림에 배치되는 유일한 증거는 토탄 늪 사체들 중 일부가 육체노동을 하지 않았다는 점이다. 이런 인물들이 토탄 늪 속에서 죽는다는 달갑지 않은 명예를 위해 선택되는 데서는 젠더 구분이란 없었던 듯하다.

대부분의 화장 공동묘지들은 엘리트 농장 및 화장이 등장한 바로 뒤인 서기전 1세기 말 이래로 남성 구역과 여성 구역으로 나뉘거나 전적으로 어느 한쪽 성만을 위한 묘지로 쓰였다. 덴마크 동부의 로마 철기시대 매장들에서는 흔히 인골자료가 유존하지 않지만 스칸디나비아 및 독일 북부의 다른 지역들에서 충분하게 이루어진 인골 연구의 성과에 따르면 물질문화의 젠더 연관 관계는 대체로 각 성에 대응하나 상당 부분은 중첩된다(Sellevold *et al.* 1984; Breitsprecher 1987). 예를 들어 가락바퀴를 가진 매장의 10% 이상이 남성인 반면 무기류 부장 매장 중 거의 15%가 여성이다(Breitsprecher 1987: table 1과 2).

그런데 이런 식의 대체적 그림은 로마 철기시대 안에서 시간의 흐름에 따라 일어난 변화들을 모호하게 만들어버릴 뿐이다. 즉 남성 장구와 여성 장구로 비교적 독립적이었던 범주들이 서기 2세기에 이르면 개개 분묘에서 뒤섞이며, 이런 젠더 표상 잠식 현상은 또한 공동묘지들이 점점 혼성화하는 데서도 일어나고 있었다. 그러다가 서기 200년경에는 세대공동체 조직, 군사 구조, 산업에서 일어난 변화와 궤를 같이 하여 장례습속에서도 커다란 재편이 있었다(Hedeager 1990). 공동묘지들은 젠더에 따라 분리된 공간들로 되돌아갔고 또 여자들의 정교한 복식 및 장신구는 남성들의 의복 양식과는 분명하게 구분되었다. 그러나 서기 400년이 되면 공동묘지에서의 공간 분리는 다시금 와해되고 있었다.

테일러는 복식에서의 젠더 구분이 신석기시대 말과 청동기시대 초에 다른 형태의 지위 분화가 출현하면서 비로소 분명해졌다는 주장(Taylor 1996)을 하였지만 이는 이제 견지될 수 없다. 증거에 따르면 중석기시대의 젠더 구분은 아마도 나이에 따른 구분보다 더 강하였을 것이다. 또 안정된 젠더 관계가 계속 유지되었다는 만의 주장도 이와 비슷하게 근거가 없다. 덴마크의 선사문화 계기순서들은 우리에게 남자와 여자 사이의 관계가 어떻게 동태적으로 변화하였는가와 젠더가 시간의 흐름에 따라 어떻게 구축되어 와해되고 재형성되었는지를 놀랍도록 생생하게 보여준다. 이런 변화들은 중대한 경제적·문화적·정치적 변환들과 때를 같이함으로써 젠더의 정치가 다른 사회적 과정 및 실천들과 분리될 수 없음을 가리킨다.

6. 의복, 젠더, 친족관계

제4장에서 논의한 대로 브란치 유적의 청동기시대 초기(서기전 2400~1700년) 공동묘지에 대한 수 쉐넌의 분석은 사회조직에 관해 대립되는 두 가지 가설로 결론을 대신하였다(Shennan 1975: 286). 그녀는 만약 어떤 여자들이 지닌 높은 지위가 귀속적(세습)이라면 그들은 소년들보다 유아기를 넘겨 살아남을 가능성이 더 크기에 혈통이 여성 쪽을 따라 따져졌을 가능성이 제기되고 그래서 여자 어린이들이 집단의 영속성 유지에 결정적으로 중요하였을 가능성 또한 제기된다고 주장하였다. 이 공동묘지가 대변하는 공동체의 크기가 (어느 한 시점에서 약 40명일 정도로) 작다는 점을 감안하면 남자들은 외부로부터 혼

인 상대자로 들어왔을 수 있다. 또 쉐넌은 이 가설의 대안으로, 여자들이 부를 획득한 것(기본적으로 혼인 때 받은 것)으로 해석하면 다른 그림이 그려진다는 주장을 하였다. 많은 수의 '부유한' 여자들과 대조적으로 아주 적은 수의 '부유한' 남자들은 일부다처제의 남편으로 설명될 수 있고 그래서 여자들의 부는 신부값에서 유래된 것이 아니면 그 남편들이 부인들을 자신의 부를 과시하는 장치로 이용한 사실을 나타낸다는 것이다. 이런 시나리오에서는 혈통이 부계이고 거주 규정은 부거제였을 것이다. 쉐넌은 이 두 가능성 중에서 어느 쪽인지 정하지 못했다.

그 후 스티븐 쉐넌과 존 오쉬어는 이 지방 청동기시대 초기 공동묘지의 여자들 묘에 (남자들 묘와는 대조적으로) 한층 많은 양의 금속 제품이 든 점에 대해 남성의 부와 위세를 가리킨다고 해석하였으니 그로써 쉐넌의 두 번째 대안을 지지한 셈이다(Shennan 1993; O'Shea 1996). 레가는 이들의 남성 중심적 입장을 공격하면서 "여성 묘에서의 금속 재부는 정말로 남성의 덕임을 나타낼 수도 있지만 매장 관련 자료만으로는 상징적이든 실제적이든 '소유권'을 판정할 수 없다"고 하였다(Rega 1997: 241).

모크린 유적: 지위와 젠더

젠더 및 친족관계 연구는 지위 연구와 밀접하게 연계되어 있기 때문에 이 모두를 함께 이해할 필요가 있다. 오쉬어는 귀속 지위와 획득 지위 이외에 '연관' 지위라는 개념을 개진하였는데 이는 어떤 인물이 다른 인물 혹은 집단과의 관계(친족관계, 혼인 혹은 입양)로 어떤 사회적 지위를 취득하는 경우를 말한다(O'Shea 1996: 20). 오쉬어는 모크린의 청동기시대 초기 공동묘지에서 관식을 착용한 어떤 여자들의 매장을 예로 들었는데[8] 그는 이 머리 장식이 통상 성인으로 성숙한 여자들과 함께 발견되는 반면 늙은 여자들에서는 아주 드문 점을 근거로 여자들이 노년으로 가면서 관식 착용을 그만 두었다고 주장하였

---

8) 모크린 유적에 대한 원 자료는 Girič 1971 and Tasič 1972.

다. 그리고 그는 이로부터 그것들이 연관적 성격을 지녔을 것이며 또 이는 직위를 가진 남성들과 혈족관계나 인척관계임을 반영하는 것일 수 있다고 주장하였다(O'Shea 1996: 264~266). 이리하여 그는 관식을 착용한 일부 여자들의 그런 권리는 특정 남자들과의 관계에서 유래하였다고 인식한 것이다.

이와 동시에 오쉬어는 나이든 사람에게 복식 장구 및 부장품이 전반적으로 빈약한 점은 그 사회가 부와 소유물을 남에게 줌으로써 지위를 축적하는 사회였음을 나타낸다고 주장하였다. 즉 그런 품목들이 나이든 사람에게 없는 점은 역으로 그들의 지위를 나타낸다는 것이다(O'Shea 1996: 281, 288). 또 이런 상황은 애도자들이 때 이르게 죽은 사람과 늙어 죽은 사람에 대한 반응을 달리하였던 점이 더해져 한층 복잡하였을 것이다. 오래도록 사는 경우 개인 소유물은 재활용되고 다른 이들에게 넘겨지든지 다른 방식으로 처분되지만 삶이 짧게 끝난 경우는 그런 물품들이 부장품 이외로 쓰기에 부적합하다고 생각되었을 것이다. 어떤 경우든 우리는 여자들의 머리 장식이 연관 지위의 표지라는 오쉬어의 해석을 반드시 받아들일 필요는 없다.

이런 해석상의 문제들은 제쳐두더라도 망자의 복식과 그 망자의 매장 방식은 나이 및 여타 사회적 요인과는 무관하게 남성과 여성을 나타내면서 뚜렷하게 둘로 나뉘는 양상을 드러낸다. 레가는 모크린 유적의 성인 중 94%가 각자의 성에 대응하는 형태로 매장되었으며 어린이들도 똑같았을 가능성이 아주 크다는 사실을 발견하였다. 모두 동쪽을 바라보았지만 여성들은 몸 오른쪽을 아래로 해서 머리를 남쪽 혹은 남동쪽으로 놓았고 남성들은 몸 왼쪽을 아래로 해서 머리를 북쪽 혹은 동북쪽으로 놓았다(그림 5.5). 레가는 상궤를 벗어난 6%가 표준 성 판별 기법에서의 부정확성에 기인한다고 생각하였는데 그런 결과는 성 판정 오차의 기대 범위 안에 들어가기 때문이라는 것이었다(Rega 1997: 232). 복식과 부장품은 나이 및 여타 요인과 어느 정도 관계가 있기는 하지만 토기가 아닌 유물의 형식 19개 중 10개가 전적으로 혹은 압도적으로 남성(세 형식) 아니면 여성(일곱 형식)에 연관되었다(Rega 1997: 233~235). 남성과 여성은 차이와 보완성이 뚜렷한 가운데 분리는 되었으나 동등한 삶을 영위

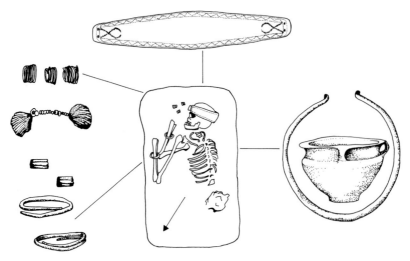

그림 5.5 구 유고슬라비아 모크린의 청동기시대 초기 공동묘지에서는 남성의 매장과 여성의 매장을 꾸미고 배치하는 표상 방식에서 젠더가 중심 구조화 요소였음을 보여준다. 이 성인 여성의 시신은 얼굴을 동쪽으로 향하되 머리는 남쪽에 두었으며 금박 대관을 쓰고 금 머리묶개, 팔찌, 구리 목걸이를 착용하고 있다.

한 것으로 나타났다.

모크린에서 가장 흥미로운 매장은 대개 성인 여성과 연관된 복식(한 쌍의 핀, 목걸이 한 개, 네 점의 팔찌, 두 점의 금 머리묶개)을 갖추고 매장된 나이든 한 남성(키가 크고 건장함)의 매장이다(O'Shea 1996: 294). 이 인물의 모호한 지위는 두 가지 양상 때문에 더욱 부각이 되었다. 첫째, 나이든 사람들의 묘는 대부분 빈약한데 이 묘는 그와 아주 대조적으로 그 지방 전역에서 가장 훌륭한 갖춤을 가진 묘들 중 하나라는 사실이다. 또 그 모호성은 이 매장의 위치가 모크린 공동묘지를 네 집단으로 세분하는 뚜렷한 군집들 사이의 중앙 중첩부 안에 있다는 점에서도 표현된다. 그래서 이 매장은 젠더가 청동기시대 초기의 사회관계를 구조화하는 데서 근본적으로 중대하였음을 말하는 구체적 사례가 된다. 그런 사회에서 이런 종류의 모호성은 아마 강력하고도 위험하다고 여겨졌거나 아니면 그 둘 중 어느 한쪽으로 여겨졌을 것이다. 우리는 이 인물을 한 사람의 이례적 기인으로 볼 것이 아니라 그/그녀의 매장이 공동묘지 전체에서 가장 중요하였다고 여길 수도 있을 것이다.

7. 친족관계와 신고고학

신고고학의 접근법을 고고학 자료에 제일 먼저 적용한 사례들 중 하나는 빈포 드가 일리노이 주 우드랜드 기 말-미시시피기 매장 유적인 갤리 폰드 마운드 Galley Pond Mound의 장례 유구들에 대해 분석한 것이었다(Binford 1972, 최초 보고는 1964년). 그의 접근법은 우선 그 전제로 일련의 내장된 가정들 혹은 추론 들을 받아들여야 한다. 이는 독창적 사고의 작품으로, 우리가 고고학적 기록 을 통해 과거 사회의 모든 측면들에 다가갈 수 있고 또 그것은 적절한 가설들 을 짜냄으로써 이루어낼 수 있다는 빈포드의 초기 낙관론을 명확하게 보여주 는 예이다. 하지만 이 사례에서 빈포드의 논리는 아주 우회적이라 따라가기가 쉽지 않으며 그의 추론은 극도로 사변적이다.

갤리 폰드의 장례 구조물(그림 5.6) 안 바닥에는 뼈 다발들(해체된 뼈들, 특히 두개골과 긴 뼈들의 집합체)이 있었다. 빈포드는 이 뼈 집합체들을 다음 과 같은 여러 범주로 나누었다.

> A. 두개골 하나와 긴 뼈들로 이루어진 온전한 개체들이며 신전장으로 재 배치한 다발들. 이것들은 두개골과 신체를 차별하지 않고 똑같이 제대 로 취급한 특징을 공유한다.
>
> B. 두개골과 재배치된 다리들이 서로 다른 쪽을 향한 매장들.[9] 이것들 역 시 온전한 개체들이지만 매장에서 두개골과 다리뼈들을 차별하였다.
>
> C. 온전하지 못한 개체들—두개골들만이나 긴 뼈들만으로 된 다발들.

그는 범주 A에 속하는 뼈 군집 10개 중 8개가 모든 개개 두개골들(범주 C 일 부 포함)처럼 북-남향임을 발견하였다. 반면 모든 긴 뼈 다발들(범주 C 일부 포함)은 이와 대조적으로 동-서향으로 배열되었다. 그의 첫 번째 추론은 다 발·두개골·뼈들의 동-서, 북-남 주축은 이원적 사회 분화에 연관되어 있다

---

9) 빈포드는 이 범주를 '집합grouped' 매장이라 불렀으나(1972: 409) 그 말이 무슨 뜻인지는 분명하 지 않다.

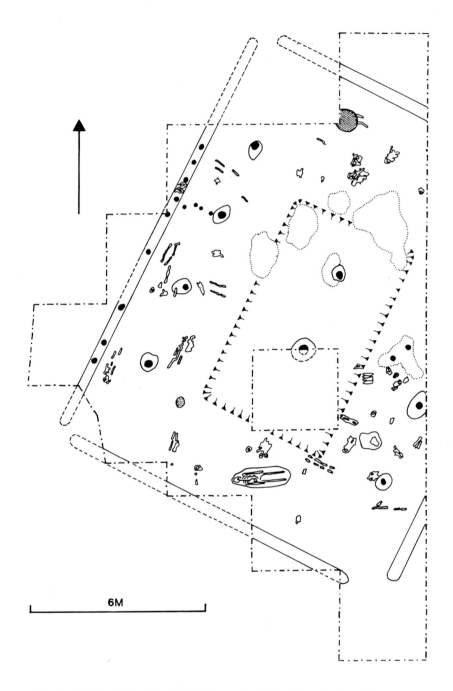

6M

그림 5.6 갤리 폰드 마운드에서는 장방형 매장 구조물 바깥에 도랑을 둘렀으며 3열의 기둥구멍들이 있고 가운데에 한 단 낮은 구역이 있었다. 뼈 다발들은 그 안의 여러 곳에 흩어져 있었다.

는 것이었다. 빈포드의 두 번째 추론은 북-남 주축은 지역 공동체를 상징하며, 그래서 동-서 주축은 다른 공동체나 그것의 소수파가 사용한 상징임에 틀림없다는 것이었다. 그는 이런 추론을 뒷받침하는 근거로 장례 구조물, 가옥 구조, (인근 유적에서 정성스럽게 취급한 매장들로 볼 때) 모든 '고위' 매장들은 북-남으로 배열되었다는 점을 지적하였다.

빈포드는 두개골들에는 홈집이 없었지만 긴 뼈들에는 있다는 사실을 근거로 삼아 두 범주의 뼈(두개골과 긴 뼈)들이 묻히기 전에 겪은 과정이 달랐다고 가정하였고, 그래서 둘로 구분된 관리자들 혹은 관리자 집단들이 있었을 것으로 보았다. 추론 3은 주축은 각 관리자, 즉 봉분 안에 묻혀 있었기에 이미 해체된 뼈들을 운반해 오는 책임을 맡은 사람의 반족半族 moiety 귀속에 의해 결정되었다는 것이다. 추론 4는 유골들을 장례 구조물 속에 매장한 일은 오직 지역 공동체들만이 맡았다는 것이다. 만약 지역민이 아닌 관리자가 두개골이나 긴 뼈들을 계속 지니고 있었다면 그 요소들은 장례 구조물 속에 놓이지 않았을 것이다. 다음과 같은 네 가지 뼈 군집 조합이 인지되는데,

1. 두개골과 뼈들로 이루어진 하나의 온전한 골격(두 관리자 모두 지역 거주민).
2. 두개골 하나만이거나 뼈들만(다른 부위는 지역거주민이 아닌 관리자들이 지님).
3. 서로 다른 시신들로부터 나온 두개골과 뼈들이지만 동일 주축 방향으로 놓임(거주민 관리자들이 동일 반족의 양쪽 성원들임).
4. 뼈들과 두개골이 서로 다른 방향(거주민 관리자들이 대립되는 반족의 성원들임).

빈포드는 여성으로 식별된 모든 유체들은 온전한 골격들(뼈 군집 조합 1)을 나타내기 때문에 거주 규정과 혈통이 모거제에 모계라는 추론(5)를 하였다. 빈포드는 이처럼 독창적이면서도 우회적인 논리 전개를 거쳐 이 우드랜드 기말기 공동체의 친족관계가 지닌 주요 측면들을 복원하고자 노력하였는데 그는 일련의 추론을 근거로 이 공동체가 모계이자 모거 반족들의 이원조직二元

組織 dual organization이었다고 주장하였다.

　빈포드가 연구의 각 단계에서 보인 놀랍도록 아슬아슬하고 확신에 찬 비약은 일부 탈과정주의고고학 사례 연구의 경우보다 심하지는 않으며, 그처럼 높이 날아오른 낙관론은 새로운 고고학 패러다임의 범위 안에서 이루어진 제일 초기의 사례 연구 다수가 지닌 한 가지 특징이라고도 할 것이다. 또 빈포드의 연구는 밝히지 않은 민족지 자료와의 유사성에 근거하였다고 볼 수 있다. 그런 정교한 복원은 알렌과 리처드슨이 지적하였듯이 민족지 자료, 이 경우 역사시대 북미 남동부 인디언의 장례습속과 친족 정형에 관한 것으로 추정되는 자료에 의지하지 않고서는 이루어내기가 어렵다(Allen and Richardson 1971: 42). 만약 우리가 갤리 폰드 마운드 자료를 가지고 다시 시작한다면 그런 민족지 사례의 적합성과 적용 가능성을 좀더 명시적으로 추구할 것이다. 또 북-남 주축 상징은 갤리 폰드 공동체만의 특징이 아니라 그 지방 안에 있었던 많은 우드랜드 기 말기 공동체의 특징이기도 할 가능성이 아주 다분하며, 그래서 우리는 서로 다른 주축 방향들의 의미를 재고할 필요가 있다. 요컨대 오늘날에 와서도 빈포드의 결론들을 지지할 수 있을지는 의문스럽다.

　1971년 삭스는 이집트 와디 할파Wadi Halfa의 중석기시대 매장들에 대한 자신의 분석 결과를 발표하였다. 삭스는 부장품 투입과 묘 축조에서 커다란 차이가 없기 때문에 이 사회는 평등한 사회였다고 추론하였다. 그가 사회적 차별의 존재 가능성에 관해 가진 가장 좋은 증거는 시신의 다리를 구부린 정도, 바꾸어 말하면 척추와 대퇴골 사이의 각도에서 보이는 변이들이었다. 시신은 대부분 왼쪽을 아래로 하여 놓였으며 손은 가슴이나 얼굴 부위에 있었고 무릎을 바짝 구부려 붙임으로써 척추와의 각도가 때로는 45도 이하가 되기도 하였다. 삭스는 여성들이 남성들보다 다음과 같이 다양하게 처리되었음을 지적하였다.

　a) 오른쪽을 아래로 한 단 한 기의 매장

　b) 북쪽을 바라보며 몸을 바로 펴고 누운 단 한 기의 매장

　c) 남성들보다 크게 다양한 손의 위치

d) 남성이 다리를 구부린 각도가 45도 이하인 데 반해 45도에서 180도 사이(평균 80도)로 넓다.

삭스는 이런 변이들이 매장 전 의례 및 매장의례의 차이에 기인한다고 생각하였다. 그는 혼인 후 거주 규정이 부거제이고 그 여자들이 외부에서 들어온 아내들이었다고 가정하였다. 남성 시신들은 동일한 전통적 방법을 고집한 지역 주민들에 의해 균일하게 처리된 반면 여자들은 각자 이 지역이 아닌 자기 출신 지역 친족에 의해 서로 다르고 다양한 안치 및 매장 전통에 따라 묻혔다(Saxe 1971).

이 사례 또한 다시금 다수의 미심쩍은 가정들을 하였지만 그 정도는 빈포드의 연구만큼은 아니었다. 우리가 이상의 논의와 달리 남자들이 남성들을, 여자들이 여성들을 각각의 매장 문화 전통에 따라 묻은 때문에 그런 차이들이 생겨났으리라 추측해 보는 것도 똑같이 가능하다. 추측을 이보다 덜 해 이런 차이들이 시신들의 젠더를 범주화하고 그 정보를 상호 전달한 수단이었다고 설명한다면 가장 간단할 것이다. 선사시대의 친족 정형을 복원하려 한 신고고학의 다른 접근법은 나투프Natuf 사회에 대한 연구들[10]과 캘리포니아의 토착 인디언 사회에 대한 연구들에서 찾아볼 수 있다(King 197).

친족관계의 고고학적 복원에 관련된 문제점들

사회인류학자 알렌과 리처드슨은 특정 사회의 거주 규정과 혈통이 부거제나 모거제 같은 단 한 가지 형태로 전적으로(심지어는 지배적으로도) 분명하게 정형화되지 않는 경우가 흔하다는 점을 지적하면서 친족 분류 및 그 실제에 대한 고고학자들의 낡아빠진 개념 규정들을 비판한 바 있다(Allen and Richardson 1971). 친족 규칙과 그 실제는 구분을 해야 하며 거주 유형과 혈통 유형 사이에는 어떤 상관관계도 있을 이유가 없다(즉 모거제가 모계제를 전

---

10) Wright 1978, 나중에 Crabtree 1991과 Byrd and Monahan 1995에 의해 반박 당함. 또 Hayden 1990도 참조.

제로 하지는 않는다). 그렇지만 이런 비판들은 대체로 도기의 문양 변이로부터 친족관계를 외삽하려고 한 비非장례 관련 연구들을 겨냥한 것이다.

페이더는 이 알렌과 리처드슨의 비판점들을 강조하면서 장례 처리 과정을 근거로 내부 출신자와 외부 출신자를 분간할 수 있다고 제안하는 소위 '순수성 주장'을 특히 비판하였다(Pader 1982: 64). 그녀의 다른 주된 비판점은 공동체 크기와 족외혼 필요성에 관한 쉐넌의 관념들에 대해 적용할 수 있는데, 한 공동묘지 내 주민들이 아주 다양한 여러 취락 출신일 가능성이 아주 농후한 점을 고려치 않았다는 비판이다. 즉 망자의 공동체는 산 자의 공동체와는 아주 다를 가능성이 다분하다는 것이다.

장례 관련 잔적을 이용하여 친족관계를 추론하고 또 사회 및 문화인류학자들이 연구하는 사회조직의 다른 측면들을 추론하려는 시도들은 이미 본 바와 같이 그간 대체로 성공을 거두지 못하였다. 혈통, 거주 규정, 가모장제 같은 관념들은 우리의 탐구로 포착하기가 쉽지 않을 뿐만 아니라 어떻든 고고학자들이 그간 받아들이려고 준비하였던 것보다 훨씬 더 복잡하고 문제성이 많은 실체들임이 노정되었다. 그렇지만 사회조직의 그런 요소들을 거칠게나마 이해할 수 있는 두 가지 분야가 있다. 첫째는 매장들 사이의 층서 덕분에 젠더와 친족관계에 관해 일정한 결론들을 이끌어낼 수 있는 경우이다. 둘째는 인간 관련 생물학적 자료들을 장례 고고학의 정황 및 공반관계 분석과 결합해 쓸 수 있는 경우이다.

8. 층서에 의한 계기순서와 친족관계

층서학은 서로 덧쌓인 퇴적층들의 계기순서를 대개 수직적으로 연구하는 것을 말한다. 교란되지 않은 계기순서에서는 언제나 아래쪽 층이 위쪽 층보다 먼저 쌓인 것이다. 그런 상황에서는 고고학자가 상대 순서를 수립할 수 있을 뿐만 아니라 폐기의 계기순서도 수립할 수 있다. 우리는 매장물들인 경우 그런 계기순서를 연구함으로써 도출되는 망자 안치의 수직적(통시간적) 순서를 근거로 사회적으로 무엇이 앞서고, 무엇이 그에 이어지는지 추론할 수 있다.

노르웨이 서부의 바이킹시대(서기 10~12세기) 대형 봉토분에는 많은 수의 시신이 들어 있다. 돔마스네스는 상대적으로 큰 봉토분 안에서 남자 묘보다 여자 묘가 많이 발견되기는 해도 그것들은 한 예를 제외하고는 모두 배장임을 밝혀낸 바 있다. 모든 규모의 봉토분을 대상으로 보면 배장은 여자의 사례가 남자의 사례보다 두 배로 많다. 돔마스네스는 여자들의 주된 묘가 상대적으로 적은 이유는 그들이 가족 내에서 차지한 사회적 지위에 기인한다고 결론지었다. 흔히 농가 가까이 지어진 봉토분들은 각 농장 '창건자'의 묘 위에 축조된 가족 무덤으로 해석된다(Dommasnes 1991: 70).

이와 비슷한 조합의 층서 정형은 잉글랜드 남부 웨섹스의 비커Beaker기 동안 축조된 청동기시대 원분들에서 발견된다. 여기서 사회 구조에 관한 추론은 부장품과 봉토분 내 인간 잔적의 상대 배치로부터 이끌어낼 수 있다. 부장품들 중 일부는 젠더에 따라 나눌 수 있으며, 그래서 남자들과 여자들 사이의 일정한 노동 분화가 그들의 사후에 상징화되었음을 시사한다. 남성 묘에는 화살촉, 단검, 손목 보호대, 허리띠 고리, 호박 단추, 돌도끼, 발화도구가 든 반면 여성 묘에는 혈암 구슬 및 흑옥 구슬과 대다수의 송곳 및 뿔 찍개들이 공반된다. 어떤 품목들(플린트 돌날, 귀걸이, 자갈돌 망치)은 남녀가 똑같이 공유한다(Darvill 1987: 91). 단검, 장신구, 작은 도구들은 통례적으로 묘 안에 놓인 반면 그 밖의 품목은 대개 다른 곳에 놓였다. 금속 도끼, 창끝, 꺾창은 거의 예외 없이 늪 정황에서 퇴장물 혹은 단독 발견물로서 출토된다. 이것들은 그간의 증거로 보건대 바위투성이에다 위압적 높이의 지점이라서 특별한 장소로 추정되는 곳에 흔히 있다. 그런 퇴적물들은 봉헌물이 분명한 듯한데 때로는 깨어져 있으며, 묻힌 인물에 수반되기는 해도 어떤 알 수 없는 이유로 그에 어울리지는 않는다(Needham 1988).

청동기시대의 젠더와 나이 구분에 대한 더 깊은 지견은 봉토분 안의 주된 매장과 배장 사이의 관계로부터 얻을 수 있다(그림 5.7). 성인 남성이 먼저 묻힌 경우에는 나중의 배장들이 다른 성인이거나 어린이의 매장일 수 있지만 성

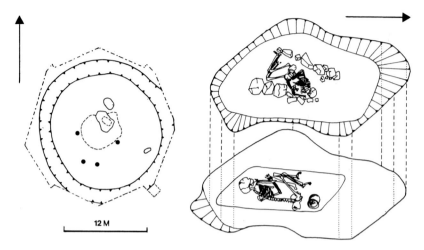

그림 5.7 왼쪽 그림은 영국 윌트셔 셔루튼의 청동기시대 초기 원분 안 복수 매장의 평면도로서 화장묘(가운데 점선), 주변 매장 두 기, 중심 매장 구덩이 하나를 보여주고 있다. 오른쪽 그림은 중심 매장 구덩이의 주 피장자 1차장(매장 1) 바로 위에 추가장(매장 2)을 실시하였음을 나타내는 그림이다.

인 여성이 먼저 묻힌 경우에는 나중에 성인 남성의 매장이 뒤따르는 경우가 극히 드물다(Mizoguchi 1992). 이런 정형은 웨섹스 셔루튼Shrewton 같은 선형 봉토분 공동묘지에서 발굴된 봉토분들이나 잉글랜드 동부 어슬링보로-웨스트 코튼처럼 좀더 분산된 집단들에서 찾아볼 수 있다(Green and Rollo-Smith 1984; Davis and Payne 1993; Parker Pearson 1993b: 78~81).

　　이처럼 성인 여자가 주된 매장이면 어린이, 다른 여자 혹은 청소년들만 뒤이어 매장되는 반면 성인 남자가 주된 매장이면 그 뒤를 이어 어떤 사람이든 매장되는 정형은 마다가스카르 남부 탄드로이 족 무덤들에서 보이는 매장 순서와 아주 엇비슷하다.[11] 이 강력한 가부장제 사회에서 여자의 시신은 흔히 자기 아버지의 공동체로 되돌려져 매장이 된다. 결혼한 성인 여자가 남편보다 먼저 죽으면, 그녀를 단일장묘에 묻고서 담을 두른 석총으로 덮는다. 만약 남

---

11) Heurtebize 1986b: 139~166; Parker Pearson 1999a: 14. 상세한 사례 연구는 본서 제2장을 참조.

편보다 나중에 죽으면 남편 무덤 안에 추가장되거나 그녀 아버지의 무덤 안에 추가장된다. 남자는 만약 결혼을 해서 가정을 꾸몄으면 대개 자신의 무덤을 가지며 그렇지 않은 경우는 그 아버지의 무덤 안에 추가장된다. 남자나 여자의 주된 묘를 덮은 봉분 안에 집어넣은 다른 추가 매장은 그 부양가족, 즉 젊은 남녀, 어린이, 청소년의 시신들이다(다만 여섯 살 이하 아이는 어린이 공동묘지에 별도로 묻힌다).

이처럼 두 매장의 계기순서가 아주 비슷한 점은 공통적으로 남성 계선을 강조한 사실을 아주 강력히 시사하며, 우리는 이를 부계 혈통을 상징한다고 해석할 수 있을 것이다. 탄드로이의 경우 무덤들은 그 주인공의 마을로부터 여러 마일 떨어질 수 있으며 동일 무덤에 묻힌 이들은 혈족이거나 혼인에 의한 친족이지만 그들이 동일 공동체 안에서 같이 지낸 시간은 비교적 많지 않을 수 있다. 그럼에도 이 무덤들은 경관에다 부계 가문을 고착시킨다. 두 경우 모두 주 매장과 추가장 사이의 관계는 친족과 가족이 어떻게 조직되어야 하는지를 이상적으로 표상하며 그로써 나날의 삶을 어떻게 꾸려나가야 하는지를 의례 차원에서 고착화한다. 그래서 우리는 웨섹스 지방의 청동기시대 장송의례들이 부계 계승의 관념을 구현하고 대변한다고 추론할 수 있다.

집단묘와 층서

북서 유럽의 청동기시대 초기 매장과 친족관계를 보충하는 흥미진진한 이야기는 네덜란드 바선나르Wassenaar의 한 해안 유적에서 이끌어낼 수 있다(Louwe Kooijmans 1993). 여기서는 서기전 1700년경으로 연대가 측정된 한 집단묘 안에 12개체의 인골이 들어 있었다(그림 5.8). 바선나르의 시신들은 독일 탈하임Talheim에서 발견된 신석기시대 초기 집단묘의 인골들이 마구 뒤섞인 것[12]과는 달리 대향하는 두 줄을 이루되 그 머리를 한 줄은 동쪽으로, 다른 한

---

12) Wahl and König 1987; Whittle 1996: 170~171; Taylor 1996: 168~170. 탈하임 묘에는 시신들이 뒤섞여 들어 있었는데 어린이 7명, 청소년 9명, 성인 남녀 각 10명 및 6명으로 식별되었다.

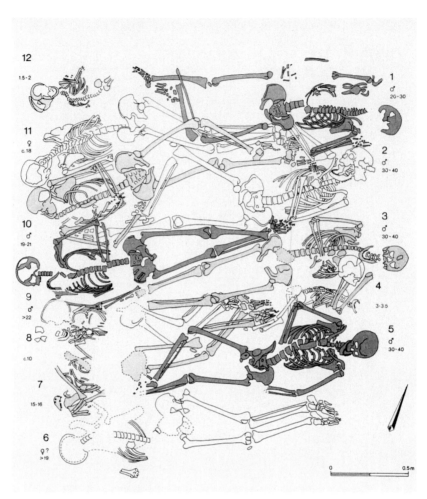

그림 5.8 네덜란드 바선나르의 청동기시대 초기 집단묘. 인골 10번(젊은 남자)은 갈비뼈 사이에 플린트 화살촉이 하나 박힌 반면 다른 세 남자의 유골들은 가격을 당한 증거를 나타내었다. 어린이 4번의 두개골은 분명히 매장할 때 몸통으로부터 떨어져 있었다.

줄은 서쪽으로 하고 다리를 서로 겹치면서 가지런히 안치되어 있었다. 발굴자들은 사지 배열로 보건대 그 시신들이 북쪽 끝부터 남쪽을 향해 차례로 안치되었음을 단정할 수 있었다(그림 5.9). 시신 배열은 대칭 구조를 나타냈는데 성인 남성들이 가운데에 놓인 반면 두 여자(한 구는 확실, 다른 한 구는 가능)와 아주 어린 어린이 하나는 가장자리에 놓였다. 그 외에 두 여자가 엎드려 놓였으며 12살 이하 어린이들이 그 옆에 놓였다. 나머지는 위를 바로 보고 놓였다.

그림 5.9 발굴 중인 바선나르의 인골들을 북쪽에서 바라본 모습.

이 기묘한 그림은 청동기시대의 젠더 분류와 아마도 친족관계 분류 또한 들여다볼 수 있는 놀라운 지견을 선사하는데 그 관계를 수평으로 구성하기는 하였어도 영국 원분에서 보이는 수직 분화와 닮지 않았다고 할 수 없다.

9. 장송의례 접근법과 생물학적 접근법의 통합

고고학자들이 친족관계를 연구하는 데 쓸 수 있는 주요 생물학적 기법은 세 가지가 있다.

첫째는 뼈 및 이빨의 형태와 모양을 계측 요소(계측 특질)나 소소한 이상 현상(비계측 특질)으로 분석하는 방법이다. 인골에 대해서는 (계측된 분산값에 배치되는) 400가지가 넘는 비계측 이형들이 보고되어 있다. 그것들은 질병 때문에 생기는 것이 아니라 성장기 동안 작용하는 요인들 및 영양의 영향을 받아 생긴다고 추정된다. 대부분의 비계측 특질들은 그 원인을 알지 못하지만 일부, 특히 두개골 특질은 다양한 정도 차를 지니면서 유전된다고 알려져 있다.[13]

---

13) 예를 들어 Mays 1998에서는 앞머리 봉합선, 산 모양 소골小骨, 삽 모양 송곳니, 구개 융기, 두정골 천공을 열거하고 있다.

비계측 특질들은 그간 공동묘지 인구 집단 안에서 잠정적으로 식별해 낸 하위 집단들이나 공간 군집들이 친족 집단 구분과 상응하는지 검정하기 위한 유전 관계 가능성 연구에 이용되었다.[14] 어떤 후성적 특질들은 때로 다면발현 현상(동일 유전자들이 표현형의 여러 다른 측면에 대해 암호를 지정하는 현상)이라는 메커니즘으로 신체 속성들과 연관되기도 한다. 많은 비계측 특질들이 반드시 유전의 결과라는 확실한 증거는 거의 없다. 친족관계를 고고학적으로 연구하는 데서 또 한 가지 문제되는 사항은 어떤 특질들이 수백, 수천 명의 사람들로 이루어진 집단들 안에 아주 넓게 퍼져 있기에 특정 혈통으로만 국한되는 경우가 아주 드물다는 데 학자들의 의견이 합치를 보고 있다는 점이다.

둘째인 옛 인간 잔적으로부터 혈액형을 식별하는 연구—고혈청학—는 뼈속 혈액 세포와 보존된 연조직 내 잔존 혈액 세포들을 대상으로 할 수 있지만 잔존 뼈만으로 어떤 개체의 혈액형을 판정하기는 어려운데 비특정 흡수, 오염, 기술 오차 가능성 등의 문제가 있기 때문이다(Hunter et al. 1996: 128). 투탕카멘과 스멘카레로 식별된 미라의 혈액형에 대한 한 연구는 그 사이의 친족관계를 기왕에 추정되었던 대로 확인해 주었다(Connolly 1969).

셋째인 DNA(디옥시리보핵산)는 유전된 유전자 정보를 담고 대부분 염색체 안에 위치한 분자이다. 사람은 5만 개의 유전자가 든 23쌍의 염색체를 갖고 있다. DNA는 또한 핵 바깥의 미토콘드리아에도 들어 있는데 미토콘드리아 DNA는 어머니로부터만 유전되는 반면 염색체 DNA는 부모 양쪽으로부터 똑같이 유전된다. 미토콘드리아 DNA가 옛 인간 잔적을 연구하는 데 좀더 유용한데 그 이유는 작고 특성이 명확한 분자이고 또 일회 복제 염색체 DNA보다 PCR 기법(복제 연쇄반응)으로 훨씬 쉽게 증폭할 수 있으며 아주 다양해

---

14) Mays 1998: 112~114; Stead 1991에 있는 셰일라 스테드의 동 요크셔 철기시대 공동묘지들에서의 비계측 특질들에 대한 분석을 참고하기 바란다. 다른 사례들은 Higham and Bannanurag 1990과 Masset 1993에 인용되어 있다.

서 개체들이 밀접하게 연관된 경우가 아니라면 그 사이의 차이를 쉽게 식별할 수 있도록 해 주기 때문이다.[15] 이제 옛 DNA의 잔존 여부는 잔적의 연대와 상관없이 조직 보존의 요인들에 더 좌우된다고 여겨지고 있다(Hagelberg and Clegg 1991). 옛 DNA는 언제나 부분적이고 또 조각이 나 있기는 하지만 냉동되거나 미라가 된 시신인 경우 최상의 결과를 낼 수 있다. 아직 남은 커다란 문제들로는 현대 DNA 오염 문제가 있고, 또 믿을 만한 결과를 얻기 위해서는 적합한 대조 표준이 있어야 하며, (이상적으로는 별개 실험실에서) 실험을 반복할 수 있어야 하고, 통계학적 방법을 써서 계통 발생적으로 입증을 하거나 DNA와는 별개 대조 표준과 비교함으로써 입증을 할 수 있어야 한다는 점 등이 있다(Evison 1997: 65).

선사시대 태국의 모계 친족

모계 계승의 증거는 태국 콕 파놈 디Khok Phanom Di의 청동기시대 유적에서 발견된 바 있다(Higham and Bannanurag 1990). 이곳 매장들은 장례 향연에서 나왔을 재와 음식 쓰레기로 생긴 거대한 인공 언덕 안에 아주 긴밀한 여러 군집들(그림 5.10)을 이루면서 중첩되어 있었으며 공동묘지를 쓰는 동안 서서히 누적되어 아주 뚜렷이 구분되는 수직 계기순서들을 제공하였다. 두개골, 이빨, 사지 뼈에서의 비계측 특질들을 분석해 보니 한 군집 안에 묻힌 사람들이 어떤 비정상을 공유할 가능성이 한층 크다는 사실이 드러났다. 유아 가까이 묻힌 여자의 골반에 난 압박 흔적은 그 여자가 적어도 그 흔적 수만큼의 아이를 분만하였음을 나타낸다고 해석되었다(다만 이런 골반의 이른바 '출산 흔'으로부터 분만 경력 여부를 탐지할 수 있는지에 대해서는 이제 상당한 의문이 있다). 이웃하는 묘들의 토기는 때로 서로 비슷한 문양 양식을 가지기도 하였다. 끝으로 발치 의례로 여겨지는 습속이 매장 군집에 따라 다른 이빨 조합에 대해 시행되었다. 만약 각 군집이 유전적으로 상호 연관된 친족 집단이라면 그 수

---

15) Mays 1998: 197~206에 요약이 잘 되어 있다.

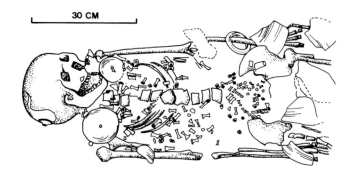

30 CM

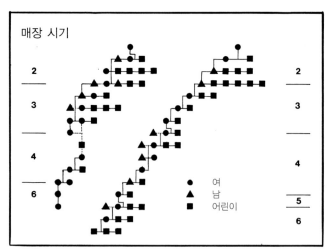

매장 시기

여
남
어린이

그림 5.10 태국 콕 파놈 디 공동묘지에서 드러난 '부유한' 여자의 묘(맨 위). 묘들은 여러 군집을 이루면서 배치되어 있었고(가운데) 각 군집의 친족관계를 가계도로 복원할 수 있었다(아래).

직 계기순서는 5백 년에 걸친 가계의 역사를 우리에게 들려줄 수 있을 것이다.

(20세대 중) 12세대쯤까지는 남자와 여자 사이에 부장품의 차이가 거의 없었으나 그 후 수천 개의 구슬, 아름다운 토기, 대자석, 젖꼭지 장식으로 쓰였을 자줏빛 물질, 토기 제작용 받침모루 및 원통 두들개 등이 든 정교한 여성 묘들이 등장하면서 상황이 바뀌었다. 여기서는 여자와 토기 사이에 분명한 관련이 있었다. 아마도 이런 여자들은 토기 제작 기술 덕분에 명예와 부를 누리다가 죽어 도공으로서 추앙을 받았을 것이다. 찰스 하이엄과 라차니 반나누라그는 이런 인물들이 공동체에서 지닌 가치가 너무나 컸기 때문에 태어난 마을에 계속 머물렀을 것이며, 그래서 모거 거주 규정 속에서 생활하였을 것이라고 생각하였다(다만 결혼을 하면 옮겨 갔다가 죽으면 묻히기 위해 되돌아왔을 수 있음은 당연한 일이다).

그 외에 이런 화려한 갖춤을 가진 여자에게는 정교한 유아 묘가 흔히 딸렸는데 다만 그 뒤를 좀더 빈한한 후손, 아마도 딸 혹은 손녀들이 잇기도 하였다. '부유한' 유아 매장은 세습적 지위를 암시할 수도 있지만 그 직계 후손들의 묘가 평범한 점으로 보아 높은 지위는 업적으로 획득한 것이지 세습된 것은 아니었다. 그래서 우리는 이를 '대인' 사회의 여성 판이라고 묘사할 수 있을 것이다. 이리 보면 '부유한' 유아 매장은 그런 어린이들이 생전에 개인적 지위를 세습하였음을 반영하는 것이 아니라 아마도 그 어머니의 지위와 명예 그리고 그들의 죽음에 대한 어머니의 슬픔을 표현한 것이라고 보아야 할 것이다.

이교도 앵글로색슨시대의 브리튼 인과 게르만 인

영국에서 앵글로색슨시대를 연구하는 고고학자들의 주된 의문 중 한 가지는 토착 로마—브리튼 인과 이 시기(서기 400~600년경) 동안 대륙에서 건너온 게르만계 내도인들 사이의 관계이다. 이 두 주민들은 나란히 살았는가? 만약 그렇다면 그들은 어떻게 통합되었는가? 브리튼 인은 대개 서쪽으로 이주하였는가? 그 다수는 질병으로 일소되었는가? 독일과 덴마크로부터 얼마나 많은 이주민들이 들어왔는가? 최근 하인리히 해르케는 이교도 앵글로색슨 공동묘지

47개소에서 나온 자료로부터 무기류와 함께 묻힌 남자는 그렇지 않은 남자보다 평균적으로 키가 크고 건장하다는 증거를 찾아내었다(Härke 1990). 그는 무장한 이들이 키가 더 크고 건장한 이유는 그들이 더 잘 먹고 보살핌을 받았기 때문이라고 상정하였다. 해르케는 이런 무기류 부장 매장들의 연대를 『앵글로색슨 연대기Anglo-Saxon Chronide』에 실린 무장 충돌 사건들과 관련지음으로써 그런 창, 장검, 방패들이 남자들의 무덤 속에 놓인 시기는 대체로 평화로운 시기였다고 결론지었다. 그것들이 우리에게 알려준 것은 남자들의 지위가 아니라 그들의 남성성 구축이었다는 것이다(Gilchrist 1997: 49).

해르케는 옥스퍼드셔 베린스필드Berinsfield 같은 공동묘지를 살펴보면서 이런 무장한 남자들이 게르만 혈통인 반면 그런 무기들이 없는 이들은 브리튼 혈통이 아닌가 하였다(Boyle et al. 1995). 베린스필드 출토 인골들이 지닌 비계측 특질의 분포를 분석해 보니 무장한 사람들과 무장하지 않은 사람들이 각기 다른 특질들로 이루어진 두 군집을 생성하며 양자 사이에 중첩은 거의 없었다(Härke 1990). 이로써 그 두 집단이 다른 혈통이라는 증거가 제시된 셈이다.

그렇지만 인골 관찰 결과를 토대로 한 이런 해석에는 몇 가지 문제가 있다. 무장한 사람들과 그렇지 않은 사람들 사이의 평균 키 차이는 2cm를 넘지만 이런 차이는 두 집단 각각의 키 변이에 비하면 작다. 심지어 베린스필드의 경우처럼 무기류가 든 매장이 그렇지 않은 매장보다 키 변이가 작은 점으로 보건대 키가 크다는 점은 단지 무기 소유의 중요한 기준이었을 수 있다. 더욱이 비계측 속성의 분포는 남성에 대해서만 적용한 것이며 여성 매장들은 남성들과 다른 연관 관계를 나타낸다. 두 여성은 무기를 가진 남성 및 그렇지 않은 남성 모두와 연관된 특질들을 많이 갖고 있는데 이는 게르만 인과 브리튼 인이 병존하면서 서로 혼인하지 않았다는 해르케의 모델을 곤경으로 몰아넣는다.

이 집단들을 현대 독일 인구 집단 및 영국 인구 집단과 비교하기 위해 DNA 추출 사업이 시도되었다. 그러나 불행하게도 옛 DNA 추출이 극도로 어려워 인골에 남은 옛 DNA 잔적을 찾아내는 데 실패함으로써 그 사업은 폐기되었다.[16]

신석기시대 라 쇼세-티랑쿠르의 비계측 특질들과 친족 집단

신석기시대 장분과 돌방무덤들에는 때로 인골들이 교란되지 않은 상태로 잔존하기도 하는데 다만 이런 잔존 상태는 대부분의 경우 과거에 한 차례 이상 인골 정리정돈을 거친 후 인골 안치의 마지막 단계만을 나타낼 가능성이 크기는 하다. 프랑스 북부 솜므 지방 라 쇼세-티랑쿠르La Chausée-Tirancourt에서 놀라울 정도로 잘 보존된 거석 무덤을 발굴해서 360기가 넘는 매장을 발견하였는데 이는 서기전 2800년경 거석 무덤이 축조된 이래 서기전 2100년경 최후 매장이 끝나고 홍수 충적토로 덮이기까지 누적된 것들이었다(Masset 1993; Scarre 1984). 매장들 대부분은 크게 보아 세 차례에 걸친 무덤 사용 및 변형 단계들 중 두 번째 및 세 번째 단계에 속하였다. 두 번째 단계 동안에는 이전 매장들을 치워버리고 약 60기의 매장들이 추가되었는데 세 개의 공간 군집으로 나뉘었으며 이는 다시 비계측 특질들로 세분할 수 있었다. 이 동서방향의 무덤 안에서 서쪽 집단은 선형 함몰(대퇴골 근위 말단부의 한 특질)이 높은 빈도를 나타내고 대퇴골 제3전자轉子(대퇴골 경부 아래쪽에 있는 돌기)는 낮은 빈도를 나타냈다. 이 후자의 특질은 다른 두 뼈 군집에서도 발견되었다. 무덤 방 남쪽에 있는 뼈 집단의 특징은 상완골 연골륜軟骨輪의 딱지 형성 빈도가 높은 점이다.

무덤 사용의 세 번째 단계에서는 앞 시기의 뼈 군집들을 치우지 않았으며 그것들이 한 층의 흙으로 덮인 뒤 그 위에 여덟 개의 나무 상자 같은 것에 인골 300개체가 넣어져 돌방벽 둘레를 따라 차례로 안치되었다. 비계측 특질의 존재는 공간상 네 사례로 국한되었다. 남쪽 사례에서 상완골 연골륜의 딱지 형성 빈도가 높았는데 이는 앞 시기에 비슷한 특질들을 가진 뼈 군집의 바로 위에 해당하였다. 이 사례와 무덤 남서쪽의 다른 두 사례에는 여성 팔뼈에 삼각형 함몰 홈들이 없는 뼈들이 포함되었으며 그 아래층에 놓인 뼈들처럼 대퇴골 선형 함몰의 빈도가 높았다. 무덤 북서쪽 사례에서는 이와 대조적으로 다

---

16) 게르만인의 이주를 식별하는 데서 커다란 문제 한 가지는 설사 DNA를 되찾아내었다 하더라도 '브리튼 인'과 '게르만 인' 유골 사이에 별다른 유전적 차이가 보이지 않을 것이라는 점에 있다.

수의 정강이뼈가 부가적 관절 면을 갖고 있었다.

크리스 스카레는 이처럼 비계측 특질들이 뜻밖에도 높은 빈도를 나타내는 점을 근거로 삼아 서로 뚜렷이 구분되는 친족 집단들이 공동 무덤에 묻혔음을 식별할 수 있다고 주장하였는데 이런 생각은 오랫동안 그런 돌방무덤에 대해 그랬으리라 여긴 대로였다(Fleming 1983b). 더욱 이상스럽게도 시신 안치 행위들이 벌어진 시간 길이를 보건대 동족별로 각기 무덤의 특정 부위에 약 700년에 걸쳐 계속 매장을 한 듯하였다. 그래서 무덤 안의 공간 구조는 마치 동족 관계를 나타내는 지도 같았다. 또 뼈 군집이 셋(두 번째 단계)에서 여덟(세 번째 단계)으로 확대된 사실은 무덤을 마지막으로 개조할 때에 하위 동족들이 형성되었음을 나타낼 수도 있다. 동족과 그 하위 동족들이 커나가면서 더욱 많은 사람들이 무덤 안에 묻힐 권리를 갖게 되었다. 어린이들은 대개 매장에서 배제되었지만 매장된 성인들의 숫자로 보건대 그 망자들의 출신 주민 집단은 애초에 무덤이 축조된 가장 이른 단계에서는 아주 작아서 겨우 세대공동체 셋 정도였을 것이다. 그렇지만 여기서도 해르케의 연구 사례에서와 동일한 조건을 달 수 있을 것이니 목 아래 신체 부위의 특질들은 특히 신체 활동 및 영양 수준 같은 환경적 요인의 영향을 받으므로 그것들의 무덤 안 분포 정형이 친족관계가 아닌 다른 차이를 알려주는 것일 수도 있다는 사실이다.

뫼주 유적에서의 혈액형과 콜라겐 형

헝가리 뫼주Mözs 근처의 서기 5세기 소규모 파노니아 공동묘지에 대한 연구에서 몇 가지 놀랄 만한 성과를 거두었다(Salamon and Lengyel 1980). 혈액형 구분법과 콜라겐 형 구분법을 이용해 28개 골격 중 25개 골격을 연계함으로써 네 가족의 세 세대를 식별해 냈던 것이다. 혈액형의 연구 가치를 콜라겐 형보다 더 쳐주었는데 그 이유는 콜라겐 형은 유전에 분명하게 연관시킬 수 없었기 때문이며 그래서 콜라겐 분석 결과는 그 유전의 억제 요소에 기인한 관계들의 확률을 구축하는 데 이용하였다. 매장 대부분에 대해 들어맞고 또 생물학적 확률 조건을 최대로 충족시키는 순열이 계보도로 결정되었다(그림 5.11).

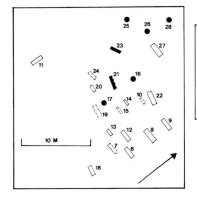
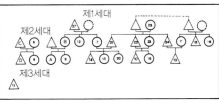

그림 5.11 헝가리 뫼주의 대 이주기 공동묘지 평면도(왼쪽)와 인골의 혈액형 구분을 근거로 도출한 가계도(원은 여성, 삼각형은 남성). 그렇지만 이런 극적 해석을 받아들이는 데는 신중을 기해야 하는데 그 이유는 이 가계도가 하나의 '최적' 모델일 뿐이라는 데 있다.

네 가족 중 세 가족이 두 번째 세대에서 상호 혼인하였던 것으로 여겨졌다. 아이들은 (완전히 자랐든 아니든) 그 아버지보다 어머니 가까이 묻혔으며 이는 어머니 중심의 가족 구조였음을 강력히 시사하였다(Salamon and Lengyel 1980: 99). 이 공동묘지 주민에서 흥미로운 다른 특징은 열한 개의 골격에 속하는 두 개골들이 인공적으로 변형되었다는 점이었다. 이는 유아기에 신체 변형이 이루어졌으며 훈족 및 그에 관련된 족속 집단의 '대 이주기'에 흔하였다고 여겨지고 있다. 이 분석 결과는 완전히 별개의 족속 집단이나 친족 집단이 있었음을 나타내는 것이 아니라 두 번째 세대에서 어떤 한 인물이 이 변형 습속을 개시한 후 세 번째 세대의 열 명 모두가 이를 채택하였음을 나타낸다.

DNA: 미라, 토탄 늪 사체, 골격

서기전 1천년기의 이집트 미라 두 구로부터 최초로 DNA를 추출하려 시도하였을 때는 그런 옛 잔적으로부터 얻을 수 있는 DNA 서열은 질이 아주 좋지 않고 또 화학적으로 변형된 서열이라는 사실이 드러났다(Pääbo 1985). 나중에 이집트 및 페루 미라 14구에서 취한 실험 표본들 중 세 개로부터 소량의 DNA를 수습하였다(Pääbo 1986). 이 최초의 실험들은 클로닝(복제) 기법이라는 것을 사용하였는데 이는 기존 유전자 속에 현대 DNA 서열을 삽입하는 기법이다. 그 뒤 복제 연쇄반응 기법이 채택되었으며 이로써 어떤 DNA 서열이라도 급속하게 증폭할 수가 있게 되었다(Pääbo et al. 1989). 또 DNA는 북미의 윈도버Windover 유적에서는 서기전 6000년경, 리틀 솔트 스프링Little Salt Spring 유적에서는 서기전 5000년경으로 연대가 측정되는 고기古期 토탄 늪 사체의 보존된 뇌로부터도 수습하였다(Doran et al. 1986; Pääbo et al. 1988). 그렇지만 영국의 토탄 늪 사체들에 대해 실험을 한 결과 그것들 및 유럽의 토탄 늪 사체에서는 DNA를 얻지 못하리라는 사실이 드러났다(Hughes et al. 1986).

위에서 언급하였듯이 가족 관계를 판정하기 위한 통상의 법의학적 방법인 염색체 DNA '지문감식'은 고고학 잔적에 대해서는 대개 적용할 수 없는데 그 이유는 적합한 DNA 서열의 보존상태가 흔히 빈약하기 때문이다.[17] 뼈 및 이빨의 고고학적 표본으로부터 옛 미토콘드리아 DNA를 수습할 수 있고 또 그 방법이 잘 수립되어 있기는 하지만 신뢰할 만한 결과를 얻기는 어렵다. 염색체 분석법은 X와 Y 염색체의 산물들을 식별해 성을 판정하는 데 쓰일 수 있는데 예를 들면 서기 1300년경으로 연대 측정된 노리스 팜Norris Farm 아메리카 인디언 공동묘지 출토 인골 20구 중 19구에 대해 실시되었다(Stone et al. 1996). 그 이전에 이 묘지에 대해 실시된 연구에서는 50구의 인골로부터 미토콘드리아 DNA를 수습하는 데 성공한 바 있다(Stone and Stoneking 1993).

DNA 기법은 지금까지로 보는 한 서기전 1천년기의 일본 조몬시대 이후 한반도에서 일본으로의 주민 이주 가능성, 서기전 1600년경부터 서기 700년 사이에 폴리네시아인들이 멀리 이스터제도까지 태평양을 가로질러 이주한 사실의 성격, 후빙기 아메리카 대륙에서의 주민 확산 같은 선사시대 주민 이주를 입증하는 데 가장 유용하다(Horai et al. 1991; Hagelberg and Clegg 1993; Hagelberg et al. 1994; Stone and Stoneking 1993). 하지만 아직까지 친족관계와 매

---

17) DNA 분석으로 로마노프가의 유해를 식별하는 데 성공을 거두었다. Radzinsky 1992; Gill et al. 1994 · 1995.

장 습속에 관한 연구는 아주 조금밖에 이루어지지 못하였다. 그런 연구 중 하나로 시노다隈田와 쿠니사다國定가 일본 큐슈 쿠마-니시오다菈-西小田의 서기전 1세기~서기 1세기 야요이시대 공동묘지에서 출토된 매장 55기에 대해 미토콘드리아 DNA 서열과 장송의례를 결합한 연구를 실시한 사례를 들 수 있다(Shinoda and Kunisada 1994). 큐슈에서 출토된 야요이시대 잔적에 대한 관련 연구에서는 매장 양식과 단상염색체유형 사이의 관계를 입증하였는데 이는 친족별 매장 습속 차이로 해석하거나 아니면 그 주민 집단의 유전자 구조 변화를 수반한 매장 양식 변화로 해석할 수 있다(Oota et al. 1995). 장송의례 고고학이 친족과 성을 생물학적으로 복원하는 새로운 시대의 첨단에 서 있다는 사실은 의심의 여지가 없다. 이런 기회는 그와 동시에 정치적, 윤리적으로 복잡하고도 흔히 문제성이 있게 마련인 해석상의 쟁점들을 품고 있다(Evison 1996). 우리는 판도라의 상자 같은 것을 연 셈이다.

6장 망자의 안치

나 여기 성상 안치소 문 옆에 누워 있네.

그들은 내가 가난했다고 여기다 놓았어.

안으로 들어갈수록 그만큼 돈을 더 내야 해.

하지만 난 여기 누웠어도 그들 못지않게 아늑해.[1]

망자들은 어디에나 있으니 우리 기억 속에 살면서 우리 세계를 형성하고 있다. 우리는 망자들의 이야기를 읽거나 다시 이야기하고 그들의 집에 살며 그들이 만들어내고 썼던 장소들에서 일하고 논다. 우리가 망자의 유해를 어디에다 놓는지는 대개 그들이 기억되는 동시에 잊히도록 하려는 의도를 갖고 요모조모 따져 정한 결과이며 우리는 그로써 죽음과 망자에 대한 태도, 나아가 장소와 정체성에 대한 우리의 태도를 확인하고 구축한다. 우리가 사랑한 이의 유해를 납골당 선반 위에 놓는지 바다에 버리는지 아니면 그가 제일 좋아한 축구팀 경기장에다 흩뿌리는지는 우리가 그에 대해 어떻게 느꼈는가와 더불어 스스로를 무엇이라고 생각하는지에 관해 아주 많은 이야기를 해 줄 수 있다. 망자 안치 행위는 실체와 장소들 사이의 관계를 형성하고 공고히 하며 흔

---

1) 데본의 한 묘비로부터 인용.

히 깊은 두려움, 비탄, 죄의식, 혐오, 분노, 당혹, 안도, 기쁨의 감정을 불러일으킨다.

고고학자는 과거 사회들이 망자를 안치한 행위로부터 많은 것을 배울 수 있다. 우리는 망자의 경관이라고 부를 만한 것을 여러 방식으로 고찰해 볼 수 있다. 첫째로 산 자와 망자의 관계를 그 공간적, 지형적 분리 정도로써 탐구할 수 있고 또 망자가 경관 안에서 성스러운 장소와 세속적 장소들을 어느 정도 차지하는지 탐구할 수 있다(Parker Pearson 1982 · 1993a; Tilley 1984; Sharples 1985). 둘째로 망자의 장소들이 지닌 미세지형 및 경관 배경은 망자가 당시의 우주관과 사회 실천 속에 어떻게 합체되었는지에 대한 더 깊은 지견을 줄 수 있다. 우리는 산 자를 망자로부터 보호하기 위해 (물리적, 상징적) 장벽들을 어떻게 설치하였으며 또 망자와 어떤 장소, 풍경, 길들이 연관되는지 찾아낼 수 있다(Tilley 1993 · 1994). 셋째로 망자 안치 장소의 건축과 공간 조직 또한 이런 견지에서 조사할 수 있다. 우리는 망자를 산 자로부터 떼어 놓거나 묶어 두는 데 쓰인 물질문화를 조사할 수 있다.

1. 망자를 산 자로부터 분리하기

오스트레일리아 원주민 핀투피Pintupi 족은 죽음이 땅 위에 표시를 남긴다고 여긴다. 핀투피 족은 어떤 인물이 죽은 장소를 버리고 떠나며 짧아도 일 년 안에는 그리로 돌아오지 않는다. 이처럼 죽은 사람과 어떤 장소에 대한 항구적, 감정적 동일시는 매장 장소에 대해서도 마찬가지이다. 두 장소 모두 애도자들이 상실에 대한 분노의 감정을 일으키지 않도록 피해야 하는 비탄과 슬픔의 지점들이다. "핀투피 족의 매장 장소는 최근 일어난 또 하나의 역사 사건을 그렇게 오래도록은 아니지만 구상화한다(Myers 1986: 133~135)."

망자는 산 자로부터 물리적으로 분리되어야 하며 그 과정은 통과의례의 한 부분이다. 그래서 그 유해를 흔히 시내를 건넌 곳, 섬, 산 자들의 장소보다 위, 아래 혹은 멀리 떨어진 곳 등 특정 장소에 안치한다. 보르네오의 이반Iban

족을 보면 공동묘지가 대개 산 자들의 긴 집에서 시내를 건넌 맞은편에 위치한다(Uchibori 1978). 메리나 족에서는 무덤과 집을 기본 네 방위를 기준으로 서로 약간 다른 방향으로 지음으로써 양자의 분리를 달성한다(Ruud 1960). 고고학자들은 때때로 이런 공간적, 지형적, 건축적 병렬관계를 찾아낼 수 있다. 우리는 이런 병렬관계들이 시간의 흐름에 따라 어떻게 변화하였는지 조사함으로써 산 자들이 망자를 인식한 방식 일부와 망자가 얼마나 영향력과 권력을 행사한다고 여겼는지 조사할 수 있다.

내가 이 문제에 처음으로 착안한 것은 영국의 장례습속이 지난 200년 동안 겪은 변화를 조사하면서였다. 우리 영국인은 현 시점에서 과거를 이상화하는 바람에 흔히 마음속으로 우리 장례가 나뭇잎 우거진 시골 교회 묘지에서 치러진다고 생각하지만, 현실에서는 영국사람 대부분이 화장되며 그 재는 화장터의 추모 정원에 흩뿌려진다. 전통적으로는 교회묘지가 물리적으로나 영적으로나 공동체의 핵심에 자리 잡고 있었다. 그렇지만 1840년대 이래로 망자 안치 장소가 대부분 크게 바뀌었으니 처음에는 당시 읍 및 도시가 확대되던 변두리 교외의 시 공동묘지로 옮겨졌고, 이제는 흔히 도시 구역을 벗어난 곳에 위치한 더 먼 화장터로 옮겨졌다(그림 2.6). 가장 최근에 생겨난 삼림장 같은 혁신적 장례습속은 환경을 의식한 사회가 망자의 유해를 좀더 긍정적으로 평가하는 환경 속에 안치하는 흐름으로 볼 수 있다.

영국 사회에서 망자는 그동안 점점 더 보이지 않게 되고 또 중요하지 않게 되었는데 이는 어떤 지자체 의회가 런던 공동묘지들을 상징적 금액인 1파운드에 부동산 개발업자에게 판 데서 절정에 달하였다. 망자의 중요성이 이처럼 변화한 사실은 망자 처리가 사실상 또 한 가지 쓰레기 처리처럼 됨으로써 그들의 자리가 공간상 사회 핵심부로부터 벗어나는 데서 구체화되고 있다. 그것은 어떻든 삶만을 확신하는 우리의 문화는 망자들에게 정신적으로는 물론이거니와 물리적으로도 여지를 거의 주지 않는다. 현대 영국은 아주 세속화된 사회이지만 그래도 영국 국교회의 교리는 여전히 강력한 힘을 갖고 있다. 영국 국교회 신앙에서는, 신체란 이 세상을 떠나 저 세상으로 가는 불멸의 영혼과 비교할 때 가치가 거의 없다는 점을 강조한다. 이런 관념은 극도로 문화 특정적인데 이는 영국 사회가 친족과 뿌리를 떠나 떠돌고, 조상을 존경하지 않으며, 마지막 대 통과의례가 지닌 극도의 신비와 강력한 감정들을 똑바로 대면할 수 없는 아주 혼란스럽고 소외된 사회임을 나타내는 표시라고 할 수 있겠다.

덴마크 철기시대의 산 자와 망자

우리는 선사시대의 많은 시점들에 대해 산 자와의 관계로 본 망자의 안치 장소가 어떻게 변화하였는지 그다지 알지 못하는 상태이다. 그렇지만 덴마크 철기시대의 고고학적 증거들은 연구가 잘 되고 또 당시의 분포를 믿을 만하게 대표한다고 할 수 있는데, 이는 호고가 및 고고학자들이 150년에 걸쳐 집중적 조사를 벌이고 대중들이 높은 의식 수준에서 발견물을 잘 신고하였으며 또한 자료를 비판적으로 분석해 낸 덕분이다(Jensen 1982; Hedeager 1985 · 1990; Parker Pearson 1984a · 1984b · 1985 · 1993a).

덴마크의 작은 지역에 해당하는 유틀란트 남부에서는 그간 로마시대 이전(서기전 500년~서력기원)과 로마시대(서력기원~서기 400년)의 취락이 160개소, 공동묘지가 300개소 넘게 조사되었다. 이 정주 농업 공동체들은 긴 나무 집들로 이루어진 소촌과 마을을 이루고 살았으며 각 집은 거주 구역과 축사로 나뉘어 있었다. 그들은 망자를 화장하였고 유골을 토기 안에 담아 묻었다. 서기 50년경부터는 매장이 채택되었고 서기 3세기와 4세기에는 이것이 주된 의례가 되었다. 인간의 시신을 토탄 늪에다 놓는 습속(앞의 제3장에서 상세하게 서술함)은 로마시대 초기(서력기원~서기 200년)에 점차 줄어들었고 시신 혹은 유골을 공동묘지에 매장하는 방식 이외에는 어떤 유형의 장례 처리를 나타내는 증거도 더 이상 나오지 않는다.

이른 시기(서기전 500~150년) 동안에는 화장 공동묘지들이 당시 취락으로부터 최소 200~500m 떨어진 거리에 주로 위치하였다. 취락들은 수로에서 300m 안에 주로 위치한 반면 묘지들은 수로에서 300m에서 900m 떨어진 언

덕 사면 위쪽과 고지대에 있었
는데, 이는 산 자들의 취락이
차지한 계곡으로부터 얼마간
떨어진 곳이다(그림 6.1). 화장
한 유골들은 때로 축소모형 원
분 안에 묻히기도 하였는데 이
는 당시에는 이미 오래전인 서
기전 1700년에서 1200년 사이
에 축조된 청동기시대 중기 봉
토분의 형태를 모방한 것으로
추정된다. 모든 화장묘 중 거
의 3분의 1에 해당하는 사례가
실제로 이런 수백 년 전이나
심지어 1천 년 전에 축조된 이
전 봉토분 가까이나 안에 설치
되었다.

　　이런 화장묘에 수반된 부
장품은 단 한 가지 금속 복식

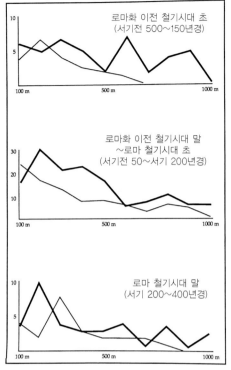

그림 6.1 덴마크 유틀란트 남부 철기시대의 공동묘지와 취락이 수원으로부터 떨어진 거리를 나타낸 그림들로 세 시기로 나뉜다. 굵은 선은 공동묘지 숫자, 가는 선은 취락 숫자이다.

장구만으로 국한되었다. 그 복식 장구는 지방에 따라 다른 형태로 생산되었는데 그로써 유틀란트 북부, 중부, 남부라는 세 가지 양식 집단을 이루었다. 산 자들의 사회적 차이를 일러주는 것이라고는 봉분 크기 및 부장품에서 보이는 아주 미묘한 차이뿐이었다. 인골 연구가 없는 상태라서 성 및 나이와의 연관 관계에 관해서는 아무것도 말할 수가 없다. 취락 증거가 화장 묘지 증거를 보완해 주는데 가옥 크기와 축사 칸 수에서 사소한 변이가 있지만 어떤 마을에서도 우뚝 돋보이는 상당히 큰 가옥은 없었다. 하지만 몇몇 농장에는 축사가 아예 없었는데 이는 아마도 가축을 소유한 대다수와 그렇지 못한 소수 사이의 차이를 나타낼 것이다. 이렇듯 고고학 잔적은 이 사회가 아주 획일적 사회였다는 관념을 뒷받침하며 이 사회는 토탄 늪 사체들이 드러내듯 틀을 벗어난 것을 용납하지 않았을 것이다. 망자들은 산 자들로부터 공간적, 시간적으로 모두 분리되었으니 취락으로부터 물리적으로 멀리 떨어진 곳의 옛 봉토분이라는 먼 과거 속에 합체되었다.

서기전 150년부터 서기전 50년 사이에는 지방 양식 집단들 사이의 변두리에서 농장 크기와 가축 수(이는 각 가옥의 축사 칸 수가 나타냄)로 보건대 명백하게 위계적 구분을 가진 새로운 취락들이 출현하였다. 이런 공동체 각각의 으뜸 농장들은 검은색 간 토기가 공반되는 사실로 다른 농장들과 다시 구분이 되었다. 화장묘도 이 시기 이후로 변화하였다. 크라그헤데에서는 소규모 화장묘군 하나에 화장된 동물, 무기류, 장신구류와 더불어 검은색 간토기들이 들어 있었다. 덴마크의 다른 곳과 슐레스비히Schleswig에서는 비슷한 화장묘들에 수입 청동 그릇이나 바퀴 달린 탈것들이 들어 있어서 양식 집단들 사이의 변두리에서 새로운 형태의 사회조직이 출현하였음을 증언한다. 이런 변두리 지역의 삶과 죽음에서 불평등이 생겨났다는 사실은 조상 및 전통의 권위 때문에 어떤 근본적 변화도 일어날 수 없었던 부족 중핵지대로부터 멀리 떨어진 곳에서 새로운 사회질서가 형성되었음을 나타낸다고 할 것이다. 만약 이렇지 않았다는 대안 설명이나 보완 설명을 하려면 부족 집단들이 이런 지역들을 차지하려고 점점 더 다투었고 그 결과로 그 안에 새로운 사회제도들이 수립되었다고 해야 할 것이다.

이 시기 이후로 망자 안치에서 눈에 띌 만한 변화가 일어난다. 서기전 1세기에는 묘지들을 취락에 좀더 가깝고 물길에서 대체로 500m 이내의 지점으로 옮긴다. 취락은 계곡의 바닥, 허리, 꼭대기에 세운 반면 서기전 50년부터 서기 200년 사이에 쓰인 묘지는 계곡 위 언덕 꼭대기나 취락 아래쪽에 위치한다. 이 시기에 특정 묘지가 특정 취락에 연계되었다는 증거가 있다. 취락의 입지를 중심으로 연구를 해 보니 균등하게 2~4km씩 떨어져 있었다. 묘지는 스물여섯 사례에서 취락과 아주 가까이 자리 잡은 것으로 드러났는데 대부분 반경 400m 안에 있었다. 이 시기(서기전 50년~서기 200년) 동안에는 묘들 가운데

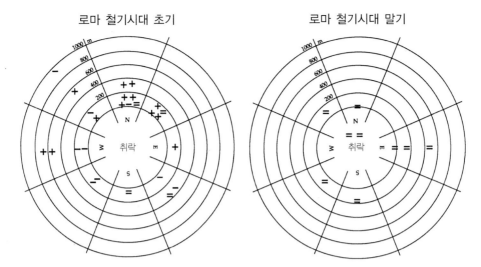

그림 6.2 유틀란트 남부 로마 철기시대 초기와 말기 사이에 일어난 취락 주변 공동묘지의 위치 변화를 표시한 그림으로, 인접 취락에 대비한 공동묘지의 거리와 방향을 동심원들로 나타내었다. +는 취락보다 높은 위치의 공동묘지, −는 낮은 위치, =는 같은 고도를 나타낸다.

겨우 11%만이 청동기시대 봉토분이나 그 이전 봉토분 안 혹은 주변에 위치하였다. 망자들은 더 이상 시공간적으로 멀리 떨어진 곳에 자리 잡지 않고 마을과 농장에 가까운 주변지로 들어와 산 자들을 굽어보거나 그 아래에 놓였다 (그림 6.2).

이렇듯 묘지의 위치 선정에서 심대한 불연속성이 발생함과 더불어 매장의례 자체도 변화하기 시작하였다. 우리는 서기 1세기 중에 화장으로부터 매장으로 변환이 일어나기 시작하였음을 본다. 이런 매장에는 당시 화장이 점점더 호화스러워진 것과는 대조적으로 부장품을 별로 넣지 않았다. 검은색 간토기와 금반지 아니면 은 브로치 같은 단 한 가지 귀중품을 특징으로 하는 엘리트 매장은 이처럼 더욱 단순한 의례를 채택하였다. 그렇지만 서기 2세기 동안에 더 많은 변화가 일어남으로써 화장묘와 매장묘가 부의 파괴, 묘의 크기, 봉토분 구축에서 내로라하는 과시의 장이 된다(Parker Pearson 1984b; 또 Hedeager and Kristiansen 1981; Hvass 1985도 참조).

서기 200년 즈음에는 농장 조직, 철·직물·곡물 생산, 봉헌물 안치, 정치 조직, 전쟁 조직에서 상당한 변화가 있었다(Hedeager 1990). 보르바세 Vorbasse 같은 취락에서 농장들은 이제 개별적으로 더욱 커지지만 아직도 으뜸 농장이 다양한 농장 단지들 속에 있었다. 뉘담Nydam 및 일레루프Illerup 유적 같은 봉헌 정황에서 드러난 대규모 무기류 퇴장물은 전리품으로 여겨지는데 이것들은 아주 불안정한 상황이었음을 증언하며, 유틀란트 동부에서 인구가 가장 밀집하였던 지역들 중 일부에는 사람이 거의 살지 않게 된 듯하다. 덴마크 동부 섬들 및 스웨덴 남부의 매장들은 서로 간에 부장품 갖춤에서 엄청난 차이를 드러내는 반면 유틀란트의 매장들은 그곳으로 많은 양의 유리 및 금속 제품들이 수입되었음에도 불구하고 부장품이 비교적 표준화되고 간소하였다(Hedeager 1976; Parker Pearson 1984b). 서기 200년에서 400년 사이에는 매장이 주된 의례가 되었다. 망자들은 산 자들 가까이 마을 안이나 마을 둘레의 공동묘지에 매장되었다(그림 6.3). 매장에서 시신은 더 이상 부를 폐기하는 지점이 아니었으며 다만 특히 여자들은 정교한 복식을 갖추고 매장되었다.

이와 같이 덴마크 철기시대에서 망자의 안치는 9백 년 동안 상당한 변화를 겪었으며 시신 처리와 부장품 갖춤의 양식도 그러하였다. 로마화 이전 철기시대에는 망자들이 산 자들과 멀리 떨어졌으며 부장품도 잘 갖추지 않았다. 그 대신 다산 및 풍요와 연관된 영의 세계로 들어가는 문이었을 토탄 늪과 호수에는 음식, 농기구, 부, 사람들을 봉헌하였다. 매장을 하는 데 흔히 옛 봉토분을 이용한 사실은 아득히 멀고 신비에 찬 과거를 불러내어 망자의 최후 안식처와 연관시켰음을 시사한다.

로마화 이전 철기시대 말에는 망자의 안치 장소와 부장품 투입에 변화가 일어남으로써 조상들이 산 자들에게 새로운 의미를 갖게 되었다. 혈통과 충성이 특히 중요해졌을 것이다. 망자는 더 이상 '저기 바깥'이 아니라 마을과 소촌 가까이 귀중한 부장품과 더불어 묻혔다. 이제 넓은 족속 집단의 성원이라는 것만으로는 더 이상 정체성을 충분히 표현할 수 없었으며 새로운 동족 및 마을에 속한다는 표시로써 자신들이 누구인지 규정하였다. 산 자와 망자 사이의 이런 지형적 관계는 시간의 흐름과 함께 점점 더 밀접해졌으며 그 결과로

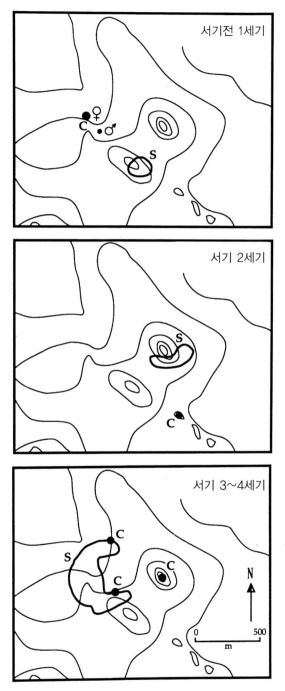

그림 6.3　로마 철기시대 말기인 서기전 1세기에서 서기 4세기 사이에 유틀란트 보르바세의 취락(S)과 공동묘지(C)의 관계가 변화한 모습을 보여주는 그림.

산 자들과 망자들은 취락 안과 둘레의 같은 공간을 공유하게 되었다. 그런 근접성은 영역 집단들 사이에 불안정이 만연한 시기에 산 자들과 망자들이 서로를 보호하였음을 가리킬 것이다.

크레타 남부의 청동기시대 미노아 무덤들

크레타 남부 중앙의 메사라 평원이라는 지방에는 미노아 청동기시대 초기(서기전 3000~2000년)의 묘지 약 40개소가 있다. 묘들은 둥근 지상식 돌방무덤 형태를 띠며 '톨로스tholos'라고 부른다(그림 6.4). 이런 '톨로스'는 다수가 수천 년에 걸쳐 교란되기는 하였지만 공동 매장묘였던 듯이 보이는데 그 후 뼈가 해체되고 불태워졌으며 심지어 사람들이 뼈를 찍어대기도 하였다(Branigan 1993). 이 무덤들은 주로 낮은 지대나 경사면 중앙부에서 발견되는 점으로 보건대 대개 우뚝한 자연 지세, 높은 지형이나 중요한 풍광과는 무관하게 자리 잡았던 것으로 여겨진다. 그럼에도 이것들은 이 시기의 취락들과 일정한 공간

그림 6.4 '톨로스'로 알려진 크레타 섬 초기 미노아기 무덤들은 한 기로나 두세 기의 소규모 군집으로 분포한다. 카밀라리의 세 기 중 한 기인 이 무덤은 서기전 2000년경 미노아 I기 중기에 축조되었다. 동쪽을 향하였으며 당시 취락의 북쪽 100m쯤에 위치한다.

적 연관성을 지니면서 발견되니 취락들 바로 위나 아래에 위치하고 있는 것이다(Branigan 1998). 무덤들은 스물네 사례가 취락으로부터 250m 거리 이내에 있다.

이 무덤들은 망자와 산 자 사이의 관계를 조사하는 데서 다음과 같이 흥미로운 측면들을 몇 가지 갖고 있다.

1. 무덤과 취락은 언제나 서로 다른 고도에 위치한다. 즉 그들은 결코 같은 고도에 있지 않으며 무덤이 취락보다 높은 데 있거나 낮은 데 있다.
2. 무덤은 동쪽을 향하며 일부는 남동쪽과 남쪽을 향한다.
3. 취락의 위치 선정을 보면 분명히 무덤 동쪽에 입지하기를 기피하였다. 산 자들의 취락은 망자의 집을 굽어다 볼지라도 망자들은 산 자들을 내려다볼 수 없었다.

키스 브래니건은 이처럼 무덤 안에서 바깥 세계를 보는 것을 통제한 점은 많은 무덤의 앞방을 구축하는 데도 반영되어 있다고 주장하였다. 이 앞방에는 때로 해체된 뼈들이 들어 있기도 하지만 또한 다량의 토기, 돌그릇과 작은 석상들도 공반되어서 조상에게 제사를 지낼 때 쓰였음을 암시한다(Murphy 1998).

또 작은 현문과 낮고 좁은 연도를 설치함으로써 무덤 출입도 통제하였다. 보로우A 무덤에서는 유해들이 원래 안치된 그대로 발견되었는데 망자 다수를 진흙 관 혹은 항아리 안에 놓고 그 위를 커다란 돌이나 빈 항아리 및 관으로 눌러 놓았다. 이처럼 묻은 지 얼마 안 되기에 오염을 유발하고 위험스런 망자를 유골로 해체될 때까지 꼼짝 못하게 처리하는 현상은 이차장 장례습속의 공통된 특징이다. 산 자들을 가까이 대면하는 가운데 그로부터의 분리를 강조하는 식으로 무덤을 축조하는 행위는 또한 물리적으로 가까운 망자의 유택이 산 자들에게 덜 위험하도록 하려는 한 방안이라고 해석해 볼 수도 있다.

우리는 이런 무덤-취락 단지들에서 그 취락의 죽은 근친이 인접 무덤에 매장되는 식의 일대일 관계로 상호 연계되었으리라고 기대할 수 있다. 하지만 그 관계가 이보다 한층 복잡하였을 만한 몇 가지 이유가 있다. 무덤 및 그 취락에서 출토된 도기들은 그 출토 정황과 양(무덤의 경우)을 보면 흔히 문제성이 많다. 우리는 이 단지들의 축조 및 사용 연대를 확신할 수 없지만 그중 높은 비율에서 무덤이 취락보다 약간 오래되거나 혹은 그 반대인 듯하다.[2] 취락은 많은 경우 그 인접 무덤이 쓰이고 있는 동안 버려졌거나 오랫동안 사람이 살지 않았다. 그리고 취락의 규모가 작았고 또 사람들이 사는 동안 내내 그랬다는 점도 주목할 만하다. 그래서 그 인구가 그대로 머물러 있지 않고 세대를 거듭하면서 점차 성장한 결과로, 이 장소에서 바깥으로 분산 이주가 일어날 수밖에 없었을 가능성이 크다.

우리는 확대 친족 집단들이 이 장소로부터의 출계를 주장하면서도 그로부터 얼마간 떨어진 곳에 살면서 그 조상의 무덤들에 묻힐 권리를 유지한 상황을 그려볼 수 있다. 그와 동시에 기존 무덤 옆에다 취락을 축조한 점으로 보아 직계 혈통 집단의 구성원이 아닌 다른 집단들이 그런 매장 권리를 빼앗았을 가능성 또한 있다.

2. 망자의 성스러운 장소

마다가스카르 북서해안 보이나 만의 카젬비Kajemby 족은 망자를 해변에 묻는데 그 이유는 바다가 유해를 결국 가져가버리도록 하기 위함이다. 이 어부들의 조상 영혼은 바다가 계속해서 산 자들에게 많은 고기를 주도록 축복을 내린다(Radimilahy 1994). 해안 매장 장소는 신성한데 그 이유는 땅과 바다 사이의 임계 공간이기 때문이 아니라 부, 힘, 생존의 원천인 바다와 사람들의 관계를 규정하는 데 도움이 되기 때문이다. 이와 비슷한 관찰은 이메리나에서 무덤과 벼 경작 사이의 대략적 관계에 연관해 이끌어낼 수 있으며, 탄드로이에서는 방목지와 무덤 사이의 관계에 대해 그러하다. 두 경우 모두에서 쌀과 소라는 생업 산품은 신성하며, 사람들과의 복잡한 연관 관계 및 은유적 연계 속에 함축되어 있다. 탄드로이 족의 무덤은 경작지 너머에 위치한다. 무덤은 장

---

2) Peter Day와의 개인 교신에 의함.

례 때 이외에는 방문하지 않도록 되어 있으며 그 둘레 지역은 방목, 굴착, 채벌, 채집 활동을 금하는 터부들로 보호된다.

망자는 다음 세계로의 문이 있다고 여겨지는 지점에 안치될 수 있다. 이와 달리 하계로 들어가는 입구가 망자의 안치 장소로부터 상당히 떨어질 수도 있다. 경관의 지세와 조상 세계 사이의 연계를 말하는 민족지 사례는 파푸아 뉴기니 세픽 강의 산악 발원지에서 보이는데 이곳 비민-쿠스쿠스민Bimin-Kuskusmin 족은 석회암 산등성이에 깊이 팬 구덩이를 망자가 하계로 들어가는 통로이자 조상 영혼이 산 자들을 축복하기 위해 되돌아 나오는 출구라고 여긴다. 한 바위 사이의 균열에서 스며 나오는 기름은 다산과 재생의 원천으로 여겨지며 하계의 조상 영혼들이 그 기름을 더 많이 흘러나오도록 해 준다고 이해한다. 망자의 시신은 삼림 안 어딘가에 노출시켜 놓지만, 인간 및 동물의 두개골은 이 기름 침출지 근처에 사당을 짓고 그 안에다 모셨다(Poole 1986: 171~175).

조상 영혼들의 장소를 그 유해를 안치했던 장소로부터 옮기는 행위는 영국 신석기시대 말기와 청동기시대 초기(서기전 2800~1800년)의 환상석렬들에서도 있었던 것이 아닌가 싶다. 스톤헨지에서는 망자가 묻힌 수백 기의 원분들이 주로 이 거대한 석렬이 보이는 주변 외곽지대에만 분포하며 석렬 안에는 이 시기의 매장이 들어 있지 않다.[3] 많은 수의 원분들이 거석 기념물 둘레에 몰려 있되 그것이 보이는 가장자리 지대에 위치한 이런 '도넛 효과'는 에이브베리Avebury, 아버 로Arbor Low, 러드스턴Rudston 같은 다른 거석 기념물에서도 볼 수 있다. 나무와 산 자와 조상을 위한 돌들 사이의 연관 관계에 대한 증거로 보건대 환상석렬은 일종의 조상 집합체 같은 것이었다. 그것들이 산 자들의 집과 유형의 망자들을 묻은 봉토분 둘 다로부터 지리적으로 분리된 점은 산 자, 망자, 조상 사이의 강한 구분을 가리킨다.

---

3) 이 가시권 안의 봉토분 20기에 대해서는 알려진 바가 거의 없지만, 그중 발굴된 한 기는 서기전 2100년경 이후에 축조된 것으로 보아 이 조상 영역에 나중에 끼어들었을 것이다(Parker Pearson and Ramilisonina 1998).

(파푸아 뉴기니 북동쪽 비스마르크 군도의 한 섬인) 뉴아일랜드에서는 사람이 살면서 손을 댔던 경관을 장송의례로써 주기적으로 지워버리는데, 이는 결국 취락들을 매장 장소로 변모시키니 시신들을 땅에다 심어 '기억 속 매장지'로 만들어버리는 것이다(Küchler 1993). 수잔느 퀴흘러는 매장지를 형성하는 두 칸 울타리들이 취락의 한쪽에 어떻게 구성되는지 서술하였다. 시신은 한 울타리 안에 내놓았다가 다른 울타리 안에 매장한다. '말랑간malanggan'이라 부르는 장례용 조각품은 전자에서 조각하여 후자에 전시한다. 그 다음 해에 열리는 장례 교환 의례에서는 죽은 사람의 이전 활동이 땅에다 남긴 모든 흔적들을 지운다. 2년이 지나면 그 사람의 집을 불태우고 또 2년이 지나면 의례를 베풀면서 죽은 사람이 심었던 나무들을 베어버린다. 의례가 끝나면 매장 장소와 취락을 버리고 떠난다. 이것들은 죽은 뒤 스러지는 시신 및 조각품들처럼 텅 빈 껍데기가 되는 것이다. 그리하여 각 취락 둘레의 이차 삼림 및 경작지는 누구든 그곳을 통과하는 이가 기억 속 매장지와 만나는 영역이다. 장례 절차는 개개 망자를 잊는 과정이지만 이전 경작지에 대한 권리는 역설적으로 장례용 울타리와 그 밖의 거주 표지들에 대한 기억을 통해 후손에게 전해진다.

동 요크셔의 철기시대

영국 철기시대의 매장들은 성글기 때문에 동 요크셔를 제외하고는 식별해 내기가 어려운데 이곳 동 요크셔에서는 개개 매장을 덮은 방분들의 잔적을 작물 표지로, 때로는 토루로 알아볼 수 있다. 망자를 산 자들로부터 분리하는 일은 몇 가지 방식으로 이루어졌을 것이다. 가튼 슬랙Garton Slack과 웨트왕 슬랙의 취락 유적들을 대대적으로 발굴해 보니 울타리를 두르지 않은 둥근 집의 군집들이 공동묘지에 아주 가까운 곳 여기저기서 드러났다(Brewster 1982; Dent 1982·1983). 망자의 유택은 그 네모진 형상으로 산 자들로부터 구분이 되었고 또 영국의 이 지방에서는 소가 아닌 돼지와 양을 망자와 함께 묻어놓아 구분이 되었다(Parker Pearson 1999b).

봉토분과 봉토분 공동묘지들은 경관에 아무렇게나 위치한 것이 아니라 선형 토루들, 석회암 지대 지표에 절구 모양으로 팬 땅(지호地壺) 그리고 '집시들'과 밀접한 연관이 있었다(Bevan 1999). 여기서 집시란 백악 계곡에 계절에 따라 흐르는 작은 수로를 말한다. 이것들은 지호와 마찬가지로 겨울 몇 달 동안만 물을 지닌다. 선형 토루들은 백악지대를 수없이 많은 단위들로 나누는 땅 경계이다. 몇몇 토루는 커다란 경계이며 그보다 작은 토루들은 그로부터 갈라져 나오는 식으로 구축되었다. 이런 경계들은 어떤 경우 '집시'들의 선을 따랐다. 공동묘지들은 경관의 낮은 지대에 위치한 사례가 압도적으로 많다. 대규모 묘지들은 흔히 주요 선형 토루들을 따라 자리 잡거나 그 몇 개가 교차하는 곳에 자리 잡았다. 예를 들어 데인즈 그레이브스Danes' Graves의 대규모 공동묘지는 그런 경계 네 개가 교차하는 곳에 있는데 그곳에는 일단의 지호들도 있다.

우리는 동 요크셔 철기시대의 망자 안치가 두 가지 관계를 중재하는 것으로 해석해 볼 수 있는데 하나는 산 자들이 이용한 여러 농업 영역들 사이의 관계이고 다른 하나는 산 자와 망자 사이의 관계이다. 후자의 경우에서 물이 주기적으로 나타났다 사라지곤 한 그 장소들은 하계의 입구로 여겨졌을 것이다.

3. 무덤과 영역

신고고학에서 혈통, 영역성, 망자 안치 사이의 관계에 대한 일반 이론을 수립하는 데는 민족지 유추를 이용하였다. 콜린 렌프류는 각 분절 사회의 영역이 장례 기념물 및 기타 기념물로써 상징적으로 표현될 수 있다는 하나의 가설을 세웠다. 렌프류의 영역성 개념은 동물 행태주의자들이 동물 집단은 부양력을 조절함으로써 생태적 적응을 이룬다고 본 관념에서 차용한 것인데 다만 렌프류는 그런 영역 표지를 상징으로 표현하는 것은 인간 종만이 가진 특성이라는 점을 강조하였다(Renfrew 1976). 렌프류는 처음에는 태평양 투아모투Tuamotu 제도의 돌로 지은 '마라에marae'(의례용 기단)를 사례 연구의 근거로 삼았다

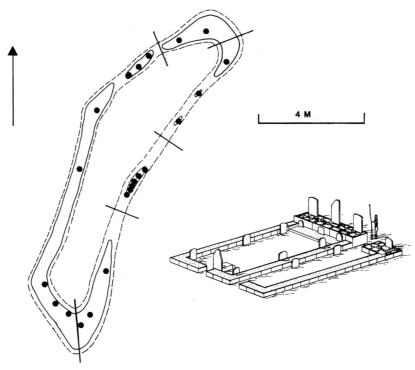

그림 6.5 왼쪽은 태평양 투아모투 제도 중 한 환상 산호초의 마라에(오른쪽 그림) 분포도. 직선들은 동족 사이의 영역 구분선을 나타낸다.

(그림 6.5). '마라에'는 친족관계의 물질 상징으로 조상 영과 신들을 친족들이 차지한 땅에 묶어주는 역할을 하였다(Renfrew 1976(Emory 1947을 인용)). 렌프류는 또한 미르시아 엘리아데의 구조주의 관념도 근거로 삼았는데 이는 우리가 세상에 살기 위해서는 세상에 기초를 놓아야 하고 그래서 분절 사회의 한 가운데에 있는 중심점은 우주의 중심으로 여겨질 수 있다는 관념이다(Renfrew 1976(Eliade 1965를 인용)).

투아모투 '마라에'에 대한 렌프류의 민족지 유추는 한 섬에서 영역 집단 다섯 개가 각각 자기 영역 안에 2개에서 8개씩의 '마라에'를 가진 증거를 합체한 것이었다. 하지만 스코틀랜드의 아란Arran, 루사이Rousay 제도와 웨섹스의 신석기시대 공동묘에 그 모델을 적용하는 데서는 기념물이 하나씩 각 영역 집단에 연관된다고 가정하였다(Renfrew 1973a · 1973b · 1976). 렌프류는 티센 다각형을 이용하여 각 무덤 둘레에 가상의 영역을 설정한 지도를 작성하였다. 티센 다각형이란 이웃하는 중심지들끼리 연결한 선의 중심점에서 수직선을 그은 후 그 수직선들을 연결함으로써 각 중심지 둘레의 영역을 설정하는 방식 이었다. 이는 1970년대와 1980년대의 다양한 고고학 연구에서 마치 표준처럼 되었다(예를 들어 Hodder and Orton 1976; Madsen and Jensen 1982; Hedges 1984: 118; Darvill 1979, 1982; Arnold 1988b).

거석 기념물이 영역 표지였다는 렌프류의 가설은 두 가지 조건을 충족시키는지에 비추어 '검정'되었다. 그 조건 한 가지는 각 기념물이 단일 기념물 혹은 기념물 군집으로서 일정 간격으로 배치되어 있어야 한다는 것이고, 다른 한 가지는 각 영역 집단이 경작하였을 옥토와 그 기념물들이 긴밀한 관계를 가지면서 위치해야 한다는 것이다. 렌프류는 당시 자신의 가설이 이런 검정들을 무난히 견뎌내고 살아남을 것이라고 믿었지만 아란에 대해 최근 실시된 조사는 기념물들을 더 많이 발견해 내는 결과로 귀착되었다. 이런 발견 사항은 그가 주장한 일정 간격 배치 원칙을 무너뜨릴 뿐만 아니라 아란 자체가 나머지 서부 스코틀랜드 지역의 분포와 비교할 때 이례적인 기념물 군집 분포지임을 또한 잘 보여 주었다(Hughes 1988; Chapman 1995: 41~45)(그림 6.6).

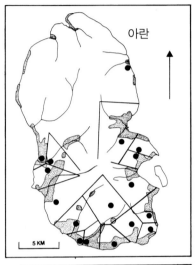

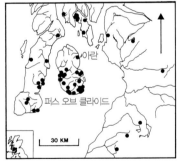

그림 6.6 위 그림은 스코틀랜드 아란 섬 신석기시대 무덤의 분포도로 티센 다각형을 이용한 렌프류의 분석을 근거로 한 것이며 아래 그림은 휴즈가 그보다 나중에 더 발견된 무덤을 감안하면서 퍼스 오브 클라이드Firth of Clyde라는 좀더 넓은 맥락에서 다시 작성한 그림이다.

그의 모델은 사회진화의 견지에서 일정 정도의 유사성을 제안한 것이었다. 즉 이는 태평양과 세계의 다른 지역들에서 보이는 우두머리 없는 일부 분절 사회들이 세포 같고 규격 단위 같은 성격을 지닌 점이 그와 비슷한 수준의 비계서사회 및 비계층화 사회로 추정되는 유럽 신석기시대 사회들에서 나온 증거를 해석하는 데 유용한 유추가 될 것이라 여긴 것이었다(Sahlins 1961 · 1968 참조). 그 후 채프먼은 신석기시대 무덤들이 이전에 주장되었던 것과 달리 확고하게 정주적이고 완전한 농업 사회들 안에서 방호된 구역의 중심들이 아니라 애초에는 '경관 속 장소들'이었다고 주장하였다. 또 채프먼은 인간 사회에서 영역성은 강하게도 약하게도 표시될 수 있는 것이며 심지어 "껐다켰다"할 수도 있는 우발적 성격을 지녔음도 강조하였다. 그는 잉골드가 영역성과 보유권tenure이 다르다고 구분한 사실을 부각시켰는데 전자는 공간에 분산된 사람들의 위치 설정에 연관된 것이고 후자는 공간에 분산된 자원들에 대한 사람들의 권리 주장에 연관된 것이다(Chapman 1995: 39~40(Ingold 1986 및 Sack 1986 인용)).

중심과 가장자리

렌프류는 엘리아데에게에서 힌트를 얻어 이런 영역 표지들이 중앙에 있는 핵심적 장소들이라 여겼다. 그런데 이와 똑같이 유효하고 어쩌면 설득력이 더 있는 가설은 그것들이 가장자리의 경계표지들이라는 것이다. '세상의 중심'은 오늘날 예루살렘의 사례 같은 국민 국가와 세계 종교에서든 뉴멕시코 주 테와 Tewa 족 같은 생계형 원예 농경민에서든, 영역의 가장자리에 위치한다고 하는 편이 옳을 수 있다(Ortiz 1969). 후자에서는 마을마다 '어머니 대지의 배꼽 중앙점'을 하나씩 가지는 한편 테와 족 세계의 가장자리에 위치한 네 산 또한 각각 '대지 배꼽'을 가진다.

렌프류는 나중에 영역 표지들이 반드시 중앙에 위치할 이유는 없다고 시인하였으며(Renfrew 1979: 222), 다행스러운 일은 가용 농지와의 위치 관계[4]나 당시 취락 구역과의 관계[5]를 추정하여, 그런 기념물들이 취락 구역에 대해 중심적인지 주변적인지 평가하는 것이 흔히 가능하다는 것이다. 또 이보다 나중 시기들에 대한 연구들도 정치적 경계의 중요성이나 가장자리와 중심 사이의 상호작용을 강조하였다.

우리는 유럽의 '대 이주기'(서기 400~800년)에서 부장품을 호화로이 갖추고 봉토분 속에 설치된 경우가 많은 엘리트 매장들을 흔히 발견하는데 이것들은 신흥 정치체들의 가장자리에 자리 잡고 있다. 예를 들어 라인 강을 따라 위치한 프랑크왕국의 동쪽 경계는 많은 그런 매장들로 구획되며 서쪽 변경 지방인 스웨덴 동부 발스가르데-벤델Valsgarde-Vendel 지역도 그러하다(Müller-Wille 1983; Parker Pearson *et al.* 1994). 아놀드는 영국의 서기 6세기 말에서 8세기에 걸친 신흥 정치체들을 각 엘리트 매장 혹은 매장 군집들 둘레로 티센 다각형을 그려 지도로 나타내려 하였지만, 그런 접근법보다는 그 매장들을 각지에 설치한 목적은 해당 정치체가 차지하려고 다투었을 경계 지대에 대한 지배를 명시적으로 언명하려는 데 있었다고 인식하는 편이 나을 것이다(Arnold 1988b). 10세기 말 바이킹시대 덴마크의 유사한 엘리트 매장들에 대해 란스보르가 작성한 분포 지도는 이런 유형의 분묘들 그리고 군사 성채들로 표시된 경계(란스보르가 중핵의 주변이라 부른 것)들을 가진 이 초기 국가들에서 가장자리들이 어떻게 중앙부를 구성하였는지 명확히 보여주는 또 하나의 예이다(Randsborg 1980).

국가 형성 문제를 위와 같이 생각한다면 정치 영역의 개념, 또 그에 따른 정치체 경계의 개념이 중요하였으리라 여기는 것이 마땅하다. 바렛과 틸리가 지적하였듯이 국가 이전 사회에서는 경관이 국가의 감찰 및 통제에 좌우되지 않았으며 그 대신 사람들은 신화가 물질형태로 끊임없이 재창조되는 길, 장소, 지점, 경계들로서의 경관과 마주하였다(Barrett 1994; 본서 제4장 참조; Tilley

---

4) Cooney 1983에서 아일랜드 레이트림 남부의 비옥한 '바위땅' 흙에 거석 분묘들이 근접한 사실을 분석해 낸 예와 같다.

5) Holgate 1988에서 신석기시대 돌방무덤들을 영국 남부 템스 강 유역의 저지대 취락 구역들로부터 얼마간 떨어진 샘 열들 및 분수계 주변에서 식별한 예와 같다.

1994). 영역의 경계들, 심지어 그런 영역들의 통합조차 일시적이고 유동적이었을 것이다. 그렇다면 렌프류의 유추 이용은 명백한 난관에 부딪히니 그의 가설은 태평양의 소규모 섬들처럼 비교적 고립된 인구 집단들에게 가장자리가 너무나 분명히 보였던 상황에서 도출한 것이라서 영국 본토와 그 해안 섬들에는 적용할 수 없으리라는 것이다.

신석기시대의 오크니

스코틀랜드 북부 해안 앞바다에 위치한 일단의 작은 섬들인 오크니Orkney 제도에서 실시한 렌프류의 조사가 차라리 태평양의 유추를 이용하기에 한층 적합한 듯이 보인다. 그의 연구 목표는 오늘날 현저한 지형지물로 남은 신석기시대 의례 및 장례 기념물들로부터 그 사회조직을 연구하려는 데 있었다. 고든 차일드는 이전에 스카라 브래Skara Brae의 신석기시대 말기 마을에서 실시한 발굴 결과를 토대로 평등 사회를 상정한 반면, 렌프류는 신석기시대 말기의 그 기념물들을 짓는 데 필요한 노동력은 중앙 권위체가 통치한 사회가 아니고서는 동원할 수 없었을 것으로 생각하였다(Childe 1931; Renfrew 1979). 메이스 하우Maes Howe의 대규모 공동 돌방무덤과 신석기시대 말기의 다른 무덤들은, 렌프류의 틀에 따르면 우두머리가 없는 분절적 공동체의 그보다 작은 무덤들로 시작된 진화의 계기순서가 정점에 달한 것이었다. 렌프류는 이런 기념물들을 세운 이유가 대서양 방면의 다른 지역들(신석기시대 초기 장례 기념물들이 세워진 스웨덴에서 스페인에 이르는 북서 유럽의 해안 지역을 대체로 말함)과 마찬가지로 농업 공동체들이 어로-채집-수렵 공동체 주민들과 접촉한 경계면들에서 생겨난 인구 변화의 사회적 압박과 연관되어 있다고 주장하였다.

오크니의 신석기시대에 대한 렌프류의 사회진화 모델은 데이비드 프레이저가 무덤 분포에 대한 상세한 연구를 해 내고 존 헤지스가 계기순서의 두 단계를 두 부족, 즉 '골 진 토기' 부족과 '언스탄 토기' 부족(오크니 신석기시대 토기의 두 양식을 따라 지은 이름들)이 겹친 한 단계라고 다듬는 식으로 확대되었다(Fraser 1983; Hedges 1984). 헤지스의 다소 기묘한 틀에 대해서는 풀Pool 유적의 신석기시대 취락에서 언스탄 토기 층 위에 골 진 토기 층이 놓인 층서를 나타내고, 또 언스탄 토기가 이른 시기의 작고 '구획된 석총들'과 공반되는 반면 골 진 토기가 메이스 하우 같은 늦은 시기의 대형 '독방' 무덤들과 한층 일반적으로 공반되는 사실 때문에 의문이 제기되었다(Hunter in press(인쇄 중); Sharples 1985).

신석기시대 사회조직에 대한 다각형 이용 접근법을 배척하는 니올 샤플스는 구획식 소형 무덤들이 지닌 경관 배경과 나중의 독방 유형 및 구획 유형으로 된 대형 무덤들이 지닌 경관 배경을 조사하였다. 전자는 동시기 취락들이 위치한 것으로 보이는 옥토의 주변적 지점에 지어졌다. 이런 무덤들은 바다로부터는 흔히 보이지만 취락 지역으로부터는 그보다 덜 보인다. 대형 무덤은 이와 대조적으로 취락 지역의 한가운데에 지어졌는데 그 지역은 비옥하지만 경작을 위해서는 노동력이 흔히 더 많이 필요한 땅에 해당한다. 조상들이 이른 시기 동안에는 산 자들로부터 멀리 떨어져 있었다가 그 후 공동체 한가운데에 세워진 몇 기의 대형 집단 기념물 안으로 들어온 것이다. 샤플스는 이런 전환이 특정 친족 집단 하나가 그 공동체의 조상들을 전유하였음을 나타내며, 그들은 스스로를 어떤 망자의 직계 후손이라고 주장하고 또 조상의 잔적들을 관할함으로써 자신들의 권력을 정당화하였다고 주장하였다.

그보다 최근에 콜린 리처즈는 메이스 하우에 가까운 반하우스Barnhouse의 신석기시대 말기 마을 하나를 발굴하였다. 이곳 '마을 회관'과 그에 인접한 방 두 칸짜리 가옥은 렌프류의 신석기시대 말기 군장사회를 말해 주는 물질 증거로 여겨졌는데, 다만 리처즈는 이런 건물이 공동체 구조물이라고 생각하였다(Richards forthcoming(근간)). 반하우스 취락의 개방적 평면은 그보다 나중 시기의 스카라 브래 마을들이 지닌 폐쇄적 평면 배치와 대조되며, 그래서 리처즈는 후자를 무덤 및 여타 기념물 건축 활동으로 구체화된 섬 전역 조직에 더 이상 연계되지 않는 내향적, 고립적 공동체들의 시기였음을 뜻하는 증거로 해석하였다. 리처즈는 이 나중 시기 취락을 중심 권위체 역진화 혹은 퇴화의 증거로 본다. 즉 신석기시대 말기 사회는 렌프류의 주장과는 달리 진화적으로 더 복잡해지고 성층화한 것이 아니라 이전 세기들의 중앙집중화 지향 이데올로기를 더 이상 공유하지 않는 수많은 분리된 공동체들로 나누어지고 있었다는 것이다(Richards, C. 1998).

4. 혈통 집단과 영역성

아서 삭스는 자신의 가설 8호—망자를 위한 정식 안치 구역은 영속 집단이 결정적으로 중요하나 한정된 자원들에 대한 권한을 주장하는 데 사용하였다는 가설—를 말레이시아 테무안Temuan 족에 대한 민족지 서술로 설정하였는데 이는 공동묘지 매장의 등장을 토지 관할에 연계한 것이었다.[6] 이 가설은 린 골드스타인이 통문화적으로 검정을 해 보고 다음과 같이 재구성하였다.

A. 결정적으로 중요하나 한정된 자원(들)을 이용하고(하거나) 영속 집단의 권한을 망자의 직계 후손(즉 조상들에 대한 계보 연계) 여부로 얻고 정당화하는 정도만큼, 그런 집단은 민중 신앙과 그 의례로써 직계 영속 집단임과 그 권한을 정기적으로 재확인하게 마련이다. 흔히 채택되기는 하나 언제나 그렇지는 않은 한 가지 의례화 수단은, 전적으로 망자를 안치하기 위한 영구적이고 특화되었으며 구획된 지역을 유지하는 것이다.

B. 만약 전적으로 한 집단의 망자를 안치하기 위한 영구적이고 특화되었으며 구획된 지역이 존재한다면, 그 영속 집단은 결정적으로 중요하나 한정된 자원(들)을 이용하고(하거나) 관할하는 권한을 가졌을 가능성이 크다. 이런 영속적 관할권은 망자의 직계 혈통임을 실제 족보로 확인하거나, 결정적으로 중요한 그 자원들을 부모에게서 자식으로 전하는 확고히 정해진 어떤 전통으로 확인함으로써 획득되고(되거나) 정

---

6) Saxe 1970; Saxe and Gall 1977. 삭스의 가설들에 대한 전체 논의는 본서 제2장을 참조.

당화될 가능성이 가장 크다(Goldstein 1976: 61).

가설 8호는 조상의 유해 처리에 대한 유물론적, 문화 생태학적 관점을 제시하고 있다. 여기서 문제가 되는 결정적으로 중요한 자원은 그것이 땅·바다·소·물·교역품이든 먹을거리든 경제 필수품이며, 그에 대한 통제는 경제 토대와 이념 상부구조 사이에 정해진 체계적 관계로써 이루어진다고 인식한다. 이런 인식에서 조상의 처리 문제는 하나의 경제 활동으로 전락해 버리며 존승의 이념적 토대는 주로 충분한 먹을거리를 확실하게 공급받는 데 있다. 그래서 이런 관계는 옛 사람들이 사회 실천으로서 수행한 복잡한 전략과 갈등들이 아니라 어떤 사회체계(이른바 '단순' 사회)의 고유한 한 가지 특성이라고 본다. 하지만 고고학자들은 '결정적으로 중요하나 한정된 자원들'이란 것이 특정 지점과 연관된 조상 관련 우화들이거나 조상의 잔적 자체, 심지어 조상의 은덕에서 비롯된 '다산성'이라는 추상적 개념일 수도 있음을 인정하지 않으면 안 될 것이다.

여기서 문제는 그런 연계가 '틀렸다'는 데 있지 않고 그 연계를 유물론적/문화 생태학적으로 설정하면 망자 안치와 조상이 인간사에 연루되는 다양한 방식들에 대해 아주 제한된 관점밖에 제시할 수 없다는 데 있다. 가설 8호가 우리의 관심을 조상의 현실 권력 구조 정당화 역할로 돌린 점은 확실히 소중한 가치를 갖고 있다. 하지만 그간 사회과학에서 기능주의와 문화 유물론이 인간 작용 이론과 실천 이론으로 대체됨에 따라 그런 결정론적 규정은 특정 사회 및 그 궤적이 지닌 특수성들을 탐구하는 데 쓰기에 오히려 장애가 된다. 조상 및 무덤의 의미를 생업 관리 기능으로 축소해 버리면 인간의 열망과 동기를 다음 식사가 어디서 나오는지 궁금해 하는 수준으로 전락시키고 만다.

찰스와 가설 8호

더그 찰스는 주로 '미국 저지대'와 일리노이 강 유역의 우드랜드 기에 관한 자료를 가지고 작업을 하여(Charles 1992·1995; Charles and Buikstra 1983; Charles *et al.* 1986. 또 Rothschild 1979; Buikstra 1984; Milner 1984도 참조) 가설 8호를 다음과

같이 재구성하였다.

- 천연 자원 혹은 문화적으로 변형된 자원의 분포 때문에 정주 양식의 생업을 유지하거나 이동에 제약을 받는 양식의 생업을 유지해야 하는 환경 속에 거주하는 사회 집단들은 영속 집단의 성원권, 권리, 세습을 상징하기 위해 망자를 정식으로 안치하는 구역을 채택할 수 있는 반면 좀 더 이동성이 강한 생업 수단에 의존하는 사회 집단들은 그렇지 않다 (Charles 1995: 78~79).

찰스는 정주 농민들이 자신들의 영역 경계 위나 안에 공동묘지를 설치함으로써 그 영역에 대한 권리를 상징적으로 나타낼 수 있다고 주장하였다. 이동성 공동체들은 엄격한 영역성을 가지지 않는 경향이 있고 그래서 어떤 경우든 특정 장소에 공동묘지를 설치할 만큼 정기적으로 되돌아오곤 하는 일을 일상화하지는 않을 것이다(Charles 1995: 79). 이동성 집단들은 고고학 및 민족지학으로 보면 공동묘지를 설치하는 경우가 아주 드문데 다만 예외로 영국 집시들과 마다가스카르의 수렵채집민 미케아Mikea 족이 있다(Okely 1983; Parker Pearson 1982).

찰스는 조심성 있게도 공동묘지의 존재를 말하는 고고학적 증거가 없다고 해서 그것이 집단과 영역 사이에 연계가 이루어진 증거가 없음을 말하는 것이 아니라 공동묘지가 있으면 일정 정도의 영역성을 추론할 수 있으며 그런 경우 묘지들은 각 집단의 생업 영역 배치를 지도로 그려내는 데 이용할 수 있다고 주장하였다. 물론 많은 이동성 공동체에서 계승자들이 매장지 단 한 곳만으로 특정 '땅' 혹은 영역에 대한 권리를 정당화하는 사례들이 있으니 오스트레일리아의 핀투피 족과 티위Tiwi 족이 그러하다. 이런 경우 그 매장 장소는 다른 활동을 금하는 터부가 되며 그래서 그 후로 기술적 의미에서 '망자를 배타적으로 안치하기 위한 정식 안치 구역'이 된다(Myers 1986: 133~134, 303; Goodale 1971: 99~100).

또 찰스는 정주 생활을 하는 마다가스카르의 메리나 족을 영역 안이나 가장자리에 공동묘지를 짓는 사례에서 제외하였는데, 그 이유는 그들이 너무

'최근' 집단이고 또 역사적 연원이 너무 복잡하다는 데 있었다. 내가 마다가스카르의 베트시미사라카Betsimisaraka 족과 탄드로이 족을 직접 조사 연구한 데 따르면 영속 집단, 즉 동족들이 그 집단의 생업 영역 바같에 위치한 공동묘지를 이용하고 관할하는 다른 사례들이 있다. 찰스의 주장은 대체로 보면 맞을 터이지만 전체 주장의 연계 관계와 뉘앙스에 대해서는 많은 의문 부호를 던질 수 있다. 그 외에 공동묘지와 집단 영역 사이의 공간적 관계에 대해서는 앞으로도 많은 민족지고고학 연구 작업이 이루어져야 한다. 그의 주장이 지닌 논리는 상당히 사리에 닿지만 그 직관과 민족지 연구 성과는 때로 반대되기도 한다.

마다가스카르의 혈통 집단, 무덤, 땅

우리는 가설 8호의 관점들을 이용함으로써 마다가스카르 고지대의 메리나 족이 논이라는 결정적으로 중요하나 한정된 자원을 관할한 여러 영속 집단으로 나뉘며, 그 논은 '전적으로 망자를 안치하기 위한 영구적이고 특화되었으며 구획된 지역'(아주 간단히 말하면 무덤들) 안에 안치된 망자의 직계 후손을 통해 획득되고 정당화된다고 서술할 수 있다. 논 자원 관할은 종형제간 혼인이라는 흔한 관습으로 더욱 강화되는데 같은 동족 성원 간의 이런 유형의 혼인은 토지 단위들을 응집시켜주고 그 분열을 방지하는 데 도움이 된다. 그럼에도 이런 정의를 하면 무덤 및 조상들과 땅 및 현존 사회 사이의 관계에 관해서 많은 부분이 빠지게 된다. 더욱이 무덤들이 영역 안에 위치해야 한다는 명제는 다음에 보듯 이메리나의 분절적 영속 집단들 및 그 영역과 무덤 사이의 관계라는 사례에 부딪히면 심각한 타격을 받는다.

  이메리나의 고지대는 사람들이 밀집해 살고 벼 경작을 하기 위해 개발이 되었다. 그렇지만 이 지방을 방문해 본 사람이라면 누구나 어떤 지역에는 돌과 콘크리트로 된 튼튼한 공동묘들(그림 2.1)이 집중되어 있고, 또 어떤 지역에는 사람들이 분명히 그와 똑같이 사는 데도 전혀 없다는 사실을 알아차릴 것이다. 고지대의 취락에 대한 고고학적 증거와 역사적 증거를 보면 구릉 성채들이 많이 있음을 알 수 있는데 그곳에는 독립적이었던 각 지역 지도자들이 이메리나가 정치적으로 통일될 때까지 마을과 그 주변 논을 관할하며 살았다. 이 국가 형성의 후반부는 그 연대가 18세기 말 즈음으로 추정된다. 19세기와 20세기에 들면 처음에는 군주국에 의해, 나중에는 프랑스 제국주의 정부에 의해 새로운 행정 중심지들이 설치됨에 따라 이동과 탈구가 일어났다. 또 사람들도 논으로 경작할 땅이 모자라서 새로운 지점들로 이동하였는데 그들의 집은 논에서 그다지 멀지 않은 곳에 자리 잡았다. 우리가 오늘날 보는 무덤들 중 압도적 다수는 지난 200년간 축조된 비교적 최근의 것들이다.

모리스 블로크는 여러 혈통 집단들이 어떻게 이메리나의 경관 속에 무덤이라는 형태로 과거의 집단 영속성을 구축하였으며 또 그로써 영속성을 계속 유지하였는지 서술하였다(Bloch 1971). 이런 무덤들의 영속성은 사람들이 '타닌드라자나tanindrazana'(조상의 장소들)라는 구릉 성채 및 전통 취락들로 구현된 이상적 생활양식을 고집하였음을 증언한다. 이처럼 과거에 뿌리박은 생활양식의 일부가 되어 버린 영속 집단들은 정말 오로지 망자를 위해서만 존재할 수 있는데, 그 이유는 산 자들 사이의 양계 혈통 관계망과 정치·경제적 변화의 압박들로 인해 기존의 동족들 안에서 상호 구분되는 집단들이 끊임없이 형성되었고 또 '타닌드라자나'와의 연계가 확장되었기 때문이다. 무덤들의 경관은 동족들의 이전 땅을 규정해 준다. 즉 무덤들은 친족관계와 조상에 대한 연계의 상징이다. 그렇지만 무덤들은 이상화되고 본질적으로 가공적인 사회 구조를 규정하는데 그 이유는 같이 묻힌 사람들이 아마도 같이 산 적이 결코 없었을 터이기 때문이다.

망자를 지향한 분절적 영속 집단이라는 이상화된 친족 체계는 현실 삶에서 실제 살아가는 양계 친족 체계에 오로지 '파마디아나famadihana'(망자를 무덤 바깥으로 옮겼을 때의 의례로 뼈들을 '뒤집기')로만 연계될 수 있다. 그래서 무덤들은 그 안에 묻히게 될 인물들이 사는 장소로부터 대개 여러 마일 떨어진 곳에 위치한다. 더욱이 무덤들은 아무런 친족 연고가 없는 공동체 가까이 위치할 수도 있다. 우리는 이런 정형을 영역적으로 고정된 분절적 집단들이 자기 무덤을 대개 각각의 영역 안에 갖는 상당히 정연한 모델의 상궤를 벗어난 예들로 볼 것이 아니라, 지난 두 세기 동안 일어난 유동성과 변화가 돌무덤 구축의 유행에 어느 정도 원인이 되었다고 이해해야 한다. 그 무덤들은 끊임없이 변화한 세계 속에 고정된 지점들을 박아 넣을 필요성이 있었음을 가시적으로 드러내고 있는 것이다.

만일 우리가 메리나 족의 무덤과 영역성을 가설 8호의 견지에서 계속 분석하고자 고집한다면 조상과 산 자들 사이의 관계를 연결하는 핵심 고리를 놓치고 말 가능성이 적지 않다. 메리나 족의 생활에서 중심 관심사는 죽음뿐만이 아니라 다산이기도 하였다. 망자와 그 무덤은 생명의 힘을 갖고 있으며 그것을 산 자들에게 넘기는 능력 또한 간직하고 있다. 죽음이 무소부재인 상황에서 희소 자원은 역설적이게도 망자들이 제공하는 삶 자체이다.

우리가 제2장에서 본 대로 이목민인 탄드로이 족은 처음에는 그 무덤을 안드로이 변경에서 새로 차지한 지역의 아포마롤라이 씨족 영역 안에 축조하였는데, 그 변경 지대에서는 방목 구역을 두고 이웃 바라 족과 경쟁을 하였다. 어떤 동족 및 하위 동족의 무덤은 확실히 그들의 생업 영역 안에 있었지만 어떤 무덤들은 멀리 떨어져 있었다. 이렇게 된 이유로는 지난 2백 년간 일어난 점진적 이주 과정과 동족들 사이의 위계 관계를 들 수 있다. 한 가지 예만 들어보면 이를 잘 알 수 있다. 1800년경 지배 씨족의 한 하위 지파가 주 집단에서 북쪽으로 몇 마일 떨어진 새로운 영역 안에 자기 근거를 마련하였지만 망자들은 멀리 떨어진 씨족 상위 지파의 삼림 공동묘지로 귀장을 해야 하였다. 이런 상황은 이 새 집단이 자신들의 새 영역 안에 자신들의 무덤을 짓기 시작한 1976년까지 이어졌다. 이 하위 지파는 그제야 겨우 상위 지파들의 권위와 지배에 도전을 할 수 있을 정도로 충분히 강력하고 독립적인 세력이 된 것이다. 물론 이 때에 이르러 씨족의 다른 지파들은 북쪽 더 멀리 옮겨 갔으나 기왕의 이들과 비슷하게 자신들의 망자를 귀장할 수밖에 없었다. 여기서 중요한 사항은 새로운 공동묘지를 세울 권리가 생업과 관련된 생태보다는 지배라는 사회적 관계와 밀접한 관련이 있으리라는 점이다.

5. 전망을 가진 무덤

앤드류 플레밍이 산 자들을 위한 무덤을 논의(Fleming 1973b)한 이래로 고고학자들은 무덤 축조 및 배치에서 산 자들의 사회적 차이 및 집단 구분에 연관된 여러 방식들을 탐구하였다. 근래의 연구 다수는 선사시대 무덤을 당시 경관에 관련지어 현상학적으로 연구하려고 노력하였다. 현상학적 접근법은 공간을 인간사에서 분리해 낸 하나의 그릇처럼 인식하여 무덤들을 지도 위의 점들로 분석하지 않고 장소, 통로, 기념물들을 주체의 지각을 통해 경험되는 그대로 이해하고자 모색한다(예를 들어 Edmonds 1999). 이와 같이 장소와 지점들은 옛 사람들의 이동, 일거리 및 활동, 기억을 통해 형성되며 이것들은 우리에게 그들의 일대기와 정체감을 알려준다.

현대에는 토지를 거의 전적으로 경제적 유용성만을 가진 재정적 자원으로 이해하지만 자본주의 이전 사회의 경관에는 그와 반대로 고고학자가 속한 사회의 맥락이 지닌 의미 및 상징성과는 아주 다른 의미 및 상징성이 스며들어 있을 수 있다. 우리가 그 경관이 옛 사람들의 생활에서 어떻게 경험되었는지를 어느 정도 평가하지 못한다면 그런 경관들을 이해하기는 어려울 것이다. 하지만 그런 복잡한 상황을 어떻게 탐구하기 시작할 수 있을까? 고고학자의 지도, 평면도, 등고도는 크리스 틸리와 콜린 리처즈가 지적한 대로 '그곳에 있다'는 아무런 감각도 주지 못하며 또 무덤 및 다른 지점들이 물리적으로 어떻게 경험되었는지에 관련된 정보도 전할 수가 없다(Tilley 1995; Richards 1995). 가시성, 소리, 촉감 같은 어떤 감각적 측면들은 직접적으로 복원할 수 있지만 그 밖의 다른 측면들은 오로지 그런 상황 속에서 문화 특정적·사회적으로 구축된 이해, 신념, 감정의 형태들로 상상만 할 수 있을 뿐이다. 예를 들어 망자의 안치 장소는 현대 사회에서 두려워하고 회피하는 곳일 수 있지만 우리는 신석기시대 사람들이 자기들 무덤에 대해서도 과연 그러했는지 여부를 판정할 수가 없는 것이다.

스웨덴과 영국의 신석기시대 무덤들이 지닌 경관 배경에 대한 틸리의 분석은 최신 접근법의 좋은 사례이다(Tilley 1993·1994). 스웨덴 안의 지방별 분포 차이는 다음과 같이 거석과 그 경관 사이의 다양한 관계를 드러내 보인다.

- 스웨덴 남부 스코네Skåne에서는 무덤들이 대부분 평평한 평원에 자리 잡아, 그로부터의 전망을 겨냥한 위치 선정은 아니다. 무덤들은 바다와 강에 가까우며 북-남으로 흐르는 강의 양안 어느 한 쪽에서 무덤 방향에 차이가 있다(Tilley 1993: 59). 틸리는 이런 공간 구조화를 기존 무덤들에 새로운 무덤을 연계하는 일련의 참조 복제 과정이라고 해석하였다.
- 스웨덴 남서부 베스테르게틀란드Västergötland에서는 거석 분묘들이 산을 향한 전망을 최대화하도록 자리 잡은 듯 보이며 흔히 밀집된 북-남 열들을 이룬다. 무덤은 여러 가지 암석들로 구축되었는데 직립재는 평원의 붉은색 퇴적암이고 뚜껑돌들은 한결같이 산지의 회색 화강암이다. 여기서 무덤들은 경관을 직접 흉내 내거나 복제하고 있으며 각각은 경관을 축소시킨 소우주를 형성한다.
- 보후슬렌Bohuslän에서는 스코네 및 베스테르게틀란드와 달리 무덤들이 경작지 안에 있지 않고 경작 잠재력이 큰 토지 구역 가까이에 있다. 이런 무덤들은 능선 마루와 암석 노두 아래의 계곡 가장자리에 위치하지만 그로부터 약간만 떨어지면 보이지 않는다. 틸리는 무덤들이 일관되게 암석 노두의 남쪽에 위치한 점을 근거로 무덤의 북-남 축이 무덤 배치와 연계되며 그래서 북-남 축의 중요성에 관한 또 한 가지의 지역 변이를 보인다고 주장하였다. 그는 여기서 더 나아가 보후슬렌의 기념물들은 경관을 흉내 내지 않고 그 작은 규모와 임계적 자리매김이 아닌 그 너머 맨 암석이라는 배경을 주목하도록 만듦으로써 자기 경관에 관한 해석을 구현하고 있다고 주장하였다.

틸리는 영국 펨브로크셔의 신석기시대 기념물들, 웨일즈의 블랙 마운틴즈Black Mountains, 남부 영국 크레인본 체이스Cranbourne Chase의 백악 저지대에 대해서도 이와 비슷한 관찰을 하였다. 블랙 마운틴즈의 돌방무덤들은 주축이 주된 강과 평행하거나 바로 블랙 마운틴즈의 우뚝 솟은 돌출부를 지향한 대규모 구축물이다. 펨브로크셔 해안의 이보다 작고 수명이 짧은 기념물들은 그와 대조적으로 근처의 암석 노두 덕에 눈에 잘 띌 수 있도록 자리 잡은 듯하다. 이들은 발견물이 적은 점과 그 위치로 보건대 세세로 매장을 한 곳이나 향연 장소라기보다는 사람들의 이동 통로들 도중의 만나는 장소로 이용되었던 듯하다.

크레인본 체이스의 봉토 장분들은 대규모 집단을 이루고 있는데 그 안에서 중심이 되는 두 개의 군집은 대체로 서로를 바라볼 수 있는 위치이다(그림 6.7). 봉토분들의 장축 방향은 장소와 무관하다는 전반적 관념과는 달리 이들은 그 국지 지형에 밀접하게 연관되어 있다. 틸리는 그 기념물의 형태가 주변 경관의 형태를 복제하였으며 아마도 사람들의 이동 통로였을 능선 및 급경사면의 등고선과 나란하게 배치되었다고 결론지었다.

이런 상상력 가득한 착상들은 무덤 및 다른 장례 기념물들이 그 경관에 어떻게 연관되었는지 추정할 수 있는 몇 가지 흥미로운 방식을 제시하며, 우리는 이로써 지방에 따라 사람들이 땅과의 관계 표현 방식을 달리하였음을 알아볼 수 있다. 그렇지만 플레밍이 지적하였듯이 틸리의 정형성 인지가 언제나 정말 그럴듯하다고 받아들이기는 어렵다(Fleming 1996). 경관의 어떤 연관 관

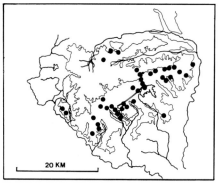
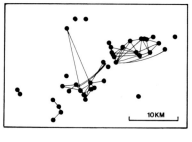

그림 6.7 왼쪽은 영국 도르셋 크레인본 체이스의 신석기시대 이른 시기 장분 분포도이고 오른쪽은 서로 보이는 장분들을 선으로 나타낸 그림이다. 이렇게 구분된 두 개의 집단은 신석기시대 중기 쿠르수스cursus(코스의 뜻을 가진 라틴어)로 연계되는데 이는 조상의 영역으로 들어가기 위한 혼령 입회식을 거행하러 가는 길로 여겨지는 긴 선형 울타리이다.

계들은 아주 다양한 방식으로 설명될 수 있을 뿐만 아니라, 그런 주장들은 또한 자기 관찰만이 타당하다고 내세우는 데 도움이 될 일정 범위의 보강 증거를 흔히 결하고 있다. 그럼에도 이 방법들 중 일부는 이용 잠재력이 아주 크며 틸리의 대담한 접근법은 우리에게 산 자들이 망자를 위해 찾아낸 안치 장소가 복잡한 우주관에서 단지 한 요소일 뿐이라는 점을 상기시키는 데 도움이 된다. 고고학자들은 고고학적 기록이 지닌 이런 측면들을 얼마간 이해하려고 반드시 시도를 해 보아야 하니, 그것 없이는 그런 과거 세계들에 대한 우리의 천착이 한정적이고 진부한 수준에 그치기 때문이다.

6. 소 결

망자의 유해를 어디에 놓을지는 대개 기능상 유리한지 여부의 문제가 아니다. 망자의 안치 장소는 어떤 사회에서든 사람들이 인식하는 사회적 지리 안에서 중대하고 강력한 의미를 가지게 마련이다. 망자는—영 혹은 조상으로서 이 세상에 거주할 수 있기에—여전히 사회의 활기찬 성원일 수 있으며 망자의 유택은 그들의 물리적 잔적이 놓인 장소에 반드시 대응하지 않을 수도 있다. 망자의 잔적은 참으로 산 자들의 세계와 영의 세계 사이에 위치한 임계 공간을 가리킬 수 있다. 그와 동시에 망자를 땅에 고정하는 일은 자연 자원들에 대한 접근 및 이용권을 보장하는 사회적, 정치적 행위이다. 망자의 안치는 인간 사회가 그 조상, 땅, 산 자들 사이의 관계를 면밀하게 짜내어 표현하는 가장 가시적인 활동들 중 한 가지이다.

7장 인류의 죽음 경험 역사

우리 고통, 인간 노고의 모든 근원은 우리가 가진 유일한 사실인 반드시 죽
는다는 사실을 부정하기 위해 우리 삶의 모든 아름다움을 희생시키고 토템,
터부, 십자가, 피의 희생, 뾰족탑, 모스크, 인종, 군대, 깃발, 국가 속에 우리
자신을 가두어버리려고 하는 데 있을 것이다(Baldwin 1962).

사람은 반드시 죽는다는 인식과 그것을 초월하려는 우리의 시도는 적어도 지
난 1만 년 동안, 아마도 지난 1백만 년 동안 인류를 사로잡았을 터이다. 죽을
것이라는 전망은 존슨 박사가 말했듯이 기묘하게도 우리의 정신을 집중시킨
다. 죽는다는 생각은 진정한 '철학의 명상'이자 종교적, 철학적 사고 체계의
핵심에 있는 영원한 미스터리이다(Feifel 1959; Becker 1973: 12; Choron 1963). '죽
음을 향한 존재'라는 사실은 슈츠, 하이데거, 베커, 바우만을 포함한 많은 철
학자들이 보기에 인간 행위의 맥락이 된다(Schütz 1967; Heidegger 1962; Becker
1973; Baumann 1993. 또 Gosden 1994도 참조). 우리의 시간 경험은 우리가 언제든
죽을 수 있다는 것을 앎으로써 모양을 갖춘다. 우리는 자신의 개인적 사멸이
확실하다는 데 직면하여 인간 조건을 이해하고 삶의 온전한 의미를 자각하려
고 애쓴다. 우리는 자신이 태어나기 전부터 있었고 죽은 뒤에도 계속 이어질
이 세상과 그 제도들을 공적으로 구축하고 그에 참여하지만 우리의 시간 경험

은—자궁에서 무덤까지—철저하게 개인적이며, 이 개인적 경험은 우리가 언제든 죽을 수 있다는 사실을 앎으로써 모양을 갖춘다. 이와 같이 우리는 각자의 삶을 이 유한함과의 관계 속에서 살아간다.

> 죽는다는 생각, 죽음에 대한 두려움은 인간이라는 동물을 그 어떤 것과도 다르게 괴롭힌다. 이는 인간 활동의 주요 동기이며, 그 활동은 대체로 죽음이라는 숙명을 피하고자 하는 활동이고 또 죽음이 인간의 최종 운명이라는 것을 모종의 방식으로 부정함으로써 극복해 보려는 활동이다 …… 죽음에 대한 두려움은 정말로 인간 조건에서 하나의 보편적 실재이다(Becker 1973: ix).

어니스트 베커에 따르면 우리가 개인적·현상적 시간 경험을 넘어 공적 세계에 몰두하는 것은 우리의 죽음이 확실히 올 것이 틀림없다는 사실을 부정하려는 몸짓인데, 다만 이 행위는 죽음의 사자가 언제나 우리 어깨 뒤에 존재함을 잊으려는 시도이기는 해도 성공할 수 없음이 틀림없다. 우리 자신이 개인적으로 사멸하는 순간부터 우리의 죽음은 다른 사람들의 '공적 시간' 속에서 하나의 에피소드가 되며, 그들이 앞으로 다가올 자신의 죽음에 대해 성찰하고 시간과 존재의 의미를 깊이 생각해 보는 계기가 된다.

1. 죽음과 시간

> 우리가 반드시 죽는다는 사실을 앎으로부터 우리 삶을 위한 전망, 우리가 유한하다는 느낌, 매 순간의 소중한 가치에 대한 확신, 우리의 비극적 한계를 초월하려는 양 살겠다는 결심이 생겨난다(McManners 1981: 2).

시간은 우리가 인간으로서 겪는 경험을 통해 명확하게 나타나는데, 그 경험에는 우리가 다른 사람들의 죽음을 체념하고 받아들일 뿐만 아니라 우리 자신의 죽음도 오게 마련이라는 사실을 아는 것 또한 포함된다. 다른 사람들의 죽음은 우리가 죽음을 경험하는 기회가 된다. 장송의례 속에서 시간의 경과는 다음 세 가지 중요 방식으로 두드러져 보인다. 첫째, 죽음이 일으키는 부패의 과정들이 지속 기간의 표지로 부각될 수 있다. 둘째, 시간은 죽음의 부패로부터 생명의 재생이 일어난다는 은유적 연관 관계로써 초월될 수 있다. 셋째, 이 세상의 시간은 개인 수준이나 공동체 수준에서 불멸성, 즉 죽음에 대한 승리를 상징적으로나 실제적으로 주장함으로써 초월될 수 있다.

시간 지속

장송의례는 여러 가지 방식으로 시간 지속을 드러낸다. 빅터 터너의 임계성 개념은 부패 및 이화작용(파괴적 대사 작용) 같은 생물학적 작용에서 유래된 상징들을 토대로 제시되었다(Turner 1969). 헌팅턴과 메트카프는 애덤스가 동남아시아 사회에서 염료의 제작, 줄을 만드는 삼의 부식, 쌀이 발효해서 술이 되는 것, 시신이 썩어 깨끗한 뼈들이 되는 것 사이에 은유적 연계가 있음을 예시한 사실을 언급하였다(Metcalf and Huntington 1991: 72~74; Adams 1977). 또 그들은 부패작용의 고약한 냄새가 이런 과정들의 중요 요소임을 지적하였는데 이는 수전 쿠스가 마다가스카르 고지대에서 시신 부패 악취가 지닌 의미에 대해 관찰한 바를 상기시킨다(Kus 1992). 에드먼드 리치는 상중에 머리카락이 자연적으로 자라도록 내버려 두는 것은 시간 지속의 관념을 문화적으로 강조하는 행위이므로 애도자들이 상중에 머리카락을 밀거나 그 반대로 깎지 않는 의례를 벌임으로써 어떻게 시간의 흐름을 상징하는지 예시하였다(Leach 1958)(그림 3.1).

자이레와 우간다에서 루그바라Lugbara 족의 시간관념을 분석한 미들튼은 두 종류의 시간 지속을 인지해 냈다. 첫째, 나이가 든다든지 계절이 흐른다든지 하는 '일상적 시간'이 있다. 죽음은 이런 일상적 시간을 혼란시키며 그 규칙적인 경과를 멈추고 죽음의 영향을 받은 이들에게 오염을 일으킨다. 둘째, 바깥세상인 야생과 하늘에서는 아무런 시간 지속, 변화, 생장이 없다. 산 자들의 일상적 시간이 지닌 질서, 다산성, 위계적 권위가 빠지고 없는 것이다. 망자는 덤불 밑 하계로 이동하면서 이 두 번째 양태와 물리적으로 연관이 된다 (Middleton 1960 · 1982).

재생

모든 종류의 통과의례에서 임계적 상황에는 죽음 같은 최종적 표상들이 개입한다. 만약 그 인물이 '다시 태어나려면' 우선 그의 옛 자아가 반드시 죽어야한다. 헤르츠는 그의 이차장 연구에서 시신 상태의 변화들이 그 영혼 및 애도자들에게 일어나는 변화들과 상동관계로 연결되어 있음을 지적하였다. 시신은 형태가 허물어지면서 썩어가 이윽고 딱딱하며 썩지 않고 마른 뼈들만 남는다. 그와 동시에 영혼은 집을 잃은 상태로 여겨져 그 후 조상들의 땅에 도달할 때까지 두려움의 대상이 된다. 그리고 애도자들은 정상적 관계의 세계로 다시 편입될 때까지 죽음에 의해 오염된 상태이다(Hertz 1907). 수잔느 퀴흘러는 뉴아일랜드 북부에서 부패 과정이 시신과 '말랑간' 장례 조각상 둘 다에 어떻게 영향을 미치는지 서술하였다(Küchler 1988). 조각하기는 '피부 만들기'로 묘사되며 그래서 조각상들은 분해되는 시신을 대체하고 죽음에서 해방된 생명력을 담은 피부이다. 이런 까닭에 조각상과 생명력은 녹아들어 하나가 된다. 조각상들은 단지 몇 시간 동안만 전시되며 그러고 나서는 그 자체도 썩도록 내버려둔다.

　재생의 은유들은 죽음 초월을 향한 하나의 길이다. 바버라 애덤은 인간이 시간을 초월하려는 힘은 우리의 필멸성에 대한 성찰과 죽음의 의미를 찾아내려는 노력들로부터 생겨난다고 주장하였다(Adam 1990). 사람들은 그간 재탄생의 개념을 개발함으로써 죽음의 궁극성을 부정하고자 하였다. 세계 종교들이 내세우는 재생의 많은 예들 중 하나는 힌두교 신앙에서 찾을 수 있는데 이에서는 바라니시에서 벌어지는 모든 화장을 태초 우주창조의 희생을 재연하고 또 창조가 시작된 바로 그곳에서 창조의 불을 붙이는 자기희생 행위로 간주한다(Parry 1982, 1994). 블로크와 페리는 장송의례에서 다산성과 재탄생의 상징들이 지닌 의미를 논의하였는데 거기서 죽음은 생명의 재생을 낳고 또 지속적 다산성의 원천인 첫 조상을 탄생시켰다. 이들은 만약 사회질서를 영원한 것으로 표현하려면, 개인성과 반복 불가능한 시간은 극복되지 않으면 안 될 문제들이라고 주장하였다. 그래서 개인성과 반복 불가능한 시간을 장송의례로써 부정하는데 여기서 죽음은 주기적 재생 과정의 일부분을 이룬다. 그 결과로, 조상들의 변화하지 않는 세계를 질서 있고 충실하게 재생산하는 데서 권위가 생겨난다(Bloch and Parry 1982). 볼리비아 라이미Laymi 사회의 전통에서 망자의 축제는 농사 주기를 구획하며 한 해를 생산과 소비라는 두 단계로 나눈다. 망자는 사실상 다산성 반복의 원천으로 사회화가 되어 있다(Harris 1982).

불멸성

시간 초월에 연계된 한 가지 관념은 죽은 뒤 성취되는 개인 불멸성 혹은 공동체 불멸성의 관념이다. 개인들이 이룬 불멸성은 고대 메소포타미아의 『길가메시 서사시』와 초기 이집트 파라오들의 시절 이래로 인간의 초월에 관련된 중심 주제였다. 이는 많은 세계 종교에서 핵심을 이루며, 예를 들어 그리스도교에서 미사 전례 중에 그리스도가 십자가에 못 박혀 죽은 의미를 재천명함으로써 이 인간-신의 죽음은 시간을 새로 탄생시키고 산 자들에게 구원을 주는 보편적 재생 행위가 된다. 우리는 불멸과 신격화를 개인적으로 추구한 세계 종교 다수가 등장하기 이전 시기의 사례들을 아는데 이집트의 파라오, 메소포타미아의 왕, 로마 황제, 중국 황제와 여타 통치자들이 모두 상징적·실제적 불멸을 추구하였고 인간으로서 신이 되고자 하였다. 많은 왕조 체제들은 통치 제도를 영속화하였다. 왕(자연적 신체)이 죽을지라도 왕권제도(정치적 신체)는 죽지 않는다는 것이다. 중세 프랑스와 잉글랜드에서 왕의 시신을 우상으로 대체하는 관습, 실룩에서 왕이 늙으면 질식사시키는 이야기, 딩카Dinka 족에서 '작살 물고기잡이의 대가'를 산 채로 묻는 이야기의 이면에는 그런 관념이 깔려 있을 것이다(Huntington and Metcalf 1979(Kantorowicz 1957을 인용); Giesey 1960; Evans-Pritchard 1948; Deng 1972; Lienhardt 1961).

사회들은 전체 공동체를 위한 불멸성의 표상들을 만들어내기도 하는데 그로써 시간 지속과 시간을 뛰어 넘는 비역사적 존재를 갖게 된다. 파푸아 뉴기니 앞 바다의 노르만비Normanby 섬에서 마을 한가운데 설치한 석조 매장 기단은 모계제를 구체적으로 표현하는데, 구성원 개개인의 역사적이고 단기적인 명예 및 업적에 대비되는 명백히 공적이고 문제성이 없으며 불변이고 비역사적인 장소이다(Thune 1989). 탄드로이 족에게는 죽은 뒤 불태우는 나무집보다 석조 무덤이 훨씬 항구적이지만, 무덤 자체도 종국적으로는 잡초 따위가 우거지고 해서 무너져 내려앉는다(그림 2.4). 무덤들은 한 세대를 넘어가는 시간 지속의 측정 잣대가 되며, 또 공간에 자리 잡음으로써 그 시간의 경과를 할당하기까지 하지만, 그럼에도 실제로 항구적이고 연속적이며 영원히 이어지는 것은 한 가지뿐이니 바로 동족이다.

마이크 로랜즈는 서구 사회에서 망자에 대한 기념물들이 어떻게 이런 무시간성의 관념을 맹목적 숭배 형태로 흔히 바꾸어 놓는지 지적하였다. 망자를 어떤 기념물로써 추념하려면 그 기념물의 형태를 무시간적으로 만들어야 한다. 그 기념물은 결코 '죽어서는' 안 되기 때문에 기념물의 양식은 멀고 아득한 과거를 담은 정체성을 메아리처럼 울려 퍼지게 해야 한다(Rowlands 1993). 심지어는 고고학적 유산 관리에서도 죽음, 붕괴, 일시성을 부정하는 현상을 찾아볼 수 있으니 옛 기념물들은 기품 있게 스러지도록 내버려둘 수 없으며 반드시 영구히 보존되어야 한다는 것이다.

신앙의 고고학

망자를 개념화하고 그들과 우리 사이의 관계를 개념화하는 일은 개개인 및 사회의 역사의식을 형성하는 데 결정적으로 중요하다. 인류학자 요하네스 파비안은 그의 학문 동료들이 다른 많은 문화의 장례습속에 대해서는 아주 상세한 연구 성과들을 많이 발표하면서도, 사람들이 필멸을 안다는 사실이 인간 조건에 어떻게 영향을 미치는지에 관해서는 왜 말할 거리가 거의 없는지 물었다(Fabian 1991: 187). 우리는 이 장에서 장송의례 및 관련 습속의 물질 잔적으로부터 인간의 존재 인식이 변화한 양상에 대한 지견을 어떻게 얻어낼 수 있는지 검토하고 있다. 나는 인류가 지난 1백만 년에 걸쳐 죽음을 초월하려고 추구한 방식들에서 일련의 경험이 변모한 양상을 식별해 낼 수 있다고 제안하는 바이다.

종교 신앙의 역사는 문명과 인류성의 진화라는 거대 담론에서 중심 무대를 차지한 적이 거의 없으며 그럼에도 인간 조건을 이해하려는 욕구—영혼의 양식에 대한 추구—는 음식과 재생산 성공 추구에 못지않게 컸다고 할 수 있을 터이다. 우리는 사회 변화를 이해하는 데서 유물론적, 기능주의적, 사회생물학적 진화 발전 모델들을 넘어설 필요가 있는데 이런 모델들에서는 이데올로기와 종교를 재생산 성공과 경제 자원 통제 및 그 이용을 보장하기 위해 기능하는 정당화 메커니즘에 지나지 않는다고 치부해 버린다. 이렇게 말한다고 해서 우리의 죽음 인식이 사회 변화에서 주된 동인이었다는 뜻은 아니다. 그보다는 만약 인간의 의식이 우리의 사회적 존재 및 실천에 의해 결정된다면 우리는 인간의 죽음 경험에서 일어난 변모들을 사회생활의 다른 측면에도 깊이 박혀 있었던 심대한 변화들로 인식할 수 있다는 말이다.

죽음 인식의 고고학 연구는 최초 호미니드 이래 일어난 인간 조건의 변화에 관해 현상학적 전망을 얻어낼 수 있는 잠재력을 갖고 있다. 우리는 단순히 생태학적 적응, 사회 복잡성의 진화 혹은 문명의 흥기 같은 추상화된 관념들이 아니라 인간의 필멸성과 죽음 초월에 관한 여러 가지 생각들이 지나온 과정들을 추적해 보려 할 수 있을 것이다. 우리가 인류사에서의 이런 대안적 측면을 짜맞추어내기 위해서는 장례 관련 물질문화—묘, 기념물, 망자 처리를 사회생활의 다른 측면에 연계하는 물질 연관물들—의 고고학적 이해에 크게 의존하게 된다. 또 지난 5천 년 동안에서는 이런 인간 이해의 변모를 초래하는 데서 그 자체로 가장 영향력이 컸던 유물들 중 일부인 문헌 원전, 역사 기록의 도움을 역시 받을 수 있다. 어떤 종교 전통은 말도 안 되게 유구한 발달사를 주장할 수도 있지만(자이나교는 신봉자들에 따르면 86000년 전에 생겨났다) 고고학자들은 그렇게 믿으려면 그러함을 말하는 물질적 흔적을 찾아내야 한다.

2. 장송의례와 인류성의 기원

죽음을 인식하고 또 우리 인간들 사이에서 그것이 일어났음을 표시하는 것은 추정컨대 우리 종에만 특유한 현상이다. 우리는 인간 조건의 이런 측면을 스스로 인식한다는 점을, 우리 존재 및 자의식의 바로 핵심에 있는 인류성이라는 것을 규정하는 기본 특성으로 간주할 수 있을 것이다. 볼테르에 따르면,

> 인간이라는 종족은 자기가 반드시 죽는다는 사실을 아는 유일한 종족이며 이 종족은 이를 오로지 그 경험으로만 안다. 혼자 자라 고립된 섬으로 옮겨진 아이라면 고양이나 식물과 마찬가지로 죽는다는 생각을 하지 못할 것이다.

우리는 죽음을 대면한 이런 존재 인식이 정말로 인간의 고유 영역이고 또 인류 진화 과정에서 우리 종이 그런 인식을 가리키는 자의식 수준을 발전시킨 순간을 식별해 낼 수 있을지 자문해 볼 수 있다. 이와 똑같이 부정할 수 없을 정도로 의도적인 장례습속의 등장이 의식, 상징 작용, 죽음 인식의 자각에 대해서뿐만 아니라 자아, 사회, 우주관의 구축에 대해서도 갖는 의미가 정확히 무엇이었는지 자문해 보아야 한다.

동물들은 죽음을 아는가?
인간의 죽음 인식은 우리가 이전에 우리 종과 다른 동물을 나누는 분수령으로 생각한 도구 제작, 도구 사용, 상징에 의한 의사 전달, 언어 같은 특성들처럼 다른 종과 다양한 수준에서 공유하고 있다.[1] 모든 동물들, 심지어 특성을 잘

---

1) 웃음은 아리스토텔레스가 2000년도 더 전에 인식하였듯 인간을 다른 동물과 구분시켜 주는 한 특성으로 여겨지지만, 침팬지와 여타 동물들이 각기 웃음에 가까운 나름의 표현을 갖고 있다는 표지가 있다. 자살은 차일드가 마치 자기를 보란 듯 지적한 대로 다른 한 가지 특성이다. 차일드는 Green 1981: 154에 인용된 작별 편지에서 "의도적으로 자신의 삶을 끝내는 것은 사실 호모 사피엔스를 다른 동물들로부터 구별 짓는 데서 심지어 망자의 의례 매장보다도 더 나은 기준이다"라고 하였다.

못 규정한 북극산 나그네쥐조차 죽음을 피하고자 하지만 자기 종에 속하는 다른 개체의 죽음에 깊은 영향을 받는 듯 보이는 종은 비교적 적다. 개, 갈가마귀, 오랑우탄, 거위, 침팬지는 모두 사별의 표시를 한다고 한다.[2] 다른 영장류에서도 어미-유아의 유대가 끊어지면 풀 죽은 기색이 나타나는 등 행동의 동요가 일어난다. 침팬지의 경우 어미가 죽으면 그 새끼들은 만사가 귀찮은 듯 무기력해지며 심지어는 신체 발달이 더뎌지기도 한다. 그래서 우리는 새끼 침팬지들이 어미의 죽음을 슬퍼한다고 말할 수 있을 것이다(Goodall 1986: 101~104; 1989). 제인 구달은 나무에서 떨어져 목이 부러져 죽은 어떤 수컷 성체 침팬지 때문에 다른 것들이 그 시신 둘레에서 격렬한 흥분과 근심을 표시하고 심지어는 시신에 돌을 던지거나 서로에게 공격적으로 행동하는 사례를 기록하였다(Goodall 1986: 320). 하지만 침팬지와 여타 고등 영장류가 아무리 우리와 생물학적으로 가깝다 할지라도 시신을 향해 복잡한 행동에 빠지는 일이라고는 전혀 없는 듯하며 그저 시신을 버리고 떠나가 버린다.

우리가 다른 동물에서 시신 처리에 대한 인간의 관심에 근접하는 것이 무엇이든 있는지 찾아내려 한다면 그 대상은 뇌가 가장 큰 육지 젖먹이동물들로 삼아야 할 것이다. 신시아 모스에 따르면 아프리카 코끼리에 관해 가장 이례적으로 여겨지는 사실은 그것들이 어떤 죽음의 개념 같은 것을 갖고 있는 듯한 점이다(Moss 1988: 270~271. 또 Joubert 1991도 참조). 그들은 묘지를 갖지는 않으나 사체에 대해 특정한 방식으로 실제 반응을 하며 심지어 자기 종에 속하는 놈의 햇볕에 바랜 오래된 뼈에 대해서도 그렇게 한다(반면 다른 종의 사체에 대해서는 무관심하다). 코끼리들은 코끼리 사체 앞에 멈추어 서서 그를 향해 코를 들이댄다. 이것들은 발과 코로 사체를 건드리고 때로 뼈들, 특히 머리뼈와 엄니를 들어 뒤집기도 한다. 모스는 코끼리들이 코끝을 엄니와 아래턱을 따라 문지르고 두개골 공동에까지 집어넣음으로써 그 개체를 알아보려고 애

---

2) Murray Parkes 1972: 58(Bowlby 1961: 328~331을 인용). Darwin(1872)도 이 현상을 논의하였다.

를 쓴다고 주장하였다. 그것들은 심지어 뼈를 들어 다른 곳으로 얼마간 옮기기도 한다. 모스는 한 사례에서 코끼리 한 가족이 어린 암컷의 사체 둘레에 모인 것을 보았는데,

> 그것들은 멈춰 서서 긴장을 하고 한동안 아주 조용해졌다가는 신경질적으로 접근을 하였다. 그것들은 냄새를 맡고 사체를 느꼈으며 자기 주위의 땅을 발로 차기 시작하였고 흙을 파서 사체에 뿌렸다. 몇 마리는 나뭇가지와 잘게 갈라진 종려나무를 부러뜨려 사체 위에 놓았다.

모스는 만약 그 코끼리들이 하늘을 지나간 비행기 때문에 놀라지 않았다면 아마도 사체를 거의 묻었을 것이라고 추정하였다. 그녀는 또한 코끼리들이 슬퍼할 줄도 아는 것이 아닌가 하였는데, 어미 대장이 죽은 뒤 집단이 해체되고 또 집단의 어린 새끼들이 죽은 후 암컷들이 집단에서 뒤처지고 여러 날 동안 무기력한 것을 보았기 때문이었다. 그렇지만 죽은 것에 대한 이런 명백한 관심은 감정이 아닌 다른 측면들에 유발되었을 수 있다. 예를 들어 자연선택의 관점에서 보았을 때 약탈 동물과 육식동물들이 코끼리 사체를 먹지 못하도록 묻는 것이 자신들에게 유리하기 때문이었을 수도 있는 것이다.

장송의례의 의미
물론 우리가 다른 종들과 의사소통이 제대로 안 되고 또 그들의 행동과 생각을 해석하는 데 원래부터 문제가 있기 때문에, 그들의 자의식에 대한 우리의 이해는 얕을 수밖에 없고 또 결론도 나지 않는다. 그러면 초기 인류들에 대해서는 얼마나 더 잘해 낼 수 있을까? 그들의 신체가 남긴 물리적 잔적과 그들의 활동이 남긴 희미한 찌꺼기들이 우리가 가진 전부이고 그 잔적은 가장 유리한 상황이라야 겨우 좀 남은 정도이다. 아마도 초기 호미니드의 '이해를 이해하는' 데서의 해석학적 문제점은, 우리가 부분적으로라도 상호작용을 하고 의사소통을 할 수 있는 동물들의 경우보다 훨씬 클 것이다. 우리를 가로막는

장애로는 구석기시대 잔적이 부족하다는 점뿐만 아니라 무엇이 장송의례를 구성하는지에 관한 우리 자신의 지적 선입견, 자민족중심 선입견 또한 들 수 있다. 예를 들어 어떤 고고학자가 야노마모 혹은 과야키 출신이라면 식인습속의 증거를 망자를 위한 정규적이고 의례화된 존숭행위의 결과물이라고 이해하는 반면 유럽 혹은 북미 출신 고고학자라면 땅속에 의도적으로 묻는 것만을 인정하려고 할 것이다.

고고학자들은 그간 상징, 의례, 종교의 기원 문제를 밝혀줄 망자 처리에 관한 초기 증거를 찾아내는 데 관심을 집중하였다. 어떤 이는 부장품 투입을 내세 개념, 심지어는 영혼 개념이 존재한 증거로 간주하였다. 이 중 후자는 연구자의 문화적·종교적 배경과 연관이 되기도 하는 논란이 많은 문제이며, 그래서 망자 처리가 죽음의 본질에 대한 정교한 인식과 그에 따른 인간 실존 인식을 바탕으로 자아와 사회적 존재라는 새로운 개념들을 어디까지 명확하게 표출하였을 것인지 탐구해 내려면 아직 갈 길이 한참 멀다고 할 것이다. 로저 그레인저는 죽음과 종교가 언제나 서로를 함축하는데 그 이유는 죽음이 "존재론적이고 신학적인 질문, 즉 산 자들의 기원과 목적에 관한 질문에 답할 것을 긴박하게 요구"하기 때문이라고 주장하였다(Grainger 1998: 54). 장송의례는 우리 자신의 궁극적 운명을 이해하는 데 바탕을 이루며 산 자들의 행위는 그 자신의 존재에 대한 의미 부여와 중대한 관계가 있으므로, 종교가 죽음에 의미를 부여하기보다는 죽음이 삶의 의미를 드러낸다고 해야 할 것이다(Grainger 1998: 66, 97).

죽음이 삶 바깥에 있는 사건으로서 궁극적이며 또 어떻게 해 볼 수 없는 성격을 지녔다는 현실을 인식하면 산 인간의 온갖 몸짓들, 즉 인간으로 살아 있다는 현실이 지닌 본래적 가치에 대한 믿음을 표명하는 갖가지 행위들의 의미가 분명하게 드러난다(Grainger 1998: 105).

그레인저는 장례가 정말로 지향하는 바를 인간의 공통된 존엄성, 인간다움에 맞갖은 찬양, 각 인물의 귀중함 및 가치의 천명, 망자를 공간과 시간 속에 위치지우는 존재의 이정표 설정, 산 자와 망자의 구분이라고 주장하였다. 그레인저는 이런 주제들이 부유하고 유명하며 사랑받은 사람들보다는 무시된 사람들의 죽음에서 가장 극명하게 드러난다고 주장하였다. 어떤 사람이 추적할 만한 친척이나 친구 없이 죽을 때야말로 장례가 정말 중요해진다(Grainger 1998: 128, 136). 시신 전시, 세력 과시 혹은 슬픔의 표시조차 없다. 떠나보내는 것은 한 인물도 아니고 한 공동체도 아닌 그냥 한 인간이다.

어떤 사람의 죽음일지라도 나를 줄어들게 만드니 그 이유는 내가 인류에 연관되어 있기 때문이다. 그러므로 결코 누구를 위해 조종을 울리는지 사람을 보내 알아보지 말라. 종은 바로 그대를 위해 울리는 것이니(존 돈(1572~1631), 『명상 *Meditation*』 제17장).

3. 중기 및 후기 구석기시대의 매장들

네안데르탈인들이 어떤 죽은 사람을 위해 처음으로 구덩이를 팠을 때, 더 이상 존재하지 않게 된 그 사람은 예전 못지않게 고찰할 수밖에 없는 대상이 되면서 우리가 지금도 죽음에 당면해 제기하고 있는 질문들을 만들어냈으니, 이것이 전부인가? 이는 무엇을 의미하는가? 왜 이것은 차가운가? 이는 나에게 일어날 수 있는가?(Lynch 1997: 24)

인류의 죽음 인식 발달과정에 대한 고고학자들의 최근 논쟁에서는 그 주제가 주로 지난 10만 년 안, 즉 중기 구석기시대와 후기 구석기시대 안에 위치한다. 중기에서 후기로 전환하는 6만 년 전부터 3만 년 전 사이의 시기는 그간 인류 문화 및 의식의 진화에 관련하여 '빅뱅'으로 묘사되기까지 하였다(Mithen 1996: 151~184. Botscharow 1989; Marshack 1991; Hayden 1993; 또 d'Errico 1995도 참조). 이와 달리 어떤 이들은 상징 행위에서의 커다란 변화는 그보다 늦게 지금부터 2

만 5천 년 전에서 2만 년 전 사이에 일어났다고 주장하였는데, 그 이유는 그간 후기 구석기시대로 연대가 측정된 74기의 매장 가운데 3기를 뺀 나머지 모두가 2만 5천 년 전부터 1만 2천 년 전 사이의 시기, 그에서도 특히 후반부에 속하기 때문이다(Lindley and Clark 1990: 239). 하지만 앞으로 보게 되듯이 아마도 이런 연대 모두는 인간이 자신의 죽음을 인식하였을 뿐만 아니라 망자를 위해 정교한 처리법 또한 고안하고 그래서 인간이 무엇인지와 자아에 대해 새로운 이해를 하게 되었으리라 추찰되는 중대한 순간을 너무나 늦추어 잡는 것이 아닌가 여겨진다.

중기 구석기시대 매장 논쟁

19세기 동안 네안데르탈 잔적이 다수 발견되기는 하였지만 당시의 고고학자 대부분은 호모 사피엔스 네안데르탈렌시스(해부학적 현대인 이전 인간)가 망자를 의도적으로 의례에 따라 매장할 수 있었다고 여기지 않았다. 1866년 벨기에 스피Spy에서 발견된 두 구의 네안데르탈 유골에 대해 의도적 매장이라는 주장이 제기되었지만 그래도 학자들은 1908년 프랑스 라 샤펠-오-생La Chapell-aux-Saints과 르 무스티에Le Moustier 유적에서 발견되기 전까지 네안데르탈인이 이 인간의 특성을 공유하였다고 확신하지 못하였다(Trinkhaus and Shipman 1993: 128~129, 177~178, 186~187).

르 무스티에의 잔적은 잠든 자세로 묻힌 유골이라고 서술된 반면 라 샤펠-오-생의 유골은 구덩이 혹은 묘 안에 동-서로 누워 있었고 머리는 서너 개의 커다란 긴 뼛조각들 아래 놓였으며 그 긴 뼈들 또한 소과 동물의 분리된 아래 다리뼈 밑에 놓여 있었다. 그 이후로 2백 개체가 넘는 네안데르탈 인골이 발굴되었고 그중 적어도 30구는 신체 자세 잡기, 묘 구축, 묘 안에 유물 및 동물 사체 일부 배치, 묘 둘레에 돌 배열 그리고 심지어 묘 안에 헌화를 한 형태의 매장습속 관련 증거를 갖고 있다고 간주되었다(Leroi-Gourhan 1975; Trinkhaus 1983; Peyrony 1934; Solecki 1971).

네안데르탈인이 그 망자들을 묻었다고 하는 데 대해 처음에는 극도의 논란이 있었지만 이런 관념—장송의례가 6만 년 전 네안데르탈인의 창안이라는 것—이 훨씬 뒤에 점차 받아들여지는 도중에 폭탄 두 발이 터졌다. 하나는 로 버트 가제트가 전형적 네안데르탈인 매장들 중 일부를 화석과정연구로써 재 평가하고 그 결과를 발표한 일이었다. 그는 이 모두가 자연적 사건의 결과로 설명될 수 있다고 주장하였는데, 그에 따르면 네안데르탈인들이 이런 동굴들 로 기어들어가 죽었다고만 하면 되니 그로써 망자를 의도적으로 안장하였다 는 어떤 증거도 부정하는 셈이다(Gargett 1989). 네안데르탈 매장들 중 그 어느 것에서도 그토록 많은 2만 5천 년 전 이후 후기 구석기시대 매장에서 발견된 정도의 신체 장신구가 나온 적이 없기 때문에 가제트의 극단적 추론은 일부 고고학자의 공명을 얻는 바가 있다. 그러나 그의 접근법에는 여러 가지 문제 점이 있다.

가제트의 연구에서는 그간 네안데르탈 매장으로 알려진 모든 표본들 중 많은 부분이 빠졌을 뿐만 아니라, 그런 특수한 주장을 하려면 이전 발굴자들 의 충분한 관찰 결과(프랑스 라 페라시La Ferrassie)를 기각하고, 묘혈을 자연 구덩이(이스라엘 케바라Kebara) 혹은 기존 구덩이(라-샤펠-오-생, 르 무스티 에, 라 페라시)라고 기각하고, 매장을 동굴 붕괴의 결과(프랑스 르가르두 Regardou, 이라크 샤니다르Shanidar)라고 기각하고, 부장품을 자연적으로 들어 간 것(우즈베키스탄 테쉭-타쉬Teshik-Tash, 샤니다르 4호묘의 꽃가루)으로 기 각할 수 있어야 한다. 가제트의 주장에 공감을 한 평자 한 사람은 샤니다르 4 호묘의 화분이 그의 주장과 달리 바람에 날려 들어간 것이 아니라 발굴 중에 인부의 장화에 묻어 들어간 것이라고 주장하기까지 하였다(Gamble 1989).

그 후 고고학계의 의견은 가제트의 최소주의 관점으로부터 등을 돌려버 렸다. 그의 주장은 왜 그처럼 많은 네안데르탈 잔적이 사체를 먹는 동물에 의 해 부서진 뼈들로 흩어져 나타나지 않고 전적으로 혹은 부분적으로 접합되어 있는지 설명하지 못하며 또한 여러 가지 증거와도 상충한다(Hayden 1993: 120~121). 샤니다르에서 나온 화분은 옛것이며 이른 여름에만 꽃이 피는 식물 들의 화분이다(이 묘는 가을에 발굴되었다)(Leroi-Gourhan 1989). 네안데르탈 매장들은 동-서향을 선호하는 강한 정향성을 보여주는데 이는 우발적일 가능성이 작다. 또 이스라엘 아무드Amud 동굴과 시리아 데데리예Dederiyeh 동굴에서 나온 좀더 최신의 명확한 증거가 있다. 아무드에서는 한 유아가 작은 구덩이 안에서 발견되었는데 분명한 부장품인 고라니 위턱뼈가 그 골반 위에 놓여 있었다(Rak et al. 1994). 데데리예 유아는 팔을 펼치고 다리는 구부린 채 바로 누워 있었다. 그 머리에는 석회암 판이 있었는데 이는 동굴 퇴적층에서는 아주 드문 암석 유형이며, 한편 묘를 채운 흙들 가운데 가장 깨끗한 층 속 유아의 가슴 부위에는 삼각형 플린트 조각이 놓여 있었다(Akazawa et al. 1995).

초기 장례 행위에 대한 고고학의 지식에 두 번째 충격을 준 것은 무가레트 에스-스쿨Mugaret es-skhul 동굴 출토 호모 사피엔스 사피엔스 매장들의 연대를 열형광 연대 측정법으로 재측정한 결과가 9만 6천 년 전에서 6만 6천 년 전 사이쯤으로 나오고 또 카프제Qafzeh 동굴의 다른 매장들에 대한 연대는 11만 5천 년 전에서 9만 2천 년 전 사이쯤으로 나옴으로써 이런 이스라엘에서 출토된 해부학적 현대인의 초기 매장들이 네안데르탈인의 연대보다도 더 오래 전으로 거슬러 올라간 일이었다(Stringer 1990. 또 Grün et al. 1990도 참조).

무가레트 에스-스쿨에서는 네 개체의 시신들(I, IV, V, VII)이 사지를 접고 구부린 자세로 의도적으로 배열되었던 듯하다(그림 7.1). 성인 남성인 스쿨 V는 바로 누웠는데 멧돼지 아래턱뼈가 팔 안에 놓였고 스쿨 IX는 소과 동물의 두개골을 갖고 누워 있었다(McCown 1937). 카프제 매장에서 카프제 II는 어린 이로, 노란 사슴의 두개골 위에 왼손을 놓고 있었고 목에는 그 뿔들이 가로질러 놓여 있었다. 카프제 IX는 젊은 성인의 매장인데 어린이 하나가 그 발을 가로질러 놓여 있었다(Vandermeersch 1970·1981). 비판자들은 멧돼지 아래턱뼈와 사슴 두개골은 스쿨 V와 카프제 II 매장 속으로 우연히 관입된 것이며 의도적 부장품이 아니라고 주장하였지만 이것들과 아무드의 위턱뼈—머리의 모든 부분들—가 우연히 관입되었을 확률은 높지 않으며 특히 그 묘들에서 나온 뼈가 주변 층 속의 동물 뼈들보다 훨씬 보존상태가 좋기 때문에 그렇다.[3]

아직도 논란의 여지가 있는 문제들이 남아 있다. 왜 모든 네안데르탈인과

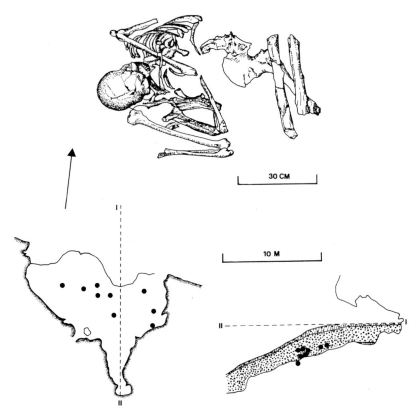

그림 7.1 아래는 무가레트 에스-스쿨 암벽 밑 은거지 유적의 발굴 평면 및 단면도(점들은 매장을 나타냄)이고 위는 멧돼지 아래턱이 공반된 스쿨 V매장이다. 무가레트 에스-스쿨 유적에서 출토된 7구의 부분 인골 및 다른 3구의 유해와 카프제 동굴 유적에서 출토된 15구의 인골은 해부학적 현대인의 소규모 공동묘지를 이루고 있다.

가장 이른 현대인의 매장은 동굴에서 나오며 야외 유적에서는 하나도 발견되지 않는가? 중기 구석기시대 동굴 퇴적층 상당수가 고고학적으로 발굴되었음을 감안할 때 왜 그중에 그처럼 상대적으로 적을까? 지금부터 3만 년 이전의 이런 초기 인간들이 묘 안에 잘 만든 석기들을 놓을 수 있었을 텐데도 왜 그 매장의 부장품은 동물 머리 부분 혹은 이상한 석기 유물에 지나지 않는 것일까? 정말 왜 망자는 자신의 신체를 장식할 장신구들을 가지지 않은 걸까? 왜 그처럼 많은 매장에서 사망 후 많은 뼈 부위들을 치워버린 듯 보이는 것일까?

---

3) Lindley and Clark(1990: 235)은 Stringer 1990과 대조적으로 이 뼈들을 부장품으로 보는 데 비판적이다.

후기 구석기시대 매장들

사람들이 죽음을 삶에 이어지는 상태라고 인식하였음에 의심의 여지가 없는 단계로 접어드는 것(다만 이렇게 말한다고 해서 그들이 죽음을 피할 수 없다거나 보편적이라고 인식하였다는 뜻은 아니다)은 지금부터 2만 8천 년 전에서 2만 5천 년 전의 후기 구석기시대 매장부터이다. 시신들은 명확하게 파낸 묘 구덩이 안에 놓였으며 부장품들이 통상 수반되는데 그중 다수는 시신이 착용한 장신구였다(Harrold 1980; May 1986). 모스크바 근처 숭기르Sunghir(28000년경 BP)와 체코 공화국 돌니 베스토니체Dolní Věsonice(28000~26000년 BP)에서 발견된 매장들은 정말로 이례적이다.

숭기르의 매장들 중 하나(그림 7.2)는 두 아이(하나는 여성이고 다른 하나는 남성일 가능성이 크다)를 합장한 것인데 만 개가 넘는 상아 구슬, 매머드 엄니 핀, 원판, 치레걸이, 매머드 엄니 조각상 하나, 여우 이빨 벨트, 뿔 방망이들, 붉은 적철광 가루가 묻은 마연한 인간 대퇴골, 바르게 편 매머드 엄니로 만든 창들을 갖고 있었다. 다른 매장은 늙은 남자의 매장으로 그에서 출토된 수천 개의 상아 구슬은 모자, 튜닉, 바지, 모카신을 장식한 듯하며 그래서 머리끝부터 발끝까지 치장한 구석기시대의 '진주조개 단추의 왕'이라 불린다(McBurney 1975).

돌니 베스토니체의 3인 매장

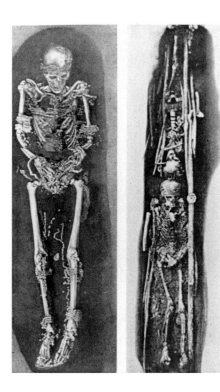

그림 7.2 모스크바 근처 숭기르에서 드러난 가장 잘 보존된 두 매장이다. 왼쪽 사진에서 구슬들이 성인 남성의 두개골 둘레를 치장한 모습을 볼 수 있다. 오른쪽 사진의 두 어린이가 합장된 매장에서는 그 오른쪽에 커다란 상아 창들이 보인다.

에도 그 시기의 다른 매장들처럼 적철광 가루를 놓았는데, 이 사례에서는 한 여자 좌우에 매장된 두 남자의 머리와 한 남자의 손이 놓인 그 여자의 샅에 적철광 가루가 놓여 있었다(그림 7.3). 묘 안에서는 탄화된 나무 조각들이 발견되었는데 구멍이 뚫리지 않은 조가비들과 구멍이 뚫린 늑대 및 여우 이빨들이 같이 있었다. 이 세 인물은 아주 특이한 장면을 연출하고 있었는데 발굴자가 언급하였듯이 영원한 삼각관계를 암시한다. 즉 여자는 자기 왼쪽의 남자를 바라보고 그 남자는 그녀 반대편을 바라보며 오른쪽 남자는 그녀를 바라볼 뿐만 아니라 손을 뻗어 그녀의 국부에 대었다. 여자는 더욱 괄목할 만한데 왜냐하면 척추가 변형된 것으로 보아 생전에 돌아다닐 수 없었을 것이기 때문이다 (Klima 1987a, 1987b).

　이 매장들과 여타 후기 구석기시대 매장을 보노라면 그보다 이른 중기 구석기시대의 매장들을 이해하는 데 개재된 몇 가지 문제점이 부각된다. 첫째로 그 수가 적은 점으로 보건대 중기 및 후기 구석기시대 모두에서 땅속에 사람을 매장하는 일은 아주 특별하였을 가능성이 크고 그래서 틀림없이 아주 이례적이었던 인물이나 상황에 한해 베풀어진 소수의 의례였다는 사실에 주목하게 된다. 샐리 빈포드가 말하였듯이 우리가 '매장'이라는 말을 의도적 장례 처리를 뜻하되 반드시 위를 덮은 묘 안 유해 안치를 뜻하지는 않는 의미로 쓴다면 네안데르탈인 잔적 대부분은 매장으로 간주될 수 있다(Sally Binford 1968: 141). 당시 사람들 대부분의 시신은 산 자들의 영역에서 보이지 않도록 치워버리거나 완전히 제거해 버리기보다는 아무런 흔적을 남기지 않는 모종의 다른 방식으로, 추정컨대 땅 위에다 그냥 놓는 방식 등으로 처리되었음이 분명하다. 중기 구석기시대 인골 대부분이 조각이 나고 부분만 남은 점은 숭기르 묘에 든 '대퇴골 유물'과 함께 생각해 보면 사람이 죽은 뒤 뼈들을 분리하여 흩는 일련의 의례가 베풀어졌음을 암시한다. 케바라 2굴의 성인 남성은 두개골이 제거되었지만 그의 아래턱뼈와 설골舌骨은 교란되지 않고 남아 있었다(Bar-Yosef et al. 1992). 다른 사례들은 두개골을 제거(라 페라시 6호, 카프제 VI)하고 살을 발라내었을 가능성(스쿨 I)을 시사한다(Smirnov 1989). 스미르노프는

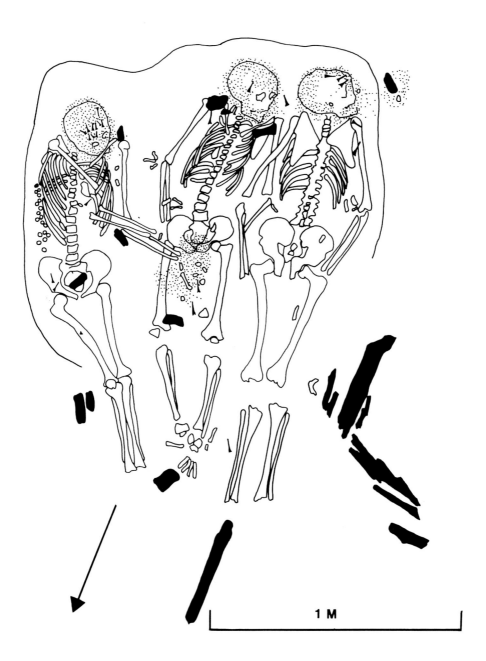

그림 7.3 체코 공화국 모라비아의 돌니 베스토니체에서 드러난 이 3인장은 성공하지 못한 분만을 상징한다고 여겨진다. 여자는 두 남자 사이에 누워 있다. 이들은 머리에 적철광 가루(점들로 표시된 것)가 놓여 있었고 여자의 경우는 샅에도 있었다. 이들은 이빨 치레걸이, 상아 구슬, 조가비들로 치장하고 있었다. 검은색은 탄화된 나무로 묘 뚜껑으로부터 생긴 것으로 추정된다.

중기 구석기시대에 죽은 이들의 뼈를 조작하였다는 사실이 정교한 매장 처리 정형을 반영하며 이는 비교적 복잡한 사회적 관계와 종교적 개념화를 전제로 한다고 주장하였다(Smirnov 1989: 223).

중기 구석기시대의 매장이 동굴로 국한된 이유는 분명하지 않지만 이 시기의 잘 보존된 야외 점유 유적을 발굴한 적이 없기 때문에 그럴 수도 있다. 갈릴리 호수 호반의 오할로Ohalo II 후기 구석기시대 야외 점유 유적 가까이에서 19000년 전의 얕은 매장 한 기를 발견한 일은 이 문제를 예로써 보여준다. 즉 구석기시대 묘들은 전반적으로 아주 깊게는 파지 않았으며 그래서 그 후 오랜 기간이 지났음을 감안할 때 그런 퇴적층들이 전면적으로 깎이고 잘려 나가기 십상이었을 것이다(Nadel 1995: 2~3). 이 연대 이전의 장신구가 없는 점에 대해서는 중기 구석기시대 사람들이 옷을 입기는 하였다고 추정할 수 있지만 그 옷의 부속구나 장신구를 내구성 강한 재질로 만들지 않았던 때문으로 보인다. 그들은 매장에 동물의 신체 부위들을 썼지만 동물 뼈들을 의미가 있을 정도로 변형하여 장신구와 장식품으로 만들지는 않았다.

4. 전기 구석기시대: 시신 정식 안치와 식인습속?

해부학적 현대인 이전의 인간들, 특히 옛 호모 사피엔스(네안데르탈인 및 현대인의 선구들)의 능력에 대한 많은 사람들의 개념은 근년에 세간을 떠들썩하게 한 사건들이 일어남으로써 크게 바뀌었다. 이제 많은 고고학자들은 그들이 그저 야만적이었고 형편 따라 동물 먹을거리를 약취하면서 산 존재가 아니라 사전에 계획을 세운 솜씨 좋은 사냥꾼이었다고 주장한다. 우리는 전기 구석기시대 후반 단계(800,000~150,000년경 전)의 호모 에렉투스와 옛 호모 사피엔스가 지금까지 상상했던 것보다 훨씬 발달된 존재들이었다는 흥미진진한 암시들을 본다. 독일 쇠닝겐Schöningen에서는 가문비나무를 잘 깎아 만든 완전하게 균형 잡힌 8점의 나무 투창이 약 400,000년 전의 연대를 가진 다른 전기 구석기시대 유물들과 공반 발견된 바 있다(Dennell 1997). 영국 복스그로브

Boxgrove에서는 야생말의 어깨죽지뼈가 약 500,000년 전으로 연대가 측정되는 옛 인간 활동구역 안에서 발굴되었는데 그 뼈에는 아마도 나무 투창 때문에 생겼을 작은 구멍이 뚫려 있음이 드러났다(Pitts and Roberts 1998: 257~261).

아타푸에르카 동굴들

복스그로브의 인간 잔적은 겨우 정강뼈와 몇 개의 이빨로 이루어져 있지만 스페인 시에라 데 아타푸에르카Sierra de Atapuerca의 동굴 유적들에서는 놀라운 인골 두 군집이 나왔는데, 하나는 그란 돌리나Gran Dolina 동굴에서 나온 780,000년 전의 것들이고 다른 하나는 라 시마 데 로스 우에소스(La Sima de los Huesos, 뼈 구덩이라는 뜻)에서 나온 300,000~200,000년 전 것들이다.[4] 우리의 흥미를 끄는 점은 30만 년 된 인골이 적어도 32개체 분이라는 아주 많은 양일 뿐만 아니라 깊은 동굴 체계 안에 놓인 놀라운 상황이다.

라 시마 데 로스 우에소스의 뼈 대부분은 오늘날 수직 갱도의 13m 깊이 아래 경사로 기저부에 위치한 한구덩이 혹은 수평 갱도에서 발견되었는데 이는 아마도 옛날부터 그 자리에 있었을 것이다(그림 7.4). 이 수직 갱도의 깊이를 감안하면 동물이나 사람들 모두 그 밑바닥의 구덩이에서 살지 않았다고 가정할 수 있다. 도구나 생활 쓰레기도 없다. 일부 동물뼈—곰 뼈—가 경사로에서, 그리고 다른 동물들의 뼈가 구덩이 안의 인골들 위에서 발견되었는데 인골과 섞이지는 않았다. 인골들에는 육식동물이 갉은 흔적이 없었다. 이런 증거는 이곳이 동물 소굴이 아니라는 것, 즉 포식자들이 죽은 사람들을 이곳으로 끌고 들어온 것은 아니라는 점을 시사하였다. 곰의 수가 적은 점에 대해서는 그것들이 수갱 안으로 굴러 떨어졌다는 설명을 할 수가 있겠다.

인골들은 그저 수갱 안으로 던져지지는 않았는데 그 이유는 그것들이 구덩이 안에서만 나왔지 그에 이르는 경사로 위에는 없었기 때문이다. 골격들은

---

4) Arsuaga *et al.* 1997. 그란 돌리나의 연대가 780,000년 전이라는 것을 누구나 받아들이지는 않는다. Pitts and Roberts(1998: 280~283)는 이를 복스그로브와 동시기인 500,000년 전쯤으로 여긴다.

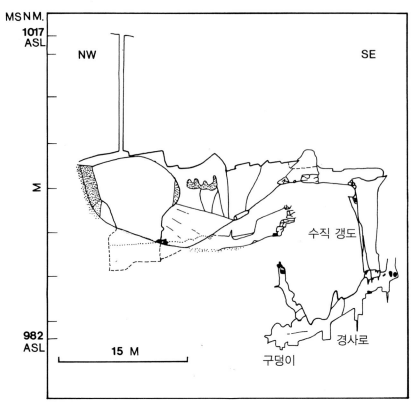

그림 7.4 아타푸에르카의 동굴 체계를 가로지른 단면도로 그 바닥 부분에 라 시마 데 로스 우에소스가 있다. 구석기시대 인골들을 발굴하려면 여러 가지 문제에 부딪친다. 라 시마 데 로스 우에소스의 동굴 수갱 바닥 방에서는 매일 몇 시간만 작업을 해도 공기가 혼탁해진다.

관절이 이어진 상태는 아니었지만 퇴적 장소로부터 멀리 이동된 것은 아니었다. 이로 보건대 위의 동굴 구역에서 인간 '쓰레기'를 단순히 제거할 요량으로 구멍 아래로 시신을 아무렇게나 던져 넣지는 않았던 것이다.

　　그러면 그것들은 어떻게 해서 거기에 있게 되었을까? 최악의 구석기시대 판 '무조건 내 지도자를 따른다'가 그 원인이었을 것이라는 주장을 할 수도 있으니 열 살 이하 어린이 세 명을 포함한 일단의 사람들이 수갱으로 굴러 떨어져 그곳에서 죽었다는 것이다. 이의 대안으로는 만약 어설픈 사람 다수가 불운하게도 수년에 걸쳐 하나씩 떨어졌다면 곰들과는 달리 누군가 구해 줄지도 모른다 싶어 각자 경사로에서 구덩이 안으로 기어 내려가 얼마간 살아 있다가 죽었음에 틀림없다는 설명을 할 수 있다. 발굴자들로서 가장 마음이 이끌리는 설명은 이 시신들의 개체 수가 많은 점으로 보아 일시에나 일정 기간에 걸쳐 의도적으로 안치되었다는 설명이다. 그러면 이는 정식 장례습속에 관한 증거를 제공하는 폐기 활동으로는 세계에서 가장 이른 사례가 될 수 있다.

장송의례로서의 식인습속

아타푸에르카 유적은 지금까지 유일하며 또 설사 그것이 다시금 중기 구석기시대 동굴 매장들처럼 시신을 정식 안치한 것이라 할지라도 당시의 지배적 장례습속을 말하는 예라고 하기는 극히 어렵다. 아타푸에르카의 다른 유적인 그란 돌리나 동굴에서 나온 78만 년에서 70만 년 된 뼈들은 약 80개체를 헤아린다. 뼈 다수는 자른 자국들로 뒤덮여 있으며 같은 퇴적층에서 나온 도살된 다른 포유동물의 뼈들과 똑같이 쪼개어지고 처리되었던 듯이 보인다. 이는 그것들에서 살을 바르고 잘라낸 양 생각되기에 발굴자들은 식인습속으로 해석하였다(Bermudez de Castro *et al.* 1997).

이 지질시대 제4기 중반에 속하는 세계 다른 지역의 30개소가 갓 넘는 주요 발견 유적에서 출토된 인골 조각들 가운데 자른 자국을 나타내는 사례로는 독일 빌징스레벤Bilzingsleben 유적에서 출토된 40만 년 된 옛 호모 사피엔스 두개골 조각들과 에티오피아 보도Bodo 유적에서 출토된 호모 에렉투스 두개골이 있다(그림 7.5). 팀 화이트에 따르면 30만 년 전으로 연대 측정된 보도 두개골의 바깥 면에 난 자른 자국들은 틀림없이 뇌를 꺼내느라 생긴 것이며, 그는 옛 사람들이 이 뇌를 식인습속 식사의 한 부분으로 먹었을 것이라 여기고 있다(White 1986). 어쩌면 이 초기 인간들은 누구든 낯선 이가 지나가면 그저 먹을거리로 서로 다투어 사냥하거나 약취하였을 수도 있다.

비슷한 식인습속 해석은 오래 전에 중국 베이징 근처 조우코디엔周口店 동굴의 역석과 재 퇴적층으로부터 호모 에렉투스의 뼈들이 수습되었을 때 처음으로 제기되었다. 긴 뼈들은 안의 골수를 꺼내려고 한 듯 깨져 있었고 또 많은 뼈들이 불타고 부러져 있었다. 그렇지만 이 북경원인에 대한 식인습속 주

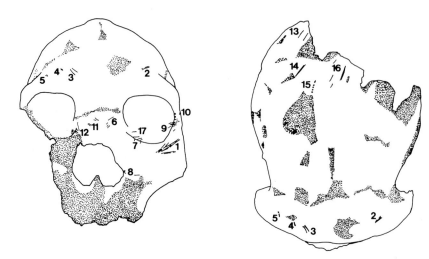

그림 7.5 보도 두개골의 앞과 윗부분에 난 17개소의 자른 자국들을 표시한 그림. 점들은 후대의 표면 손상 부위를 나타낸 것이다.

장은 최근의 화석과정 연구로 신빙성을 상실하게 되었다(Binford and Ho 1985: 415~416; Binford and Stone 1986: 468). 이제 45만 년 전부터 35만 년 전 사이에 인간들이 그 동굴을 간헐적으로 점유하는 동안 하이에나가 또한 소굴로 쓰면서 인간 뼈들을 씹어댄 바람에 인간 잔적에 손상이 생겨 식인습속의 결과인 듯, 그래서 인간 활동의 소산인 듯 오인하였음이 밝혀진 것이다.

북경원인을 누가 혹은 무엇이 먹었든 아타푸에르카, 보도(그리고 아마도 빌징스레벤)에서 나온 다른 발견물들은 옛 호모 사피엔스 및 그와 연관된 호미니드들의 의도적 사후 처리, 어쩌면 식인습속을 나타내는 좋은 표지들이 될 만한 듯하다. 이런 발견 유적이 수는 적지만 그처럼 넓은 폭의 시기(80만 년 전부터 15만 년 전 사이)에 속하는 인골들이 나온 모든 유적 가운데 중대한 비율을 차지한다는 점은 살을 발라내는 행위가 널리 퍼져 있었을 수 있음을 시사한다. 만약 이런 흔적들이 식인습속에서 비롯되었다면 우리는 정말로 가장 중요한 질문을 떠안게 되는 셈이다. 나이젤 발리의 말로는 "옛 사람들이 서기전 40만 년에 인간의 긴 뼈 및 두개골을 쪼개어 열었다면 우리는 그가 고인을 기리는 장송의례를 베풀거나 원시 식인 행위를 하고 있었다고 보아야 할

까? 물론 이 둘은 똑같은 것이다. 일단 인류로의 선을 이미 넘었기에 망자를 먹는다는 것은 그들을 묻는 것과 똑같은 의례 행위이다. 양자 모두……동료 인간이 살로 이루어져 있다는 문제를 문화적으로 처리하는 다른 방식들에 지나지 않기 때문이다(Barley 1995: 14)."

고등 영장류와 기타 대형 포유동물은 대개 그 사체를 먹지 않는다.[5] 그럼에도 이 뼈들에는 왜 자른 자국이 있을까? 이것들은 아마도 의도적이 아닌 우발적 결과이며 또 살이 썩어 없어진 이후 생겼을 것이다. 살을 발라내었다고 해서 반드시 먹었다고 할 수 없다는 논리로 전기 구석기시대 식인습속 주장을 배격한다 해도 여전히 여러 가지 의문이 남는데, 이를테면 우리는 이런 자른 자국들이 왜 생겼는지 설명해 내야 한다. 그 자국들은 대부분의 사례로 보면 시신에서 살을 발라내는 과정과 합치하는데 이는 다른 종에서는 벌이지 않는 활동이다. 그래서 우리는 제4기 중반의 초기 호미니드들과 어쩌면 그보다 이른 호미니드들이 인류로의 선을 이미 넘었는데도 망자의 살을 발라내었다면 이를 정식 장례 처리, 그로써 함축되는 자의식·의례·상징 활동의 발달 현상으로 간주할 수 있는지 숙고해야 하는 셈이다. 이런 인간의 특성들은 일부 학자가 생각하듯이 정말 6만 년 전부터 3만 년 전의 시기에 늦게야 등장한 것인가, 아니면 그보다 훨씬 일찍 지난 1백만여 년 전 사이에 나타난 것인가? 인간 문화의 어떤 특성들, 특히 유물 및 동굴 벽에 나타낸 미술 표상, 개인 장신구, 정교한 사냥 기술, 복합적 도구 기술은 후기 구석기시대가 시작될 때까지 꽃을 피우지 못하였음에 의심의 여지가 없다(White, R. 1982·1992·1993). 그럼에도 쇠닝겐 및 복스그로브 유적의 발견 사항들은 인간들이 상당히 일찍부터 아주 복잡한 존재였음을 예시한다.

우리는 앞으로도 오랜 기간 동안 이런 주제들에 대해 논란을 거듭할 것임에 틀림없지만 내가 보기에 호모 에렉투스와 옛 호모 사피엔스는 우리가 아무리 신중히 생각해도 우리를 좀더 많이 닮았다. 그들의 끔찍한 사후 처리 방식

---

5) 식인습속에 관한 좀더 자세한 논의는 본서 제3장을 참조.

은 죽음을 인식하였음을 예증하며, 그런 인식에 수반된 자의식, 상징 행위 발달, 한 삶을 마무리하는 의례를 함축하는 의도적이며 의미심장한 행위였다.

5. 기념 건축의 탄생

숭기르의 매장 두 기 같은 사례는 우리의 흥미를 이중으로 끈다. 첫째, 이것들은 땅속으로 크고 깊이 파들어 간 묘혈을 갖고 있다. 둘째, 망자는 깜짝 놀랄만큼 많은 부장품들을 갖추었다. 제4장에서 검토한 귀속 지위 및 획득 지위의 이론에 따르면 그런 유물들이 어린이와 공반된 사실은 그들이 군장사회와 대등하게 복합적이며 계서가 세습되는 위계적 사회의 성원이었음을 암시할 수 있는데, 다만 이 후기 구석기시대의 사회·경제적 행위에 관한 다른 모든 증거는 이동성 수렵채집 사회로, 사회진화의 견지에서 볼 때 군장사회가 아닌 평등한 유단 유형 사회였음을 가리킨다.

망자가 착용한 '진주조개 단추로 장식한 옷'은 일상의 옷은 아니었을 것이다. 매머드 엄니 투창도 그와 똑같이 어린이가 던지기에는 너무 크고 또 아마도 투척용으로 쓰기에는 너무 무거웠을 것이다. 그 대신 우리가 보는 그 장신구, 복식, 무기류는 특별하고도 의례적인 의미를 지녔을 것이다. 2만 8천 년 전 즈음의 숭기르 사례는 오늘날 전 세계적으로 강박 현상처럼 되어 버린 그 무엇, 즉 망자를 담을 용기를 구축하기 위해 자원을 동원하고 또 이와 연관하여 현세의 실용성을 넘어서는 이유들 때문에 그보다 더 많은 자원을 소비하는 습속, 한 마디로 하면 상당한 노력을 기울이고 과시를 하는 습속이 어렴풋이나마 시작되었음을 나타낸다고 보아도 무방할 것이다.

우리가 가장 이른 기념 건축물이라고 부를 만한 사례는 지금부터 1만 년 전쯤 세워졌다. 하나는 예리코Jericho 유적의 가장 이른 퇴적층에 있는 높이 8.2m에 지름 9m의 석조 망루로서 선先토기 신석기시대 A기(PPNA라고 줄여 말함) 동안 축조되었다(Kenyon 1981)(그림 7.6). 다른 하나는 잉글랜드 남부에 있는데 소나무 등치들로 이루어진 열의 잔적으로 등치 각각은 지름 1m에 근

접하며 5천 년 뒤 스톤헨지가 설
자리와 가까운 구덩이들에 세워
졌다(Burl 1979b; Allen(Cleal *et al.*
1995 중)).

　아마도 모든 사회는 그간
자연 기념물—폭포, 산, 나무, 호
수 등—이 있는 세계 속에 살았
으며 그런 기념물들은 자연, 초
자연, 조상의 힘들이 만들어낸
것이어서 무언가 외경심을 불러
일으킨다고 인식하였을 것이다.
우리는 만약 옛 사람들이 '자연'
기념물과 사람들이 인공적으로
구축한 기념물이 둘 다 동일한
실체들에 의해 생겨났다고 여겼

그림 7.6 예리코의 PPNA기 석조 망루. 내부 계단의 꼭대기를 두 작업 인부 사이에서 볼 수 있으며, 최초 읍의 성벽 일부가 오른쪽 아래에 보인다.

다면 그 사이의 차이는 중요치 않다고 생각할 수도 있다. 그럼에도 아주 중요
한 차이가 한 가지 있으니, 둘 다 세상 속 지형지물과 사람 마음속 지형지물로
존재하기는—또 언제나 존재하였다고 말할 수 있다—하지만 구축된 기념물은
인간 행위의 산물, 즉 특정한 사람들이 그 기념물뿐만 아니라 그것을 세운 행
위 자체를 앞으로 올 세대들이 기억하고 회상하도록 기존 세계에 개입해 그를
변화시킨 결과라는 점이다.

　기념 건축의 개시는 어떤 면에서 인간 조건의 현저한 변화를 나타낼 수도
있으니 사람들이 세상을 있는 그대로 물려받지 않고 그것을 적극적으로 고치
고 변화시키려 한 것이다. 인간은 자기 주변 자연력들의 한 부분이 되어 그 환
경의 형성에 방향을 제시한다. 오늘날 우리는 자연 세계를 변화시켜야 한다는
충동을 당연한 것으로 바라고 또한 받아들이며, 전례 없는 규모로 일어난 그
결과들과 더불어 살고 있다.

스톤헨지 나무기둥들은 수렵채집민이었던 중석기시대 사람들이 세웠으니 이는 단지 농업인들만이 사회 복잡화에 따라 인간의 크기가 시시해 보이는 극적 대건축물을 세운 것은 아니라는 점을 잘 인식시켜준다. 예리코 망루는 농사를 지었을 뿐만 아니라 사냥을 하고 채집도 하였던 사람들이 세웠다. 우리는 솔즈베리 평원의 그 수수께끼 기둥 열보다 이 망루의 정황과 용도에 대해서 훨씬 많은 이야기를 할 수 있다. 첫째, 가옥 및 기타 구조물을 돌로 원형 혹은 반원형으로 짓는 전통은 예리코 망루에 앞서 약 12800년 전 나투프 문화기가 시작하는 시점까지 거슬러 올라간다. 둘째, 이 망루 안에는 계단을 가진 통로가 있는데 발굴자들은 망루가 처음 축조된 후 500년이 지난 뒤에 그 안에 12구의 인골이 안치되었음을 발견하였다. 어떤 이들은 그간 이 망루가 순전히 방어용이며 여호수아의 나팔이 결국 무너뜨린 그 유명한 도시 성벽의 첫째 요소라고 생각한 반면 좀더 최근에는 공공 저장 및 의례 활동과 연관된 것이라고 여긴다(Bar-Yosef 1986; Kenyon 1981). 이 거대한 망루는 그 목적이 무엇이었든 예리코의 성벽에 합체되었으며, 망루가 지어진 후 5천 년 동안 수백 세대에 걸쳐 그 장소에 지속적으로 살았던 이들이 쓴 진흙 벽돌들이 해체되면서 결국 그 속에 묻히고 말았다.

6. 조상 세계의 구축

근동에서는 후기 구석기시대와 그에 이어지는 후구석기시대라는 시기의 초기에는 인간 잔적이 아주 드물지만(7구의 골격과 그 외 21개체(?)의 뼈들) 그 다음의 나투프 기 유적들에서는 그간 4백 기 이상의 매장이 발견되었다. 나투프 매장들은 동굴 및 야외 취락과 밀접하게 연관되어 있다. 나투프 매장들은 묘 안 돌 덧댐, 시신 배치 및 자세, 묘당 매장인 수, 시신의 교란 혹은 비교란, 부장품 투입 및 신체 장엄에서 엄청난 다양성을 보여주며 그래서 나투프 사회가 계서를 가졌는지 아니면 비교적 평등하였는지를 둘러싸고 오랫동안 논쟁이 지속되었다(Wright 1978; Henry 1985・1989; Belfer-Cohen 1995; Byrd and

Monahan 1995). 현재로서는 그 매장들이 사회 성층화의 증거가 되지는 않지만 그럼에도 그 정교한 처리 양태는 그것들이 복잡한 의례의 핵심에 있었음을 가리킨다(Belfer-Cohen 1995; Kuijt 1996).

취락 밑에 매장이 집중된 데 대해서는 이 나투프 공동체들이 그 앞 수천 년 동안 이 지방에 살았던 구석기시대 선조들과는 대조적으로 정주성을 점점 더 키워나간 때문이라고 하면 부분적으로 설명이 될 수 있다. 농업이 이 시기에 탄생하였으니, 이안 호더는 집안, 집 밑, 취락 안 구덩이 및 묘에 매장과 인간 잔적을 안치한 점은 동물과 작물뿐만 아니라 사람들까지도 '순화 domesticating'하는 데서 집이 가진 상징적 중요성에 관심이 커진 점과 관련될 수 있다고 주장하였다(Hodder 1990). 그렇지만 정교한 처리를 하고 적절한 묘구덩이를 파며 산 자들의 공동체 밑에 망자를 보관한 행위 이면에는 그보다 전적으로 훨씬 중요한 측면이 있을 것이다. 그것은 인간 경험의 역사에서 우리가 처음으로 보는 현상이라 할 수 있는 조상 세계의 명시적 구축이다(Amiran 1962; Bienert 1991; Kenyon 1957; Kuijt 1996).

조상 숭배: 망자와 더불어 살기

사람들이 자기 부모, 조부모 그리고 그 윗대를 상기한다는 기준으로 보면 조상들과 더불어 살기는 아마도 전기 구석기시대 이래로 줄곧 인류의 한 특성이었을 것이다. 그럼에도 그 관계를 조상 숭배라 부를 수 있는 것으로 공식화하는 데는 일정한 특징들이 필요하다. 첫째, 임시적 성격의 삶과 대비될 수 있는 죽음의 영구성에 대한 인식—그리고 그에 관련된 표현—이 반드시 있어야 한다. 둘째, 초자연적 존재와 조상들의 힘에 연관된 일단의 믿음들이 존재해야 한다. 어떤 사람들, 대개 연장자나 의례 전문가들이 흔히 특정 시간과 장소에서 조상 영들의 세계와 접촉할 수 있는 능력을 갖게 마련이다.

대부분의 조상 신앙에서 산 자와 망자는 둘 다 태양과 달, 아니면 다산성이나 자연 요소 등 좀더 추상적인 실체 같은 더 신성한 힘들에 종속이 된다. 산 자와 이런 신성한 힘들 사이에 존재하는 것으로 되어 있는 영의 세계는 나무, 언덕, 흙, 돌 그리고 다른 자연 지세의 영들 또한 포괄할 수 있다. 조상들은 산 자들로부터 떨어져 산다고 여기거나 흔히 망자를 위한 실제 집이나 가상의 집을 차지하고 있다고 여길 수 있다. 많은 조상 숭배 사회에서는 조상 집단을 기리기 위해 정교한 기념물들을 짓는다. 개개 조상은 이와 대조적으로 작은 상들로 표현되는데, 이것들은 각 개인을 시신으로부터 조상으로 변환시키는 장송의례 동안에만 짧게 통용된다. 조상 숭배는 지역 단위로 이루어지며 농경 공동체들의 특징인데, 이 공동체들은 산 자들 사이의 단합을 필요로 하는 계절별 공동 노동력 동원을 기반으로 한다.

근동에서 농경이 탄생할 때인 1만 2천 년 전부터 1만 년 전 사이에 목격된다고 여겨지는 바는 인간이 망자를 산 자들에게 물질로 나타내 보이는 데 집착하는 현상이 처음 시작된다는 것이다(Wright 1988 참조). 우리는 이런 물질 표현에 망자가 산 자들의 세계에 어떻게 해서든 영향을 미치며 활동하는 초자연적 존재라는 정신적 관념이 수반되었는지 확신할 수 없지만 그럴 가능성은 다분하다. 조상의 물화는 그보다 수천 년 전에 이미 개시되었을 수도 있다. 아주 간단히 말해 나투프 문화기와 그에 후속하는 PPNA기에는 조상들이 아주 다양한 물질 습속 및 신체 활동의 중심이었음을 가리키는 여러 가지 보강 단서들이 있다. 지방에 따라 장례 행위에서 큰 차이가 있다는 사실은 다양한 조상 숭배의 존재를 암시하는데, 이는 사람들이 그리고 그 조상들이 자신이 살다가 죽은 특정 지점에 점점 더 깊이 연계되고 있었다는 사실을 감안하면 하등 놀랄 일도 아니다. 이런 장소들 가운데 하나인 말라하Mallaha(에이난Eynan)는 연대가 1만 2천 년 전쯤으로 공동묘지 두 개를 가진 대규모 취락이었다. 이 공동묘지들 중 하나에는 적어도 12명의 여자, 남자, 어린이 매장이 들어 있었다. 그런데 그 매장들 위에는 지름 8m인 커다란 반원형 돌담 구조물이 지어져 있었다. 발굴을 하였더니 오랜 기간 사용하면서 지어진 일련의 생활 바닥 층과 화덕들이 드러났다. 이는 아마도 지붕을 가진 건물이었을 터인데 그것을 같은 장소에 짓고 또 짓고 했다는 사실은 그곳이 특별한 장소였음을 나타내면서 그에 산 점유자들과 그 밑에 묻힌 망자들을 연계하였음을 시사한다(Boyd 1995).

두개골과 살아 있는 망자들

가장 설득력 있는 조상 숭배의 증거는 나투프 기 말기와 PPNA기(1만 1천 년 전 ~9천 3백 년 전)에서 발견되는데 그때는 어린이와 성인의 장례 처리 절차가 점점 더 크게 구분되고 있었다. 죽은 어린이는 조상이 되는 데서 대개 배제되었는데 그 이유는 그들이 자손을 낳지 않아 세대를 넘어 존재할 끊이지 않는 사슬을 유지하는 데 동참하지 못했기 때문이다. 이런 구분은 나투프 기 말기에는 이미 분명하지만 특히 바로 PPNA기 동안에 가장 명확해진다. 어린이의 시신은 그대로 묻혔지만 성인들은 하나같이 두개골을 제거하였다(그리고 때로 아래턱을 그리하였다)(그림 7.7). 예리코 같은 유적에서는 어린이 두개골도 제거한 사례가 소수 있지만 그 외 유적들에서는 이는 성인들만을 위한 시신 처리 방법이었다.

부장품은 취락 안에 위치한 성인들의 단순 묘에는 거의 놓지 않았다. 예리코에서는 부장품이 집 바닥 아래서나 뜰에서 발견된다. 네티브 하그두드

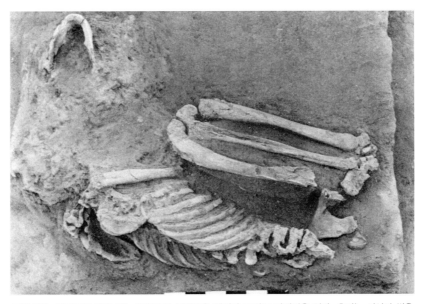

그림 7.7 예리코의 머리 없는 매장으로 두개골은 없지만 그래도 아래턱은 있다. 우리는 시신이 썩은 이후 어느 때에 그 두개골을 제거하였음을 아는데, 그런 해석의 근거는 자른 자국이 없고 또 다른 뼈들의 위치가 변경되지 않았다는 데 있다.

Netiv Hagdud에서는 마당, 공지 혹은 버려진 집의 매토에 묻혔다. 두개골은 흔히 무리를 지어서나 은닉물로 지면보다 높이 보관되고 있었다. 예리코에서는 버려진 집의 바닥에서 한 개씩 발견되었다(Kenyon 1981). 케르메즈 데레 Quermez Dere에서는 두개골 여섯 개가 한꺼번에 PPNA기 집의 북서반부에서 발견되었다(Watkins 1990). 네티브 하그두드에서는 두개골 세 개가 집으로 추정되는 것의 바닥에서 발견되었는데 다만 그것들은 나중에 판 구덩이에 넣은 것들일 수도 있다(Bar-Yosef et al. 1991). 예리코에서 드러난 유아 두개골 은닉물은 이와 대조적으로 회반죽 칠을 한 오목한 곳에 묻혀 있었는데 이는 아마도 진단鎭壇 봉헌물이었을 것이다.

이어지는 선토기 신석기시대 'B'(PPNB)기의 두개골들은 캐설린 케년이 예리코에서 처음 발견한 이래로 아주 큰 흥미를 자아냈다. 이 두개골들은 회반죽으로 새 얼굴을 만들어 붙이고 바다 조가비로 눈을 박아 놓았다(책 표지 사진). 우리는 이런 얼굴들이 돌아가신 각 인물의 기억된 얼굴을 재현하려 한 것인지 알지 못하는데 다만 어떤 형태의 두개골만 골라 회반죽 칠을 한 점으로 보아 한층 복합적인 관계가 있는 듯하다(Arensburg and Hershkovitz 1988; Garfinkel 1994: 166). 눈과 더불어 코와 눈썹도 세심하게 모양을 만들어 붙이고 칠을 하였다. 그렇지만 입은 빠지거나 최소한으로만 모양을 만들어 붙였다. 이는 회반죽 칠을 한 두개골 중 다수에 아래턱이 없는 사실로 설명이 될 수 있는데 다만 아래턱이 있는 경우에도 입은 여전히 빠져 있거나 격하되어 있다.

이런 두개골들은 우리에게 거의 1만 년 전 인물들의 극적 초상을 제공한다. 우리는 이런 회반죽 얼굴들이 비록 실제 초상은 아니지만 이전에 살았던 죽은 사람들을 표상한 것이고 그래서 산 자들이 그 조상 망자들을 어떻게 인식하였는지 구체적으로 보여준다고 확신할 수 있다. 시신은 산 자들의 바로 발밑에 묻힌 반면 그 두개골들은 계속해서 산 자들과 동일한 표면 세계를 공유하다가 이윽고 구덩이 은닉물 속, 집 바닥 위나 다른 정황들에 집어넣어졌다. 그렇지만 시신과 두개골은 둘 다 산 자들의 공간 지점을 공유하였다. 사람들의 관심사가 세세로 같은 곳에 살면서 장소 및 공간의 인연을 유지하는 것이었기에 자신들의 진흙벽돌 집을 이전 집들 위에 지어 살다 보니 이윽고 그들의 거주 표면은 '텔Tell'이라 불리는 인공 진흙 언덕이 되어 주변 평원을 굽어다 보게 되었다.

최초의 기념 건축물인 예리코의 돌 망루에는 약간의 이례적 잔적이 있으니 12명의 성인 및 어린이가 그 계단 속에 집어넣어졌으되 모두 머리를 간직하였다는 점이다. 쿠이이트는 여기에 그들을 매장한 것은 망루의 의례적 용도와 관련이 있다고 주장하였다. 그는 이 이례적 장소의 매장이 이 사람들을 특별하다고 구별하였거나 실제 두개골 제거의 필요성을 상징으로 대체하였을 것이라고 주장하였다. 이런 해석의 대안으로는 그들이 어떤 대대적 변사의 희생물로 여기에 묻혔을 것이라는 설명을 할 수 있다(Kuijt 1996: 324~325). 불행하게도 우리는 지금 이 순간까지 망루의 용도가 무엇이며 그 기초에 무엇이 들어 있는지 아는 바가 거의 없다. 샘 가까이에 지어졌고 저장 시설 및 의례적 의미를 지닌 구조물들과 연관되기에 아주 중요한 구조물이었음은 틀림없는데 축조된 후 몇 세기가 지나 이윽고 아주 이례적인 매장의례에 쓰인 것이다.

왜 당시 이런 조상 관련 습속이 생겨났으며 왜 그런 형태를 띠었는가? 기능주의적이기는 하지만 시도해 볼 수 있는 한 가지 설명은, 이런 두개골 제거 의례가 잉여 식량을 불균등하게 축적할 수 있는 기회가 아주 많아 상당한 경제적·사회적 변화가 일어나던 시기에 집단 공동체 신앙과 정체성을 강조하는 역할을 하였다는 것이다(Kuijt 1996). 그렇지만 이런 기능주의적 주장은 의례를 한갓 교정 메커니즘으로 보는 결함을 안고 있다. 그런 주장은 본질적으로 비역사적이며 그래서 궁극적으로 그 습속의 특정성—'왜' 매장이 집 밑에 있으며 또 두개골 제거가 왜 채택되었는가—을 설명할 수가 없다.

이안 호더는 사람들이 자신들을 '순화하는' 과정에서 '도무스domus', 즉 세대공동체가 중심 활동 영역임을 강조하기 위해 가장 눈에 띄는 곳에 망자를 묻었다고 주장한 바 있다(Hodder 1990). 하지만 좀더 넓혀 두개골 숭배를 사회적 경쟁 및 갈등의 맥락 속에서 고찰해 볼 필요가 있다. 사망한 친족의 두개골을 사후에 제거하였을 뿐만 아니라 그 머리들을 친족 아닌 사람들이 취했을 수 있다. 시리아 제르프 엘 아마르Jerf el Ahmar 유적의 불탄 PPNA기 집 바닥에서는 어떤 인물의 불탄 시신이 발견되었는데 큰 대자로 누운 자세였으며 그 머리는 집에 불을 지르기 전에 제거된 것으로 보였다(Stordeur et al. 1997). 이 흥미로운 발견이 암시하는 바는 이런 신석기시대의 조상 두개골 숭배에 머리 사냥 및 급습이 수반되었을 수 있다는 것이다. 20세기에 일어난 이와 비슷한 활동들이 인도 동부 나가Naga 족에서 보고되었는데 그들은 죽은 친족의 머리를 적들이 가져가지 못하도록 제거하는 일이 중요함을 강조하고 있다(Jacobs 1990).

우리는 PPN 시기의 이 기묘한 습속을, 산 자들 밑 시신 안치와 망자 이차장 처리를 계속 크게 강조하는 가운데 오랜 기간에 걸쳐 일어난 의례상의 변화가 절정에 달한 결과로 볼 필요가 있다. 특정 친족 집단의 조상들이 몇 가지 이유로 점점 더 중요해지고 있었다. 그들의 신체 잔적은 사람들의 삶에서 씨를 뿌리고 수확을 하는 등 땅을 계절에 맞춰 이용하는 일이 주된 특성이 되고 있었던 시절 동안 사람들을 바로 그 땅에 묶어주는 역할을 하였다. 그처럼 계절에 맞춰 일을 하는 데서는 충분한 규모의 집단을 동원하는 일이 필수적이었던 만큼 사람들은 서로의 노동력에 의지하면서 산 자들을 하나로 묶어주는 공통 조상의 후손임을 상기시키고 강조할 필요가 있었다. 농경의 전조를 알린 나투프 기에서 문제는 단지 사람들의 조상 계보만이 아니었다. 이제 작물과 동물들 또한 세심하게 관리, 통제, 교환할 수 있는 조상 계보들을 가졌다. 나투프 기의 매장습속은 사회적 불평등에 관해서는 거의 증거가 되지 못하지만 사람들은 아마도 땅과 그에서 나는 수확을 둘러싸고 아주 경쟁적인 상호작용을 하고 있었을 것으로 추정된다.

우리가 PPNA기와 PPNB기에서 보는 바는 조상들이 넘쳐났다는 것이다. 몇 명의 개창 조상을 기억으로만 추념한 것이 아니라 이제 산 자들이 들어달라고 요청하는 외침소리 속에서 조상 수천 명이 한 떼의 실제 물리적 존재들로 태어났다. 삶으로부터 죽음 그리고 그 너머로 가는 길은 우리가 흔히 생각하듯 살아 있다는 것과 죽었다는 두 단계 사이의 급작스런 전이가 아니었을 것이다. 죽음은 삶과 대립되는 것이 아니라 존재가 연속되는 가운데에서의 한 단계였다.

7. 회반죽 칠한 두개골로부터 작은 상으로: 대지모신 신화, 폐기되다

근동에서 망자들은 PPNB기 이후로 크게 보아 더 이상 집 바닥 밑에 묻히지 않았으나 아마도 텔 바깥의 공동묘지에 안치되었을 것이다. 아나톨리아에서는 망자들이 9천년기 동안에도 계속해서 집과 취락 밑에 묻혔는데 다만 두개골이 제거되는 일은 이전보다 덜 흔하였다. 이즈음 근동의 신석기시대 공동체들은 진흙으로 작은 조상彫像과 소상들을 만들어 불에 구워내기 시작하였다. 인간 형태의 최초 표상들 가운데 드는 이 이례적 미술품은 후기 구석기시대에 처음 등장하였지만 신석기시대 취락들에 와서야 비로소 많은 수로 발견된다 (그림 7.8). 예리코의 PPNB기 층에서 나온 진흙 조상들이 있고 또 아인 가잘 'Ain Ghazal 유적과 텔 라마드Tell Ramad에서도 같은 시기에 속하는 다른 상들이 보고되었다. 가장 큰 것은 거의 1m에 달하는데 얼굴 세부는 색칠로 표시하였고 눈으로는 바다조가비들이 쓰이기도 한다. 이 작은 조상들은 서남아시아, 발칸반도, 동지중해의 신석기시대와 동석시대(구리시대) 취락들에서 많은 수가 발견되는 데서 드러나듯 넓은 범위에 걸친 작은 소상 및 조상들의 전통에 속한다. 학자들은 바호펜의 시절 이래로 그간 1백 년이 넘게 이것들을 옛날 유럽 및 근동 사람들이 대지모신을 숭배하고 또 그녀의 모습을 작은 우상으로 만든 증거라고 여겼다.[6]

비록 몇몇 고고학자들이 20세기 초에 이 해석을 지지하기도 하였지만 이제 이 작은 상을 이용한 상징 표현의 의미에 대해서는 견해가 그다지 일치되지 않는다.[7] 대지모신 이론의 문제점 중 한 가지는 남성상에 대한 (그리고 네

---

6) 대지모신 이론의 배경 및 등장에 관한 정보는 본서 제5장을 참조.
7) Crawford 1957; Hawkes 1968; Mellaart 1970: 167~185; Gimbutas 1974 · 1989 · 1991은 모두 대지모신 이론을 지지하였다. 최근에 Bailey 1994, Knapp and Meskell 1997, Kokkinidou and Nikolaidou 1997, Hitchcock 1997 같은 논문은 소상들에 대한 이전의 착상을 비판하고 그에서 앞으로 더 나아가려고 시도하였다.

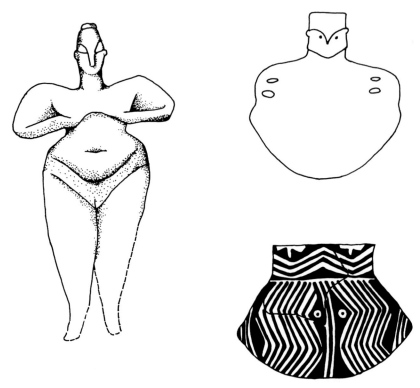

그림 7.8 왼쪽은 터키 하츨라르Haçilar에서 출토된 신석기시대 토기 소상이며 오른쪽은 같은 유적에서 출토된 사람 모양의 토기들이다. 소상의 크기는 높이 11cm이며, 토기는 위의 것이 높이 24cm이고 아래 것은 높이 30cm이다.

발짐승상에 대한) 여성상의 비율이 지역에 따라 아주 다양하다는 사실로, 예를 들어 아나톨리아 신석기시대는 여성 표상이 압도적이지만 그리스 신석기시대에서는 남성과 여성이 좀더 균등하게 표현된다. 이 이론은 궁극적으로 보면 과거로 투사해 들어가는 방법에 의존하고 있으니 그에서 학자들은 모든 선사시대 종교들도 문자사용 국가 종교 시대의 믿음과 비슷하게 반드시 죽게 되어 있는 사람들의 영역 저 너머에 사는 인격화된 신들에 관련된 믿음에 틀림없이 기반을 두었을 것이라고 가정하였다. 신석기시대의 종교가 이런 식으로 청동기시대 및 철기시대의 국가 종교 이미지로 해석되고 있는 것이다.

소상과 조상(祖上)

이보다 설득력이 강한 대안적 생각은 신석기시대 초기에 분명하게 나타나는 조상 숭배가 새로운 형태와 새로운 표상을 개발하였다고 보는 것이다. 우리가 신석기시대의 불에 구운 진흙 소상들이 회반죽 칠을 한 두개골들에 깊이 연관되어 있고 또 그것들을 산 자의 세계와 밀접한 관계가 있는 죽은 조상의 표상들이라고 생각해야 할 강력한 이유로는 다음과 같은 것들이 있다.

1. 어린이와 유아는 성인의 부속물로서 해당 성인에 신체적으로 붙은 상태로 만들어진 때를 제외하고는 표현되지 않는다. 앞에서 설명한 대로 어린이는 조상이 되는 데 필요한 기준을 충족시킬 수 없다.

2. 소상들은 어떤 신의 상을 본뜨려 하기보다는 각 개인을 표현한 것으로 보인다. 예를 들어 동남 유럽과 키프로스에서 출토된 소상들은 신체적 특성과 장식적 특성을 담고 있는데 이는 각 상이 어떤 인물을 구체적으로 표현하였음을 시사한다(Bailey 1996; Knapp and Meskell 1997).

3. 신석기시대 소상 중 절대 다수의 얼굴은 회반죽 칠을 한 두개골들처럼 입이 없거나 있어도 아주 약하게 강조되었는데 이는 눈, 눈썹, 코, 성기, 귀가 모두 세밀하게 만들어진 점을 감안할 때 더욱더 기묘하다.

4. 인간 두개골과 작은 조상들만 든 은닉소가 텔 라마드에서 발견된 바 있는데 이는 작은 상과 두개골이 정황적으로 직접 연관됨을 가리킨다(Garfinkel 1994: 162~163). 또 작은 상들 대부분이 머리가 없어진 상태로 발견된 점도 지적할 수 있는데 이는 죽은 뒤 어느 시점에서 두개골을 제거한 이전의 습속을 상기시킨다. 다만 이는 그냥 '손상'에 기인한 것일 수도 있다.

5. 소상들이 진흙으로 만들어진 점은 PPNB기 두개골에 회반죽을 칠한 점과 아주 다르지는 않다.

6. 소상들은 불에 구운 진흙(다만 때로 돌과 불에 굽지 않은 진흙)으로 만들어졌으며 그로써 망자가 안치되는 땅과 사람들을 연계하는 물적 존재를 구현하고 있다. 진흙은 삶과 죽음의 주기에 대한 의미심장한 은

유였으며, 살아 있는 것들이 모양을 갖추는 플라즈마이자, 작물들이 자라나고 집들이 지어지는 기질基質이었고, 망자들을 산 자들의 발 밑에서 살게 하는 물질이기도 하였다. 나중 시기의 메소포타미아 신화에서 진흙의 중요성이 입증되고 있는데 그것은 삶을 창조하였고 또 망자들의 양식이었다(Cassin 1982).

7. 소상들이 매장에서는 거의 발견되지 않지만 취락 텔의 집 바닥 위, 곡물저장용 사일로, 집 매토, '어떤 의례에 사용한 후 메운' 구덩이, 집 벽의 갈라진 틈과 잇대어 지은 집들 사이의 접합부에서 발견된다.[8] 이 마지막 경우처럼 집 사이의 결합부에 넣은 것은 이웃한 세대공동체들 사이의 혈통 계보 관계를 연결하는 역할을 한다는 뜻일 터이다.

만약 우리가 소상들을 조상에 기반을 둔 사회, 종교 조직의 지표라고 해석한다면 그것들이 신석기시대의 사회 구조를 이해하는 데서 지닌 의미는 여러 가지가 된다. 여성 소상들이 지배적이라는 사실은 계발적인데 이는 많은 공동체들, 특히 차탈회육Çatalhöyük과 하츨라르 같은 아나톨리아 취락들에서 여자들만이 조상으로 적격이라 여겨졌음을 시사한다. 만약 혈통을 여성 쪽으로 따졌다면 이 사회들은 모계제였고 아마도 모거제로서, 어쩌면 이념과 실제에서 가모장제였을 수도 있다. 다른 곳들에서는 남성과 여성이 똑같이 표현되었으니 우리는 양계 혈통 사회들을 보고 있는 셈이다. 네발짐승, 아마도 소를 불로 구운 진흙으로 표현한 것은 더욱 문제성이 있지만 이는 우리가 차탈회육 같은 9천년기 유적들에서 나오는 소의 상징 표현이나 이집트 납타Nabta 같은 8천~7천년기 유적들에서 소 무덤을 지어준 관습에 연계시켜 조상 계보가 가축 사육에서 지닌 의미를 염두에 둔다면 이해가 될 것이다(Mellaart 1967; McKim Malville *et al.* 1998).

만약 신석기시대의 진흙 소상들을 이제 조상의 표상들로 이해할 수 있다

---

8) Mellaart 1970: 166. 이런 유적의 가옥들은 서로서로 딱 붙여 지어져 하나의 접속 건축 집괴를 이루고 있다.

면, 그 제작행위는 실제 두개골을 이용해 문자 그대로 조상을 표상한 것으로부터 죽은 인물을 그 신체 요소들과는 별도로 표현함으로써 좀더 은유적 의미로 변모하였음을 대변한다. 하츨라르에서는 지금부터 7000년 전에 이르면 진흙 소상들을 아직 사용하지만 일정 부류의 토기 그릇들을 그 소상들과 같은 형태로 만든다(Mellaart 1970)(그림 7.8). 어떤 토기 그릇은 팔, 얼굴 그리고 소상에서 보이는 다른 특징들을 마치 재미로 그런 듯 표현하기까지 한다. 이런 의인화된 토기들은 소상들을 토기로 번안하면서 조상들을 더욱 추상적으로 표상한 것으로 해석할 수 있다. 이와 같이 우리는 지금부터 9000년 전에서 7000년 전 사이의 기간 동안 시니피에(記意 ; 죽은 조상)와 시니피앙(記表 ; 두개골 → 소상 → 토기) 사이의 관계를 점점 더 추상적인 표상으로 표현하는 쪽으로 은유 · 정교화 과정이 일어났음을 볼 수 있다.

모든 취락 텔은 공동체의 가시적 은유이며 그에서 여러 세대에 걸친 조상들은 항구적이며 끝없이 커지는 인공 언덕의 진흙으로 구체화되거나 심지어 실제로 합체되는 반면 산 자들은 그 표면에 살면서 짧고 덧없는 삶을 보낸다. 근동과 아나톨리아의 많은 텔에서 진흙 집들은 앞 시기의 집 바로 위에 지어졌으며 그로써 조상의 주거들이 그 살아 있는 후손의 집들 바로 밑에 놓이게 된다. 발칸반도의 신석기시대 텔들은 이와 다른 그림을 제공하니 쾨뢰시Körös 문화의 유적들에서 최근 죽은 사람의 집은 한두 세대 동안 기피하는데 이런 지역 차이는 죽은 조상을 일단 산 자들로부터 모종의 형태로 분리해야 한다는 대안적 개념을 가진 데 기인할 것이다(Chapman 1994: 60).

우리는 차탈회육에서 서기전 7000년부터 6000년 사이에 조상 숭배가 번성한 증거를 본다. 골격들은 일부가 이차장 처리되기도 하며 집 바닥 밑에 놓여 있다. 인간 두개골이 때로 버려진 집의 바닥 위에 놓여 있기도 한다. 이 집들은 2층 구조물인데 사람들은 대부분의 시간을 옥상에서 살았을 것이고 산 자들과 망자 사이에 위치한 아래 방들로는 사다리를 타고 내려갔을 것이다. 이 아래층 방들 다수는 초기 발굴자 제임스 멜라아트가 '성소'로 식별한 장소이며 소머리와 뿔 상들, 진흙 '가슴들'에 박아 넣은 독수리 부리들, 고양잇과 동물·독수리·머리 없는 인간 시신의 그림들 그리고 심지어 폭발하는 화산 그림까지로 치장하였다. 우리는 이 도상들을 이안 호더(Hodder 1990)의 견해에 따라 '도무스', 집의 순화성을 강조하기 위해 '최전면에 내세운' 야생 세계로 읽기보다는 이 숨 막힐 듯한 상징들이 삶으로부터 죽음으로 옮겨감을 의미하고 또 그런 전이를 발생시키는 데서 상징적 도구 역할을 한 관련 존재들을 의미한다고 해석해야 할 것이다.

8. 불멸성의 추구

> 신들이 인류를 창조하였을 때 그들은 인류에게 죽음을 정하였고 영원한 삶은 그들 자신의 손안에 남겨 두었다. (『길가메시 서사시』에서)

초기 호미니드들은 죽음이 생물학적으로 불가피하다는 사실을 거의 인식하지 못했거나 아예 인식하지 못했을 것이다. 그들은 자신들을 영원히 살지 못하도록 막는 것이라곤 이러저러하게 일어나는 우발적 죽음뿐이라고 여겼을지도 모른다. 오늘날에도 죽음을 마법 탓이라든가 다른 영의 악행 탓이며 그런 것이 없으면 사람은 영원히 살 것이라고 여기는 전통 사회가 많이 있다. 서구 사회에서조차 늙지 않는 비결을 찾아내려는 의사들의 연구로 지상에서의 불멸성 추구는 계속되고 있다. 캘리포니아에는 스스로 죽지 않는다고 여기는 집단들이 있으며, 그들은 우리가 올바른 긍정적 사고를 하는 한 죽음을 무한하게 막아낼 수 있다고 믿는다. 또 아마도 죽음을 인식한다는 것은 어른 되기의 한 특징일 것이며 어린이 대부분은 자기가 죽을 수밖에 없음을 안다고 하는 짐을 지고 있지 않다.

많은 문화에서 조상은 대체로 불멸의 존재로(아니면 적어도 이 세상이 끝날 때까지 사는 것으로) 여겨지며 신들과 인간들 사이의 어딘가에 존재한다고 간주된다. 우리는 구석기시대와 신석기시대의 조상들이 신격화된 지위를 획득하였는가를 결코 알 길이 없지만 서기전 3천년기까지는 망자를 신들로 표현한 물질 증거가 없는 것을 보면 이 시기 이전의 어떤 우주관에서든 그 위치는 논란의 여지가 크다.

어떤 조상을 신들과 비교할 수 있는 지위로 승격시킨 일은 서기전 3100년경 이집트, 서기전 2500년경 메소포타미아, 그리고 그보다 늦은 서기전 1400년경 중국에서 일어난 것으로 보인다. 이집트에서는 서기전 2650년경 조세르가 세운 첫 피라미드가 생전이나 사후의 파라오와 그 인민들 사이의 관계를 재규정하기 시작한 기점이 된 듯하다. 그럼에도 피라미드 건축 활동은 비교적 단명한 현상이었으니 겨우 몇 세기 동안 지속되었기 때문이다. 미라 만들기는 그보다 훨씬 오래 지속되었는데 신체 보존의 한 과정으로서 2천 년이 넘게 계속되고 변형되었으며 그 대상은 처음에는 생전에 파라오였던 신과 여신들이었다가 나중에는 귀족, 많은 대중 그리고 수백만의 신성 동물들로 확대되었다. 우리는 이집트 피라미드의 원문들과 『사자의 서*Book of Death*』에서 기존 신들이 인간 형태를 띠거나 인간 형태가 변형된 모습을 가졌음을 보며(그림 3.5), 새로 죽은 파라오는 인간 같은 신들의 전당으로 입회를 하게 된다.

메소포타미아: 왕들, 신들, 조상들

메소포타미아의 우르에서 발견된 서기전 2500년경에 해당하는 16기의 왕묘는 그보다 훨씬 넓은 공동묘지의 일부분이었는데 이 묘지는 신전들로 이루어진 중심 구역에서 성스러운 성벽으로 둘러싸인 지구 안에 자리했다(Woolley 1934; Pollock 1991a)(그림 1.6). 왕묘는 경사로를 이용해 들어가는 방으로 이루어진 복잡한 구조였다. 각각의 방에는 화려하게 치장한 왕의 시신이 관대 위에 놓였고 그 둘레에는 다수의 부장품과 때로 가신의 시신들이 놓였다. 한 무덤에는 74명의 시신이 들어 있었다. 그들은 어떤 면에서 최근의 존스타운 집단 자살을 상기시키듯 독약을 마시고 죽었는데 각 시신 옆에는 그들을 치사시킨 분량의 독이 들었던 작은 토기 잔이 놓여 있었다. 이런 묘들은 지금까지 발견된 가운데 가장 눈길을 끌며 막대한 부를 갖고 인신희생을 호령하는 능력을 가진 메소포타미아 통치 엘리트의 절대 권력을 증언하고 있다. 우리는 고고학과 나중 시기의 문헌 원전들로부터 메소포타미아 사람들과 그 신들 사이의 관계 및 그 조상들의 연계 관계에 대해 얼마간 알고 있다.

메소포타미아의 각 도시는 하나씩의 특정 신과 연관이 있었다. 각 도시의 중심에는 대규모 신전 단지가 있었고 개개 집에는 흔히 특별한 제단이나 배례 장소가 있었다. 문헌 기록에 따르면 이웃하는 세대공동체들이 친족관계로 연관되어 있었기 때문에 도시의 공간 배치는 각기 안뜰 있는 대형 가옥에 거주한 대규모 가문 동족들 사이의 친족 관계 지도 같았다. 서기전 4천년기와 3천년기 당시의 메소포타미아 종교에 대해 상정할 수 있는 설명은 조상 숭배로부터 초자연적 신들에 대한 숭배로 변모를 겪고 있었다는 것이다. 우리는 각 동족의 조상을 경배하기 위한 가내 성소를 볼 수 있을 뿐만 아니라 각 도시의 개별 신이 이제 그 도시 사람들의 신격화된 개창 조상으로 탄생하였음 또한 볼 수 있다.

땅위의 국가는 아누와 그 조력자 엔릴이 통치하는 신성 우주 국가의 반영이자 한 구성 요소로 인식되었다. 신들이 누가 다스릴지를 선택하였고 왕은 필사必死의 인간으로서 통치를 하였지만 신들이 언제든 앗아갈 수 있는 초인간적 책임을 지고 있었다(Frankfort 1948). 죽은 통치자는 신이 되지는 못하였던 듯한데 다만 우리는 우르남무 왕의 이야기에서 그가 죽은 뒤 하계를 방문하여 일곱 신에게 선물을 바치고 중요한 망자에게 희생물을 주며 죽은 종들을 자기 위치에 맞게 썼다는 설화를 갖고 있다(Ringgren 1973: 46~48). 나중의 신화들은 서기전 3천년기 중반의 시기에 연관되지 못하는 것이 당연하며 그래서 우르 왕묘들에 대한 해석과 왕묘들이 죽음 너머 삶의 관념을 구현한 것인지 여부의 해석은 오로지 고고학적 증거로부터 구해야 할 것이다.

토르킬드 야콥슨은 메소포타미아의 종교가 세 단계를 거쳐 발달하였다고 생각하였다. 첫 단계인 서기전 4천년기에는 신들이 곡물과 창고의 신들이었던 한편 삶, 죽음, 재탄생은 연속적 순환 주기의 부분들로 여겨졌다. 두 번째 단계인 서기전 3천년기에는 다산 신들이 통치자와 영웅 신들로 대체되었다. 그들은 인간 형태를 취한다고 여겨졌으며 천상 세계를 왕들처럼 통치하였다.

세 번째 단계인 서기전 2천년기에 이르면 각 사람이 거의 3천을 헤아리는 신들로 이루어진 만신전 속에 개인 신을 가졌으며, 그들은 그 신을 마치 초자연적 부모인 것처럼 여겨 자신들의 문제를 털어놓고 또 용서를 구하기도 하였다(Jacobsen 1976; O'Brien and Major 1982: 139~140).

기념물성과 인신희생

서기전 3천년기 중반 초기 파라오들과 메소포타미아 엘리트의 굉장한 매장들은 초기 국가의 한 가지 현상으로 이해할 수 있다. 파라오들이 피라미드를 지었듯이 피라미드들도 국가를 지었다. 이와 동시에 기념물 축조 및 과도한 자원파괴 행위 뒤에는 망자가 신, 즉 왕위 계승자들의 신적 조상이 됨으로써 그들의 지상 권력을 흠잡을 데 없는 신권이 될 수 있도록 하려는 의도가 숨어 있었다. 또한 산 자들의 세계를 과장한 이미지를 가진 내세는 엄격한 위계적 형태를 취하면서 산 자들의 삶을 모양 짓고 결정하였다.

망자들 사이의 차이에 대한 언명들은 고대 이집트만큼 내세의 신격화된 조상들과 그 밖의 조상들 사이에 구분이 분명하게 지워지지 않은 곳에서조차 명확하며 이는 산 자들에게 빛을 흠뻑 내려주시는 조상 망자들 사이에 위계 관계를 설정해 준다.

인신희생이 동반된, 기념물성 강하고 호사스런 매장이라는 현상은 서기전 3100년부터 19세기 초 사이에 세계 전역의 최소 13개 문화(제1장 참조)에서 출현하였다. 산 사람을 강제로든 자발적으로든 희생시키는 것은 통치자가 피지배자들에 대해 휘두른 최고 권력의 표현이다. 중국의 인신희생 습속은 왕청강王城崗 유적에서는 서기전 3000년에서 2000년 사이의 시기로 연대가 측정되지만, 대량 순장자를 가진 최초 왕묘는 서기전 1400년경 안양에서 나온다. 상商 시기로 연대가 측정되는 안양의 시베이강西北岡 묘들은 아마도 상왕족의 최후 분묘들일 것이다. 그 하나에는 165명의 순장자가 들어 있었는데 아마도 전쟁 포로들의 시신일 것이며 이 모든 무덤들은 복수의 경사로를 이용해 들어가는 장방형 구덩이를 가진 기념물로서 일정한 크기 비율에 따라 지어졌다(Li

Chi 1977). 이보다 뒤인 서기전 210년에 중국 최초 황제인 진시황제는 리산驪山 밑 높이 76m, 넓이 485m×515m의 무덤에 묻혔다. 이는 아직 발굴된 적이 없지만 문헌 기록에 따르면 그 안에는 황제의 하렘 구성원들과 이 무덤을 지은 모든 공인들이 들어 있다고 한다. 그 바깥 동쪽에는 세 개의 거대한 구덩이를 팠는데, 여기서 발굴자들은 800명의 테라코타 장병들로 이루어진 유례없는 군단을 발견하였다. 진시황제는 나중의 중국 황제들처럼 영생불사를 추구하는 데 몰두하였고 그래서 영원한 생명의 영약을 구하기 위해 당시 알려진 세계의 곳곳에다 사람을 보냈다고 한다(Cotterell 1981).

우리는 이처럼 불멸인을 위한 무덤을 짓는 현상을 신 및 영웅 숭배로 규정할 수 있다. 이 신 및 영웅 숭배는 지방들을 단위로 이루어지며 그래서 초기 도시 국가의 특징이다. 그에서는 도시가 대규모 신전 단지 둘레에 형성되고 또 어떤 인물들이 대대적 사회 불평등을 기화로 다른 이들에 대해 생사여탈권을 휘둘렀다. 통치자의 장례 기념물은 정교하며 죽은 왕에게는 순장자와 막대한 부장품이 내세까지 동반되었다. 그 왕들의 시신은 이처럼 죽음을 초월할 수 있도록 하기 위해 미라로 만들거나 옥의를 입히거나 다른 마법적 수단을 썼다. 만신전의 신들은 인격화된 개개인으로 표현된 반면 살아있는 인물들은 신적 혹은 영웅의 족보 및 역할을 가졌다. 지상의 절대 권력은 천상 신들의 영원한 통치로 번안되었고 또 그 뒷받침을 받았다. 지상의 통치자들은 천상 신들의 대변자로서 우주 안의 조화로운 통합을 유지하였다.

엘리트 장송의례의 기념물성 및 호사스러움과 짝을 이루는 현상은 개인들을 기념비적 크기로 표상한 일이다(그림 7.9). 서기전 3천년기 초기 국가의 조각상들은 신석기시대 및 동석기시대의 소형 조상 및 소상들과는 대조적으로 인간의 크기가 왜소하게 보일 정도로 크게 만들었다. 통치자 신, 영웅, 신들은 개별적으로 커다란 형상과 그림으로 표현되었다. 메소포타미아의 신화로 볼 때 조각상들은 그저 사람 및 다른 존재들을 표상한 것이 아니라 산 자들과 똑같은 재질로 만들어진 것이기에 그 자체로 당당한 실체들이었다. 살아 있는 존재들은 흙을 물과 섞음으로써, 다른 말로 하면 진흙으로써 창조되었다. 그

그림 7.9 암벽을 파내어 조각한 신왕국시대 아부심벨 신전의 정면에 앉은 람세스 2세(서기전 1290~1224년 재위)의 기념비적 조상들인데 이는 아스완댐 건설로 수몰될 것을 옮겨 놓은 직후의 사진이다.

들이 죽으면 그들을 만들어낸 재질인 모래와 실트로 되돌아갔다. 조각상들 또한 살아 있는 존재들과 똑같은 방식으로 '탄생'하거나 '양육'되었다. 죽음은 조각상이 붕괴하는 데 비유되었는데 그 깨어진 조각들은 흩어져 흙 속으로 뿌려졌다(Cassin 1982: 355~356).

『길가메시 서사시』

바빌로니아시대 말기인 서기전 700년경의 쐐기문자 점토판으로 보존되어 있지만, 아마도 그보다 여러 세기 훨씬 전인 서기전 2000년경의 이야기에서 유래되었을, 세상에서 가장 오래된 원전 중 하나는 바로 『길가메시 서사시』이다(Anon. 1960). 이는 한 영웅이 피할 수 없는 죽음의 운명과 맞닥뜨린 인간의 처지에서 느낀 슬픔을 포착하고 또 죽음을 초월해 보려는 헛된 추구를 이야기한 놀라운 문헌이다.

목동으로서 우르크Uruk 왕이 된 길가메시는 죽는다는 생각에 불안해 하고 또 약하고 힘없는 그림자 같은 유령의 존재로 '어둠의 집'으로 들어간다는 생각에 겁을 집어먹는다. 죽은 자에게 "먹을거리는 먼지이고 영양물은 진흙이다." 그들은 칠중 성벽과 문들로 둘러싸이고 어둠이 집어삼킨 아룰라의 지하 도시에서 "캄캄한 가운데 살기에 빛을 보지 못한다(Ringgren 1973: 46~48, 121~123)."

길가메시는 영원히 계속되는 삶을 찾아내기 위해 모험 여행을 떠난다. 그는 세상 끝까지 가서 태양이 밤에 지나가는 어두운 통로를 통과하여 죽음의 (바닷물) 물가에 이르렀는데 그곳에서 한 뱃사공이 그를 우트나피시팀과 그 아내에게로 데려간다. 이 두 사람은 신들로부터 영생을 허락받은 사람들이다. 우트나피시팀은 그 유일한 영생의 선물은 거대한 배를 지어 홍수로부터 지상의 생명을 구하라고 주어진 것이며 다시는 어느 누구에게도 결코 주어지지 않는다고 설명을 하고 길가메시에게 자신의 운명을 받아들이라고 설득하려 한다. 길가메시는 죽음과 다름없는 마법의 잠에 취해 쓰러졌다가 우트나피시팀의 아내가 깨움으로써 산 자들에게로 되돌아온다.

모험 여행이 끝나자 길가메시는 우르크로 되돌아가려고 준비한다. 그러나 우트나피시팀의 아내는 길가메시에게 작별 선물을 주도록 남편을 조른다. 우트나피시팀은 그에게 바다 밑바닥에서 자라는 비밀의 회춘 나무에 대해 이야기해 준다. 길가메시는 그 장소를 찾아내고 물속으로 잠수해 그 식물을 손에 넣는다. 그와 뱃사공은 우르크로 항해를 하여 페르시아 만에 도달한 후 계속 걸어간다. 길가메시는 한 못에 이르러 수영을 하러 갔는데 그 사이에 뱀 한 마리가 와서 그가 둑에 두고 간 그 식물을 갖고 가버린다. 이제 길가메시에게 남은 유일한 영생 방법은 (자신의 후손을 통하는) 조상 전래의 초월법을 쓰든지 아니면 (자신의 위업에 대한 기억을 통하는) 문화적 초월법을 쓰는 것뿐이었다.

이 이야기가 특히 흥미로운 이유는 죽음에 당면한 인간 조건을 최초로 설명하였을 뿐만 아니라 죽는다는 데 대한 개인적 관심과 더불어 왕의 권력이 기반으로 삼은 이념적 토대—불멸의 내세—또한 다룸으로써 4천 년 전 당시 사람들이 스스로 의문을 품었던 마음속을 들여다볼 수 있는 지견 또한 우리에게 주기 때문이다. 이 이야기는 궁극적으로 보면 좌절의 이야기이다. "마음 내부의 혼란은 마음대로 소용돌이를 치고 결정적으로 중요한 의문은 답을 얻지 못한다(Frankfort *et al.* 1946: 212)." 죽음 초월에 실패한 데 대한 이런 불만은 그 후 인류의 영성에서 대대적으로 일어난 일련의 변화들에 결정적으로 중요한 전주곡 역할을 하였을 것이다.

9. 세계 종교의 흥기

우리가 죽음의 본질 및 불멸성에 대한 인류의 믿음에서 하나의 새로운 조류를 식별할 수 있게 되는 시점은 대체로 서기전 1천년기 및 서기 1천년기의 2천 년에 걸친 기간 동안이다. 하지만 우리가 죽으면 무슨 일이 일어나는지에 대한 이런 복잡한 해석과 재해석들이 최초로 개시된 시점은 서기전 2천년기 중반으로까지 소급될 수 있다.[9] 힌두의 리그베다는 서기전 1380년이면 이미 존재하였는데 이는 창조, 비와 천둥, 불, 공기, 물, 새벽, 달과 하늘의 다신 숭배를 드러내며 그에서는 올바른 희생을 하면 천상 세계에서 평안을 누리도록 보장된다고 한다(Sen 1961; Zaehner 1966). 최근에 모헨조다로와 하라파 같은 인더스 문명의 놀라운 도시들을 재검토해 보니 건축과 물질문화 속에 요가 인물일 가능성이 있는 것과 신의 여러 가지 표상들처럼 나중의 힌두 신앙을 예고한다고 볼 수 있는 상징 요소들이 이미 존재한다는 사실이 드러났다(Sen 1961; Zaehner 1966).

모세와 그 민족이 그들의 신 야훼의 인도에 따라 이집트를 탈출한 때 역시 서기전 2천년기로 연대 측정될 수 있는데 이런 초기의 경험들이 구전으로 내려와서 서기전 1000년 이후 기록으로 정착한 것이다(Küng 1992: 19). 우리는

---

9) 한스 퀑(Hans Küng 1992: 4)에 따르면, "약 5천년 전 서기전 3천년기가 개시된 이후에야 비로소 초기 역사의 고도 문화 및 고급 종교들이 존재하게 되었다."

서기전 1천년기 안에서 세계 종교의 핵심 요소 다수가 등장함을 발견하는데 예를 들면 힌두의 '우파니샤드'와 파르슈바(자이나교), 조로아스터, 부다, 공자, 노자의 가르침이 있다. 그보다 나중에 나타난 것으로는 예수 그리스도에 대한 신앙의 확산, 서기 초 몇 세기 중의 일본 신토神道의 출현, 서기 6세기 알라의 예언자 마호메트의 등장이 있다.

우리가 통상 세계 종교라고 분류하는 종교 신앙 부류에 관해서는 두 가지 질문을 제기할 수 있다. 첫째, '세계 종교'라는 것들은 그 이전에 나타난 종교들과 질적으로 과연 어떤 차이가 있는가? 둘째, 이 '세계 종교'들은 일련의 역사적 위기 사건과 부수 사건들을 겪고도 살아남아 그저 오늘날 그렇게 존재하기 때문에 인정받는 것인가? 세계 종교들이 신 및 영웅 종교들과 구분될 수 있는 점은 그 성원 자격의 보편성에 있다. 유대교와 힌두교처럼 개종보다 출생에 입각하여 입교하는 종교들조차 그저 엘리트만이 아니라 부나 사회적 지위와 무관하게 모든 대중의 구원 혹은 계시를 약속한다. 그 선지자와 지도자들 대부분은 자신들의 세속 재산을 포기하였다. 세속의 권력과 부는 신 및 영웅 종교와는 대조적으로 죽음 초월을 이루어내는 데로 인도하지 못한다.

이처럼 세속을 버리는 종교 운동의 기원은 서기전 600년경에서 서기 600년경 사이에 있을 터인데 그 시기는 대규모 국가 및 다민족 제국들이 아시아로부터 유럽 및 북아프리카에 걸친 수많은 족속 집단들에 대해 광범위한 헤게모니를 수립하고 또 그로써 의지할 곳 없는 이들, 시골 사람들, 도시 빈민과 파산자들이라는 새로운 계급들이 생겨난 시기이다. 그와 동시에 이 신흥 세계 종교들에는 '민주화' 단계 혹은 최소한 독재정치로부터의 일탈 단계들이 동반되었다. 최초 세대의 신봉자 및 추종자들이 세속의 부와 권력을 배격한 이후로 초기 단계의 물질주의 배격은 몇 세기 뒤에 세계적으로 확산되면서 신전, 모스크, 대성당, 불탑, 침묵의 탑 형태를 띤 대대적 기념물 축조로 이어졌다. 어떤 종교에서는 그 길을 처음 열었다고 인정되는 초인이 아주 다양하게 인격화된 갖가지 크기의 기념물 인간 형태로 표상되고 있다. 또 이슬람교와 유대교 같은 종교에서는 신의 표상화를 전면적으로 금지한다.

세계 종교는 그간 인간의 죽음 경험에 기여한 바라는 견지에서 보면 이들이 이전 종교들과 질적으로 다른 변화를 이루었음을 시사하는 어떤 특성들을 공통적으로 가지고 있다. 그것은 모두 전능한 초자연적 실체의 은총을 입는다거나 범신론적 일원론 안에서의 숭배와 관련이 된다는 점이다. 많은 세계 종교를 관통하는 공통된 끈은 영원한 구원이 도덕의 개선으로 얻어지며 또 초자연적 심판으로 실현될 수 있다는 것이다. 기념 건축물은 최고 신 혹은 초월적 이데아의 경배를 지향한 것이다. 죽은 상태가 된 인간의 신체는 단순하게 처리하거나 심지어 완전히 파괴하기도 한다.[10]

죽음 초월은 모든 개종자 및 선택된 자에게 가능하다. 이 초월은 여러 방식으로 달성된다. 조로아스터교(서기전 7~6세기에 기원)와 더불어 유대교, 그리스도교, 이슬람교라는 아브라함 파 종교들은 시간을 우주의 주기로 인식하지 않으며, 또 창조로부터 우주적 최후 심판 뒤의 보편적 구원 및 영생이 약속된 종말을 향해 나아간다는 하나의 목표에 초점을 맞추고 있다(Küng 1992: 17~18; Nigosian 1993: 90~97). 붓다(서기전 563~483년경)의 추종자들은 이와 대조적으로 자아의 소멸과 공간 및 시간으로부터의 해방을 목표로 한다. 죽음은 불가피한 것이 아니라 무언가 잘못되었다는 표시이며 이는 우리를 도道와 진정한 불멸의 자아로부터 벗어나게 만드는 '살인자' 마라가 일으키는 것이다. 우리는 자신의 물질 부속물들을 떨쳐버림으로써 죽음의 영역 너머로 나아가며 또 끝없이 반복되는 일련의 죽음들로부터 해방된다. 불교도들은 자아 소멸 상태(열반)를 이룸으로써 죽음이라는 오류를 극복할 수 있으며 '죽음 없는 세계로의 문', '무사無死의 문'으로 들어갈 수 있다(Conze 1993: 1~8).

10. 세속적 신앙의 등장

또한 서기전 1천년기에는 고대 그리스와 이집트 그리고 유교의 중국에서 세

---

10) 세계 종교들의 오늘날 장례습속에 대한 사례 연구는 Murray Parkes *et al.* 1997을 참조.

속 종교들이 개시되는 현상을 볼 수 있는데 이는 종국적으로 신앙 및 초월의 본질에 대한 광범위한 과학적 탐구의 토대를 제공하였으며 그런 탐구에는 고고학도 포함된다. 이 세속적 사고에서는 죽음 초월이라는 관념을 배격하거나 논리적으로는 알 수 없으니 불확실하다고 하든지 아니면 그저 사후 삶의 가능성에 대한 흥미를 버린다. 구원은 다음 세계가 아닌 이 세상에서 해답을 찾고자 추구해야 하며 한편으로 사람들은 보편적 인권, 개인주의, 공통 복지, 세속적 인본주의라는 도덕률에 맞추어 산다.

세속적 신앙의 기념물들은 공공 이익 및 복지를 증진시키는 시민 건물들로 도서관, 박물관, 등대, 유원지, 대학교, 병원들이 있다. 죽음 처리 문제는 시신이 영적 의미를 거의 가지지 않는 원치 않는 물질이 됨에 따라 점점 더 폐기와 위생이라는 기술적 문제로 전락한다. 또 우리는 20세기 동안 공산주의와 파시즘이라는 세속 종교들이 이런 관념들 다수에 충실하기로 약속을 했지만 막상 혁명 및 당의 지도자들이 죽은 후 국가 전역에 그들의 기념비적 상들을 세움과 더불어 그들에게 신과 같은 지위를 부여하는 영웅 숭배를 선전한 일을 덧붙여 지적할 수 있다. 방부 처리를 한 레닌의 시신은 아직도 이전 소련의 성스런 중심지 크렘린 밖 붉은 광장의 무덤 안에 놓여 있으며 이는 4천 년도 더 전에 파라오와 메소포타미아의 왕들이 처리되었던 방식과 별반 다르지 않은 것이다.

고대 그리스 세계의 주된 유산들 가운데 한 가지는 종교를 희생해서라도 과학과 철학을 믿는다는 것이었다. 고고학자들은 크게 보아 세속적 인본주의의 전통 속에서 연구 작업을 하면서 그간 토착 사회 및 종교 공동체들과 갈등을 빚었는데 이들이 보기에 고고학적 발굴, 분석, 인골의 보관은 가치 있는 지식 추구가 아니라 인간 존엄성에 대한 커다란 모욕이었던 것이다.

8장 망자를 둘러싼 정치

그대가 일단 죽으면, 일이 끝났다 하고 누워 쉬게나. 그대를 땅에 묻을 것인지 불태울 것인지 대포로 날려버릴 것인지 도랑 속 어딘가에서 말라빠지도록 버려둘 것인지는 남편이나 아내나 아이들이나 형제자매가 결정하도록 내맡겨라. 어떻게 하는지 지켜보는 건 그대 몫이 아니다. 왜냐면 망자는 그런 데에 신경을 쓰지 않으니까(Lynch 1997: 9).

사람들은 고고학자들이 망자를 다루는 독점적 권한을 갖고 있고 또 자신들의 연구 대상이 대꾸를 하지 않으니 운이 좋다고들 말하곤 하였다. 그런데 1970년대 이래로는 옛 망자조차도 정치적·종교적·경제적·사회적·계보적연결고리로 산 자들과 관계를 맺게 되어 고고학자가 거기에 끼어들려면 목숨을 걸어야 할 지경이 된 것이 엄연한 현실이고 이 현실은 때로 고통스럽기도 하다. 망자들은 신경을 쓰지 않지만 산 자들은 거의 확실히 신경을 쓴다. 고고학자들은 그간 연구 작업을 하면서 전 세계 토착 주민들의 살아 있는 전통, 세계종교의 신도들이 가진 깊은 신앙, 지역민들의 도덕적 정서, 고고학자의 개입을 달가워하지 않는 공동체의 정치 조작들을 존중하지 않으면 안 되었다. 이외에 고고학자들은 망자를 불법적으로 파헤치는 도굴꾼들과도 충돌하게 되었으니 그들이 파내는 망자의 장구들이 전 세계 수집가들에게 팔리는 상품이 되었기 때문이다. 또 고고학자들은 최근의 대량 학살 희생자들을 발굴하는 일에도 간여하게 되었는데 그 목적은 잔학행위의 풍문을 입증할 증거를 수집하고 전범들을 법정에 세우기 위해서이다.

전 세계의 박물관은 지난 몇 세기 동안 호고가, 고고학자, 모험가, 보물 사냥꾼들이 도처에서 모은 문화 잔존물들로 가득하다. 지역 공동체들과 심지어 국민 국가들까지도 그간 누군가가 자신들의 과거가 남긴 물질 잔적과 그 망자들마저 가져가 아득히 떨어진 어떤 박물관에 수장하거나 전시하는 것을 보아야 했다. 고고학은 유럽 제국주의와 더불어 성장하였으며 특히 19세기와 20세기 초 동안 식민지에서 작업을 한 고고학자들은 자신들이 문화적으로 가치가 있다고 본 것은 무엇이든 지역의 정서는 전혀 무시한 채 조사하고 가져가는 데 걸릴 것이 거의 없었다. 그들은 사회인류학자들과 더불어 그저 식민지에 대한 행정 통치의 한 팔에 불과했다. 1940년대부터 1960년대 사이에 많은 나라에서 식민 통치가 끝났음에도 옛 인간 유해와 여타 고고학적 발견물에 대한 지역민의 관점을 존중하는 현상이 자동적으로 나타나지는 않았다. 토착 전원 공동체들이 여전히 국가와 그 대표들이 바라는 바에 매달려 있었기 때문이다.

인간 유해의 처리와 관련된 가장 큰 갈등은 대개 유럽 주민들의 지배를 받았던 식민 국가들에서 일어났는데 특히 북미, 오스트랄아시아, 남아프리카에서 그러하였다. 토착 주민들은 1960년대 이래로 과거의 부당 행위들을 바로잡아야 한다는 운동을 벌였으며 그에는 자신들의 문화재를 반환해 달라는 요구, 묘 교란 행위에 대한 반대, 자신들의 옛 망자와 때로는 그다지 오래되지 않은 망자들까지 재매장하라는 주장이 들어 있었다. 이와 동시에 일부 고고학자와 체질인류학자들은 자기 학문의 도덕성에 의문을 제기하기 시작하였다.

오스트레일리아와 북미의 고고학자들이 실증주의의 영향을 받은 과학 철학의 방법에 따라 수행한 연구는 과거에 무슨 일이 일어났는지 객관적으로 찾아내는 데 목표를 두었다. 토착 문화의 옛 잔적은 과학 연구에 적합한 대상이었고 문화 변동 및 문화 과정을 이해하기 위한 실험실로 생각되었다. 구전 역사, 토착민의 증언, 문헌 원전들은 관찰자의 주관에 물든 편향된 '내부적' 표현물로 간주되었으며 그래서 고고학이 제공할 수 있는 객관화된 '외부적' 관점보다 열등하다고 여겨졌다. 토착민들은 자기 조상들이 하늘에서 떨어졌다거나 땅에서 솟아났다고 말할 것이지만 고고학은 그들이 수천 년 전 다른 대륙에서 그곳에 도착하였음을 보여줄 수 있을 터였다. 토착 집단들이 가진 시간에 대한 다른 관점과 다른 전통은 현대 세계에서 여전히 적합하기만 하며 그들은 이미 자신들의 역사를 잘 알기에 국외자들이 굳이 다른 판을 이야기해 줄 필요가 없거니와 하물며 국외자들이 그렇게 하기 위해 망자의 신성성을 모독하는 짓은 있을 수 없다는 것이다(Zimmerman 1996).

이런 이슈들은 식민 지배를 벗어난 국가들에서 가장 두드러져 보이지만 토착 주민과 외부 고고학자라는 구분이 거의 없는 영국 같은 국가에서도 사건들은 있다. 영국에서는 그간 윤리적 딜레마와 대결 상태에 빠진 적이 있었는데 다만 그런 사건들은 다른 일부 국가들이 당한 사건들에 비하면 사소하다. 인간 유해 연구에 적용할 수 있는 과학적 기법들은 1950년 이래로 급격하게 증가하였지만 좀더 최근에 세계적 관심사가 된 재매장 요구와 묘 교란 행위 반대가 세계의 다수 지역에서 그런 연구를 즉각 중단시킬 가능성은 다분하다.

1980년대 초 이래로 많은 고고학자들의 견해에는 현저한 변화가 있었다. 첫째, 인간 유해 교란이 주는 영향을 정치적으로 좀더 의식 있게 그리고 윤리적으로 고려해야 한다는 입장을 대변한 소수 집단이 큰 목소리로 운동을 개시하였다. 둘째, 이 주제는 1986년 사우샘프턴 세계고고학협의회 정기대회와 1989년 버밀리언 정기대회 중간 학회(그림 8.1)에서 채택되어 전 세계로 방송이 되었다. 셋째, 고고학자들은 과거 해석이 어떤 객관성 주장에 못지않게 관찰자가 처한 상황에도 좌우된다는 점을 여타 인문과학 동료들의 보조에 맞추어 인식하기 시작하였다. 고고학자들은 사회 속 나머지 부문과의 관계에서 자유로운 행위주체가 될 수는 없으며 지식이 곧 권력인 사회·경제적 관계망 속에 얽매여 있다. 과거 연구는 현재에 마음을 둔 학자들이 현재의 정치적 관심사를 참조하면서 수행하는 것으로 이해될 수 있으며 그 결과는 그들과 다른

이들이 다양한 목적을 위해 이용될 것이다.[1]

이제 고고학자들과 더 넓은 사회 공동체 사이의 관계는 재귀적일 수밖에 없다. 고고학자들은 자기 일신의 출세를 위해서가 아니라 자신들이 봉사하는 공동체들을 위해 과거를 해석해야 할 책무를 지고 있으며, 또 망자에 대해서뿐만 아니라 과거 사람들을 자기 조상이라고 주장하는 산 자들에 대해서도 의무를 갖고 있다. 이는 특히 인간 유해 처리 문제에서 그러한데 여기서는 고고학의 이해가 고고학자들의 활동을 영적·종교적으로 불안해 하는 측들과 상충할 수 있다.

그림 8.1 세계고고학협의회가 사우스 다코타 버밀리언에서 1989년 정기대회 중간 학회를 여는 동안에 여기 보이듯 운디드 니Wounded knee에서 출토된 아메리카 인디언의 뼈들을 재매장한 데에 뒤이어 마다가스카르 출토 두개골 하나가 본국으로 반환되기 위해 넘겨졌다.

1. 아메리카 인디언과 고고학자

인간 유해의 재매장, 원상 복구, 반환, 교란 행위 자제는 토착 주민 집단들이 자기 조상들을 박물관에 전시하고 보관하는 일을 바로잡아 달라고 주장하고 있는 북미에서 그간 핵심 이슈들이었다(Cheek and Keel 1984; Hubert 1989; McGuire 1989; Echo-Hawk 1992). 갈등은 1960년대 이래로 싹트고 있었으며 일련의 사건들이 벌어져 오래 지속된 뒤 문제를 해결해야 할 시점에 이르렀다. 1970년대 동안에도 고고학자들이 매장 유적 근처에 사는 아메리카 인디언 공

---

1) Jenkins 1991. 고고학과 윤리에 대해서는 White 1991; Vitelli 1996; Salmon 1997을 참조.

동체를 전혀 개의치 그 무덤들을 발굴하는 일은 여전하였다. 1971년 고고학자들은 아이오와 주 소재 19세기 백인 개척자들의 공동묘지를 발굴하였다. 매장 중 하나에는 부장품이 들어 있었고 그래서 아메리카 인디언의 묘로 간주되었다. 개척자들의 유골은 개발업자가 재매장하기 위해 치운 반면 그 아메리카 인디언의 유골은 고고학자들이 박물관에 수장하기 위해 수습하였다. 마리아 피어슨(달리는 모카신 신발 족)이 이끄는 '지역 아메리카 인디언 모임'은 백인들의 유해는 신성하다고 여긴 반면 자신들의 망자는 박물관 전시 물품에 불과한 것으로 치부한 이 인종차별적 처리 방식에 분노하였다.

이와 비슷한 사건들이 리틀 빅혼Little Bighorn의 커스터 장군 최후 전투 유적에서도 일어났는데 고고학 발굴 중에 발견된 유해 중 미 육군 장병들의 것은 재매장된 반면 라코타Lakota 족 전사들의 유해는 그렇게 처리되지 않았다. 집단 학살, 기아, 차별, 부족 땅 침탈이라는 역사를 가진 아메리카 인디언들은 스스로를 2급 시민으로 느끼게 만드는 또 다른 형태의 착취 때문에 고통을 받고 있었다. 개척자들이 자신들의 '운명 현시(백인이 북미 전체를 지배 개발할 운명을 갖고 있다는 주장)'를 실현한 '역사시대' 이전의 아메리카 인디언들은 마치 식물상과 동물상의 한 부분에 지나지 않는 듯 취급되었기에 그들의 과거는 자연사 박물관에 전시되었다.[2] 그들은 실질적으로 사라진 문화를 가진 곧 사멸할 인간 집단들로 묘사되었다.

얀 함밀이 이끄는 '아메리카 인디언 운동'(AIM)과 '차별 반대 아메리카 인디언'(AIAD)은 이런 부당행위들에 반대 운동을 펼쳤고 자신들의 주장을 1982년 미니애폴리스에서 열린 미국고고학회(SAA) 연례 총회에 회부하였다. 그런데 고고학자들의 반응은 고무적이지 못하였다. SAA위원회는 재매장 반대 결의문 채택을 연기하였지만 대부분의 고고학자들은 이런 단체들의 주장을 수용할 뜻이 없는 완고한 태도를 고수하였다. 1980년대 초반에는 고고학자들 대부분이 어떤 형태의 타협에도 반대하는 입장이었다. 인골을 발굴하고

---

2) 미국 내 인류학의 사람 머리 사냥 역사에 대해서는 Bieder 1992와 Riding In 1992를 참조.

보관하는 일의 과학적 중요성은 소수 집단의 어떤 관심사도 능가하는 것이었다. 고고학자들은 어느 쪽이었냐 하면, 아메리카 인디언들에게 순전히 신화에만 기반을 둔 그들의 기존 역사를 대체할 과거를 고고학이 제공하는 데 대해 그들이 고마워하지 않는다는 것이 놀랍다는 입장이었다. 고고학자들이 보기에 아메리카 인디언의 옛 조상들은 자신들의 이야기가 널리 알려질 권리를 갖고 있는데도 그들의 지금 후손들은 묘 교란 행위 금지와 재매장을 요구함으로써 이런 과거를 다른 이들이 알지 못하게 막고 있다는 것이었다(Meighan 1985). 학문 공동체는 아메리카 인디언들이 자신들의 과거가 현재 속에 살아 있기 때문에 신화와 영적 교감을 통해 그것을 이미 알고 있다는 이야기를 하는 것을 듣고는 어마어마한 좌절을 느꼈으며 또 고고학자들은 아메리카 인디언들이 자신들의 과학적 연구 성과에 흥미를 갖지 않고 또 그것을 불신하는 것을 보고 점점 더 낙담을 하였다.

'고고학적 수집품 보존을 위한 고고학 위원회'(ACPAC)는 미국의 각급 기관이 소장한 50만 구로 추산된 인골들을 반환하라는 AIAD의 요구에 맞서 자신들의 보관 정책을 옹호하였다. 그들은 고고학자들이 자기 학문의 데이터베이스를 보호하기 위해 재매장에 반드시 반대해야 하며 죽은 사람이 속한 부족의 현존 성원들이 요구를 하지 않는 한 재매장 요청에 응하는 것은 비윤리적이라고 여겼다. SAA와 직업고고학자협회(SoPA)도 이와 비슷한 입장을 취하였다. 대부분의 고고학자들은 이 '유전적 친족관계 입증'의 원칙을 받아들였는데 예를 들어 라코타 족의 성원들이 재매장 요구를 하면 문제의 매장이 라코타 족의 매장이라는 사실을 그들이 입증해야 한다는 것이었다.

유럽계 미국인들의 아메리카 인디언 땅 식민지화는 이 책의 범위를 넘어서는 배신과 부정으로 점철된 뼈아픈 이야기지만 이는 결국 보호구역 체제와 지난 1백 년 동안의 탈구脫區로 귀결되었다. 이제 자기 조상들이 살았던 장소에 그대로 사는 부족은 거의 없으며 그래서 아메리카 인디언 땅의 매장 묘지들은 지금은 그곳을 떠나버린 다른 부족의 것인 경우가 허다하다. 이런 까닭에 부족 집단들이 제기한 재매장 주장의 대부분은 다른 집단의 인간 유해를 위한 것이었다. AIAD는 범인디언 운동이었고 그들에게는 부족 귀속 문제보다도 더 광범위한 범주의 아메리카 인디언 유산이 훨씬 중요하였다. 망자의 매장은 어떤 경우든 원래부터 신성하기 때문에 훼손되어서는 안 된다는 것이었지 그저 잔존 가족 구성원의 감정을 조금이라도 존중하라는 이유 때문이 아니었다.

래리 짐머만은 고고학자 가운데 자기 동료들의 윤리적 태도에 문제를 제기한 최초의 학자들 중 한 사람이었다. 그는 1982년 SAA 총회에서 아메리카 인디언의 주장에 동조하면서 동료 고고학자들의 비판적, 독선적, 비타협적 태도를 논하는 글을 발표한 바 있으며 그 이전 1981년에는 거의 500명에 달하는 크로우 크릭Crow Creek 대학살 희생자들을 재매장하는 일에 관계하였다 (Zimmerman 1989, 1992). 그 후 많은 사람들이 자신들의 이전 견해를 완화하였으며 북미 여러 지역에서 협력과 상호 이해의 방향으로 많은 진전이 이루어졌다. 예를 들어 1970년대 초에 일어난 아이오와 주의 불행한 사건들은 일련의 노력 끝에 시정되었다. 1975년 아이오와 주 담당 고고학자는 마리아 피어슨에게 다른 아메리카 인디언들을 설득해 개발로 멸실 위험에 처한 납골당을 발굴하는 일이 바람직함을 이해하도록 도와달라는 요청을 하였는데, 재매장을 하기로 계약한 개발업자가 작업에 불도저를 쓰려 한다는 사실이 알려진 이후 그 발굴 허락이 떨어졌다. 1976년 아이오와 주는 인간 유해를 수습하는 데 필요한 예비비 항목을 설정하는 '재매장' 법률을 통과시키고 또 (150년 이상 된) '옛' 인간 유해를 재매장할 주립 공동묘지를 설치하였다(Anderson 1985).

전국의 고고학자들 사이에 의논이 계속 분분하였으나 1989년 인디언의 주장에 찬성하는 국립 아메리카 인디언 박물관 법과 1990년 아메리카인디언 분묘보호및원상복구법(NAGPRA)이 통과됨으로써 이 일은 그들의 손을 떠나 버렸다(Talmage 1982; Bahn 1984; Bahn and Paterson 1986; Deloria 1992; Klesert and Powell 1993; Powell *et al.* 1993; Jones and Harris 1998). NAGPRA 규정에 따르면 박물관들이 소장한 모든 아메리카 인디언 유해는 적합한 부족 집단에게 돌려주어 재매장을 해야 한다. 그럼에도 원상 복구 주장이 제기된 사안마다 시비

곡직을 따져 결정을 하도록 되어 있었다. 그런데 일이 묘하게 꼬여 체질인류
학자들은 그간 선사시대 주민 개개인의 귀속을 현대 부족 집단에 비정하면서
두개골 및 몸통 계측치를 이용하는 아주 논란 많은 방법에 의존하지 않으면
안 되었다. 하지만 논쟁은 아직 종결되지 않았다. 양측 모두가 감정이 격앙되
어 있으며 라코타 같은 부족은 고고학자들을 완전 불신하기에 이르렀다. 이런
'난국'은 최근 미국 북서부 워싱턴 주에서 아주 이례적인 사건이 터져 전기를
맞이하게 되었으니 이 사건은 그간의 모든 문제점을 끄집어내어 폭탄 하나에
장착한 셈이었다.

켄느위크 발견과 그 결과

1996년 워싱턴 주 켄느위크Kennewick 근처 콜롬비아 강 강안에서 학생 두 명
이 두개골 하나와 뼈 약간을 발견하였는데 그곳은 미 육군 공병단 관할구역
안이었다(Minthorn 1996; Chatters 1997; Sampson 1997; Slayman 1997; Asatru Folk
Assembly 1997; Morell 1998). 그날 몇 사람이 그 골격의 더 많은 부분을 찾아냈
다. 그 후 연방 토지에 관한 법의 요구에 따라 벌어진 고고학적 발굴에서 이
유골들은 그 신체적 특성에 대한 애초 연구의 결론과 달리 백인 개척자가 아
니라 그보다 훨씬 오래된 인간의 것임이 밝혀졌다. 이 인물은 놀랍게도 치유
된 상처를 갖고 있었는데 이는 그 뼈 속에 아직 박혀 있는 석제 투사용 찌르개
때문에 생긴 것이었다. 방사성탄소 측정 연대는 서기전 7600~7300년으로 나
왔으며 이는 캐스케이드 투사용 찌르개라는 그 형식의 형식학 연대 비정을 뒷
받침하였다. 이는 정말로 이목을 끄는 발견이었으며 이 인물의 유골 세부 특
성을 근거로 내린 애초의 대체적 족속 판정이 확인되었다는 사실로 더더욱 이
례적이었다. 그는 코카서스 유형으로 역사상 및 현대의 아메리카 인디언이 가
진 몽골로이드 특성들과는 명확하게 다른 인골 특성들을 가졌기 때문이다.

육군 공병단은 자신들이 아주 뜨거운 감자를 쥐고 있음을 알아차렸고 그
래서 그 유해를 연구하고 있었던 법의학 인류학자 제임스 채터즈로부터 그 뼈
들을 압수하였다. 공병단은 이 유적에서 더 많은 인골들이 나옴에 따라 강안

이 더 이상 잠식되지 않도록 보호하고 또 유적을 영구히 봉하기 위해 다량의 흙을 쏟아 부었다. 유골들은 우마티야Umatilla 인디언 보호구역 연합 부족의 영역 안에서 발견되었기 때문에 그들이 재매장할 예정이었다. 고고학자들은 근년 세계에서 이루어진 가장 중요한 고고학적 발견들 가운데 하나로 여겨지는 것이 자기들이 보기에 무자비하게 파괴되는 데 대해 분노하였다. 이는 몇 안 되는 고古인디언 시기 인골들 중 하나일 뿐만 아니라 이 인물은 그 신체 특성으로 보아 약 1만 년 전 아시아로부터 이주해 왔으되 지금까지 알려지지 않았던 집단에 속할 가능성 또한 있었다.

1996년 10월, 8명의 고고학자 및 인류학자는 그 유해의 재매장을 중지하고 그것과 현대 아메리카 인디언 사이의 관계를 입증하기 위한 연구를 하도록 해 달라는 가처분 명령 신청을 법원에 냈는데 그 이유는 NAGPRA에서 정한 입증 요건인 문화적 친연관계의 증거가 불충분하다는 것이었다. 1997년 6월 공병단이 재매장을 위해 인골들을 되돌려주려 한 결정은 뒤집어졌으니 법원이 이 사안을 연방 기관에서 재평가하도록 명령하고 또 공병단이 공평하게 처리하지 않았다는 비판을 하였기 때문이다. 그 동안에 노르웨이 이교도 집단인 '아사트루Asatru 족 의회'가 또 하나의 당사자로서 그 인물이 자신들의 조상 중 하나라는 이유로 유해를 자신들에게 되돌려달라는 가처분 명령 신청을 하였다. 그들과 우마티야 부족 연합의 대표들은 유골에 대한 종교 의례를 베풀어도 좋다는 허가를 받았는데 이는 그 뼈들에 대한 향후 연구에 영향을 미칠 오염을 일으킬 가능성이 있는 조치였다. 자체가 종교 집단이 아니었던 고고학자들은 더 이상의 연구를 수행한다거나 심지어 그 뼈들을 보는 것조차 금지되었다. 그 뼈들은 많은 논의를 거친 끝에(Lee 1998) 1999년 정부가 지명한 과학자 다섯 명이 시애틀의 버크 박물관에서 검사를 실시하였지만 DNA 분석과 방사성탄소 연대 측정을 위한 표본 추출은 허용되지 않았다.

재매장 문제에 관련된 당사자 양쪽의 태도가 누그러지고 있었던 바로 그 시점에 터진 이 사안은 격렬한 대립을 유발하였다. 아메리카 인디언들은 켄느위크인이 자기들의 조상임을 의심할 아무런 이유가 없다고 여겼다. 자신들이 오늘날 어떤 신체 유형이라고 해서 조상들이 언제나 바로 그 유형이어야 할 이유는 없다는 것이다. 우마티야 족의 대표들은 특히 자신들이 애써 쟁취한 권리, 즉 신성한 유해가 그에 걸맞게 대접받아야 한다는 권리가 공격받고 있다는 데 대해 특히 화가 나고 괴로워하였다. 반면 SAA는 NAGPRA법을 개정하도록 연방 정부에 로비를 하고 있었다. 그 취지는 이처럼 고고학적 중요성이 큰 경우 아메리카 인디언들에 대해 지닌 성스럽고 종교적인 중요성보다 모든 미국 사람들에 대해 지닌 과학적 가치를 더 중시해야 한다는 것이었다. SAA가 아메리카 부족들 땅에서 발견된 문화적 물품의 처리에 관한 부족들의 권한에 의문을 제기하고자 한 것은 아니었지만 아메리카 인디언은 이제 상기 법이 약화됨으로써 결국 자신들이 그간 그토록 노력하였는데도 불구하고 정부가 자신들을 저버리고 또 고고학자들에게 배신을 당하는 것은 아닌지 두려워하였다.

NAGPRA법을 수정하기 위한 법안 하나가 의회에 제출되었는데 그 취지는 "문화적 귀속이 즉각 확인되지 못하는 유해를 적절하게 연구하고 원상 복구를 하기 위한 것이었다." 그 주된 요점을 보면 발견물은 종족 후손에 의해 소유권이 확인되는 경우를 제외하고는 과학적 절차에 따라 기록을 해야 하며, 문화적 귀속이 확인된 경우라 하더라도 과학적 연구 결과가 미국의 역사 혹은 선사에 새로운 정보를 제공할 것으로 기대된다면 연구를 수행할 수 있도록 하고, 또 그런 연구는 해당 자료를 손에 넣은 후 180일 안에 완료되어야 한다는 것이다. 마지막으로 그 자료를 관할하게 된 연방 기구가 그런 연구의 잠재적 이득이 관리, 문화, 여타 측면의 합리적 고려보다 못하다고 판단할 때는 연구가 허용되지 않을 수 있다는 것이다.

2. 오스트레일리아의 원주민과 그들에 대한 잔학행위

만약 우리 원주민들이 우리 조상의 유산을 관할하지 못한다면 도대체 우리가 마음대로 할 수 있는 것이 뭐란 말인가?(Langford 1983)

불과 몇 세대 전까지만 해도 백인 식민지 이주자들이 오스트레일리아 원주민들을 사냥하고 집단 학살하고 손발을 자르고 강간하고 노예로 삼는 일이 벌어졌다. 18세기 말, 19세기와 20세기 초에 저질러진 이 식민 잔학행위의 이야기들을 읽어보면 가슴이 터질 것 같은 비통함을 느낀다. 이런 만큼 원주민들이 사회 정의에 관한 관심사 가운데 자기 조상들의 유해를 고고학적으로 발굴하는 일에 그간 우려를 금치 못한 것은 결코 놀랄 일이 못 된다. 그들은 아메리카 인디언들처럼 지적 제국주의의 연구 대상이 되어 네안데르탈로 퇴보한 존재들로 분류되었고, 그들의 시신과 유골들은 박물관에 전시된 반면 백인들의 공동묘지는 고고학자 및 과학자들에 의해 교란이 되지 않았다.

미국과 캐나다에서처럼 한탄스럽게도 상호 의견 교환이 없었던 탓에 문제는 오랜 기간에 걸쳐 점점 커졌다. 원주민들은 의심에 차고 원망을 하게 된 반면 고고학자들은 인간 유해를 옮기고 연구를 하면서 한 번도 그들의 허락을 받지 않았다. 교란 금지 및 재매장 문제가 19세기의 잔학행위에 대한 기억을 부각시키고 또 오늘날 많은 원주민이 가난하고 땅을 가지지 못한 경제적 처지로 고통받는 점을 부각시키는 초점 역할을 하게 되었다. 처음에는 겨우 몇 명의 학자들만 원주민의 사안을 지지할 각오를 하였으며 이들, 그중에서도 특히 체질인류학자 스티븐 웹은 동료들의 욕설을 듣고 따돌림을 받았다(Webb 1987). 1980년대 초에 오스트레일리아 고고학협회(AAA)는 연구의 중요성을 강조하면서 신원을 아는 유해만 재매장해야 하며 그 밖의 어떤 유해도 매장이나 화장으로 파괴해서는 안 된다고 요구하는 운영 문서를 작성하였다. 이와 같은 심약한 움직임은 미국의 사례에 필적하는 것이었다.

학계의 이런 완고함은 잔학행위에 얽힌 이야기들의 문화적 역사를 무시한 것이었는데 이는 되돌아보면 정말 소름끼치는 일이었다. 1907년 독일 과학자 헤르만 클라취는 어떤 원주민 시신을 보존 용액 탱크 속에 담아 배에 실어 독일로 옮긴 후 해부를 하였다. 1920년대에 남 오스트레일리아 박물관 소속 병리학 교수인 존 클리랜드 경은 '순수 혈통' 원주민 네 사람의 시신을 과학 표본으로 보존 처리하였다. 이 시신들은 1985년에 재매장되었다. 유전적으로 섞이지 않은 혈통을 가진 마지막 태즈메이니아Tasmania 남성인 윌리엄 래니는 1869년 사망 후 24시간 이내에 해부되었다. 그의 두개골은 왕립 외과 의학교 교원인 윌리엄 크로우더가 가져갔으며 코, 귀, 얼굴 껍질도 그가 가져가서 그 가죽으로 담배쌈지를 만들었다고 전해진다. 왕립 태즈메이니아 학회의 회원인 조지 스토컬은 래니의 손과 발을 떼어 가져갔는데 그는 태즈메이니아 원주민들이 유인원과 현대인 사이의 잃어버린 고리임을 입증할 심산이었다(Richardson 1989; Maslen 1991).

트루가니니의 시신에 얽힌 이야기도 이들과 비슷하게 추악하다. 그녀는 마지막 순수 혈통 태즈메이니아인으로 간주되었으며 그녀는 자신이 죽으면 자기 시신을 절멸 인종의 최후 유해로 앞 다투어 차지하려 들 것임을 거의 틀림없이 알았던 듯하다. 그랬기에 트루가니니는 자기 시신을 반드시 화장하라고 명기하였다. 왕립 태즈메이니아 학회는 1876년 5월 그녀가 죽은 바로 다음 날 그 시신을 반드시 보존해야 한다고 요청하였으나 이는 기각되었고 그녀는 실제로 매장되었다. 그렇지만 2년 뒤 그녀의 시신은 파내어졌고 그 뼈들은 연구를 위해 멜버른과 런던으로 보내어졌다. 그 후 되돌아와 1947년까지 태즈메이니아 박물관에 계속 전시되다가 이 박물관 수장고로 이관되었다. 1974년 오스트레일리아 원주민 연구소(AIAS)는 태즈메이니아 정부에 그녀의 마지막 소원을 들어줄 것을 설득하였다. 1976년 트루가니니의 뼈들은 화장되어 바다에 흩뿌려졌다(Hubert 1989: 150). 이런 사례는 빙산의 일각에 불과하다. 태즈메이니아, 오스트레일리아, 뉴질랜드로부터 수천, 수만의 골격과 두개골들이 오스트랄라시아와 전 세계의 박물관 및 개인 수집가들에게 실려 나갔다.

근년에 원주민 뼈들 중 상당 부분이 영국 옥스퍼드의 피트리버스 박물관 같은 곳들로부터 되돌아온 바 있다. 심지어는 구석기시대 인골까지도 반환되어 화장되었다. 문고 호수에서 출토된 이와 비슷하게 오래된 다른 유해들을 어떻게 할 것인지의 문제는 소위 '보관소', 즉 자물쇠를 채운 신성한 수장고에 오스트레일리아 원주민 집단들이 보관하는 방법으로 해결될 수 있는데 그 수장고에는 필요 시 학자들이 들어갈 수도 있다. 1980년대 초에 태즈메이니아

원주민인 마이클 맨셀은 장차 몇 차례 방문할 영국을 처음으로 방문하여 에든
버러 대학 수장품 속에 결국 들어갔으리라고 여긴 윌리엄 래니의 두개골을 반
환해 달라고 요청하였다. 1991년 6년에 걸친 협상 끝에 이 대학은 두개골 하
나와 다른 인골들 중 남은 부위를 오스트레일리아 영사관에 넘겼다. 그렇지만
이 대학 교원들은 그 두개골이 래니의 것이라는 확신을 할 수 없음을 우려하
였다. 그것은 아마 아직도 런던 왕립 외과의학교 소장품 속에 식별되지 않은
채 들어 있을 것이다.

3. 전 세계의 인골을 둘러싼 정치

묘 교란 행위 금지와 재매장의 문제는 전 세계적으로 적용되는 사안인데 왜냐
하면 그간 너무나 많은 토착 주민들의 유해가 전 세계 박물관들에 수장되었고
또 고고학 발굴로 인한 문제들이 많은 나라에서 일어났기 때문이다. 예를 들
어 짐바브웨의 국립 박물관 당국은 매장지 발굴이 쇼나Shona 족 혼령들의 영
면을 방해한다는 이유로 중지시켰다. 파푸아 뉴기니, 카메룬, 필리핀 같은 나
라의 토착민 고고학자들은 모두 어려운 딜레마에 빠져 있는데 직업에 대한 책
무와 자기 공동체에 대한 책무 사이에서 균형을 맞추어야 하기 때문이다
(Hubert 1989). 영국과 다른 곳의 많은 박물관들은 수장품 속에 문신한 마오리
족 머리들을 갖고 있었는데, 그간 어떤 상황에서 소장하게 되었는지를 불문하
고 이제는 모두 뉴질랜드로 반환하였다. 예를 들어 한 마오리 족 의사가 19세
기에 영국에 선물로 보낸 문신한 머리들은 최근 그 손자가 도로 가져간 바 있
다. 그런 품목들은 이전에 런던의 경매 회사에서 거래되곤 하였으며 최근에
한 마오리 족 머리는 소더비사에서 경매되기 직전 철회된 적이 있다. 더 최근
에는 케이프타운에서 열린 1999년 세계고고학협의회가 남아프리카 및 다른
곳의 박물관들이 소장한 코이산Khoisan 족 유골 2500구를 재매장할 수 있도록
반환하라고 촉구하였다.[3]

　　이스라엘은 바깥 세계로부터 포위 공격을 받고 있을 뿐만 아니라 정통 유

대교 공동체들 중 일부의 극렬 행동주의자들로부터도 포위 공격을 받고 있는 나라로, 그들은 지난 여러 해 동안 고고학자들의 인간 유해 발굴을 막으려는 운동을 펼쳤다. 1983년 법안 하나가 통과되었다가 나중에 폐기되었는데 이는 인간 유해가 유태인에 속할 가능성이 있다는 사실이 발견되면 어떤 랍비에게 나 고고학 발굴에 개입할 수 있는 권한을 부여한 법이었다. 최근에 정통 유대 교도를 포함한 우익 정치 세력이 정부를 상대로 문화재법을 새롭게 해석하도 록 로비를 벌여 성공을 거둠으로써 5천 년이 되지 않은 모든 인간 유해가 재 매장되는 결과를 낳았다.[4] 목하 고고학자와 경찰들은 젊은 무직 정통 유대교 도 데모대와 정기적으로 충돌하고 있는데 그들은 고고학자들이 인간 유해를 교란시키지 못하도록 막겠다는 일념에서 고고학자들의 작업을 사전에 차단하 거나 중지시키려 애를 쓰고 있다.

뉴욕의 아프리카인 묘지

북미에서는 아프리카계 미국인 후손 공동체들이 뉴욕에 있는 자신들의 유산 을 되살린 예에서 보듯 그간 커다란 정치적 소동들이 일어났다(Harrington 1996). 노예로 잡힌 아프리카인들은 1626년부터 네덜란드인에 의해, 그보다 나중인 1664년 이후에는 영국인에 의해 뉴욕으로 이송되었다. 1697년 흑인 공동체는 교회묘지에 묻힐 권리를 박탈당하였고 1712년 이전부터 1794년까 지는 도시 바깥의 '아프리카인 묘지'가 1만 명에서 2만 명에 이르는 흑인 및 추방된 백인들의 매장지로 이용되었다. 도시의 이 지역이 1980년대에 재개발 됨에 따라 개발주체인 총무행정국(정부 건물을 관할하는 연방 기관)은 그 묘 지의 존재에 주목하여 환경영향 평가를 의뢰하였지만 그 매장들이 후대의 지 하시설과 건물 기초 때문에 이미 대부분 파괴되었다는 결론을 내렸다. 이런

---

3) 코이산 족은 남아프리카의 토착 주민들 중 하나이다. 이 초기 주민들 중 다수는 네덜란드 및 영국 식민자들이 17세기에서 19세기까지 일소해 버렸다. Jordan 1999.

4) Jones and Harris 1997: 15. 정통 유대교도는 이보다 오래된 인간 유해를 '창조' 개시 너머에 있 는 것으로 여기며 따라서 그들은 '인간'이 아니다.

까닭에 총무행정국은 매장들이 발견될 경우를 대비한 비상 대책을 전혀 세우지 않았다. 그런데 매장들이 발견되었고 이어 그 사실이 기자회견으로 발표되자 분노가 표출되었다.

그 유적은 뉴욕 최초의 흑인 시장이 집무하는 시청에서 불과 두 블록 떨어져 있었다. 아프리카계 미국인들은 백인 관리들이 승인한 가운데 백인들이 파내고 있었던 자신들의 유산을 어떻게 해 볼 아무런 권한이 없다는 데 대해 유쾌할 수가 없었다. 그들은 이 지역에 무엇이 묻혀 있는지에 대해 그간 정보를 듣지 못하였다. 그러다가 굴삭기가 건물 기초 터파기를 하면서 몇 기의 매장들을 우연히 파괴함으로써 사태는 악화되었다. 1991년에 이르러 결국 고고학자들이 이 아프리카인 묘지 유적에서 427기의 매장을 발굴하고 수습하였다. 1992년 이 유적을 하루 동안 봉쇄하는 행위가 발생하였다. 부시 대통령은 개발 계획의 일부분을 중단하는 입법안을 승인하였고 또 아프리카계 미국인이 식민시대 뉴욕에 기여한 바를 기리는 박물관을 세우기 위한 예산도 승인하였다. 노출된 매장들 중 최후의 것이 발굴되자 분석을 한 후 재매장하는 계획이 수립되었으며 또 매장지 전시관과 아프리카인 묘지 기념비 건립 계획이 수립되었다(그림 8.2).

그림 8.2 하워드 대학의 '아프리카인 묘지 조사사업단'에서 뉴욕시의 발굴된 공동묘지 유적에 세운 표지 간판.

총무행정국은 분석을 실시하기 위해 아프리카계 미국인 기관인 하워드 대학의 체질인류학 교수 마이클 블래키를 고용하였다. 그의 조사단은 노예 시신 처리에 관한 충격적 세부 내용을 밝혀냈을 뿐만 아니라 그들이 얼마나 기독교도화되었는지에 관한 흥미진진한 의문들 또한 제기하였으니, 많은 매장들의 장례습속과 구슬, 수정, 조가비 같은 부장품으로 보건대 아프리카 종교의 요소들을 간직하고 있었던 것이다(Michael Blakey, Mark Mack, Edna Medford, Warren Perry로부터의 개인적 교신). 노예로 팔려온 여자들의 출산율은 인구 조사 자료와 비교해 보니 아주 낮았으며 뉴욕에서 아프리카 주민 집단의 자연 증가는 유럽인들에 비해 극히 적었다. 또한 묘지 주민 중 4분의 3 이상의 뼈가 골수염, 골 형성 과다증, 에나멜 형성 부전, 구루병, 양성 감염에 의한 기능장애 등 감염 질병 및 영양실조의 흔적을 보여주었다. 남자뿐만 아니라 여자들도 육체적으로 힘든 노동을 하고 있었고 그래서 때로 흉추가 갈라지고 골반 및 두개골에 금이 간다든지 근육 파열로 뼈가 손상되는 등의 엄청난 골격 손상을 입었다.

미토콘드리아 DNA 분석 결과는 아프리카인 묘지에 묻힌 다수의 사람들이 서아프리카 출신이며 그 밖의 사람들은 서중부 아프리카에서, 일부는 마다가스카르에서 왔음을 시사하였다. 이런 연구 조사 성과는 뉴욕의 영국계/백인 미국인 도시 공동체가 그 남쪽 이웃들에 비해 노예를 좀더 인간적으로 대했다는 통념을 뒤집어버렸다. 만사가 뉴욕시에서 벌어진 좀더 광범위한 인종차별 및 경제 착취의 축소판이었던 것으로 그려졌다. 이는 또한 구제 고고학 활동에 후손 공동체가 참여하고 그에 이어 그들이 정치적·지적 권한을 획득한 성공담을 남긴 사례이기도 하다.[5]

---

5) 발굴 후 정리 팀 이외에 150명의 자원 봉사자들이 이 사업의 일반 대중 전시를 위해 일을 했다고 한다(Blakey와의 개인적 교신).

잉글랜드 주베리의 사례

잉글랜드 북부 요크 시에는 로마시대 이래로 죽은 사람 약 60만 명이 묻혀 있다. 이들은 교회묘지, 대교회당 묘지 그리고 놀랍게도 2천 년에 걸쳐 쌓인 도시 퇴적층의 다른 많은 곳에 들어차 있다. 중세 묘지들에 대한 그간의 주요 발굴은 피셔게이트와 성 헬렌-온-더-월즈에서 이루어졌는데 그 결과 중세 도시 거주민들의 건강, 사회생활, 전투 상흔에 관한 이례적 지견을 얻을 수 있었다(Dawes and Magilton 1980; Stroud and Kemp 1993). 인골들은 다른 고고학적 자료들과 함께 학술적 연구를 위한 참조 표품으로 보관되고 있다. 중세 요크의 주민 중에는 유태인들로 이루어진 소규모 공동체가 있었다. 그들은 나날의 삶에서 도시의 다른 주민들로부터 차별, 학대를 받고 신체적 폭력을 당했으며 명목상으로는 왕의 보호하에 있었음에도 1190년 집단 학살의 희생물이 되었다. 군중의 공격을 받은 유태인들은 클리포드 탑의 감옥으로 도망쳤으나 사람들이 그 건물에 불을 질러 다수가 죽었다. 그렇지만 유태인 공동체는 요크에 남았으며 그 다음 50년에 걸쳐 번영하였다가 이윽고 쇠퇴하였다. 1290년에는 거의 모든 유태인이 잉글랜드에서 추방되고 여섯 가구만이 남았다.

1982·1983년 고고학자들은 요크에서 어떤 슈퍼마켓을 짓기 위한 공사를 벌이기 전에 주베리라는 이름이 붙은 지구 안의 공동묘지를 발굴하였는데 이전의 유태인 공동묘지를 가리키는 이 이름은 서기 1230년경의 중세 문헌으로 알려져 있었다(Lilley *et al.* 1994). 이 공동묘지는 1230년 무렵 요크와 링컨의 유태인 공동체가 새로 사들인 땅으로 확장되었다. 묘들은 모두 496기로 깔끔하게 열을 지어 남-북향으로 배치되어 있었으며 철제 장구를 가진 관들이 일부 들어 있었는데 이는 중세 교회묘지의 매장들이 서-동향이고 대개 수의만 입은 채로 묻혔으며 서로 혼잡스럽게 중첩된 것과는 완전히 딴판이었다. 남성과 여성의 매장은 공동묘지 전역에 섞여 있었으며, 다만 어느 정도는 성에 따른 군집과 어린이 매장 군집들이 형성되어 있었다. 인골 분석을 해 보니 1180년부터 1290년 즈음 사이의 요크 유태인 중 3분의 2에 해당하는 이 작은 주민 집단의 건강에 대한 흥미로운 그림이 나왔다. 어떤 매장도 1190년 집단학살

에 직접 연계할 수 없었지만 25구의 인골에서 상흔들을 볼 수 있었는데 다만 그중 여섯 사례만 고의로 생긴 것임을 확신할 수 있었다. 몇 명의 어린이는 위축된 사지를 갖고 있었다. 또 뼈들에서는 결핵을 비롯한 변형성 골염, 빈혈증, 골 신생물의 증거가 나왔다.

요크고고학재단은 일찍이 1980년에 이미 이 유적이 잠재적으로 민감한 성격을 지녔다는 점을 알아차리고 토지 소유자, 요크 시, 개발업자들에게 윤리적·법적 고려를 할 것을 주지시켰다(Rahtz 1985: 42~46; Lilley *et al.* 1994: 298~300). 1981년 재단은 '유태인사회 지도자' 임마누엘 야코보비츠에게 구제 발굴을 수행하겠다는 제안서를 보냈다. 그는 시의회에 '만약 유적에 정말로 유태인 묘들이 들어 있다면' 이는 유태인 공동체의 '다대한 종교적 관심사로' 반드시 최대의 경의를 표하는 가운데 처리해야 한다는 내용을 명기한 답변을 하였다. 그는 시굴 필요성을 지지하고 또 현장에 그대로 보존할 수 없는 유해들은 파내서 재매장해야 한다고 주장하였다. 그는 문헌 증거에도 불구하고 관들 중 일부에 쇠못을 썼고 매장들이 (예루살렘을 향하려면) 서-동향이어야 할 터인데 남-북향이었기 때문에 이것들이 과연 유태인 매장인지 확신하지 못하였다. 이 유적 자리를 사들인 슈퍼마켓 연쇄점 세인즈베리 측은 '유태인사회 지도자 위원회'인 '런던 베스 딘'에 매장들의 제거 문제를 알아보았고 그에 대해 위원회는 이것들이 유태인 매장이라는 아무런 증거가 없다고 결론지었다. 그리하여 그 매장들을 제거하는 데 필요한 내무부의 허가를 얻었으며 발굴 종료 후 최소 1년의 분석 기간이 주어졌다.

그런데 『가디언*Guardian*』지의 보도에 이어 게이츠헤드 유태인 대학 교원들이 '유태인사회 지도자'에게 그 유해들이 거의 틀림없이 유태인이라는 주장을 하였다. 그러자 '유태인사회 지도자'는 내무부에 다음과 같이 항의를 하였다.

저는 과학적, 역사적 손실이 무엇이든 상관없이 귀하와 일반 공중이 한때 신의 모상이라는 불멸의 검증 각인을 담았으며 우리가 믿기에 방해받지 않고 안식할 양도할 수 없는 권리를 가진 시신의 잔적을 두고 마땅히 표해야 할 경건함에 대해 우리가 지대한 관심을 지녔음을 잘 이해하시리라 생각합니다. 우리는 어떤 인간이 죽은 뒤 여러 세기가 지났다 하더라도 그 유해에 대한 존중심 표시는 인류 문명을 진전시키고 인간 존재들의 서로에 대한 존경심을 고양하는 데 그 어떤 과학적 탐구보다도 더 많은 기여를 할 것이라고 확신합니다.

내무부는 즉각 재매장을 요구하겠다고 회신하였고, 그래서 인골 조사는 너무나도 일찍 종료되고 말았다. 1984년 그 뼈들은 '유태인사회 지도자'가 임석한 가운데 슈퍼마켓 주차장에 해당하는 원래 묘지의 가장자리에 재매장되었고 그 자리는 유태인의 순례지가 되었다. 오늘날 요크고고학재단은 좋은 연구 기회를 상실한 점은 유감스럽지만 자신들이 전 과정에서 신뢰를 얻게끔 적절한 조치를 하였다고 여긴다. 그들은 그간 개발이 용납될 수 있는가, 매장들이 정말로 유태인의 것인가, 한번 얻은 허가를 철회해야 할 것인가 등 어려운 결정을 내려야 했던 당사자들 사이에 끼어 있었던 것이다.

4. 영국에서의 법적 요건과 문제 사안들

잉글랜드와 웨일즈에서 인간 유해를 파내는 일은 고고학적 목적이든 아니든 대체로 1857년 매장행위법이나 1981년 불용매장지법(1884년법의 수정법)의 적용 대상이 된다.[6] 1857년법의 제25조는 시신 발굴에 관해 다음과 같이 규정하고 있다.

어떤 장소에 매장되어 있는 시신 혹은 그 잔적은 어느 것이든 주무 장관들 중 한 명의 허가를 얻지 않고 제거하면 불법이며, 해당 주무 장관은 그런 허가를 내줄 때 조건들을 명시할 수 있다.

---

6) 1857년법은 매장 행위법의 여러 판들 중 하나에 지나지 않으며 그 외에 1852 · 1853 · 1854 · 1855 · 1900 · 1906년 법들이 있다.

영국의 법안은 원래 빅토리아시대에 소위 '시체 도굴 인간'들이 해부학 연구 및 교육용 시신을 확보하기 위한 매장 위반 행위를 벌이는 데 대한 우려로 입안되었다(Richardson 1988). 이는 특히 스코틀랜드에서 그러했는데 에든버러 의학교에 팔 시신을 얻기 위해 살인이라는 수단을 강구한 악명 높은 버크 및 헤어의 범죄가 벌어졌기 때문이다. 해부학자들은 17세기 이래로 시신을 쓰고 있었으며 1832년 해부 관련법 입법 이전에는 살인에 대한 형벌로 교수형뿐만 아니라 해부학자에 의한 해부 또한 규정되어 있었다! 1832년법 이후로는 주로 자선 기관의 빈자들이 남긴 약 5만 구의 시신이 그 후 100년간 해부학자의 칼질 대상이 되었다. 좀더 최근에는 과학 연구용으로 몸을 기증한 사람들로부터 시신이 나왔다. 가장 기묘한 기증 사례로는 제레미 벤담을 들 수 있는데 19세기 사회사상가요 박애주의자였던 그는 런던의 유니버시티 칼리지에 자기 시신을 공개적으로 해부한 후 보존해 달라고 요청하였다. 과거에 학생들이 장난 주간에 벌인 놀이 중에는 몸에서 떨어진 벤담의 머리를 납치하는 장난이 있었다. 옷을 입고 안을 채운 몸통 골격은 여전히 대학에 전시된 반면 그의 머리는 대학 금고에 들어 있었는데 이제는 유리 전시장 안에 넣은 밀랍 제품으로 대체되어 있다.[7]

근년에는 시신에 관련된 기소 건수가 극히 적었다. 1960년에 좀 기묘한 사건이 일어났는데 한 남자가 자기 어머니의 시신을 파내어 고압 전기 공급선에다 연결해 소생시키려 한 일이었다. 이보다 덜 대담한 시신 발굴인 경우는 그 허가를 내무부장관이 내주었다(그림 8.3). 인간 유해는 또한 검시관 명령으로나 교구장 특명으로도 파낼 수 있다. 전자는 시신 발굴 인가로서 사인에 관해 의문이 있을 때만 발급될 수 있다. 후자는 교구 주교에 의해 인가되며 유해를 신성 봉지로부터 다른 지점으로 옮길 때 해당된다. 자기 아내의 관에 넣었던 시 원고를 되찾기로 결심한 단테 가브리엘 로세티에게 1869년 이 교구장

---

7) 벤담의 1832년 5월 30일자 유언장은 "나의 유언장 집행인은 이따금 여기서 말한 내용물이 담긴 상자 혹은 함을 그 방으로 옮기도록 해서 [내 친구와 학도들이] 만나보도록 하기를……"이라고 명기하였다.

Licence Number: 0938

File Number: BCR/98 5/6/1

LICENCE FOR THE REMOVAL OF HUMAN REMAINS

In virtue of the power vested in me by Section 25 of the Burial Act, 1857 (20 & 21 Vic., cap.81), I hereby grant licence for the removal of the remains of **persons unknown** from the place in which they are now interred, in the place known as ████████, ████████, ████████, South Yorkshire (NGR SE███ ███).

2. It is a condition of this licence that the following precautions shall be observed:-

   (a)   The removal shall be effected with due care and attention to decency.

   (b)   The ground in which the remains are interred shall be screened from the public gaze while the work of removal is in progress.

   (c)   The remains, if of sufficient scientific interest shall be examined by **Dr A Chamberlain and Dr Pia Nystrom**.

   (d)   The remains shall, if of sufficient scientific interest, be conveyed to **Doncaster Museum** for archival storage or they shall be conveyed to a burial ground in which interments may legally take place and there be reinterred.

3. This licence merely exempts those from the penalties which would be incurred if the removal took place without a licence. It does not in any way alter civil rights. It does not confer the right to bury the remains in any place where such right does not already exist.

4. This licence expires on **30 APRIL 1998**.

HOME OFFICE   **One of Her Majesty's Principal**
17 March 1998   **Secretaries of State**

그림 8.3 영국 내무부의 발굴 허가서. 대개 인간 유체가 공공연히 보이지 않도록 장막으로 가린다거나 그리스도교도의 유해를 충분한 기간 동안 연구한 뒤 재매장하도록 한다든지 하는 조건들을 특기한다.

특명이 인가된 바 있다.

장관의 허가는 고고학자들이 인간 유해를 발견한 때나 발견할 가능성이 클 때 사전에 통례적으로 얻을 수 있으며 대개 교회에 속하지 않는 묘지에 적용된다. 겉으로 드러난 최근의 공동묘지들에 대해서는 불용 매장지법이 더 적합한 법규이다. 이는 개발업자가 유해를 제거한다는 사전 고지를 신문과 해당 토지 둘 다에 하는 것이 요건이다. 개발에 앞서 교회 납골당을 청소하는 행위도 이와 비슷하게 1981년법으로 관리된다.

공중은 묘지 발굴 대부분을 고고학자가 아니라 네크로폴리스 같은 영리 기업들이 개발에 앞서 공동묘지를 대대적으로 정리하면서 수행한다는 사실을 아마도 알지 못할 것이다. 이 업자들은 고고학자들에게 별로 인기가 없는데 그 이유는 그들의 저렴한 유해 발굴 방식 중 한 요소인 중장비를 고고학적으로 중요한 공동묘지 유적에 아주 흔히 사용하기 때문이다. 근년의 한 사례에서는 어떤 중세 묘지를 발굴하려 했던 런던의 고고학자들이 이런 정리 기업이 개발업자에게 제시한 금액과 동일한 비용으로 발굴을 해야만 하였다.

시신 발굴 허가를 얻기 위한 절차는 비교적 간단하다. 그렇지만 의사소통 및 이해 부족 때문에 때로 불행한 결과가 생기기도 한다. 검시관들은 고고학자의 개입이 어떤 상황에서 필요한지 언제나 충분히 알지는 못한다. 교회 당국 또한 교회묘지 안의 옛 매장들에 아주 큰 타격을 줄 수 있는 작업에 대해 아무런 고고학적 조치도 취하지 않고 동의를 해 준다. 내무부가 허가를 내주는 데는 잉글랜드 문화유산관리단이나 웨일즈의 Cadw(전자와 마찬가지 기관으로 문화유산 문제에 대한 웨일즈 정부 자문기구)와 아무런 상담을 하지 않아도 된다. 이런 상담 결여의 최근 사례는 요크셔 북부 토우튼Towton의 개인 집에 부속 시설을 짓는 과정에서 일어났다. 이곳은 장미전쟁 동안인 1461년 에드워드 IV세와 헨리 VI세의 군대가 벌였던 영국에서 가장 피비린내 나는 전쟁인 토우튼 전투의 전장이었다. 전사자들은 일련의 대규모 구덩이 안에 묻었는데 그 구덩이 중 하나가 이 집 바로 밑에 있었다.

아무런 고고학적 조사도 요청하지 않은 가운데 그 전상 입은 유골들을 파내기 위한 허가가 떨어졌다. 다행스럽게도 건축 청부업자 중 한 사람이 건설로 야기될 파괴의 정도를 인식하고 고고학자들을 불러들였다. 그 결과로 중세의 일대일 전투에 관한 상당히 많은 사실을 알 수 있었으니 예를 들면 머리가 으깨어지고(철퇴, 도리깨, 모닝스타), 베이고(장검 혹은 단검), 뚫린(전투용 도끼 혹은 전투용 큰 도끼) 상흔들이 집중적으로 나 있었는데 이는 아마도 해당 희생자가 이미 땅바닥에 누워 있는 상태에서 타격을 입은 결과일 것이다. 또 이전에 다친 적이 있는 병사들이 전투에서 사망한 사례도 있었는데 그중 하나는 아래턱이 심하게 손상되어 있었다. 그리고 출토된 뼈들의 근육 부착소가 울퉁불퉁한 점은 그들이 육체적으로 힘든 삶을 살았음을 가리키며 장궁으로 궁술 훈련을 하는 동안 생겼을 상흔 병변들은 '직업 상해'를 입증한다(Boylston *et al.* 1997).

스코틀랜드에서는 발견물을 반드시 경찰에 신고해야 한다.[8] 그러면 검찰관이 어떤 행동을 취해야 할지 결정한다. 그렇지만 법적 상황은 잉글랜드와 웨일즈보다 암울한 편이다. 즉 모든 인간 유해는 '매장될 권리'를 갖고 있으며 매장을 의도적으로 침해하는 행위는 범죄 행위이다. 공공의 품위를 훼손하였다고 간주되는 유해 교란 또한 범법이다. 고고학자들은 인간 유해를 발굴할 아무런 법적 권리를 갖지 못하며 이 때문에 그간 심지어 정부 대행기관인 스코틀랜드 사적관리단조차도 발굴 허가를 거부당할 정도의 상황이 벌어졌다. 1991년 스코틀랜드 사적관리단이 휘손 프라이오리에 소재한 한 사적 건물의 구조물을 수리하기 위해 발굴을 하고자 하였으나 스트랜리어 법원은 지역민들의 반대 의견을 들어 중세 시신들을 파내지 못하도록 결정하였다(Historic Scotland 1997: 4).

---

8) 북아일랜드와 아일 오브 맨도 마찬가지이다.

5. 영국에서의 고고학과 공중

영국 사람들의 시신에 대한 태도는 모호하며 모순되기도 하고 또한 가변적이다(Clarke 1993 참조). 인간 유해에 대한 어떤 고고학 조사도 반드시 그 작업의 가치, 신념, 사회적 맥락을 잘 생각하면서 공중의 태도를 이해하고 따르도록 노력해야 한다. 그간 죽음의 포르노그래피라 불린 측면은 한편으로는 무시무시한 매력과 병적 관음증을, 다른 한편으로는 얌전한 체 꾸민 색욕과 역겨운 일에 대한 두려움을 빚어낼 수 있다(Gorer 1965). 인골이 관객을 끈다는 점은 의심의 여지가 없지만, 만약 그 유해에 살과 피부가 남아 있으면 사람들은 흔히 극도로 당황한다. 또 다른 모순은 우리가 망자를 의학적으로 처리하는 데서 나타난다. 우리는 자신이 반드시 죽는다는 사실을 마주하기 꺼려하며 그 때문에 죽음은 의학적 실패로 취급되고 사회 전체로부터 감추어진다. 그럼에도 사인 판정과 국민 건강을 위해 과학적 부검이라는 '위반'을 범하는 500년 된 전통을 갖고 있다. 우리는 죽음에 대해 정말 알고 싶어 하기도 하고 또 그러고 싶어 하지 않기도 한다. 고고학은 많은 사람들이 시신의 잔적을 보거나 만지는 유일한 방편이다.

1991년 5월 24일자 두 일간 신문의 보도는 영국 공중이 옛 인간 유해에 대해 나타낸 반응의 모순되는 성격을 잘 보여준다. 하나는 런던 남부 사우스워크에서 개발에 앞선 고고학 발굴 중에 발견된 1200년에서 1500년 된 인골에 대한 전국지 『가디언』의 보도였다. 이 기사는 구멍 뚫린 두개골에 대한 근접 사진과 더불어 그 발견에 감격하면서 그로부터 무엇을 알 수 있는지로 사람들의 이목을 끌려 하였다. 다른 보도는 에클레스의 해안 절벽으로부터 침식되어 가던 중세 교회묘지 폐허에서 출토된 500년에서 1000년 된 인골에 대한 지방지 『노스 노폭 뉴스North Norfolk News』의 보도였다. 이곳에는 고고학이 개입하지 못하였던 듯 뼈들 중 일부를 기념품 사냥꾼이 가져갔다. 근처 휴일 캠프의 관리인은 그 뼈들을 가져간 사람들이 '병적임에 틀림없다'고 말한 것으로 인용되었다.

망자에 대한 영적 관념도 똑같이 혼란스러울 수 있다. 한편으로는 영성과 미신이 매장 및 영면 침범에 관한 두려움과 믿음을 조장할 수 있다. 다른 한편으로는 신체 부활 신앙의 쇠퇴가 그간 망자를 산 자들의 세계로부터 물리적, 영적으로 제거하는 데 기여하였다. 영국 국교회는 인간 유해의 교란에 대해 특정하거나 강력한 노선을 갖고 있지 않다. 대부분의 국교회 신부들은 시신이란 영혼이 빠져나간 빈 껍질에 불과하므로 영적 의미가 거의 없다고 여길 것이다. 영국의 원칙과 관습은 인간 유해 교란을 특별히 심각한 사안이라고 생각하지 않는다. 어떻든 영국 내의 많은 그리스도교 매장 및 그리스도교 이전 매장들을 그간 '영면'하도록 내버려두지 않았는데 그 이유는 교회묘지 매장과 그 이전 이차장을 포함한 장례 처리 과정에서 그것들을 제거하고 교란하는 일이 정기적으로 일어나고 또 필요한 측면이었기 때문이다. 그럼에도 망자를 어떤 식으로든 교란하면 깊은 상처를 받는 소수 집단들이 언제나 있다.

마지막으로 물리적 신체는 사회적 신체의 은유인 경우가 흔하다. 망자의 교란은 많은 사회 및 족속 집단에게 사회 전체와 그 전통, 믿음, 안전을 교란하는 것과 매한가지다. 소외되고 위협받거나 억압받는다고 느끼는 집단들은 자신들의 옛 망자를 교란하는 일조차 있을 수 없는 일로 여길 수 있다. 역으로 스피털필즈Spitalfields 교회의 납골당에서 발굴을 하는 동안 18 · 19세기에 런던에서 그 망자 일부의 후손들은 자기 조상들을 연구하는 일에 참여하였다. 그 다수는 대영제국 위그노학회와 오스트레일리아 족보학회의 회원들로, 이 조사 사업에 깊은 관심을 가졌을 뿐만 아니라 죽은 자기 조상들에 관한 귀중한 역사 정보를 얻는 데 기여할 수 있었다(Reeve and Adams 1993; Cox 1996).

영국고고학평의회(CBA)의 의장인 리처드 모리스는 고고학자들이 중세 이후 묘지들을 그저 구제 발굴 대상이라고 해서 발굴을 하면서 과학과 엿보기 취미 사이의 경계를 넘는 데 대해 경고를 한 바 있다(Morris 1994). 또 개발업자들은 그간 고고학 자문가들이 이런 묘지 집단을 조사하는 목적이나 가치를 언제나 알고 있지는 않은 듯하다고 주장하였다. 고고학자들은 자신들의 연구 목적을 명확히 설정해야 하고 또 그것을 공중에게 분명히 전달하려고 노력해야 한다. 우리는 과거의 삶이 어떠하였는지 물을 필요가 있을뿐더러 그에 대한 연구로부터 과연 우리에 대해 무엇을 알 수 있을지 또한 물어야 한다.

과거 주민 집단의 영양, 건강, 질병, 상처, 사망에 관한 과학적 분석은 관절염과 뼈 암 같은 현대의 병이나 환경 변화 및 식단 변화 같은 추세에 대한 우리의 이해에 당연히 도움이 될 것이다. 옛 사람들의 죽음에 대한 태도와 신체, 사회구조, 족속성, 젠더, 계급에 대한 태도의 연구는 우리가 우리 자신을 어떻게 보는가에 대해서도 영향을 미치게 마련이어서, 아마도 우리는 자신의 필멸성에 길들여질 터이고 단기적 현재에 대한 새로운 전망을 얻으며 오늘날 우리 자신의 믿음과 관습들이 생소하다는 점을 성찰하게 될 것이다.

고고학자들은 특히 자신들이 나쁘게 홍보되는 데 민감하며 그래서 시신 교란과 재매장 같은 주제들에 관련된 혼성 비판에 직면하면 뒤로 물러설 가능성이 크다. 포스트모더니즘 사고는 그간 고고학자도 연루된 권력 관계를 어떻게 하면 가장 잘 제어할 수 있을까를 논의하기보다는 그 종사자들의 사기를 저하시키는 경향이 있었다. 영국의 고고학자들 중에는 종교를 가진 이도 있으며 소수는 인간 유해에 대해 정말로 마음이 편하지 못하지만, 자기의 위치가 어디인지 혼란스러워하고 겉치레로 경건한 체 하는 것은 어떤 이들에게는 받아들이기 어려운 태도이다. 영국의 고고학자들은 북미와 오스트레일리아에서와 달리 그들 자신이 토착민이며 과거 및 현재의 문화적 삶에서 자기 몫과 할 말을 갖고 있다. 이와 똑같이 영국에서의 고고학은 다른 나라들에서 그간 그랬던 것과는 달리 제국주의의 제2파波가 아니라 그 자체로 하나의 문화 전통이다. 영국 고고학자는 다른 나라의 토착 집단들에게 무엇을 해야 한다고 말할 권리는 갖고 있지 않지만 자신의 문화에서 사람들이 생각하는 방식을 바꿀 권리는 온전히 가지고 있다.

6. 인간 유해 처리에 관한 윤리강령

인간 유해를 소장한 박물관들을 위한 국제 지침은 세계박물관협의회(ICOM)

가 1986년 전문직 윤리강령에서 제시하고 있다. 인간 유해는 안전하게 보관되고 신중하게 관리되어야 한다. 인간 유해는 자격을 갖춘 연구자와 교육자들이 이용할 수 있어야 하지만 '병적 호기심을 가진 이들이 이용하도록 허용해서는 안 된다.' 연구와 보관은 전문가들이 받아들일 수 있는 기준에 부합하고 또 '공동체의 특정 구성원, 관련 족속 집단 및 종교 집단들'의 다양한 믿음이라는 기준에도 부합해야 한다. 인간 유해의 공공 전시 문제에 관련해서는 '때로 인간 유해 및 여타 민감한 자료를 전시하면 설명에 도움이 되는 경우 그것들을 이용할 필요가 있지만 이는 모든 사람들이 품은 인간 존엄의 감정을 존중하는 가운데 요령 있게 이용해야 한다.'

버밀리언 협약

세계고고학협의회는 1989년 8월 미국 버밀리언 소재 사우스 다코타 대학에서 최초의 정기대회 중간 학회를 열었다. 주제는 '고고학의 윤리와 망자의 처리'였다. 2백 명의 참가자 가운데는 아메리카 인디언, 오스트레일리아 및 태즈메이니아 원주민, 사미Saami 인, 마오리 인, 카메룬 인, 짐바브웨 인, 인도 인 대표들이 있었다. 영국의 원로 체질인류학자인 마이클 데이는 과학 및 교육의 중요성뿐만 아니라 토착 주민들의 믿음에 대한 상호 존중을 요구하는 여섯 항의 성명문을 기초하였다(Day 1990; Zimmerman 1992). 이 협약은 총회에서 채택이 되었다. 이는 그 모호성 때문에 비판을 받기도 하였지만(Houtman 1990) 그간 협상과 타협의 토대로서 아주 훌륭한 성과를 거두었다.

1. 모든 망자의 시신 잔적은 그 유래, 인종, 종교, 국적, 관습, 전통을 불문하고 존중되어야 한다.

2. 시신 처리에 관한 망자의 소망을 알거나 합리적으로 추론할 수 있을 때는 되도록 합리적이고 합법적으로 존중되어야 한다.

3. 망자의 소속 지역 공동체와 인척 혹은 관리인들의 소망은 되도록 합리적이고 합법적으로 존중되어야 한다.

4. 인골, 미라, (화석 호미니드를 포함한) 여타 인간 유해에 대한 과학적

연구의 가치는 그것이 존재함을 예증될 수 있을 때는 반드시 존중되어야 한다.

5. 화석, 인골, 미라 및 여타 유해의 안치 문제는 과학 및 교육의 정당한 관심사뿐만 아니라 자기 조상의 적절한 안치에 관한 공동체들의 정당한 관심사 또한 상호 존중하는 가운데 협상을 함으로써 의견 합치에 도달하기를 권고한다.

6. 과학의 관심사와 더불어 다양한 족속 집단들의 관심사 또한 정당하며 존중되어야 한다는 명확한 인식이 있어야 비로소 만족스런 의견 합치에 도달하고 또 그것이 지켜질 수 있을 터이다.

영국 제도에서의 인간 유해 관련 윤리강령을 향하여

영국에서 인간 유해의 고고학적 발굴에 대한 그간의 반응은 주베리 유적의 사례처럼 분개 및 즉각 매장에서부터 스피털필즈 교회 유적의 사례처럼 학술 분석에 대한 협력, 고고학적 분석과 유해의 박물관 수장에 이르기까지 다양하였다. 고고학자들 자신도 이 주제에 대한 의견이 갈린다. 『영국고고학 뉴스』지에 최근 실린 논문과 근황 보고를 보면 이 문제가 특히 영국 내 18 · 19세기 매장 유적들에서 계속 발생할 것임을 알 수 있다.[9] 영국 제도 전역에서 인간 유해의 처리에 관한 일관되고 합치된 윤리강령이 채택되지 않으면 우리는 계속해서 고고학자와 공중 사이에 큰 실수, 오해, 불신을 일으킬 다소 당황스럽고 혼란스런 상황에 처할 것이다.

적합한 강령과 좋은 관습의 사례로는 스코틀랜드 사적관리단과 잉글랜드 문화유산관리단이 내놓은 정책과 지침 각서들이 있다. 야외고고학자협회(IFA)는 그간 법적 입장에 관한 전문 논문을 출판한 바 있지만 그 '실천 강령'은 인간 유해의 처리에 관해서는 아무런 언급도 하지 않았다.[10]

---

9) Anon. 1994; Morris 1994; Cox 1994; Huggins 1994. 이 잡지는 이제는 이름이 『영국고고학』으로 바뀌었다.

10) Garrett-Frost *et al.* 1992. 이 실천 강령은 고고학자들이 일반적으로 준수해야 할 윤리적 행위

스코틀랜드 사적관리단의 정책 문서인 '고고학에서의 인간 유해 처리'는 여섯 가지 목표와 그를 달성하기 위한 관련 정책들을 담고 있다. 그것들은 다음과 같다.

- 직원, 계약자, 양수인들이 인간 유해를 합법적으로 정중하게 처리하도록 할 것.
- 보호된 기념물에서 출토된 인간 유해를 쓸데없이 손상시키고 교란하거나 파괴해서는 안 됨.
- 인간 유해는 파괴를 야기하는 개발에 앞서 신중하게 발굴되고 옮겨져야 할 것임.
- 적절한 연구를 한 뒤에는 대개 박물관 수장을 하도록 결정을 내려야 하지만 중세 말~현대 그리스도교도의 유해는 때로 재매장해야 하며 또 유대교 같은 종교는 즉각 매장을 강력하게 요구한다는 사실을 인정하고 지역 공동체의 관점들도 고려해야 함.
- 기록과 수습에서 최상의 작업 수준을 확보해야 할 것임.
- 사후에 발생하는 논쟁에 세심하게 대처함을 비롯해 인간 유해 관련 이슈들의 논의를 진작해야 할 것임.

잉글랜드 문화유산관리단의 '사적지에서의 인간 유해 처리'에 관한 1990년 정책 각서는 훠램 퍼시 중세 교회와 바튼-온-험버 중세 교회에서 출토된 인골들을 재매장하기 위한 자신들의 제안서와 관련하여 작성되었다. 이 뼈들은 발굴·보존된 사적지 바튼-온-험버 색슨 교회의 방수 지하납골당에 마련된 플라스틱 용기 안에 밀봉되어 있어서 앞으로 연구 목적을 위해 필요하면 꺼낼 수 있다(그림 8.4). 정책 각서는 인간 유해 연구의 고고학적 중요성 강조, 조사 중의 법적 책무 환기, 되도록 세심한 취급 강조, 재매장, 교란 방지의 필요성을 골자로 한다. 이는 미래 연구를 위한 접근성 유지의 필요성과 쉽게 되찾을 수 있는 정황 속에 재매장하기 위한 학술적 방안 강구의 필요성을 강조하고

───────────────

의 필요성만을 언급하였다.

그림 8.4 바튼-온-험버의 색슨교회 주변으로부터 발굴된 중세 및 그 이후 그리스도교도의 매장들을 분석한 뒤 그 뼈들을 교회 안의 지하납골당에 밀봉 보관하였다.

있다. 마지막으로 재매장을 할 때 적절한 종교 의식을 거행하는 문제를 고려해야 함을 환기한다.

그리스도교도 유해의 재매장은 근년의 고고학적 발굴에서 두드러지는 특징이다. 콜체스터의 버트 로드Butt Road 유적에서는 로마시대 교회 터로 추정되는 잔적이 서-동 주축의 매장들로 이루어진 로마시대 교회묘지와 공반되었다(Crummy 1997: 120~122). 그런 상황에서 재매장은 복잡한 문제가 되는데 그 이유는 고고학적으로 어떤 기준을 가지고 '그리스도교도'라는 것을 설정할지 결정하는 문제와 그런 그리스도교도와 비그리스도교도라는 구분을 과연 준수해야 할지의 문제가 부상하기 때문이다.

영국에서의 지금 상황은 이 문화에 고유한 갖가지 맥락과 사유들로부터 유래한 것이다. 그래서 이런 다양한 국제, 국내 강령과 지침들을 준거 틀로 삼아 영국 제도 안의 특정한 법, 태도, 관습, 실무 관계라는 상황들에 맞는 윤리 강령을 고안해야 한다. 영국의 고고학자들은 지역 공동체들에게 이 주제에 관련된 조건들을 결코 강요할 수 없을 터이지만 그런 강령을 설정하는 데서는 우리의 목표가 무엇이며, 우리가 달성하고자 하는 바가 무엇인지 명확히 해야 할 것이다. 그 강령은 우리가 협상을 해서 상호 만족스런 해결책에 도달하기 위한 지침 내지는 출발점이 되어야 한다.[11]

1. 고고학자와 관련 당사자들은 각기 자기 입장에서 민간 및 종교의 법적 요건들을 온전하게 준수해야 한다.

2. 매장지를 교란하기 전에 연구 목적에 대한 분명한 언명이 있어야 한다. 어떤 집단이 망자에 대한 실제 연계 혹은 문화적 연계를 주장하는 경우에는 이 연구의 입안에 기여를 하거나 관심을 갖고자 할 수 있다. 교란은 연구의 우선순위와 후속 작업에 맞추어 최소로 한정해야 한다.

3. 인간 유해의 고고학적 발굴, 분석, 처치는 응분의 예법과 존중심을 가지고 수행해야 한다. 매장들이 특정 신앙 혹은 공동체에 속한다고 비정될 수 있으면 적합한 종교 의식에 따라 재매장해야 한다는 그들의 견해를 배려해야 한다.

4. 인간 유해는 중요한 고고학 자원이며 그래서 모든 고고학적 발견물에 대해 설정된 규준들에 따라 수장收藏해야 한다. 만약 재매장이 불가피하면 전문가의 연구가 완료된 이후 실시하되 필요 시 되찾을 수 있도록 조치해야 한다. 즉 유해는 쉽게 되찾을 수 있도록 안전하고 방수가 되는 지하납골당 속 항구 보존 용기들 안에 적절하게 기록을 하고 딱지를 붙여 보관해야 한다.

5. 시신 안치에 관련된 망자의 소망이 알려진 경우에는 되도록 합리적이고 합법적으로 존중해야 한다.

6. 통상의 조사 절차와 유해 안치 방법이 적용되지 않는 경우에는 고고학자와 어떤 집단이든 관심을 표명한 집단이 협상을 해서 그 인간 유해 안치에 대한 의견 합치를 보아야 한다.

---

11) Parker Pearson 1995. 또 Reeve 1998도 참조. 이는 역사시대 자료들을 대상으로 하며 그런 인간 유해의 올바른 과학적 조사 및 기록 절차를 제시하였다. 이와 더불어 그 유해를 다른 곳에 재매장하거나 연구 및 교육을 위해 수장해야 할 만한 충분한 이유가 있는 경우를 제외하고는 발견된 원 유적에 재매장하는 것이 정상 처리 절차임을 권고하였다.

7. 고고학자들은 인간 유해 연구의 가치에 대한 공공 교육과 관심 유발에 헌신해야 한다.

8. 인간 유해의 전시는 인간 존엄의 감정에 대한 존중심을 가지고 요령 있게 이루어져야 한다.

9. 박물관과 보관용 지하납골당에 든 인간 유해는 진심을 가진 연구자, 학생, 여타 합법적 이해관계를 가진 이들이 이용할 수 있어야 한다.

10. 다른 나라에서 수집된 인간 유해의 원상 복구에 대한 요청은 존중해 서 재매장, 보관 혹은 전시에 관련된 적절한 조건들을 협상함으로써 의견 합치에 이르도록 해야 한다.

7. 망자 절취와 약탈—도굴의 문제

1987년 도굴꾼(스페인말로 와케로huaquero)들이 지금까지 발견된 가장 장려한 매장들 가운데 하나를 뚫고 들어가 약취를 하였다. 이 1750년 된 페루 시판의 무덤에는 가신 묘 몇 기를 동반한 한 모체 귀족의 중심 묘와 더불어 수백 점의 금제 유물들이 있었다. 고고학자들은 이 유적에 그럭저럭 도달하였고 와케로들을 쫓아버림으로써 이 놀라운 발견물의 정황 중 일부를 구해 낼 수 있었다(Alva and Donnan 1993; Schreiber 1996a). 이 시판 사건은 묘 안에 들어 있으리라 예상되는 귀중한 유물들을 찾아 그 매장을 훼손하는 전 세계적으로 만연된 도굴 가운데 단지 한 예에 지나지 않는다. 와케로들은 에콰도르, 콜롬비아, 페루, 과테말라 같은 남미와 중미의 나라들 전역에서 자신들을 따라잡는 일에 언제나 열정적이지는 않을 수 있는 경찰들보다 흔히 무장을 더 잘 갖추고 있다. 북미에서는 토기 사냥꾼들이 수집해서 팔 유물들을 찾아 아메리카 인디언의 매장과 더불어 취락들을 파헤치고 있는데 특히 보호를 받지 못하는 사유지안 유적들을 사냥감으로 삼고 있다. 지중해의 국가들은 지난 여러 세기 동안 토착민 및 외국인 도굴꾼들의 온상이었다. 이란, 아프가니스탄, 이라크처럼 전쟁 및 기타 정치적 격변에 휘말렸던 국가들 또한 그간 이와 비슷하게 옛 무덤들이 흔히 지역 주민들에게 도굴되는 고초를 겪었다(Mauch Messenger 1989; Vitelli 1996의 사례 연구들을 참조).

　도굴에는 가난에 찌든 지역 공동체들이 연루되는 수가 흔한데 이들은 그렇게 해서 자신들의 농업 활동을 그저 보완하는 데 지나지 않는 아주 적은 돈을 번다. 중개상들은 싸게 사서 비싸게 파는 반면, 박봉의 정부 관리들은 그냥 눈을 감아줌으로써 약간의 푼돈을 벌 수도 있다. 진짜 이익은 유럽과 북미에서 챙긴다. 경매장은 판매자와 구매자에게서 일정 비율을 취하며 정부 역시 세금을 거두어들이기에 사람들이 자기 나라에 와서 사고팔기를 권장하려 한다. 수집가들은 수집품을 다량으로 모으며 재산은 그보다 더 많이 키운다. 만약 수집가들이 이런 일을 원치 않는다면 아무런 문제도 생기지 않을 것이다. 리카르도 엘리아의 말을 빌면 "사실 수집가들이야말로 진짜 도굴꾼들이다(Elia 1996: 61)." 물론 그들은 골동품 시장에서 명성 있는 박물관들과 가격 경쟁을 벌일 것이며, 아름다운 출판물과 존경 받는 학자들이 그들의 활동에 대해 신용, 독점성, 예기鋭氣를 얹어준다.

　대부분의 나라들이 문화재의 이동 혹은 수출을 제한하는 법규들을 갖고 있다(Herscher 1989). 그러나 국제 밀수는 성업 중이다. 1990년 미술 담당 특파원인 제랄딘 노먼은 시장에 나온 골동품 중 80%가 불법적으로 발굴되고 밀수된 것으로 추산하였다. 1970년 문화재 관련 유네스코 협약에 서명한 나라인 미국은 중미 출토품 같은 훔친 유물들의 수입을 허용하지 않으므로 그 유물들은 런던이나 다른 유럽 도시들로 흘러가 경매되거나 미국인 거래상 혹은 수집가들에게 직접 팔려 결국은 미국으로 들어간다(Guthrie Hingston 1989; Harris 1989). 그간 약취된 유물의 판매를 제한하려는 움직임들이 있었다. 대영박물관은 유네스코 협약의 정신을 지지하고 있으며 서구의 박물관 대부분은 훔치거나 출처가 입증되지 않은 자료의 획득을 자제하는 수집 정책을 취하고 있다. 영국의 경매상과 거래상들은 심지어 미술품 국제 거래를 통제하기 위한 실천 강령(1984년)까지 갖고 있으니 영국 미술품 및 골동품 거래상협회의 회원들은 이 강령에 따라 물건들이 원산지 국가의 법을 어기고 취득되었거나 수출되었다고 판단될 경우 그 수입, 수출 혹은 소유권 이전을 도모하지 않기로 하고 있다. 물론 문제의 핵심은 출처가 알려지지 않은 골동품이 모두 혐의로 얼룩져 있기 때문에 그 사실을 증명하기가 대개 어렵다는 데 있다(Cook 1991). 오스카 무스카렐라는 1983년 "미술품 시장에 모습을 나타내는 모든 물건은 도굴된 것이다. …… 토론 끝"이라고 말하였다(Koczka 1989: 196 재인용).

그간 많은 나라에서 타협과 소장 포기 요구를 시도한 바 있다. 에콰도르에서는 국립 인류학 박물관이 와케로들을 무시하지 않고 오히려 그들과 함께 작업을 하려고 노력하였는데 그들이 도굴한 골동품들을 사주어 그 물건들이 국외로 반출되지 않도록 한다든지 지역 주민을 위해 그것들을 전시한다든지 그것들의 출토 정황을 모르기는 해도 외국 고고학자들을 유치해 관람하도록 한다든지 하였다. 에콰도르의 한 지역에서는 와케로들에게 고고학적 기술을 이용하는 법을 가르치기까지 하였다(Howell 1996).

옥스퍼드 대학 고고학 실험실은 몇 년 전까지만 해도 자신들에게 가져오는 어떤 물건이든 열형광 연대 측정법 같은 기법으로 진위를 가려내곤 하였으며 이 용역에서 나온 사례금을 모아 그 실험실에서 다른 연구 부문들에 기금을 대는 데 쓸 수 있도록 하였다. 선사시대의 말리에서 망자의 영을 대변한다고 여겨진 2000년 된 서아프리카의 많은 테라코타 소상들은 그간 마을 사람들이 도굴한 것을 국제 거래상들이 사서 수집가와 박물관들에 팔았는데 이 실험실에서는 이전에 그 수출 면장을 참조하지 않고서도 연대측정을 해 냈다(Brent 1994). 1993년 뉴욕 메트로폴리탄 미술관은 일괄 유물 363점을 마침내 되돌려주었는데 이것들은 대부분 금은제로 1966년 터키 마니사 지방 및 우사크 지방의 서기전 6세기 고분들에서 도굴된 것들이었다. 도굴꾼들은 그간 기소가 되었지만 유물들은 스위스와 뉴욕의 거래상들에게 팔렸고 그들은 다시 이것들을 메트로폴리탄미술관에 150만 달러를 받고 팔았다. 메트로폴리탄미술관은 터키 당국에 25년 동안 발뺌하였으니 그 직원들은 해당 자료를 갖고 있지 않다고 일관되게 부정하였고 또 심지어는 출처를 다른 곳으로 속여 전시하기까지 하였다(Hoving 1993; Rose and Acar 1996).

골동품 수집은 수백만 파운드가 걸린 사업이고 또 정부 및 그 고고학 자문위원들은 이에 효과적으로 개입하기에는 흔히 무력할 수밖에 없는데 그 이유는 유물들이 다른 나라로부터 왔을 때는 이 나라 안에서 불법적으로 이동되었음을 증명하기가 쉽지 않기 때문이다. 고고학자들은 도굴 문제에 대해 아주 강경한 입장이다. 전 세계의 유적들이 파괴될 뿐만 아니라 과거의 잔적들이 그 정황 또한 박탈당한 채 그 문화적 가치보다는 금전적 가치로 우러름을 받기 때문이다. 문제는 고고학 및 그 종사자들에 대한 공중의 인식 때문에 더욱 복잡해지는데, 공중들이 고고학자들 자체를 이득이 많은 자기 땅에 남들이 손을 대지 못하도록 하는 데에만 애쓰는 보물 사냥꾼이라고 보는 관념이 아직도 압도적으로 우세하다는 것이다. 또 1980년대 시장의 도덕성도 유물이 공공의 소유라는 관념을 잠식하는 데 기여를 하였고 그 대신에 과거를 사적으로 소유하는 일이 충분히 용납될 수 있다는 감정이 들어섰다. 고고학자 및 정부 관리들은 무덤 도굴, 유물 불법 거래, 그에 이은 수집광의 수집을 비난하는 문제에서 무언가 불리한 입장에 처해 있다고 할 수 있다.

해결책을 여러 가지 방향으로 찾아내야 할 필요가 있다. 박물관들은 반환 요구가 있을 경우 좀더 협력적이어야 한다. 경매장과 수입 국가들은 좀더 분명한 증빙을 요구해야 한다. 도굴이 일어나는 국가들은 유적 도굴을 억제해야 하고 또 고고학자들은 공중 모두에게 자신들의 메시지를 분명하고 강력하게 이해시켜야 한다.[12]

골동품 거래가 낳는 결과들을 들어보면 지역 공동체들의 유산이 박탈되고, 고고학적 유적이 손괴 및 파괴되며, 특적적으로는 정황에 관한 지식, 좀더 일반적으로는 과거에 관한 지식을 상실하고, 공식 설명을 해 주는 박물관의 보물들을 공중들이 접할 수 있는 권한을 상실하며, 토착 주민들이 자기 문화 전통으로부터 소외되고, 와케로와 중개인들 사이의 연계가 조직적 범죄 수준으로 조장되는 점 등이 있다.

---

12) 이 윤리적 딜레마에 관해서는 Warren 1989를 참조.

8. 20세기 잔학행위의 고고학

고고학자들이 관여하게 되는 또 하나의 정치적 장은 20세기의 여러 전쟁 와 중에 저질러진 잔학행위를 입증하는 부문이다. 그간 떠돈 집단학살의 풍문을 정부의 부인, 관리들의 은폐, 지역 생존자에 대한 협박에 맞서 증거로써 실증 하기란 극도로 어려웠다. 독일 나치와 소련 스탈린주의자들에게 당한 희생자 들이 집단으로 묻힌 곳들을 고고학자들이 찾아내어 누구에게 책임이 있으며 누가 죽었는지를 더 이상 군소리 없게 판정한 일은 근년에 들어서야 비로소 이루어졌다(Harrington 1997; Wright 1995). 리처드 라이트와 그의 오스트레일리 아 조사단은 우크라이나의 세르니키에서 제2차 세계대전 중 나치에 집단 학 살된 유태인 희생자 550명의 유해를 발굴하였다. 이와 비슷한 발굴은 소련에 의해 살해된 사람들의 집단 매장지에서도 수행된 바 있다. 러시아 서부의 세 군데에서 확인된 집단 매장지는 마렉 우르반스키가 이끄는 조사단이 발굴하 였는데 1940년 4월과 5월에 살해된 25700명의 폴란드인 유해들이 나왔다. 그 대부분은 전쟁 초기에 포로가 된 폴란드 군대 장교들이었으며 그중 14700구 의 시신이 그 제복과 장비로 신원이 식별되었다. 또 스탈린의 비밀경찰 NKVD (내무인민위원부)에 희생되어 민스크 근처 쿠로파티 숲 속 수백 개소의 집단 매장지에 묻힌 3만 명에 달하는 사람들의 유해도 발굴되기 시작하였다.

좀더 최근에는 고고학자와 법의학 인류학자들이 지난 30년 동안 군부에 의한 인권유린의 희생물이 된 이들의 유해를 되찾는 일에 간여하였다. 아르헨 티나 군부 독재하인 1976년부터 1983년 사이에 천 명이 넘는 사람들이 '사라 졌다'(Di Lonardo et al. 1984; Joyce and Stover 1991; Snow 1982). 1983년 민주주의 가 회복되자 즉각 조사가 개시되었다. 1984년 미국 법의학 인류학자 클라이 드 스노우는 희생자 발굴을 감독하기 시작하였으며 그에서 나온 증거로 9명 의 장군 및 제독들 중 5명은 법정에서 유죄 선고를 받았다. 또 스노우는 1994 년 과테말라와 멕시코에서도 조사단을 지휘하였다(Barry 1992; Boles et al. 1995; Gibbons 1992). 이와 비슷한 사업들이 그간 엘살바도르, 아이티, 온두라스, 필리핀, 르완다에서 군부에 의해 살해당한 사람들을 되찾기 위해 마련된 바 있다(Physicians for Human Rights 1996a).

이런 작업들 중 다수는 보스턴에 기지를 둔 '인권의사회'(PHR) 주최로 수행되는데 이는 국제 인권 및 인권보호법 위반 사례를 조사하고 또 예방하기 위해 법의학자들을 이용하는 과학자 조직이다. 이는 10년 동안 위에 말한 나라들과 더불어 브라질, 이스라엘, 구 체코슬라바키아, 이라크, 쿠르디스탄, 쿠웨이트, 파나마, 태국에서 고문받고 재판 없이 처형되었다고 주장된 희생자들을 발굴하고 부검하는 일에 종사한 바 있다.

PHR 법의학 조사단은 최근에 구 유고슬라비아의 부코바르와 스레브르니카 같은 곳에서 유엔을 위해 집단 매장지들을 발굴하여 희생자 친척들의 이야기를 입증하고 전쟁범죄자들을 기소하기에 이른 증거를 제시하였다(Physicians for Human Rights 1996b). 1991년에는 2백 명의 크로아티아 군인 및 병원 근무자들이 세르비아 유고 국민군(JNA)의 수중에 있다가 오브카라 근처에서 사라졌다. 그로부터 11개월 뒤 스노우와 UNPROFOR(유엔보호군) 소속 근무자들은 오브카라 남동쪽에서 한 매장지를 찾아내어 성인 남성 세 사람의 노출된 뼈를 식별하였다. 이 지표 인골 중 두 구는 머리에 총 맞은 상처가 있었다. 고고학자 레베카 손더스를 포함한 스노우의 PHR 조사단은 다시 이곳으로 와 예비 조사를 벌였다. 시굴 구덩이를 파본 결과 집단 매장지 안에서 탄약통들과 더불어 9구의 유골이 드러났다. 1993년 PHR 조사단은 유엔 전쟁범죄위원회의 후원하에 전면 발굴을 개시하였다. 1995년 구 유고슬라비아 관할 국제 범죄 재판소는 세르비아 유고 국민군 고위 장교 세 명에 대해 260명을 살해한 혐의로 기소장을 발부하였다.[13]

---

13) 이 일에는 끝이 없는 듯하다. 법의학 팀은 지금(1999년) 코소보에서 알바니아 인들의 대량학살에 대한 조사 작업을 시도하고 있는 참이다.

9. 망자는 누구의 소유인가?

1998년 런던에서 벌어진 이례적 소송 사건에서는 매장물을 전시하면서 인간 신체의 부분들을 이용한 문제가 핵심 논점이었다. 미술가인 앤서니-노엘 켈리는 왕립 외과의학교의 수장고에서 해부용 시신의 일부분을 구해 그것들을 틀로 삼아 주형들을 만들어냈다. 재판은 문제성이 많았는데 영국에서는 시신 소유권이란 것이 없기 때문이다(Harte 1994 참조). 재판부는 역사적 판결에서 "의학적 혹은 과학적 검사를 목적으로 한 보존 기술 적용의 과정을 거친" 인간 유해는 자산이 되며 그래서 이는 불법적으로 이동되었다고 판시하였다. 이 재판부의 판결은 항소심에서도 확인되었다(Stomberg 1998). 영국 내 박물관 다수의 인간 유해 소장품들은 이 특정 소송이 벌어지기 전까지는 해당 박물관의 자산이 아니었고 그래서 결과적으로 그들은 이것들을 보관할 아무런 권한이 없다고 주장할 수도 있었다.

그럼에도 옛 망자는 진짜 누구의 '소유'인가? 망자들은 인류 전체의 소유이면서 그 대표자 및 기관들이 현재를 밝혀줄 목적으로 그 유해를 유지하고 과거로부터 배우고자 하는 것인가? 아니면 다른 어느 누구도 아닌 자신들의 직계 조상이라고 주장하는 후손 공동체들의 소유인가? 그 조상 유해들이 너무도 오래되었기에 이 행성 위의 모든 사람들에게 유전자를 전해 주었을 가능성이 큰 경우에는 어떤가? 그들은 어떤 한 족속이나 국가의 소유인가?

'재매장' 문제는 1970년대 이래로 먼 길을 왔으며 이제 조수는 토착 및 소수 집단들이 조상 유해의 운명을 결정할 권리를 가졌다는 쪽으로 바뀌고 있다. 좀더 긴밀하게 협력하고 상호 존중을 함으로써 타협에 이르고 신뢰가 커졌으며, 그래서 고고학자 및 여타 학자들은 전문 증인으로서 지역 집단들을 대표할 수 있게 되었다. 또 그간 여러 나라에서 토착민 고고학자의 수가 점점 늘어났다. 고고학자와 개발업자들은 구제 및 연구 사업을 벌이기 전에 토착 집단들과 반드시 사전 협의를 해야 함을 대체로 알고 있다. 또 지역민들이 이른바 '보관소'를 설립하는 데 성공을 거둔 사례들도 있는데 그런 경우는 지역민 관리인들이 연구자들의 접근을 관할하면서 인골들의 안식처가 지닌 불가침성을 안전하게 확보할 수 있다.

'재매장' 문제는 그간 세계 속에서 지역은 서로 달라도 착취와 불평등 권력 관계라는 특정한 역사적 조건을 공통적으로 가진 곳에서 발생하였다는 점에는 의문의 여지가 거의 없는 듯하다. 조상 망자의 부당한 침해에 가장 깊은 관심을 가진 이들은 바로 세속 권력 당국으로부터 제일 차별을 받고 또 위협도 받고 있다고 느낄뿐더러, 흔히 자신들의 정치·경제적 운명을 통제할 힘을 가지지도 못한 공동체들이다. 자기 조상들이 잔학행위 및 착취의 희생물이었던 토착 집단들이 보기에 고고학자와 인류학자들은 그간 제국주의 제2파를 구성하였으며 그에서 과학은 그리스도교와 마찬가지로 또 다른 압제의 매개물에 지나지 않았다. 많은 사람들이 땅 위에 살고 땅을 이용하면서도 그것을 소유하지 못하는 처지라서 완전한 시민이면서도 제2급 지위의 시민이라는 모순 속에 살아간다. 망자를 보호하고 또 그들을 박물관 수장고라는 '감옥'으로부터 해방시키려는 진정한 열망이 있으며 이는 많은 사람들이 보기에 지금까지와는 다른 역사 이해에 연계된 도덕적 자세로서 그에는 과거가 현재 속에 계속 살아 있다.

'재매장' 문제는 이와 동시에 그리고 이런 관심사들의 진지함을 부정하지 않는 가운데 그간 권력 상징으로서의 인골들에 대한 관할권을 확립하고자 추구하고, 족속성·평등·토지권을 정당화하는 역할을 하며, 제국주의 다수자들의 인종차별에 도전하는 정치적 행동주의가 기력을 회복하는 한 계기가 되었다. 때로는 인간 유해의 운명에 대해 전통적으로 관심을 가지지 않았던 토착 주민들에게 서구 그리스도교의 가르침으로부터 망자를 존중하는 자세가 수입되기도 하였다(Barley 1995: 205). 토착 주민들은 좀더 넓은 정치적 견지에서 볼 때 그간 정부와 개척민들이 자신들로부터 빼앗아간 토지 및 자원을 어떻든 되돌려 받지는 못하였으나 토착민으로서의 자긍심과 존경심을 회복하는 데 도움이 되는 상징적 승리를 거두었다. 일반 공중은 많은 사례에서 토착 소수자들이 겪은 고통스런 압제 및 탈구의 역사들을 인정하고 있으며 고고학자들의 활동을 제한하려는 그들의 목표에 대체로 공감하였다. 이와 동시에 고고학자들도 자신들이 언제나 산사람을 우선시해야 한다는 사실을 유념해야 할 정당한 사유가 생겨났다.

그럼에도 미래는 결코 확실하지 않다. 현상을 바로잡으려는 교정의 추가 얼마나 멀리 움직여야 그런 극단의 요구들 때문에 고고학계와 공중의 의견에서 반발이 일어날 정도가 될 것인가? 클레멘트 메이건은 1991년 웨스트버지니아의 한 발굴 사례를 지적하였는데 거기서는 2000년 된 아데나Adena 문화의 고분에 공반된 인골뿐만 아니라 유물, 화분 표본, 기타 물질 증거까지도 일년 내에 재매장해야 하는 규정 때문에 포기하지 않으면 안 되었던 반면 인디언 대표들은 최종 보고서에 대해 '이의를 제기할 수 있는' 사진이나 자료들이 없는지 검열하는 일을 하면서 경비를 지원받았다. 또 발굴 협정에는 월경 중인 여자들은 어떤 유해도 만져서는 안 된다고 명시되었다(Meighan 1996). 켄느위크 사례는 양측 모두의 옛 상처를 건드렸다. 오스트레일리아에서는 정부가 원주민들의 토지 소유권 주장을 지원을 하는 데 대해 원망하는 분위기가 점점 짙어지고 있는 참이다. 인류의 공유 유산이라는 점을 부정하면서까지 조상의 유산임을 강조하는 일의 문제점은 결국 그 때문에 독점성을 추구하게 되고 또한 족속 집단을 다른 집단들보다 다소 더 '인간답다'고 치켜세우려 함으로써 마치 이전 상황의 거울 속 반대 영상처럼 우리를 인종 혐오 및 불관용의 정치로 도로 데려간다는 데 있다.

또 고고학자는 도굴 및 골동품 불법 거래의 세계에 관련된 권력 관계에 휘말려 있다. 한편으로는 매장의 신성함이 모독 받는 것을 막으려는 집단들이 있고 다른 한편으로는 그것들을 아무리 빨리 파헤쳐도 성에 차지 않는 지역 주민들이 있다. 바로 여기에 풀어내기 한정 없이 어려운 훨씬 큰 문제 하나가 있으니 그 이유는 이제 고고학자들이 '재매장' 문제에서 자신들이 한때 차지했던 권력의 위치에 있지 않고 또 그것을 그간 포기할 수 있었기 때문이다. 이제 권력은 오히려 갖가지 수준의 거래로부터 이득을 취하는 이들의 손아귀에 쏙 들어가 있다. 고고학자들은 그간 정치 실천가들이 자신들의 목표를 달성하기 위해 효과적으로 펼친 운동의 노력을 받아들이는 한쪽 끝에 서 있었으므로 이제는 그로부터 배운 교훈을 적용할 시간이 되었다. 고고학자들은 자신들의 유산을 약탈당하고 있는 토착 집단 및 지역 집단들과 합심함으로써 도굴과 수집을 억제하는 데 적극적으로 참여할 수 있다.

고고학은 우리가 자신 및 현재에 대해 더 많이 알아낼 목적으로 과거를 연구하는 한 가지 방법이다. 그렇기 때문에 고고학은 하나의 도덕적 추구이며 그에서 우리는 공평하고 정당하다고 하는 것이 무엇인지에 대한 우리 자신의 관점 및 태도를 바꿀 뿐만 아니라 과거와 현재 모두의 권력과 그 영향의 정체 또한 드러내고자 애쓴다. 최근 및 옛날의 망자를 다루는 일은 필연적으로 산 사람들에게 도움이 되어야 한다.

9장 에필로그: 죽음과 기억

바탐말리바 족의 우주 구조와 우주 질서를 분류하는 데 쓰인 묘사적 영상과
패러다임들에는 건축 형태와 의례 형태들이 융합된 경우가 자주 있다. 건축
표상은 기억의 보조 장치라는 기능을 함과 동시에 바탐말리바 족의 우주창조
설 자체가 근거한 기저 원리를 좀더 항구적이고 구체적으로 표현하는 기능을
한다(Preston Blier 1987: 36).

어떤 사람들이 보기에 의례와 초자연적 존재에 관련된 일들은 당연히 물질 흔
적을 거의 남기지 않거나 전혀 남기지 않는다. 이는 우리가 과거, 특히 선사시
대 사회의 이런 측면들에 관한 어떤 관념이라도 제시하려는 작업에서 가진 증
거가 최소한에 불과하다는 뜻이다. 그럼에도 망자의 처리와 그에 이은 존숭 행
위는 누구라도 놓칠 수 없는 여러 방식으로 물질적 형태를 낳는 경우가 아주
흔하다. 신앙과 의례는 선사시대 사람들 마음속에 머물고만 말았던 것이 아니
라 그 상상의 것과 무형의 것들은 물질문화와 사람들 사이의 재귀적 관계에 힘
입어 물질적 존재로 구축되고 모양을 갖추고 짜지는 식으로 실연—실제화—되
었다. 많은 선사시대 사회에서 남은 것이라고는 망자를 위한 물질문화뿐인 경
우가 허다하다. 지난 1만 년 동안 살았던 인류의 가장 위대한 기념물 다수는
망자를 위해 그리고 다른 초자연적 힘을 위해 지은 종교 건축물들이었다.

더욱이 의례는 삶의 정치적, 사회적, 경제적 측면으로부터 전적으로 분리될 수 있는 성질의 것이 아니다. 장송의례는 고든 차일드가 오래전에 지적하였듯 신흥 계급과 엘리트들의 권력 장악과 밀접하게 연관된 정치적 활동일 수 있다(Childe 1945). 무덤은 단순한 상징적 표지일 뿐만 아니라 정치적 실상의 현실적 구성요소로서 권력을 획득하고 과시하는 주된 수단이기도 하다.

사람들이 인간의 죽음이라는 보편적 사건을 마주하여 죽어가는 동안의 세계 및 죽은 후의 세계에 대해 가진 경험은 개인적으로 그리고 문화적으로 서로 다를 수 있다. 장송의례는 사람들에게, 죽음을 인정하고 모두 같은 인간이라는 느낌을 나누며 한 사람을 떠나보냈기에 찢겨버린 공동체의 조직을 수리하는 데 참여할 것을 요구한다. 죽음은 사회적 관계에 변화를 불러일으킨다. 즉 산 자들에게 삶은 다시는 이전과 결단코 똑같을 수가 없는 것이다. 또 산 자들은 원한다면 죽음 그 자체와 장례 거행으로 생기는 기회 둘 다로부터 이득을 취할 수도 있다. 죽은 이는 실제로 이 세상에서 사라져버린 것이 아니라 단지 조상으로 변모하였을 뿐이라고 여겨질 수 있으며, 그에 따라 산 자들이 그 망자와의 관계로 산 자 상호 간의 관계를 조종할 수 있는 또 다른 기회가 될 수 있다.

모든 의례가 완료되고, 장례를 거행하는 동안 새로운 사회적 관계들이 생성된 후 사회적 실천이 재천명되거나 재창조되고 나면 이제 망자를 안치하는 일만 남게 된다. 이는 어떤 사람이 어디서 죽었으며 그 시신이 통과의례 동안 어디에 잠시 모셔졌거나 어디서 변모되었으며 그 유해가 결국 어디에 안치되었느냐 혹은 그 혼이 종국적으로 어디에 머무르느냐와 관련이 될 수 있다. 그런 안치 장소들은 그 일부 혹은 심지어 전부가 보이지 않게 되고 금방 잊힐 수도 있지만 그렇지 않고 뚜렷이 드러나 보이도록 표시가 되거나 기념물이 되는 경우도 허다하다. 죽음이 경관 속에 새겨지는 것이다. 그래서 산 자들이 언제든 그 사건과 그 지점을 볼 때마다(혹은 생각만 해도) 다시 경험을 하게 된다. 죽음은 결코 그것으로 끝이 아니다. 일은 언제나 미완의 상태인데 그 이유는 죽음과 그 기억의 의미가 어떤 기념물로 고양되는지와 상관없이 실제 시신으로부터 공간적 혹은 시간적으로 아주 멀리 떨어진 사회들에 의해서도 영구히 재생이 되게 마련이기 때문이다. 예컨대 켄느위크의 인골들은 9천 년 동안 진흙 속에 묻혀 잊혔지만 그 인물은 지금 아마 그 생전의 어느 때보다도 중요하게 여겨지고 있을 터이다.

고고학자들은 그간 과거 사회들이 의례를 물질 형태로 바꾸어놓거나 의례를 실연할 인공적이고 한정된 무대를 마련하려 한 데 대해 해석을 해 내고자 무진 노력하였으면서도 정작 '의례'라는 용어가 무엇을 의미하는지는 의견을 하나로 모으지 못하고, 또 특정 문화 상황에 적용할 수 있는 특정 의미에 대비되게 통문화적으로 통하는 포괄적 정의가 도대체 무슨 의미를 가지는지에 대해서도 의견이 합치되지 못한 경우가 자주 있었다.

1. 의례

우리는 의례를 베풀 생각조차 않고서도 인간의 시체를 안치할 수 있고 또 인간 유해를 이용하거나 전시할 수도 있지만 그런 상황은 희한하며 품위가 없거나 심지어 타락한 사례로 인식되는 수가 많다. 왜냐하면 정확히 말해 의례를 구성하는 정규적이고 품위가 있으며 사람의 마음을 감정적으로 움직이는 소정의 관습들이 빠져 있기 때문이다. 사실 시신 혹은 인간 유해는 존재하기만 해도 그에 대한 관습들을 의례로 만드는 역할을 할 수 있다. 인간이라는 종에게서 무릇 의례는 시신을 안치하고 사별한 이들을 도우며 공동체의 손실을 조정하는 데서 비롯되었다. 죽음은 우리가 자궁으로부터 무덤으로 가는 과정에서 가장 중대한 통과의례이기 때문이다.

장송의례에는 흔히 강력한 감정 분출, 초자연적 존재에 대한 호소, 의례 거행, 인연을 끊는 행위들이 수반되지만 어디서 의례가 끝나고 세속 혹은 일상이 시작된다고 규정할지에 대해서는 의견 불합치가 아주 극심하다.[1] 제1장

---

1) Mandelbaum 1959; Rosenblatt 1959; Lewis 1980; Gerholm 1988; Parkin 1992. 최근의 고고학적 정의들에 대해서는 Barrett 1994; Wilson 1996; Hill 1996을 참조.

에서 언급한 이븐 파들란의 이야기로 되돌아가서 보면 빨가벗은 친족이 배에 불을 붙인 행위, 죽은 사람의 옷을 지은 일, 노예 소녀의 변사와 다른 많은 행위들에서 의례의 여러 측면들을 인식할 수 있다. 애도자들이 망자의 내세를 위해 준비를 하느라 전통과 의무에 근거한 활동에 참여하는 동안 정상적 사회생활은 실질적으로 일시 정지된다.

의례는 관습적 행위의 한 형태로서 그 참여자들은 간단한 예절 문제부터 시간이 걸리고 정교한 종교적 의례에 이르기까지 사회적으로 동의한 규약을 알고 있으며 그 절차는 의미가 모호하고 불가사의하거나 암시적일지라도 잘 규정되어 있고 또한 명시적이다. 의례는 반드시 공적 의식을 포함하지는 않으며 길버트 루이스가 말한 특유의 고정점을 가지고 거행된다(Lewis 1980: 7~8, 21). 이는 다른 사회 관습과 차별화되는 점들을 갖고 있으니 그 격식과 주기성, 인간 유해를 집중적으로 강조하는 점, 몸의 자세 및 운동(기도 같은 것)을 유도하고 몸의 직접적·개념적 환경을 재규정하는 표상들에 호소하는 점을 들 수 있다(Bell 1992). 의례를 거행하면 참여자들에게 흔히 영, 신, 조상들의 다른 세계들이 드러나는데 이것들은 삶과 죽음의 의미에 관한 설파된 진리를 다시 꺼내 보이고 지금 여기의 경계를 넘어선 세계를 이야기하며, 예를 들면 산 자와 망자, 의례와 일상 혹은 신성과 통속 같은 외견상 자재적인 사회 범주들을 설정하고 그 사이를 구분해 주려 한다(Barrett 1994).

또 의례에는 사회질서를 정당화하거나 심지어 뒤엎을 수도 있는 정치적 계기들이 잔뜩 들어 있다. 의례를 거행할 전문적 능력을 누가 가졌는지는 참여자들이 의례 과정에서 헤게모니 서열을 규정하고 그를 차지하려는 권력 협상을 벌이므로 자연스럽게 과시가 되며 또 흔히 그것을 서로 겨루게 된다. 그럼에도 의례의 의미는 지위와 관점에 따라 달리 이해될 수 있다. 동일한 의례일지라도 어떤 참여자는 공동체를 결속시킨다고 해석할 수 있고 또 어떤 이는 지위와 대우의 차이를 강조한다고 해석할 수 있다. 이와 똑같이 참여자들은 의례 안의 상징 지시물과 과시물들 중 다수 혹은 모두를 이해하지 못할 수도 있지만 그래도 여전히 의례로부터 감정적으로 깊은 영향을 받을 수 있다.

의례는 나날의 삶으로부터 완전히 떼어놓을 수 있는 성질을 띤 것이 아니라 다른 일상 및 계절 활동들에 끊임없이 관련되는 상황 속에 자리 잡고 있다. 이는 특정한 형태의 실천으로서 나날의 삶으로부터 비롯된 인간 경험의 다른 측면들에 토대를 두기는 하지만 좀더 엄격하게 정식 규정된 규약들을 매개로 한다(Barrett 1994: 77~81; Hill 1996). 의례는 거행하려면 조건들을 잘 알아야 하며 개개인의 지위와 정체성에 이목을 집중시킨다. 그렇게 하면서 과거의 표상들과 더불어 달라진 시간 및 변화의 감각을 불러일으키며, 다양한 역할을 한 사람들이 그간 변화하였기 때문에 사회생활 또한 이전과 같지 않다는 인식들을 부각시킨다(Bloch 1977; Lewis 1980). 이런 역할은 지위의 표현이며 아마도 의례 복식이나 신체 훼손 행위 같은 것으로 구체화될 터이나, 그것은 사회적 지위를 직접 반영하기보다는 그에 연관이 될 것이다. 의례를 거행하는 동안에는 과거가 현재에 가득 차게 된다. 족보, 직함, 책무들이 열거될 수 있고 또 보이지 않는 실체들—역할과 영속집단들뿐만 아니라 혼백들—의 존재도 선포될 수 있다. 시간이 시간을 벗어나 정상적 시간 경과의 중간지대에 있는 것으로 여겨질 수 있다. 의례는 시간을 거꾸로 가게 만들거나 심지어 시간을 조정해 일출이 계속되도록 만들 수도 있다.

의례는 대개 보수적이라 무언가를 하는 방식들—말하기, 몸짓, 옷 입기—을 그대로 보전하는 반면 이런 것들 자체—말, 몸, 옷—는 나날의 삶에서 변화한다. 장송의례에 연관된 습속들은 제일 보수적일 수 있다. 우리는 시대에 뒤떨어진 상복을 입고 또 기본 의장이 수백 년간 실질적으로 바뀌지 않은 관들을 사용할 수 있다. 그럼에도 장례 양식은 아주 급속히 변할 수 있다. 장의사와 석공의 작업 목록은 끊임없이 변화하는 양식의 관 및 무덤 돌들로 가득 차 있다. 죽음을 영리적으로 이용하는 자본주의 세계의 바깥에 있는 전통사회들조차 장송의례 분야에 이르면 결국 그다지 전통적이지 않을 수 있다. 즉 장송의례는 혁신과 변화의 맥락이 될 수 있는 것이다. 장송의례의 어떤 측면들은 아주 빨리 비선형적인 방향으로 변화하는데, 특히 예를 들면 장례 행렬의 순서처럼 눈에 보이는 흔적을 남기지 않는 것들이 그렇다. 또 어떤 변화들은 오래 지속될 수 있고 혹은 좀더 선형적으로 나아갈 수도 있으니 예를 들면 무덤 축조의 방법과 그에 연관된 건축 양식이 있다. 장례 관련 기념물은 실로 그 사건 이후 여러 세기가 지나서도 모든 사람들이 볼 수 있도록 물화되고 화석화된 것이다.

2. 건축, 죽음, 기념물들

피터 윌슨은 선사시대 건축물에 대한 흥미로운 연구에서 묘와 집이 인류 진화에서 강력한 상징 요소들이었다고 주장하였는데, 첫째로는 지금부터 1만 년 전 이후의 집과 그 상징 작용, 둘째로는 무덤이다(Wilson 1989). 윌슨의 틀 안에서 볼 때 수렵채집 사회들은 아무런 장례 건축물을 갖지 않는다. 그래서 그런 건축물은 인류사의 마지막 1만 년을 제외하고는 없었으며 이는 5천 년 전 이후로 중요성을 띠기 시작하였다.

그는 기념물의 성격을 띤 장례 건축이 '가옥'이라는 순화 현상에 이어서 나타난다고 보았는데 이는 이안 호더가 유럽 신석기시대에 대한 연구에서 제시한 견해와 비슷하다(Hodder 1990). 윌슨은 대체로 5천 년 전경에 하나의 획기를 설정하는데 그때는 무덤이 집보다 실체적이 되며 망자와 그 무덤이 삶 자체의 중심이자 핵심이 되었다. 무덤은 문자 그대로 '권력 가옥'이 되었던 것이다.

그간 장례 건축물을 주거 건축 및 여타 형태의 건축물로부터 따로 떼어내어 보려는 경향이 있었다. 첫머리에 인용한 수잔느 프레스턴 블라이어의 바탐말리바 족 건축에 대한 통찰력 있는 분석은 집과 무덤 사이에 있을 수 있는 은유적 연계 중 일부를 잘 보여준다. 무덤은 조상의 집일 수 있으며 아니면 그 대안으로 산 자들이 스스로를 조상의 집 안에 살고 있다고 여길 수도 있다. 이집트 왕가의 계곡에 있는 파라오와 귀족의 무덤들은 그들의 지상 궁전 및 신전의 통로, 계단, 경사로를 재현하고 과장하고 있으며 지상에서의 삶을 무덤 속에 재현한 그림들로 치장되어 있다. 삶의 건축물과 죽음의 건축물들은 그저 상호 간 및 우주에 대한 은유적 변형일 뿐만 아니라 한층 더 큰 전체의 일부분을 이루며 인류가 죽음에 당면하여 이해하고 추구한 삶의 의미를 또한 담고 있다.

죽음은 그간 세계에서 가장 위대한 건축물들 중 일부가 탄생하는 데 영감을 불어넣었다. 고대 세계의 불가사의 가운데 둘이 무덤으로, 거대 피라미드들(그림 9.1)과 할리카르낫소스의 영묘가 있다. 후자는 서기전 353년 혹은 352년에 죽은 페르시아의 카리아(소아시아) 태수 마우솔루스의 안식처였으며 자신에 의해서나 아니면 그 여동생이자 부인인 아르테미시아에 의해 축조되었다. 이슬람 전통하에서 석조 추도관은 묘를 알아보지 못할 염려가 있는 경우에 한해 건립하지만 그래도 아그라의 타지마할(선택된 자의 거처라는 뜻)은 건축이 지닌 장엄함과 아름다움의 대명사로 여겨지는 또 하나의 무덤이다. 이는 1631년에서 1635년 사이에 무굴 제국 황제 샤 자한이 그가 사랑한 아내 뭄타즈 마할의 영묘로 지었는데 그녀는 그의 아이 14명을 낳고 1632년 여기에 묻혔다. 그의 비탄에서 비롯된 기념물로 추정되는 이 건축물은 성채, 모스크,

그림 9.1 서기전 2540년경 지어진 쿠푸왕의 대피라미드. 높이 147m이며 한 개에 평균 2.5톤이 나가는 다듬은 돌 230만 개로 이루어졌다.

간선 도로와 여타 공공건물을 위시한 일련의 거대한 건설 사업 중 하나이며 그는 이로써 무굴 제국의 통치를 인도 북부의 경관 속에 지어 넣었다. 타지마 할과 그 정원은 이 밖에도 천상 세계를 지상에 물화한 것일 수 있는데 자신들 의 내세관을 샤 자한 치하 무굴 제국의 궁극적 상징으로서 견고하고 구체적인 형태로 축조한 것이다.

무덤은 그저 죽은 몸을 집어넣은 그런 곳만은 아니다. 이것들은 권력의 표상들이다(그림 9.2). 장례 건축물은 의례와 마찬가지로 헤게모니 서열을 정 당화하고 확대한다. 무덤들은 한 사회의 경제에서 핵심일 수 있으며 그 경우 부와 잉여는 무덤을 지향하면서 축적된다. 무덤은 선사시대 사람들의 공간 및 시간에 대한 이해를 심대하게 바꾸어 놓았음에 틀림없는 인공물이다. 무덤은 흔히 많은 수의 작은 요소들로 웅대하고 견고하며 아름답고 육중하게 구축됨 으로써 마치 죽음을 극복한 듯 보이는 영구불변의 효과를 얻는다. 이 기념물 의 영구성은 사람들이 살았던 경관을 영원히 바꾸어 놓으며 미래 세대들에게 는 시공간의 고정된 점이 된다.

10세기의 루스 인은 자기 친족의 그 괄목할 만한 장례에 대한 기억을 여

그림 9.2 크렘린 궁 바깥 레닌의 무덤 문 입구에 두 사람의 위병이 지키고 서 있다. 소련의 고관들은 방부 처리한 레닌의 시신이 든 이 무덤 꼭대기에서 노동절 행진을 지켜보곤 했다.

러 세대에 걸쳐 살아 있도록 전하였을 터이지만 그 봉분은 그 사건을 눈에 보이도록 하는 물리적 표시이자 장례 절차의 정점 역할을 하였을 뿐만 아니라 기억과 기념의 시발점 역할을 하기도 하였다. 루스 인은 그 커다란 자작나무 기둥을 세운 봉분을 구축함으로써 자신들의 망자를 불가 강의 경관 속에 굳건히 고정시켰고 그는 자기들이 떠난 뒤에도 여러 세기 동안 그곳에 남아 있을 터였다.

3. 결론

나는 이 책을 마무리하면서 장례습속에 대한 고고학연구의 두 가지 주요 측면—죽음에 수반되는 의례와 그 존재를 세상에 드러내는 기념물—에 초점을 맞추었다. 과거에는 의례—죽음의 무형적 표지—를 복구불능 상태로 잃어버리고 만 선사시대의 한 측면이라고 치부하였지만 이 책에서 지금까지 보여주었듯 오늘날 우리는 새로운 이론과 새로운 이해로 과거 인간 행위들에 대한 연구에 접근할 수 있다. 한편으로 장례 건축물—과거 삶의 가장 내구성 강한 표지—이 때로는 이론적으로 단순하게 취급되기도 하였다. 고고학자들은 근년에 들어 기념물성의 의미와 그 요인에 대한 자신들의 접근법을 더욱 가다듬었는데 이에서는 지금도 우리 경관에서 두드러지는 무덤 및 매장지를 다양한 동기로 과거에 축조한 옛 개인들을 자신들의 이론 속에 언제나 존재하도록 설정하였다.

　　고고학은 그간 모든 인간 생활을 보편적 행위의 법칙에 따라 설명하려는 시도를 넘어 크게 성장하였다. 우리는 이제 인간의 경험 및 지각에 관한 좀더 섬세한 착상들로 과거를 이해하고 설명하려는 쪽으로 옮겨가고 있다. 고고학은 우리가 걸어온 많은 길을 발굴해 내고 이해하기 위해 다방면의 시공간을 대상으로 할 수 있지만 삶의 다양성 속에는 한 가지 보편적인 것이 존재하니 그것은 곧 죽음이다. 우리 모두는 종국적으로 같은 방향으로 가고 있는 참이다.

부록 인간 유체의 발굴

고고학자들은 일반인들이 가진 이미지와는 달리 이제 더 이상 인디애나 존스나 영화 〈툼 레이더〉의 여주인공 라라 크로프트처럼 행동하지 않는다. 우리가 감히 망자의 안식을 교란하는 고고학 조사를 할 때는 아주 세심한 발굴과 기록 둘 다가 요구되며 또한 산 자들의 감정을 배려하는 취급과 품위 있는 처리 자세가 필요하다. 고고학자와 여타 연구자들은 그간 인간 유체와 그것이 수백, 수천 년 동안 잔존한 특정 유구와 환경으로부터 여러 가지 정보를 되찾는 데 필요한 많은 기법과 접근법을 개발하였다. 그리하여 이제 발굴 및 기록 방법과 표준 절차, 고고학 조사 사업의 조직과 운용, 법적 요건과 과학적 분석법 등에 관해 국제적으로 엄청난 양의 문헌들이 나와 있다.[1] 여기서는 독자들이 관련 절차에 대한 감을 잡는 데 필요한 발굴 기법의 개요를 서술하기로 한다.

1. 발굴 전 준비

모든 야외 조사에는 조사연구 계획이 서 있어야 하며 그 계획에는 연구 목표,

---

1) 좀더 상세한 정보는 Mckinley and Roberts 1993; Brothwell 1981: 1~19; Barker 1993: 125~126; Buikstra and Ubelaker 1994; Hunter *et al.* 1996: 40~57 그리고 Roberts *et al.* 1989의 일부 논문들을 참조하기 바란다.

방법, 시간표, 비용 조달과 발굴 후 분석 및 보고서 작성을 위한 준비 항목이 들어 있어야 한다.[2] 유적 조사자 모두에게는 발굴 및 기록 방법, 인골을 포함한 갖가지 고고학적 자료를 식별하는 방법을 충분하게 설명해 숙지시켜야 한다. 관련 법규를 알지 못했다거나 영국 잉글랜드의 경우 내무부, 지역 행정 당국, 토지 소유주, 거주인, 주 소속 고고학자로부터 필요한 허가와 동의 등을 얻지 못했다는 말은 전혀 변명이 되지 않는다. 그 작업에 잠재적 이해관계가 있는 모든 당사자에게 발굴을 개시하기 전에 확실하게 통보를 해 두는 일이 언제나 필요하다. 그 당사자에는 교구회, 경찰, 지역 성직자 등이 포함된다. 어느 누구도 자신이 도통 몰랐다고 느끼는 것을 좋아하지 않으며, 적절한 사전 협의를 함으로써 여러 가지 어려움과 오해의 싹을 미리 잘라버릴 수 있는 경우가 아주 흔하다.

현장 전문가 및 전문 장비들에 대한 사전 준비도 갖추어야 한다. 만약 인골에 잔존한 DNA 표본 추출을 하려면 소독된 복장 및 장갑을 쓰는 것이 바람직하지만 그래도 무균 조건을 보장하지는 못한다. 또 인골 및 여타 발견물을 최종적으로 어떻게 처리할 것인지에 관한 준비를 발굴 전에 미리 갖추어야 한다. 유적 안전관은 유적 작업자들이 반드시 파상풍에 대한 예방접종을 하도록 조치해야 한다. 시신이 유골 상태로 남은 장소에 그 밖의 병균이 50년 이상 잔존할 가능성은 극히 적다. 하지만 만약 밀봉된 납관이 출토될 것으로 예상된다면 지역 건강 안전 당국의 자문을 받는 일이 필수적인데 그 이유는 납 중독, 천연두, 탄저병, 균류 질병 감염의 위험성이 충분히 있기 때문이다. 이 외에 유체에 연조직이 크게 손상되지 않은 채 잔존할 경우 유적 작업자 중 일부는 그를 보고 심리적으로 충격을 받을 위험성이 있을 수 있다.

개발 대상 지역 안에 위치한 공동묘지 유적의 묘비들을 사전에 제거하지 않은 경우는 드물다. 묘비가 제자리에 남아 있는 경우는 발굴 전에 기록할 수

---

2) 조사연구 계획을 수립하는 데 참고가 되는 좋은 지침서로는 잉글랜드 문화유산청에서 발행하여 MAP 2라 부르는 *Management of Archaeological Projects*(『고고학 조사 사업의 운용』)가 있다.

있으며 영국고고학평의회(CBA)는 그 기록용 지침서를 내놓은 바 있다.[3] 공동묘지의 평면 배치 중에 때로 개개인 및 가족 단위의 지정 구역들을 구분한 경우도 있을 수 있다.

2. 매장 발굴

공동묘지의 매장들을 발굴할 때는 경의와 품위를 갖춘 분위기 속에서 실시해야 한다. 물론 이렇게 말한다고 해서 모두 빅토리아시대의 장례식 참가자처럼 보이도록 행동해야 한다는 뜻은 아니다. 이는 해골 입에다 담배를 물린다든지 스카프로 머리를 감싼다든지 햄릿 제5막의 한 장면처럼 해골을 들고 "아! 불상한 요릭"하고 연기를 한다든지 미국 영화(1986) 〈에이라의 전설〉(원제 동굴 곰 씨족)의 장면을 재연하듯 당신 머리 위로 넓적다리뼈를 들어 흔든다든지 하지 말라는 뜻이다. 내무부의 발굴 허가서에는 대개 인간 유체가 공공연하게 보이지 않도록 조치하라는 특기 사항이 있게 마련이다. 이는 공중이 보는 것을 허용하지 않는다거나 접근하지 못하도록 하라는 뜻이 아니다. 방문객들에게 유골을 보기를 원하는지 물어볼 수 있으며 그러면 그들은 틀림없이 그러려고 할 것이다. 장막으로 나무 패널들 혹은 색을 칠한 촘촘한 그물망을 치면 노출된 인골을 보기 원치 않는 사람들을 만족시킬 것이다.

옛 인간 유체는 부서지기 쉽다. 유골을 발굴할 때는 잎 모양 미장이용구, 플라스틱 주걱, 페인트용 붓, 나무 이쑤시개 같은 섬세한 도구를 써서 뼈를 움직이지 않고 흙을 부드럽게 긁어내며 털어낸다(그림 10.1). 손과 발, 배와 가슴, 머리 주변에서 나온 흙은 나중에 2mm 눈금의 체로 치는데(언제나 물 체질을 뜻함) 이는 아주 작은 손발 뼈를 찾아내고 혹시나 담석, 신장 결석 혹은 요로 결석이 있다거나 골반 부위에 태아 뼈가 있으면 찾아내고 때로 골화한 후두 연골, 빠진 이빨과 아주 작은 귀 뼈, 목의 설골舌骨이 있으면 찾아내기 위한 조

3) Jones 1979. 스코틀랜드에 대해서는 Wilsher 1995a · 1995b를 참조.

치이다. 유아 매장 주변 및 아래의 흙 또한 체질을 해야 한다. 성인 골격은 206개의 뼈로 이루어져 있는데 유아 및 청소년의 융합되지 않은 뼈들보다 수가 많이 적다. 유골이 원래대로 땅에 놓여 있는 동안에는 그것을 옮긴 뒤에 분명히 드러나지 않을 수도 있는 뒤틀린 척추나 어긋난 관절 등 비정상의 표지들을 쉽게 알아볼 수 있으므로 인골 전문가가 현장에서 이를 감식하는 것이 좋다.

극도로 취약한 부장품이나 (목걸이나 상자 장구들 같은) 결합식 부장품은 기록을 한 후 제자리에 그대로 두었다가 흙과 함께 통째로 떠내어 실내에서 세밀한 발굴을 할 수 있도록 해야 한다. 인골을 통째로 떠내는 작업은 특수한 상황에서만 실시해야 하는데 예를 들면 토

그림 10.1 사우스 위스트의 킬페더에서 고대 브리튼 인인 픽트Pict 인의 매장(서기 500년경)을 발굴하는 광경. 이 마흔 살 된 여자의 유골은 알 수 없는 이유로 사망 후 몇 개월 만에 누군가가 손을 댔다. 그녀의 가슴뼈는 제거되었으며 원래 가슴 위에 놓였던 오른손은 허리로 옮겨졌는데, 이는 오른손뼈 일부가 가슴통 속에 남은 사실로 알 수 있다. 또 시신이 한쪽으로 기울어져 있다.

탄 늪 사체와 냉동 사체의 경우가 있다.

석회질이 아닌 토양에서는 사체들이 얼룩과 윤곽으로만 남거나 흔적조차 남지 않을 수도 있다. 산성 모래에서는 이런 얼룩들을 가랫날 깊이 단위로 연속적으로 얇게 파 내려가면서 각 깊이 단위로 기록을 하거나 아니면 서튼 후 유적 '모래 인간'들의 사례처럼 얼룩 주변의 깨끗한 모래들을 제거(Carver 1998)함으로써 식별해 낼 수 있다. 이런 경우 다른 얼룩들은 시신에 부가적인 품목들로 식별할 수 있는데 예를 들면 관재, 동물 가죽, 유기질 부장품 조각들

이 있다. 얼룩진 모래는 노출이 되는 즉시 화학 경화제를 분무해야 한다. 서른 후의 매장 구덩이들 가운데 하나에서는 시신 흔적이 전혀 보이지 않았지만 그 묘의 바닥 토층을 대상으로 근近 간격 표본 추출을 하였더니 완전히 부패된 몸에서 나왔으리라고 추정되는 어떤 미량원소들의 농축 부위를 식별할 수 있었다.

표본 추출

토양 표본 채취는 대개 산성도(pH)를 검사하고(이는 토양의 산성이 뼈의 보존 및 속성작용에 어떻게 영향을 미치는지 평가하기 위함) 미량 원소 분석을 위한 표본을 추출하며(이는 시신의 물리적 흔적이 사라진 경우 대조 표준을 확보하거나 그 존재를 확인할 목적으로 실시함) 헌화 등에서 유래하였을 화분을 되찾고(이는 토양이 산성도가 충분히 높거나 침수된 경우에 가능함) 파리와 딱정벌레 유체들을 찾아내며(이는 토양이 줄곧 침수되어 있었거나 시신의 눌린 자국들이 그 주변의 진흙에 잔존하는 경우 가능함) 달팽이류를 수습(이는 토양이 충분히 알칼리성일 때 가능함)하기 위해 환경 전문가의 조언에 따라 실시해야 한다. 이 중 마지막 것에서는 사망 후 긴 시간이 걸린 매장 전 처리 과정에 관한 증거가 나올 수 있다. 화분이 대개 잔존하지 못하는 토양이라 하더라도 구리 합금 부장품 주변의 구리 얼룩이 진 토양에서는 화분 표본을 채취할 수 있다.

옛 DNA를 되찾는 데서 최근 이루어진 진전으로 보면 매장을 표본 추출함으로써 많은 사실들을 알아낼 수 있다. 하지만 언제나 전문가의 도움이 필요하다. 발굴자가 끊임없이 발산하는 오염 DNA의 양을 최소화하기 위해서는 소독된 복장과 장갑을 쓰는 것이 바람직하다. DNA는 아주 건조한 환경이나 냉동 환경 속에서 제일 잘 보존된다. 그렇지 않으면 잘 보존된 뼈 속에 이따금 잔존하며 이 경우 에나멜질이 완전히 닳지 않은 송곳니나 어금니에서 표본을 가장 잘 채취할 수 있다. 이런 식으로 표본은 이전 취급과는 상관없이 실험실에서 추출될 수 있으나 어떤 경우든 실험실 오염이 언제나 가장 큰 문제이다.

그래서 이런 분석은 대규모 공동묘지 집단에 대해 실시할 때 가장 큰 효과를 거둘 수 있으며 개개 사례나 작은 모집단을 대상으로 할 때는 의미 있는 결과를 못 낼 수도 있다.

방사성탄소 연대 측정용 표본은 현장에서 채취해야 하며 콜라겐을 충분히 가질 가능성이 큰 상부 갈비뼈 같은 인골을 선택해 즉각 포일로 감싼 후 플라스틱 통에 담아 밀봉해야 한다. 주민들이 해산물을 먹었던 해변 지역 출토 인골들은 그들이 옛 해양 탄소를 흡입했기 때문에 측정 연대가 실제 연대보다 오래된 것으로 나오는 이른바 해양탄소 저장고 효과의 영향을 받을 수 있는데 다만 이는 주식이 해산물이었던 극단적인 경우에만 해당하는 듯 여겨진다. 또 방사성탄소 연대 측정용 표본은 창의 나무 자루와 여타 부장품 혹은 토기나 금속 용기 안에 유기질 찌꺼기가 남아 있으면 그로부터 채취할 수 있다는 사실도 유념할 필요가 있다.

층서의 문제와 발굴 방법

묘들이 아주 밀집해 들어선 중세 및 그 이후 교회묘지에서는 층서 문제가 발생할 가능성이 크다. 이런 유적인 경우는 발굴자가 유골 자체보다 높은 면에서 개개 묘의 구덩이 윤곽선을 알아볼 수 없게 마련이다. 때로는 해당 묘가 어디를 자르고 파들어 갔는지 보여주는 동시에 이전 매장들을 봉한 회반죽 도포 층과 면들이 있을 수도 있다. 이런 도포면과 후대 매장들이 자르고 들어간 유골이 나타내 보이는 증거는 교회묘지 매장들의 층서관계에 대해 우리가 찾아낼 수 있는 유일한 증거일 것이다. 회반죽 도포 층의 연대는 그것이 연관된 교회 특정 구조물에 연계를 한 후 해당 구조물의 연대를 건축 양식으로 측정해 알아낼 수 있을 것이다. 각 매장은 될 수 있으면 하루 만에 발굴하는 것이 좋다. 즉 취약한 데다 약탈 가능성이 있기 때문에 밤을 넘기도록 남기지 않아야 한다.

중세 묘 및 그 이후 묘들은 대개 가운데에 단면을 남기고 발굴하지 않지만 그저 입면만이 아니라 묘의 단면도를 작성해야 할 상황도 있다. 선사시대의 유골과 묘 안 매토는 때로 사후 손상과 틈입이 있었을 수 있는데 그런 사실은 묘를 반으로 자른 단면 조사를 하지 않으면 놓치고 말 수도 있다. 유골을 향해 파 내려갈 때는 매토 층을 가랫날 깊이 단위로 발굴하되 작은 뼈들과 마주치기 전에 두개골이 먼저 노출되리라 여겨지는 머리 쪽 끝 부분부터 제토를 시작해야 한다.

구석기시대의 인간 유체를 발굴할 때는 그 나름의 문제가 일어날 수 있다 (그림 7.4). 대부분 동굴 퇴적층 안에서 발견되는데 이 퇴적층은 발굴하려면 그에 맞게 변형을 하지 않으면 안 된다. 화석 인골들은 흔히 딱딱하게 굳은 기질 속에 들어 있으며 그래서 대개 기질과 함께 통째로 들어내 실험실로 옮겨 기질을 조심스럽게 쪼아내야 한다.

연조직의 잔존

각 연조직은 토양 유형 및 기후의 조건에 따라 다른 속도로 부패된다(Janaway 1996). 1백 년 이상 된 유체를 발굴하는 이가 잔존 조직을 발견하리라 예상할 수 있는 예외적 경우는 거의 없다. 납관은 무기성 환경을 조성해 컴브리아 세인트 비즈St Bees 유적의 중세 매장처럼 좋은 보존 상태를 낳을 수도 있다 (O'Sullivan 1982).

시신들이 토탄 속에 잔존한 일부 늪 환경에서는 그 뼈 대부분이나 모두가 녹아 없어졌을지라도 피부는 보존되어 있을 수 있다. 위장과 장은 그 개인의 마지막 식사, 내장 기생충, 주변 환경에 관한 정보의 보고가 될 수 있다. (머리, 얼굴, 몸의) 터럭들을 어떻게 자르고 문신, 상처내기, 뚫기, 색칠하기 등 피부를 어떻게 처리하였는지는 그 개인의 외모와 정체성에 대한 과거의 관념들에 관해 아주 많은 이야기를 해 줄 수 있다. 손, 발, 피부, 손발톱은 직업과 지위에 관한 비밀까지 간직하고 있을 수도 있다.

냉동된 시신이나 냉동 건조된 시신은 알프스 '냉동인간'의 사례처럼 언제나 장례 정황으로부터 나오는 것은 아니지만 과거 문화의 아주 극적인 장면을 엿보도록 해 줄 수 있다. 건조 환경에서도 이와 비슷한 상황들을 발견할 수 있으니 자연 혹은 인공 미라화 덕분에 그간 이례적 보존 상태를 보이는 사례들이 있었다. 이런 냉동 혹은 건조 환경 조건은 DNA 같은 분자생물학 물질이 잔존할 수 있는 가장 좋은 환경인 듯하다.

3. 화장묘 발굴

화장된 뼈는 (유리된 조각들로 존재하거나 도랑 매토 속에 산포하거나 화장용 장작더미 잔적 표면에 잔존하는 등) 모든 종류의 정황에서 모습을 나타낼 수 있지만 가장 흔하게는 작은 구덩이 속에서 토기 혹은 유기질 용기에 들어 있거나 그것 없이 그냥 폐기된 상태로 출토된다. 불탄 뼈는 극도로 취약하며 그래서 발굴하는 동안 출토 상태를 최대한 교란하지 않아야 한다. 용기나 토기 속에 놓이지 않은 분쇄된 화장 퇴적물은 매장을 발굴할 때와 비슷하게 주의를 기울여야 한다. 교란되지 않은 화장 퇴적물은 뼈와 부장품의 안치 순서를 찾아낼 수 있도록 20mm 깊이 단위로 발굴해야 한다. 화장 구덩이 안의 매토 전체는 플로테이션과 2mm 눈금 망 체로 물 체질을 해서 작은 뼛조각들뿐만 아니라 탄화된 식물 및 나무 유체까지도 찾아내야 한다. 화목 잔적의 퇴적물도 유적의 표토를 벗겨낸 후 자기 탐사 등으로 위치를 찾아낸 경우에도 마찬가지 절차를 적용해야 한다. 토기나 다른 용기 속 화장물은 해당 용기를 들어내어 실험실에서 발굴해야 한다.

불탄 뼈는 화장 불의 속성작용 효과 때문에 DNA 혹은 여타 분자 분석, 화학 분석 혹은 방사성탄소 연대 측정을 위한 잠재력은 그다지 많지 않을 가능성이 크지만 망자의 대략적인 나이와 더불어 성도 어느 정도 확실히 판정할 수 있는 경우가 흔하다. 고고학자는 뼛조각의 크기, 그 무게와 양, 화장 장작더미 위에서 불탄 품목의 잔적, 숯의 존재 덕분에 화장 기술 및 의례의 많은 측면들을 알아낼 수 있는데 예를 들면 불의 온도, 그 규모와 효율, 사용된 땔감과 목재, 부장품과 동물 봉헌물, 뼈와 여타 품목을 화장 잔적으로부터 골라낸 과정 등이 있다.

4. 기록

유골은 (작은 발견물로서가 아니라) 개개 정황처럼 취급하여 인골 기록 용지에 내용을 기입하는데 존재하는 뼈, 신체의 두향과 위치를 상세하게 적고 평면도와 단면도의 상호 참조 표시를 하며, 표본과 사진의 번호들을 적어넣는다 (그림 10.2). 예를 들어 시신은 등을 바닥에 대고 바로 눕거나 엎드리거나 왼쪽혹은 오른쪽을 아래로 하거나, 몸을 펴거나 무릎을 구부리거나 웅크리거나 (무릎을 구부려 가슴 가까이에 붙인 자세) 완전히 굽혀 붙이거나(무릎을 구부려 턱까지 붙인 자세) 할 수 있다. 범상치 않은 특징이나 공반 부장품이 있으면 모두 근접 사진을 찍고 아주 상세하게 기록을 한다. 묘 단면과 묘 매토 또한 각각 별도의 정황 기록 용지를 쓸 수 있다.

인골은 대개 흑백 및 컬러 직상방 사진 촬영과 더불어 1:10의 축척으로 도면을 작성한다. 그리고 특별한 병리적 특질이나 부장품은 근접 사각 사진을 찍는다. 묘 구덩이와 여타 발굴 유구는 대개 1:20의 축척으로 평면도를 작성한다.

화장묘는 정황 기록 용지에 기록을 하고 (1:10의 축척으로) 평면도와 단면도를 작성하며 사진을 촬영한다. 공반 부장품 및 화목 잔적은 뼈의 양과 최대 뼛조각 크기와 더불어 정황 기록 용지에 기록을 한다. 화장 구덩이를 발굴할 적에는 뜨거운 재와 화목 부스러기로부터 타고 그을린 잔적은 그 어떤 것이라도 주의를 기울여야 하고 또 그 재를 담았던 사라진 유기질 용기의 잔적 (단면에서 퇴적물의 형태로 나타남)에도 주의를 기울여야 한다.

5. 인골 수습과 임시 보관

매장을 들어내는 것이 언제나 적절한 것은 아니며 인골에 대한 기초 기록과 나이, 성 및 병리학적 증거에 대한 분석을 한 후 제자리에 그대로 두는 것이 가장 좋은 경우들도 있다. 구제 발굴에서 중세 혹은 그 이후 매장들이 소수로

골격 정황 기록지

(쉐필드대 고고학연구실)

기록지 [ ] 장/중 [ ]

유적 코드	그리드 명 E N	세부 단위명	정황 번호	인골 번호

공반 표본	공반 발견물	상태	도면 번호	범례
			사진 번호	인간 [ ] 동물 [ ]

위치

두개골

팔

다리

출토 정황 세부

인골(북향)

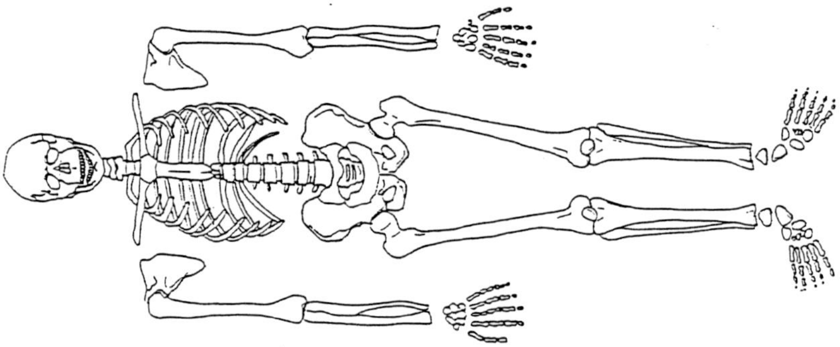

오른쪽 길이	왼쪽 길이	레벨
위팔뼈 [ ] 앞팔뼈 [ ] 뒤팔뼈 [ ] 허벅지뼈 [ ] 정강이뼈 [ ] 종아리뼈 [ ]	위팔뼈 [ ] 앞팔뼈 [ ] 뒤팔뼈 [ ] 허벅지뼈 [ ] 정강이뼈 [ ] 종아리뼈 [ ]	두개골: 엉치뼈: 발: 작성일: 작성자:

그림 10.2 야외에서 사용하는 인골 기록 용지의 한 예. 실험실에서는 이보다 더 자세한 기록 용지와 일람표가 쓰인다.

만 나와 원개발계획으로 교란되지 않은 채 그대로 두어도 좋은 경우가 그런 사례에 해당한다. 만약 인골을 옮겨야 한다고 결정이 되면 그 뼈들은 아주 조심스럽게 수습해야 한다. 취약한 뼈들은 언제나 폴리비닐 아세테이트(PVA) 같은 접착제로 경화 처리를 해야 한다고 흔히 생각하지만 그런 처리는 나중에 어떤 화학 분석 혹은 분자 분석을 하든 영향을 미칠 수 있기 때문에 그 뼈들이 아주 작은 조각으로 깨어지기 쉬울 때만 그렇게 처리해야 한다. 뼈를 깨끗이 하는 가장 좋은 방법은 서서히 부드럽게 말려 붓으로 터는 것이지만 덜 취약한 뼈들은 미지근한 물로 씻어도 좋다. 또 뼈들은 용기에 담기 전에 유적, 정황, 인골 번호 등의 적절한 표기를 해야 하며 넉넉한 크기의 중성 판지 상자에 담고 중성 박엽지를 채워넣어야 한다. 두개골은 좀더 작은 '두개골 상자'에 담을 수 있다. 취약한 뼈들은 개별로 중성지에 싸서 플라스틱 상자 속에 넣어야 한다.

6. 발굴 후 정리

발굴을 종료하고 나서 정리와 보고서 작성을 개시하기까지의 기간은 조사 사업의 연구 전략을 평가할 기회가 되며 그에서는 목표, 요건, 비용, 시간표 작성, 인력 운용 등을 검토한다. 이에서는 전문 분야 보고 및 상호 대화의 시간표를 상호 긴밀하게 조정하여 수립함으로써 전문가들이 이 사업의 여러 가지 연구 방향을 숙지하고 또 자신들의 분석 결과를 해석하는 데 필요한 정황 정보를 얻을 수 있도록 해 준다. 또 이 기간은 발견물들을 적절하게 보관하거나 필요한 경우 재매장하는 확실한 조치를 취하는 시간이기도 하다. 박물관 보관 및 수장은 비용과 자원이 소요되는 장기 위탁 조치이며 조사 사업은 대개 그 후원자들에게서 그런 비용 및 자원들을 마련할 수 있으리라 기대된다.

매장의 발굴 후 정리 업무로는 나이 및 성 판정, 계측 및 비계측 특질의 기록, 고병리 연구, 공동묘지 집단의 고인구 연구, 어쩌다 잔존한 피부, 터럭, 뇌 잔존물이나 여타 연조직의 분석 등이 있다. 부가적으로 적용할 수 있는 기법들로는 뼈의 화학 분석(미량원소 분석과 안정 동위원소 분석)과 분자 분석(DNA와 혈액형 구분)이 있다. 접합되지 않은 분리된 유체들에 대한 전략은 다르다. 최소 개체수를 계산해야 하며 아마도 부위별 계산을 해야 할 것이고 인골 일괄의 공간 분석을 해야 한다.

화장묘의 발굴 후 정리 업무에는 나이 및 성 판정, 고병리(찾아낼 수 있는 경우), 만약 불탄 연조직이 조금이라도 잔존하고 있으면 그에 대한 연구, 숯·탄화된 식물 유체·화목의 땔감 잔적 분석, 화장 기술의 연구 등이 있다.

지금부터 4만 년 전 이후의 선사 유적을 연대 측정하기 위한 방사성탄소 연대 측정용 표본을 선정하는 데는 인골, 관절을 가진 동물 뼈, 부장품의 유기질 요소들, 여타 숯 같은 물질을 고려해야 할 것이다. 그 표본이 땅속에 폐기되기까지 걸렸을 시간 폭과 연대 측정 대상과의 관계가 직접적인지를 판정하는 일이 결정적으로 중요하다. 또 가능한 오염원에 대한 고려와 표본에 옛 탄소가 합체되었을 가능성에 대한 고려도 필요하다.

유물의 양식 연구와 기술 연구는 많은 유형의 부장품에 대해 필요할 것인데 예를 들면 관 및 관 장구들, 수의의 편, 장신구, 무기류, 토기 등이 있다. 발굴 중에 채취한 표본들의 환경 분석은 아주 다양한 물질들에 대해 필요할 것인데 예를 들면 화분, 딱정벌레, 달팽이, 자성磁性, pH, 토양 미세 구조, 나무, 숯, 식물 유체 등이 있다.

또 공동묘지든 분묘든 아니면 봉토분이든 유적의 구조에 대한 보고문 작성도 장례습속의 복원 및 전문 분야별 보고문의 종합과 더불어 필요하다. 공동묘지 유적의 발굴 후 정리 비용은 그 발굴 비용의 네 배나 들 수 있다. 또 그런 정리에는 금속 및 여타 안정되지 않는 유물들의 오랜 기간에 걸친 보존처리, (표준화된 관찰 결과를 담보하기 위해 팀보다는 한 사람의 전문가가 분석하는 것이 가장 좋은) 대규모 인간 유체 일괄의 연구, 시간이 아주 많이 드는 복잡한 분석 절차들 때문에 여러 해가 걸릴 수 있다. 그러므로 사업 전체에 가벼이 착수해서는 안 될 일이다.

참고문헌

Adam, B. 1990 *Time and Social Theory*. Cambridge: Polity Press.

Adams, M.J. 1977 Style in southeast Asian materials processing: some implications for ritual and art. In H. Lechtman and R. Merrill (eds) *Material Culture: studies, organisation, and dynamics of technology*. St Paul: West Publishing, 21–52.

Ahern, E. 1973 *The Cult of the Dead in a Chinese Village*. Stanford: Stanford University Press.

Akazawa, T., Muhesen, M., Dodo, Y., Kondo, O. and Mizoguchi, Y. 1995 Neanderthal infant burial. *Nature* 377: 585–6.

Albery, N., Elliot, G. and Elliot, J. (eds) 1993 *The Natural Death Handbook: a manual for improving the quality of living and dying*. London: Virgin Books.

Albrethsen, S. and Petersen, E.B. 1976 Excavation of a Mesolithic cemetery at Vedbaek, Denmark. *Acta Archaeologica* 47: 1–28.

Aldred, C. 1988 *Akhenaten: King of Egypt*. London: Thames and Hudson.

Allen, W.L. and Richardson, J.B. III 1971 The reconstruction of kinship from archaeological data: the concepts, the methods, and the feasibility. *American Antiquity* 36: 41–53.

Almagro, M. and Arribas, A. 1963 *El Poblado y la Necrópolis Megalíticos de Los Millares (Santa Fe de Mondújar, Almería)*. Madrid: Bibliotheca Praehistorica Hispana 3.

Alva, W. and Donnan, C. 1993 *Royal Tombs of Sipán*. Los Angeles: Fowler Museum of Cultural History, University of California Los Angeles.

Amiran, R. 1962 Myths of the creation of man and the Jericho statues. *Bulletin of the American Schools of Oriental Research* 167: 23–5.

Anderson, D. 1985 Reburial: is it reasonable? *Archaeology* 38: 48–51.

Andrews, C.A.R. 1985 Introduction. In R.O. Faulkner *The Ancient Egyptian Book of the Dead*. London: British Museum, 11–16.

Anon. 1960 *The Epic of Gilgamesh*. Introduction by N.K. Sandars. Harmondsworth: Penguin.

Anon. 1994 Church reveals secrets of the grave. *British Archaeological News* 16: 1.

Arens, W. 1979 *The Man-Eating Myth: anthropology and anthropophagy*. New York: Oxford University Press.

Arensburg, B. and Hershkovitz, I. 1988 Neolithic human remains. In O. Bar-Yosef and D. Alon (eds) *Nahal Hemar Cave*. Jerusalem: Israel Department of Antiquities and Museums, 50–8.

Ariès, P. 1974 *Western Attitudes toward Death from the Middle Ages to the Present*. Baltimore: Johns Hopkins University Press.

Ariès, P. 1981 *The Hour of our Death*. Harmondsworth: Penguin.

Arnold, B. 1991 The deposed princess of Vix: the need for an engendered European prehistory. In D. Walde and N.D. Willows (eds) *The Archaeology of Gender: proceedings of the 22nd Annual Chacmool Conference*. Calgary: Archaeological Association of the University of Calgary, 366–74.

Arnold, C.J. 1980 Wealth and social structure: a matter of life and death. In P. Rahtz, T. Dickinson and L. Watts (eds) *Anglo-Saxon Cemeteries 1979*. Oxford: BAR British Series 82, 81–142.

Arnold, C.J. 1988a *An Archaeology of the Early Anglo-Saxon Kingdoms*. London: Routledge.

Arnold, C.J. 1988b Territories and leadership: frameworks for the study of emergent polities in early Anglo-Saxon England. In S.T. Driscoll and M.R. Nieke (eds) *Power and Politics in Early Medieval Britain and Ireland*. Edinburgh: Edinburgh University Press, 111–27.

Arsuaga, J.L., Martínez, I., Gracia, A., Carretero,

J.M., Lorenzo, C. and García, N. 1997 Sima de los Huesos (Sierra de Atapuerca, Spain). The site. *Journal of Human Evolution* 33: 109–27.

Asatru Folk Assembly. 1997 Ancient Caucasian in North America. www.runestone.org/km.html.

Atkinson, R.J.C. 1956 *Stonehenge*. London: Hamilton.

Atkinson, R.J.C. 1968 Old mortality: some aspects of burial and population in Neolithic England. In J.M. Coles and D.D.A. Simpson (eds) *Studies in Ancient Europe*. Leicester: Leicester University Press, 83–93.

Atkinson, R.J.C. 1972 Burial and population in the British Bronze Age. In F. Lynch and C. Burgess (eds) *Prehistoric Man in Wales and the West: essays in honour of Lilley F. Chitty*. Bath: Adams & Dart, 107–16.

Aufderheide, A.C. 1989 Chemical analysis of human remains. In M.Y. Iscan and K.A.R. Kennedy (eds) *Reconstruction of Life from the Skeleton*. New York: Liss, 237–60.

Aufderheide, A.C., Neiman, F.D., Wittmers, L.E. and Rapp, G. 1981 Lead in bone II: skeletal lead content as an indicator of lifetime lead ingestion and the social correlates in an archaeological population. *American Journal of Physical Anthropology* 55: 285–91.

Bachofen, J.J. 1973 [1861] *Myth, Religion and Mother Right*. Princeton: Princeton University Press.

Bahn, P.G. 1984 Do not disturb? Archaeology and the rights of the dead. *Oxford Journal of Archaeology* 3: 127–39.

Bahn, P.G. 1990 Eating people is wrong. *Nature* 348: 395.

Bahn, P.G. (ed.) 1996 *Tombs, Graves and Mummies: 50 discoveries in world archaeology*. London: Weidenfeld & Nicolson.

Bahn, P.G. and Paterson, R.W.K. 1986 The last rights: more on archaeology and the dead. *Oxford Journal of Archaeology* 5: 255–71.

Bailey, D. 1994 Reading prehistoric figurines as individuals. *World Archaeology* 25: 321–31.

Bailey, D. 1996 The interpretation of figurines: the emergence of illusion and new ways of seeing. *Cambridge Archaeological Journal* 6: 291–5.

Baker, M. 1997 Invisibility as a symptom of gender categories in archaeology. In J.

Moore and E. Scott (eds) *Invisible People and Processes: writing gender and childhood into European archaeology*. Leicester: Leicester University Press, 183–91.

Baldwin, J. 1962 Letter from a region in my mind. *The New Yorker* 17 November 1962.

Baldwin, R. 1985 Intrusive burial groups in the late Roman cemetery at Lankhills, Winchester. *Oxford Journal of Archaeology* 4: 93–104.

Barker, A. and Pauketat, T. (eds) 1992 *Lords of the Southeast: social inequality and the native elites of southeastern North America*. Washington, DC: American Anthropological Association.

Barker, P. 1993 *Techniques of Archaeological Excavation*. Third edition. London: Batsford.

Barley, N. 1990 *Native Land: the bizarre rituals and curious customs that make the English English*. Harmondsworth: Penguin.

Barley, N. 1995 *Dancing on the Grave: encounters with death*. London: John Murray.

Barrett, J.C. 1989 Food, gender and metal: questions of social reproduction. In M.L. Sørensen and R. Thomas (eds) *The Bronze Age–Iron Age Transitions in Europe: aspects of continuity and change in European societies c. 1200 to 500 BC*. Oxford: BAR International Series 483: 304–20.

Barrett, J.C. 1990 The monumentality of death: the character of Early Bronze Age mortuary mounds in southern Britain. *World Archaeology* 22: 178–89.

Barrett, J.C. 1994 *Fragments from Antiquity: an archaeology of social life in Britain, 2900–1200 BC*. Oxford: Blackwell.

Barry, T. 1992 *Inside Guatemala*. Albuquerque: The Inter-Hemispheric Education Resource Center.

Bar-Yosef, O. 1986 The walls of Jericho: an alternative explanation. *Current Anthropology* 27: 157–62.

Bar-Yosef, O., Gopher, A., Tchernov, E. and Kislev, M.E. 1991 Netiv Hagdud: an early Neolithic village site in the Jordan valley. *Journal of Field Archaeology* 18: 405–24.

Bar-Yosef, O., Vandermeersch, B., Arensburg, B., Belfer-Cohen, A., Goldberg, P., Laville, H., Meignen, L., Rak, Y., Speth, J.D., Tchernov, E., Tillier, A.-M. and Weiner, S. 1992 The excavations in Kebara cave, Mt Carmel. *Current Anthropology* 33: 497–551.

Bassett, S. (ed.) 1995 *Death in Towns: urban responses to the dying and the dead, 100–1600*. Leicester: Leicester University Press.

Battaglia, D. 1990 *On the Bones of the Serpent: person, memory, and mortality in Sabarl Island society*. Chicago: University of Chicago Press.

Bauer, B.S. 1996 Legitimization of the state in Inca myth and ritual. *American Anthropologist* 98: 327–37.

Baumann, Z. 1993 *Mortality, Immortality and Other Life Strategies*. Oxford: Polity Press.

Beattie, O. 1999 Sleep by the shores of those icy seas: death and resurrection in the last Franklin expedition. In J. Downes and T. Pollard (eds) *The Loved Body's Corruption: archaeological contributions to the study of human mortality*. Glasgow: Cruithne Press, 52–68.

Beattie, O. and Geiger, J. 1987 *Frozen in Time: unlocking the secrets of the Franklin Expedition*. London: Collins.

Beck, B.E.F. 1975 The anthropology of the body. *Current Anthropology* 16: 486–7.

Becker, E. 1973 *The Denial of Death*. New York: Free Press.

Behrensmeyer, A., Gordon, K. and Yanagi, G. 1986 Trampling as a cause of bone surface damage and pseudo-cut marks. *Nature* 319: 768–71.

Belfer-Cohen, A. 1995. Rethinking social stratification in the Natufian culture: the evidence from burials. In S. Campbell and A. Green (eds) *The Archaeology of Death in the Ancient Near East*. Oxford: Oxbow Monograph 51, 9–16.

Bell, C. 1992 *Ritual Theory, Ritual Practice*. Oxford: Oxford University Press.

Bendann, E. 1930 *Death Customs: an analytical study of burial rites*. London: Dawson.

Bender, B. 1997 Commentary: writing gender. In J. Moore and E. Scott (eds) *Invisible People and Processes: writing gender and childhood into European archaeology*. Leicester: Leicester University Press, 178–80.

Bender Jørgensen, L. 1979 Cloth of the Roman Iron Age in Denmark. *Acta Archaeologica* 50: 1–60.

Bender Jørgensen, L. 1986 *Forhistoriske Textiler i Skandinavien: prehistoric Scandinavian textiles*. Copenhagen: Nordiske Fortidsminder.

Bender Jørgensen, L. 1992 *North European Textiles until AD 1000*. Copenhagen: Nordiske Fortidsminder.

Bennett, M. 1992 *Scottish Folk Traditions from the Cradle to the Grave*. Edinburgh: Polygon.

Bennike, P. 1985 *Palaeopathology of Danish Skeletons*. Copenhagen: Akademisk Forlag.

Bennike, P. 1999 The Early Neolithic Danish bog finds: a strange group of people! In B. Coles, J. Coles and M. Schou Jørgensen (eds) *Bog Bodies, Sacred Sites and Wetland Archaeology*. Exeter: University of Exeter WARP Occasional Paper 12, 27–32.

Benthall, J. and Polhemus, E. 1975 *The Body as a Medium of Expression*. London: Allen Lane.

Bermudez de Castro, J.M., Arsuaga, J.L. and Carbonell, E. 1997 A hominid from the lower Pleistocene of Atapuerca, Spain: possible ancestor to Neanderthals and modern humans. *Science* 276: 1392–5.

Bevan, W. 1999 The landscape context of the Iron-Age square-barrow burials, East Yorkshire. In J. Downes and T. Pollard (eds) *The Loved Body's Corruption: archaeological contributions to the study of human mortality*. Glasgow: Cruithne Press, 69–93.

Bieder, R.E. 1992 The collecting of bones for anthropological narratives. *American Indian Culture and Research Journal* 16: 21–35.

Biel, J. 1986 *Der Keltenfürst von Hochdorf*. Stuttgart: Konrad Theiss.

Bienert, H.D. 1991 Skull cult in the prehistoric Near East. *Journal of Prehistoric Religion* 5: 9–23.

Binford, L.R. 1962 Archaeology as anthropology. *American Antiquity* 28: 217–25.

Binford, L.R. 1971 Mortuary practices: their study and their potential. In J. Brown (ed.) *Approaches to the Social Dimensions of Mortuary Practices*. Washington DC: Memoir of the Society for American Archaeology 25, 6–29.

Binford, L.R. 1972 Galley Pond mound. In L.R. Binford *An Archaeological Perspective*. New York: Seminar Press, 390–420.

Binford, L.R. 1977 General introduction. In L. Binford (ed.) *For Theory Building in Archaeology*. New York: Academic Press, 1–10.

Binford, L.R. 1981a *Bones: ancient men and modern myths*. New York: Academic Press.

Binford, L.R. 1981b *Nunamiut Ethnoarchaeology*. New York: Academic Press.

Binford, L.R. and Ho, C.K. 1985 Taphonomy at a distance: Zhoukoudian, 'the cave home of Beijing Man'? *Current Anthropology* 26:

413–42.

Binford, L.R. and Stone, N.M. 1986 Zhou-koudian: a closer look. *Current Anthropology* 27: 453–75.

Binford, S.R. 1968 A structural comparison of disposal of the dead in the Mousterian and the Upper Paleolithic. *Southwestern Journal of Anthropology* 24: 139–54.

Bintliff, J. (ed.) 1984 *European Social Evolution: archaeological perspectives.* Bradford: University of Bradford.

Blacking, J. (ed.) 1977 *The Anthropology of the Body.* London: Academic Press.

Blakely, R.L. and Beck, L.A. 1981 Trace element, nutritional status and social stratification at Etowah, Georgia. *Annual of the New York Academy of Science* 376: 417–31.

Blitz, J. 1993a *Ancient Chiefdoms of the Tombigbee.* Tuscaloosa: University of Alabama Press.

Blitz, J. 1993b Big pots for big shots: feasting and storage in a Mississippian community. *American Antiquity* 58: 80–96.

Bloch, M. 1971 *Placing the Dead: tombs, ancestral villages, and kinship organisation in Madagascar.* London: Seminar Press.

Bloch, M. 1977 The past and the present in the present. *Man* 12: 278–92.

Bloch, M. 1982 Death, women and regen-eration. In M. Bloch and J. Parry (eds) *Death and the Regeneration of Life.* Cambridge: Cambridge University Press, 211–30.

Bloch, M. and Parry, J. (eds) 1982 *Death and the Regeneration of Life.* Cambridge: Cambridge University Press.

Boddington, A., Garland, A.N. and Janaway, R.C. (eds) 1987 *Death, Decay and Reconstruction: approaches to archaeology and forensic science.* Manchester: Manchester University Press.

Bogucki, P. 1996 Pazyryk and the Ukok princess. In P.G. Bahn (ed.) *Tombs, Graves and Mummies: 50 discoveries in world archaeology.* London: Weidenfeld & Nicholson, 146–51.

Boles, T.C., Snow, C.C. and Stover, E. 1995 Forensic DNA testing on skeletal remains from mass graves: a pilot project in Guatemala. *Journal of Forensic Science* 20: 149–53.

Boone, E.H. (ed.) 1984 *Ritual Human Sacrifice in Mesoamerica: a conference at Dumbarton Oaks, October 13–14, 1979.* Cambridge MA: Harvard University Press.

Borg, A. 1991 *War Memorials.* London: Leo Cooper.

Botscharow, L.J. 1989 Sites as texts: an exploration of Mousterian traces. In I. Hodder (ed.) *The Meanings of Things.* London: Unwin Hyman, 50–5.

Bourdieu, P. 1977 *Outline of a Theory of Practice.* Cambridge: Cambridge University Press.

Bourdieu, P. 1984 *Distinction: a social critique of the judgement of taste.* London: Routledge & Kegan Paul.

Bowden, R. 1984 Maori cannibalism: an interpretation. *Oceania* 55: 81–99.

Bowlby, J. 1961 Processes of mourning. *International Journal of Psychoanalysis* 42: 317–40.

Boyd, B. 1995 Houses and hearths, pits and burials: Natufian mortuary practices at Mallaha (Eynan), upper Jordan valley. In S. Campbell and A. Green (eds) *The Archaeology of Death in the Ancient Near East.* Oxford: Oxbow Monograph 51, 17–23.

Boyle, A., Dodd, A., Miles, D. and Mudd, A. 1995 *Two Oxfordshire Anglo-Saxon Cemeteries: Berinsfield and Didcot.* Oxford: Oxford University Committee for Archaeology.

Boylston, A., Holst, M., Coughlan, J., Novak, S., Sutherland, T. and Knüsel, C. 1997 Recent excavations of a mass grave from Towton. *Yorkshire Medicine* 9: 25–6.

Bradfield, J.B. 1994 *Green Burial: the d-i-y guide to law and practice.* Second edition. London: The Natural Death Centre.

Bradley, R. 1984 *The Social Foundations of Prehistoric Britain: themes and variations in the archaeology of power.* London: Longman.

Bradley, R. 1990 *The Passage of Arms.* Cambridge: Cambridge University Press.

Bradley, R. 1993 *Altering the Earth: the origins of monuments in Britain and continental Europe.* Edinburgh: Society of Antiquaries of Scotland Monograph Series 8.

Brandt, S.A. 1988 Early Holocene mortuary practices and hunter-gatherer adaptations in southern Somalia. *World Archaeology* 20: 40–56.

Branigan, K. 1982 The unacceptable face of Minoan Crete. *Nature* 5580: 201–2.

Branigan, K. 1993 *Dancing With Death: life and death in southern Crete c. 3000–2000 BC.* Amsterdam: Hakkert.

Branigan, K. 1998 The nearness of you:

proximity and distance in Early Minoan funerary landscapes. In K. Branigan (ed.) *Cemetery and Society in the Aegean Bronze Age*. Sheffield: Sheffield Academic Press, 13–26.

Breitsprecher, U. 1987 *Zum Problem der geschlechtsspezifischen Bestattungen in der Römischen Kaiserzeit: ein Beitrag zur Forschungsgeschichte und Methode*. Oxford: BAR International Series 376.

Brent, M. 1994 The rape of Mali and the plight of ancient Jenne. *Archaeology* 47(3): 26–35.

Brewster, T.C.M. 1982 *The Excavation of Garton and Wetwang Slacks*. London: National Monuments Record (microfiche).

Brickley, M. and McKinley, J.I. 2004 *Guidelines to the Standards for Recording Human Remains*. IFA Technical Paper no.7. Southampton: BABAO.

Briggs, C.S. 1995 Did they fall or were they pushed? Some unresolved questions about bog bodies. In R.C. Turner and R.G. Scaife (eds) *Bog Bodies: new discoveries and new perspectives*. London: British Museum, 168–82.

Broholm, H.C. 1943–7 *Danmarks Bronzealder I–IV*. Copenhagen.

Broholm, H.C. and Hald, M. 1948 *Bronze Age Fashion*. Copenhagen: Gyldendalske.

Brothwell, D. 1961 Cannibalism in early Britain. *Antiquity* 35: 304–7.

Brothwell, D. 1981 *Digging up Bones: the excavation, treatment and study of human skeletal remains*. Third edition. Oxford: British Museum (Natural History) and Oxford University Press.

Brothwell, D. and Bourke, J.B. 1995 The human remains from Lindow Moss 1987–8. In R.C. Turner and R.G. Scaife (eds) *Bog Bodies: new discoveries and new perspectives*. London: British Museum, 52–8.

Brown, J.A. 1971a The dimensions of status in the burials at Spiro. In J.A. Brown (ed.) *Approaches to the Social Dimensions of Mortuary Practices*. Washington DC: Memoir of the Society for American Archaeology 25, 92–112.

Brown, J.A. (ed.) 1971b *Approaches to the Social Dimensions of Mortuary Practices*. Washington DC: Memoir of the Society for American Archaeology 25.

Brown, J.K. 1975 Iroquois women: an ethnohistoric note. In R.R. Reiter (ed.) *Toward an Anthropology of Women*. New York: Monthly Review Press, 235–51.

Brown, P. 1981 *The Cult of Saints*. London: SCM Press.

Brown, P. 1988 *The Body and Society: men, women, and sexual renunciation in early Christianity*. New York: Columbia University Press.

Brown, P. and Tuzins, D. (eds) 1983 *The Ethnography of Cannibalism*. Washington DC: Society for Psychological Anthropology.

Bruce-Mitford, R. 1975 *The Sutton Hoo Ship-Burial Volume 1: excavations, background, the ship, dating and inventory*. London: British Museum.

Brush, K. 1988 Gender and mortuary analysis in pagan Anglo-Saxon archaeology. *Archaeological Review from Cambridge* 7: 76–89.

Buchanan, J.L. 1793 *Travels in the Western Hebrides: from 1782 to 1790*. London.

Buikstra, J.E. 1981 Mortuary practices, palaeodemography and palaeopathology: a case study from the Koster site (Illinois). In R. Chapman, I. Kinnes and K. Randsborg (eds) *The Archaeology of Death*. Cambridge: Cambridge University Press, 123–32.

Buikstra, J.E. 1984 The lower Illinois river region: a prehistoric context for the study of ancient diet and health. In M.N. Cohen and G.J. Armelagos (eds) *Palaeopathology at the Origins of Agriculture*. London: Academic Press, 215–34.

Buikstra, J.E., Frankenberg, S., Lambert, J.B. and Xue, L. 1989 Multiple elements: multiple expectations. In T.D. Price (ed.) *The Chemistry of Prehistoric Human Bone*. Cambridge: Cambridge University Press, 155–210.

Buikstra, J.E. and Ubelaker, D.H. (eds) 1994 *Standards for Data Collection from Human Skeletal Remains*. Fayetteville AK: Arkansas Archaeological Survey.

Burger, R.L. and van der Merwe, N.J. 1990 Maize and the origins of highland Chavin civilisation: an isotopic perspective. *American Anthropologist* 92: 85–95.

Burkert, W. 1983 *Homo Necans: the anthropology of ancient Greek sacrificial ritual and myth*. Berkeley: University of California Press.

Burkert, W. 1987 The problem of ritual killing. In R.G. Hamerton-Kelly (ed.) *Violent Origins: ritual killing and cultural formation*. Stanford: Stanford University Press, 149–76.

Burl, A. 1979a *Prehistoric Avebury*. New Haven CT: Yale University Press.

Burl, A. 1979b *Rings of Stone*. London: Frances Lincoln and Weidenfeld.

Burman, P. 1988 *The Churchyards Handbook: advice on the history and significance of churchyards*. London: Church House.

Burton, J.H. and Price, T.D. 1990 The ratio of barium to strontium as a paleodietary indicator of consumption of marine resources. *Journal of Archaeological Science* 17: 547–57.

Burton, J.H. and Wright, L.C. 1995 Nonlinearity in the relationship between bone Sr/Ca and diet: paleodietary implications. *American Journal of Physical Anthropology* 96: 273–82.

Bygott, J.D. 1972 Cannibalism among wild chimpanzees. *Nature* 238: 410–11.

Byrd, B.F. and Monahan, C.M. 1995 Death, mortuary ritual, and Natufian social structure. *Journal of Anthropological Archaeology* 14: 251–87.

Cabrera Castro, R., Sugiyama, S. and Cowgill, G.L. 1991 The Templo de Quetzalcoatl Project at Teotihuacán: a preliminary report. *Ancient Mesoamerica* 2: 77–92.

Cannadine, D. 1981 War and death, grief and mourning in modern Britain. In J. Whaley (ed.) *Mirrors of Mortality: studies in the social history of death*. London: Europa, 187–242.

Cannon, A. 1989 The historical dimension in mortuary expressions of status and sentiment. *Current Anthropology* 30: 437–58.

Cannon, A. 1991 Gender, status, and the focus of material display. In D. Walde and N.D. Willows (eds) *The Archaeology of Gender: proceedings of the 22nd Annual Chacmool Conference*. Calgary: Archaeological Association of the University of Calgary, 144–9.

Carr, C. 1995 Mortuary practices: their social, philosophical-religious, circumstantial, and physical determinants. *Journal of Archaeological Method and Theory* 2: 105–200.

Carr, G. and Knüsel, C. 1997 The ritual framework of excarnation by exposure as the mortuary practice of the early and middle Iron Ages of central southern Britain. In A. Gwilt and C. Haselgrove (eds) *Reconstructing Iron Age Societies: new approaches to the British Iron Age*. Oxford: Oxbow, 167–73.

Carter, H. and Mace, A.C. 1923 *The Tomb of Tutankhamen*. London: Cassell.

Carver, M.O.H. 1998 *Sutton Hoo: burial ground of kings?* London: British Museum.

Cassin, E. 1982 Le mort: valeur et représentation en Mésopotamie ancienne. In G. Gnoli and J.-P. Vernant (eds) *La Mort, Les Morts dans les Sociétés Anciennes*. Cambridge: Cambridge University Press, 355–72.

Castile, G.P. 1980 Purple people eaters? A comment on Aztec elite class cannibalism à la Harris-Harner. *American Anthropologist* 82: 389–91.

Cederroth, S., Corlin, C. and Lundstrom, J. (eds) 1987 *On the Meaning of Death*. Uppsala: Uppsala Studies in Cultural Anthropology 8.

Chagnon, N.A. 1992 *Yanomamo: the last days of Eden*. San Diego: Harcourt Brace Jovanovich.

Chamberlain, A.T. 1994 *Human Remains*. London: British Museum.

Chamberlain, A.T. 1997 Commentary: missing stages of life – towards the perception of children in archaeology. In J. Moore and E. Scott (eds) *Invisible People and Processes: writing gender and childhood into European archaeology*. Leicester: Leicester University Press, 248–50.

Champion, T.C., Gamble, C., Shennan, S.J. and Whittle, A. 1984 *Prehistoric Europe*. London: Academic Press.

Chang, K.-C. 1980 *Shang Civilization*. New Haven: Yale University Press.

Chapman, J. 1991 The creation of so cial arenas in the Neolithic and Copper Age of S.E. Europe: the case of Varna. In P. Garwood, D. Jennings, R. Skeates and J. Toms (eds) *Sacred and Profane: proceedings of a conference on archaeology, ritual and religion, Oxford 1989*. Oxford: Oxford University Committee for Archaeology Monograph 32, 152-71.

Chapman, J. 1994 The living, the dead and the ancestors: time, life cycles and the mortuary domain in later European prehistory. In J. Davies (ed.) *Ritual and Remembrance: responses to death in human societies*. Sheffield: Sheffield Academic Press, 40–85.

Chapman, J. 1997 Changing gender relations in the later prehistory of eastern Hungary. In J. Moore and E. Scott (eds) *Invisible People and Processes: writing gender and childhood into European archaeology*. Leicester: Leicester

University Press, 131–49.

Chapman, R.W. 1977 Burial practices: an area of mutual interest. In M. Spriggs (ed.) *Archaeology and Anthropology: areas of mutual interest.* Oxford: BAR Supplementary Series 19, 19–33.

Chapman, R.W. 1981 Archaeological theory and communal burial in prehistoric Europe. In I. Hodder, G. Isaac and N. Hammond (eds) *Pattern of the Past: studies in honour of David L. Clarke.* Cambridge: Cambridge University Press, 387–411.

Chapman, R.W. 1983 Archaeology after death. *Scottish Archaeological Review* 2: 88–96.

Chapman, R.W. 1990 *Emerging Complexity: the later prehistory of south-east Spain, Iberia and the west Mediterranean.* Cambridge: Cambridge University Press.

Chapman, R.W. 1995 Ten years after- megaliths, mortuary practices, and the territorial model. In L. Anderson Beck (ed.) *Regional Approaches to Mortuary Analysis.* New York: Plenum, 29–51.

Chapman, R.W., Kinnes, I. and Randsborg, K. (eds) 1981 *The Archaeology of Death.* Cambridge: Cambridge University Press.

Chapman, R.W. and Randsborg, K. 1981 Perspectives on the archaeology of death. In R.W. Chapman, I. Kinnes and K. Randsborg (eds) *The Archaeology of Death.* Cambridge: Cambridge University Press, 1–24.

Charles, D.K. 1992 Woodland demographic and social dynamics in the American Midwest: analysis of a burial mound survey. *World Archaeology* 24: 175–97.

Charles, D.K. 1995 Diachronic regional social dynamics: mortuary sites in the Illinois Valley/American Bottom region. In L. Anderson Beck (ed.) *Regional Approaches to Mortuary Analysis.* New York: Plenum, 77–99.

Charles, D.K. and Buikstra, J.E. 1983 Archaic mortuary sites in the central Mississippi drainage: distribution, structure, and behavioral implications. In J.L. Phillips and J.A. Brown (eds) *Archaic Hunters and Gatherers in the American Midwest.* New York: Academic Press, 117–45.

Charles, D.K., Buikstra, J.E. and Konigsberg, L.W. 1986 Behavioral implications of Terminal Archaic and Early Woodland mortuary practices in the lower Illinois Valley. In K.B. Farnsworth and T.E. Emerson (eds) *Early Woodland Archaeology.* Kampsville IL: Kampsville Seminars in Archeology 2, Center for American Archeology.

Chatters, J. 1997 Kennewick Man. nmnhwww. si.edu/ arctic/html/kennewick_man.html.

Cheek, A.L. and Keel, B.C. 1984 Value conflicts in osteo-archaeology. In E. Green (ed.) *Ethics and Values in Archaeology.* New York: Free Press, 194–207.

Chidester, D. 1990 *Patterns of Transcendence: religion, death, and dying.* Belmont CA: Wadsworth.

Childe, V.G. 1931 *Skara Brae: a Pictish village in Orkney.* London: Kegan Paul, Trench, Trubner.

Childe, V.G. 1940 *Prehistoric Communities of the British Isles.* London: W. and R. Chambers.

Childe, V.G 1945 Directional changes in funerary practices during 50,000 years. *Man* 4: 13–19.

Childe, V.G. 1951 *Social Evolution.* London: Watts.

Choron, J. 1963 *Death and Western Thought.* New York: Collier.

Clark, G.A. and Neeley, M. 1987 Social differentiation in European Mesolithic burial data. In P. Rowley-Conwy, M. Zvelebil and H.P. Blankholm (eds) *Mesolithic Northwest Europe: recent trends.* Sheffield: Department of Archaeology, University of Sheffield, 121–7.

Clarke, D. (ed.) 1993 *The Sociology of Death.* Oxford: Blackwell.

Clarke, D.V., Cowie, T. and Foxon, A. 1985 *Symbols of Power at the Time of Stonehenge.* Edinburgh: National Museum of Antiquities of Scotland.

Clarke, G. 1979 *Pre-Roman and Roman Winchester. Part 2: The Roman cemetery at Lankhills.* Oxford: Clarendon Press.

Clastres, P. 1977 *Society Against the State.* Oxford: Blackwell.

Clastres, P. 1998 *Chronicle of the Guayaki Indians.* Translated by P. Auster. London: Faber & Faber.

Cleal, R.M.J., Walker, K.E. and Montague, R. 1995 *Stonehenge in its Landscape: twentieth-century excavations.* London: English Heritage.

Cobb, C.R. and Garrow, P.H. 1996 Woodstock culture and the question of Mississippian emergence. *American Antiquity* 61: 21–37.

Coe, M.D. 1993 *The Maya.* Fifth edition. London: Thames & Hudson.

Collier, J.F. and Yanagisako, S.J. 1987 *Gender and Kinship: essays toward a unified analysis.* Stanford: Stanford University Press.

Colvin, H. 1991 *Architecture and the After-life.* New Haven: Yale University Press.

Conkey, M.W. 1991 Does it make a difference? Feminist thinking and archaeologies of gender. In D. Walde and N.D. Willows (eds) *The Archaeology of Gender: proceedings of the 22nd Annual Chacmool Conference.* Calgary: Archaeological Association of the University of Calgary, 24–33.

Conkey, M.W. and Spector, J.D. 1984 Archaeology and the study of gender. *Advances in Archaeological Method and Theory* 7: 1–38.

Connell, R.W. 1995 *Masculinities.* Sydney: Allen & Unwin.

Connolly, R.C. 1969 Kinship of Smenkhkare and Tutankhamen affirmed by serological micromethod. *Nature* 224: 325.

Connolly, R.C. 1985 Lindow Man – a pre-historic bog corpse. *Anthropology Today* 1: 15–17.

Connor, L.H. 1995 The action of the body on society: washing a corpse in Bali. *Journal of the Royal Anthropological Institute* (n.s.) 1: 537–59.

Conze, E. 1993 *A Short History of Buddhism.* Oxford: Oneworld.

Cook, D.C. 1981 Mortality, age-structure and status in the interpretation of stress indicators in prehistoric skeletons: a dental example from the Lower Illinois valley. In R. Chapman, I. Kinnes and K. Randsborg (eds) *The Archaeology of Death.* Cambridge: Cambridge University Press, 133–44.

Cook, B.F. 1991 The archaeologist and the art market: politics and practice. *Antiquity* 65: 533–7.

Cooney, G. 1983 Megalithic tombs in their environmental setting: a settlement perspective. In T. Reeves-Smyth and F. Hamond (eds) *Landscape Archaeology in Ireland.* Oxford: BAR British Series 116, 179–94.

Cortez, C. 1996 The tomb of Pacal at Palenque. In P.G. Bahn (ed.) *Tombs, Graves and Mummies: 50 discoveries in world archaeology.*

London: Weidenfeld & Nicolson, 126–9.

Cotterell, A. 1981 *The First Emperor of China.* London: Macmillan.

Cowell, M.R. and Craddock, P.T. 1995 Addendum: copper on the skin of Lindow Man. In R.C. Turner and R.G. Scaife (eds) *Bog Bodies: new discoveries and new perspectives.* London: British Museum, 74–5.

Cox, M. 1994 On excavating the recent dead. *British Archaeological News* 18: 8.

Cox, M. 1996 *Life and Death in Spitalfields 1700 to 1850.* York: Council for British Archaeology.

Cox, M. (ed.) 1998 *Grave Concerns: death and burial in England 1700 to 1850.* London: Council for British Archaeology Research Report 113.

Crabtree, P.J. 1991 Gender hierarchies and the sexual division of labor in the Natufian culture of the southern Levant. In D. Walde and N.D. Willows (eds) *The Archaeology of Gender: proceedings of the 22nd Annual Chacmool Conference.* Calgary: Archaeological Association of the University of Calgary, 384–91.

Crawford, O.G.S. 1957 *The Eye Goddess.* London: Phoenix House.

Crummy, P. 1997 *City of Victory: the story of Colchester – Britain's first Roman town.* Colchester: Colchester Archaeological Trust.

Cunliffe, B.W. 1993 *Danebury.* London: Batsford and English Heritage.

Cunnington, P. and Lucas, C. 1972 *Costume for Births, Marriages and Death.* London: Black.

Curl, J.S. 1972 *The Victorian Celebration of Death.* Newton Abbott: David & Charles.

Curl, J.S. 1980 *A Celebration of Death: an introduction to some of the buildings, monuments, and settings of funerary architecture in the western European tradition.* London: Constable.

Cushman, H.B. 1899 *History of the Choctaw, Chickasaw and Natchez Indians.* Greenville TX: Headlight Printing House.

Damm, C.B. 1991a Burying the past. An example of social transformation in the Danish Neolithic. In P. Garwood, D. Jennings, R. Skeates and J. Toms (eds) *Sacred and Profane: proceedings of a conference on archaeology, ritual and religion, Oxford 1989.* Oxford: Oxford University Committee for Archaeology Monograph 32, 43–9.

Damm, C.B. 1991b From burials to gender roles: problems and potentials in post-processual archaeology. In D. Walde and N.D. Willows (eds) *The Archaeology of Gender: proceedings of the 22nd Annual Chacmool Conference*. Calgary: Archaeological Association of the University of Calgary, 130–5.

Damon, F.H. and Wagner, R. (eds) 1989 *Death Rituals and Life in the Societies of the Kula Ring*. De Kalb: Northern Illinois Press.

Danforth, L. 1982 *The Death Rituals of Rural Greece*. With photographs by Alexander Tsiaras. Princeton: Princeton University Press.

Daniell, C. 1997 *Death and Burial in Medieval England: 1066–1550*. London: Routledge.

Darvill, T.C. 1979 Court cairns, passage graves and social change in Ireland. *Man* 14: 311–27.

Darvill, T.C. 1982 *The Megalithic Chambered Tombs of the Cotswold-Severn Region*. Highworth, Wilts.: Vorda.

Darvill, T.C. 1987 *Prehistoric Britain*. London: Batsford.

Darwin, C. 1872 *The Expression of the Emotions in Man and Animals*. London: John Murray.

David, N. 1992 The archaeology of ideology: mortuary practices in the central Mandara highlands, northern Cameroon. In J. Sterner and N. David (eds) *An African Commitment*. Calgary: University of Calgary Press, 181–210.

Davies, J. 1994 Reconstructing enmities: war and war memorials, the boundary markers of the west. *History of European Ideas* 19: 47–52.

Davies, N. 1981 *Human Sacrifice: in history and today*. New York: William Morrow.

Davis, S. and Payne, S. 1993 A barrow full of cattle skulls. *Antiquity* 67: 12–22.

Dawes, J.D. and Magilton, J.R. 1980 *The cemetery at St Helen-on-the-Walls, Aldwark. The Archaeology of York Volume 12: The Medieval Cemeteries*. London: Council for British Archaeology.

Day, M. 1990 Archaeological ethics and the treatment of the dead. *Anthropology Today* 6: 15–16.

de Beauvoir, S. 1953 *The Second Sex*. New York: Alfred Knopf.

de Lauretis, T. 1986 Feminist studies/critical studies: issues, terms, and contexts. In T. de Lauretis (ed.) *Feminist Studies: critical studies*. Bloomington: Indiana University Press, 1–19.

Deetz, J. and Dethlefsen, E.N. 1967 Death's head, cherub, urn, and willow. *Natural History* 76(3): 28–37.

Deetz, J. and Dethlefsen, E.N. 1971 Some social aspects of New England colonial mortuary art. In J. Brown (ed.) *Approaches to the Social Dimensions of Mortuary Practices*. Washington DC: Memoir of the Society for American Archaeology 25, 30–8.

Deloria, V. Jr. 1992 Indians, archaeologists, and the future. *American Antiquity* 57: 595–8.

Demoule, J.-P. 1982 L'analyse archéologique des cimetières et l'exemple des necropoles celtiques. In G. Gnoli and J.-P. Vernant (eds) *La Mort, Les Morts dans les Sociétés Anciennes*. Cambridge: Cambridge University Press, 319–37.

Dempsey, D. 1975 *The Way We Die: an investigation of death and dying in America today*. New York: McGraw-Hill.

Deng, F.M. 1972 *The Dinka of the Sudan*. New York: Holt, Rinehart and Winston.

Dennell, R. 1997 The world's oldest spears. *Nature* 385: 767–8.

Dent, J.S. 1982 Cemeteries and settlement patterns of the Iron Age on the Yorkshire Wolds. *Proceedings of the Prehistoric Society* 48: 437–57.

Dent, J.S. 1983 A summary of the excavations carried out in Garton Slack and Wetwang Slack, 1964–80. *East Riding Archaeologist* 7: 1–14.

d'Errico, F. 1995 A new model and its implications for the origin of writing: the La Marche antler revisited. *Cambridge Archaeological Journal* 5: 163–206.

Descola, P. 1996 *The Spears of Twilight: life and death in the Amazon jungle*. London: HarperCollins.

Desroches-Noblecourt, C. 1965 *Life and Death of a Pharaoh: Tutankhamun*. Harmondsworth: Penguin.

Dethlefsen, E.N. and Deetz, J. 1966 Death's heads, cherubs and willow trees: experimental archaeology in colonial cemeteries. *American Antiquity* 31: 502–10.

Dettwyler, K.A. 1991 Can palaeopathology

provide evidence for 'compassion'? *American Journal of Physical Anthropology* 84: 375–84.

Di Lonardo, A., Darlu, P., Baur, M. and Orrego, C. 1984 Human genetics and human rights. *American Journal of Forensic Medicine and Pathology* 5: 339–47.

Dickson, J.H. 1978 Bronze Age mead. *Antiquity* 52: 108–13.

Dieck, A. 1972 Stand und Aufgaben der Moor-leichenforschung. *Archäologisches Korrespondenz-blatt* 2: 365–8.

Dieck, A. 1986 Der Stand der europäischen Moorleichen im Jahr 1986 sowie Materialvorlage von anthropologischen und medizinischen Sonderbefunden. *Telma* 16: 131–58.

Dietler, M. 1990 Driven by drink: the role of drinking in the political economy and the case of Early Iron Age France. *Journal of Anthropological Archaeology* 9: 352–406.

Dommasnes, L.H. 1982 Late Iron Age in western Norway. Female roles and ranks as deduced from an analysis of burial customs. *Norwegian Archaeological Review* 15: 70–84.

Dommasnes, L.H. 1991 Women, kinship, and the basis of power in the Norwegian Viking Age. In R. Samson (ed.) *Social Approaches to Viking Studies*. Glasgow: Cruithne Press, 65–73.

Dommasnes, L.H. 1992 Two decades of women in prehistory and in archaeology in Norway. A review. *Norwegian Archaeological Review* 25: 1–14.

Donley, L.W. 1982 House power: Swahili space and symbolic markers. In I. Hodder (ed.) *Symbolic and Structural Archaeology*. Cambridge: Cambridge University Press, 63–73.

Doran, G.H., Dickel, D.N., Ballinger, W.E. Jr, Agee, O.F., Laipis, P.J. and Hauswirth, W.W. 1986 Analytical, cellular and molecular analysis of 8,000-yr-old human brain tissue from the Windover archaeological site. *Nature* 223: 803–6.

Dornstreich, M.D. and Morren, E.B. 1974 Does New Guinea cannibalism have nutritional value? *Human Ecology* 2: 1–11.

Douglas, M. 1966 *Purity and Danger. An analysis of concepts of pollution and taboo*. London: Routledge & Kegan Paul.

Douglas, M. 1973 *Natural Symbols: explorations in cosmology*. Harmondsworth: Penguin.

Douglass, W.A. 1969 *Death in Murelaga: funerary ritual in a Spanish Basque village*. Seattle: University of Washington Press.

Downes, J. 1999 Cremation: a spectacle and a journey. In J. Downes and T. Pollard (eds) *The Loved Body's Corruption: archaeological contributions to the study of human mortality*. Glasgow: Cruithne Press, 19–29.

Downes, J. and Pollard, T. (eds) 1999 *The Loved Body's Corruption: archaeological contributions to the study of human mortality*. Glasgow: Cruithne Press.

Doxtater, D. 1990 Socio-political change and symbolic space in Norwegian farm culture after the Reformation. In M. Turan (ed.) *Vernacular Architecture: paradigms of environmental response*. Aldershot: Avebury Press, 183–218.

Drennan, R.D. 1996 *Statistics for Archaeologists: a commonsense approach*. New York: Plenum Press.

Drennan, R.D. and Uribe, C.A. (eds) 1987 *Chiefdoms in the Americas*. Lanham MD: University Press of America.

Drury, R. 1743 [1729] *Madagascar: or Robert Drury's Journal during fifteen years captivity on that island*. London: Meadows.

Dureau, C.M. 1991 Death, gender and regeneration: a critique of Maurice Bloch. *Canberra Anthropology* 14: 24–44.

Durkheim, E. 1965 [1912] *The Elementary Forms of the Religious Life*. New York: Free Press.

Earle, T. 1987 Chiefdoms in archaeological and ethnohistorical perspective. *Annual Review of Anthropology* 16: 279–308.

Earle, T. (ed.) 1991 *Chiefdoms: power, economy, and ideology*. Cambridge: Cambridge University Press.

East, K. 1984 The Sutton Hoo ship burial: a case against the coffin. *Anglo-Saxon Studies in Archaeology and History* 3: 139–52.

Echo-Hawk, W. (ed.) 1992 Repatriation of American Indian remains. (Special issue.) *American Indian Culture and Research Journal* 16: 1–268.

Edmonds, M. 1995 *Stone Tools and Society*. London: Batsford.

Edmonds, M. 1999 *Ancestral Geographies of the Neolithic: landscape, monuments and memory*. London: Routledge.

Edwards, I.E.S. 1979 *Tutankhamun, his Tomb and its Treasures*. London: Victor Gollancz.

Ehrenberg, M. 1989 *Women in Prehistory*.

London: British Museum.

Eisner, W.R. 1991 The consequences of gender bias in mortuary analysis: a case study. In D. Walde and N.D. Willows (eds) *The Archaeology of Gender: proceedings of the 22nd Annual Chacmool Conference*. Calgary: Archaeological Association of the University of Calgary, 352–7.

El Mahdy, C. 1989 *Mummies, Myth and Magic*. London: Thames & Hudson.

Elgar, M. and Crespi, B. 1992 *Cannibalism: ecology and evolution among diverse taxa*. New York: Oxford University Press.

Elia, R.J. 1996 A seductive and troubling work. In K.D. Vitelli (ed.) *Archaeological Ethics*. Walnut Creek: Altamira Press, 54–62.

Eliade, M. 1965 *Le Sacré et le Profane*. Paris: Gallimard.

Elliot Smith, G. 1933 *The Diffusion of Culture*. London: Watts & Co.

Emerson, T.E. 1997 *Cahokia and the Archaeology of Power*. Tuscaloosa AL: University of Alabama Press.

Emery, W.B. 1961 *Archaic Egypt*. Harmondsworth: Penguin.

Emory, K.P. 1947 *Tuamotuan Religious Structures and Ceremonies*. Honolulu: Berenice Pauahi Bishop Museum Bulletin 191.

Engels, F. 1891 *The Origin of the Family, Private Property and the State*. Fourth edition. Moscow: Foreign Languages Publishing House.

Engelstad, E. 1991 Images of power and contradiction: feminist theory and post-processual archaeology. *Antiquity* 65: 502–14.

English Heritage 1990 *Human Remains on Historic Properties*. London: English Heritage.

English Heritage 1991 *The Management of Archaeological Projects (MAP 2)*. London: English Heritage.

Ennew, J. 1980 *The Western Isles Today*. Cambridge: Cambridge University Press.

Evans-Pritchard, E.E. 1948 *The Divine Kingship of the Shilluk of the Nilotic Sudan*. Cambridge: Cambridge University Press.

Evison, M.P. 1996 Genetics, ethics and archaeology. *Antiquity* 70: 512–14.

Evison, M.P. 1997 Ancient HLA: a preliminary investigation. PhD thesis, University of Sheffield.

Ezzo, J.A. 1994 Putting the 'chemistry' back into archaeological bone chemistry analysis: modelling of potential paleodietary indicators. *Journal of Anthropological Archaeology* 13: 1–34.

Fabian J. 1991 How others die – reflections on the anthropology of death. In J. Fabian, *Time and the Work of Anthropology: critical essays 1971–1991*. Amsterdam: Harwood, 173–90.

Farb, P. and Armelagos, G. 1980 *Consuming Passions: the anthropology of eating*. Boston: Houghton Mifflin.

Faulkner, R.O. 1996 *The Ancient Egyptian Book of the Dead*. London: British Museum.

Featherstone, M., Hepworth, M. and Turner, B.S. (eds) 1991 *The Body: social process and culture theory*. London: Sage.

Feeley-Harnik, G. 1989 Cloth and the creation of ancestors in Madagascar. In J. Schneider and A.B. Weiner (eds) *Cloth and Human Experience*. Washington DC: Smithsonian Institution Press, 73–116.

Feifel, H. (ed.) 1959 *The Meaning of Death*. New York: McGraw-Hill.

Fiddes, N. 1991 *Meat: a natural symbol*. London: Routledge.

Finch, J. 1991 'According to the qualitie and degree of the person deceased': funeral monuments and the construction of social identities 1400–1750. *Scottish Archaeological Review* 8: 105–14.

Firestone, S. 1970 *The Dialectic of Sex: the case for feminist revolution*. New York: Bantam.

Fischer, C. 1999 The Tollund man and the Elling woman and other bog bodies from central Jutland. In B. Coles, J. Coles and M. Schou Jørgensen (eds) *Bog Bodies, Sacred Sites and Wetland Archaeology*. Exeter: University of Exeter WARP Occasional Paper 12, 93–7.

Fleming, A. 1971 Territorial patterns in Bronze Age Wessex. *Proceedings of the Prehistoric Society* 37: 138–64.

Fleming, A. 1973a Models for the development of the Wessex culture. In A.C. Renfrew (ed.) *The Explanation of Culture Change: models in prehistory*. London: Duckworth, 571–85.

Fleming, A. 1973b Tombs for the living. *Man* 8: 177–93.

Fleming, A. 1996 Tomb with a view. *Antiquity* 69: 1040–2.

Fleming, A. 1999 Phenomenology and the megaliths of Wales: a dreaming too far? *Oxford Journal of Archaeology* 18: 119–25.

Flinders Petrie, W.M. 1902–4 *Abydos*. Volumes 1 and 2. London: Egypt Exploration Fund.

Flinn, L., Turner, C.G. and Brew, A. 1976 Additional evidence for cannibalism in the southwest: the case of LA 4528. *American Antiquity* 41: 308–18.

Fortune, R. 1932 *The Sorcerers of Dobu*. New York: E.P. Dutton.

Foucault, M. 1977 *Discipline and Punish. The birth of the prison*. London: Allen Lane.

Foucault, M. 1979 *The History of Sexuality*. Volume 1. London: Allen Lane.

Frank, A.W. 1990 Bringing bodies back in: a decade review. *Theory, Culture and Society* 7: 131–62.

Frankenstein, S. and Rowlands, M.J. 1978 The internal structure and regional context of Early Iron Age society in southwestern Germany. *Bulletin of the Institute of Archaeology London* 15: 73–112.

Frankfort, H. 1948 *Kingship and the Gods: a study of ancient Near Eastern religion as the integration of society and nature*. Chicago: Chicago University Press.

Frankfort, H., Frankfort, H.A., Wilson, J.A., Jacobsen, T. and Irwin, W.A. 1946 *The Intellectual Adventure of Ancient Man: an essay on speculative thought in the ancient Near East*. Chicago: Chicago University Press.

Fraser, D. 1983 *Land and Society in Neolithic Orkney*. Oxford: BAR British Series 117.

Frazer, J.G. 1911 *The Golden Bough: a study in magic and religion*. London: Macmillan.

Fried, M.H. 1967 *The Evolution of Political Society: an essay in political anthropology*. New York: Random House.

Fulton, R. (ed.) 1965 *Death and Identity*. New York: Wiley.

Fundaburk, E.L. (ed.) 1958 *Southeastern Indians: life portraits. A catalogue of pictures 1564–1860*. Metuchen NJ: Scarecrow Reprint Corporation.

Gajdusek, D.C. 1977 Unconventional viruses and the origin and disappearance of kuru. *Science* 197: 943–60.

Gamble, C. 1989 Comments on 'Grave shortcomings: the evidence for Neanderthal burial by R. Gargett'. *Current Anthropology* 30: 181–2.

Garfinkel, Y. 1994 Ritual burial of cultic objects: the earliest evidence. *Cambridge Archaeological Journal* 4: 159–88.

Gargett, R.H. 1989 Grave shortcomings: the evidence for Neanderthal burial. *Current Anthropology* 30: 157–90.

Garn, S.M. and Block, W.D. 1970 The limited nutritional value of cannibalism. *American Anthropologist* 72: 106.

Garrett-Frost, S., Harrison, G. and Logie, J.G. 1992 The law and burial archaeology. *Institute of Field Archaeologists Technical Paper* 11.

Geary, P.J. 1986 Sacred commodities: the circulation of medieval relics. In A. Appadurai (ed.) *The Social Life of Things: commodities in cultural perspective*. Cambridge: Cambridge University Press, 169–91.

Geary, P.J. 1994 *Living with the Dead in the Middle Ages*. Ithaca: Cornell University Press.

Gebühr, M. 1979 Das Kindergrab von Windeby. Versuch einer 'Rehabilitation'. *Offa* 36: 75–107.

Geertz, C. 1973 *The Interpretation of Cultures: selected essays*. New York: Basic Books.

Gell, A. 1993 *Wrapping in Images: tattooing in Polynesia*. Oxford: Clarendon Press.

Gerholm, G. 1988 On ritual: a postmodernist view. *Ethnos* 53: 190–203.

Gibbons, A. 1992 Forensic medicine – scientists search for 'the disappeared' in Guatemala. *Science* 257: 479.

Gibbs, L. 1987 Identifying gender representation in the archaeological record: a contextual study. In I. Hodder (ed.) *The Archaeology of Contextual Meanings*. Cambridge: Cambridge University Press, 79–89.

Giddens, A. 1979 *Central Problems in Social Theory*. London: Macmillan.

Giddens, A. 1984 *The Constitution of Society: outline of the theory of structuration*. London: Polity Press.

Giesey, R.E. 1960 *The Royal Funeral Ceremony in Renaissance France*. Geneva: Librairie E. Droz.

Gilbert, R.I. and Mielke, J.H. (eds) 1985 *The Analysis of Prehistoric Diets*. New York: Academic Press.

Gilchrist, R. 1991 Women's archaeology? Political feminism, gender theory and historical revision. *Antiquity* 65: 495–501.

Gilchrist, R. 1997 Ambivalent bodies: gender and medieval archaeology. In J. Moore and E. Scott (eds) *Invisible People and Processes: writing gender and childhood into European archaeology*. Leicester: Leicester University

Press, 42–58.

Gill, P., Ivanov, P.L., Kimpton, C., Piercy, R., Benson, N., Tully, G., Evett, I., Hagelberg, E. and Sullivan, K. 1994 Identification of the remains of the Romanov family by DNA analysis. *Nature Genetics* 6: 130–5.

Gill, P., Kimpton, K., Aliston-Greiner, R., Sullivan, K., Stoneking, M., Melton, T., Nott, J., Barritt, S., Roby, R., Holland, M. and Weeden, V. 1995 Establishing the identity of Anna Anderson Manahan. *Nature Genetics* 9: 9–10.

Gimbutas, M. 1974 *The Goddesses and Gods of Old Europe: myths and cult images.* London: Thames & Hudson.

Gimbutas, M. 1989 *The Language of the Goddess.* London: Thames & Hudson.

Gimbutas, M. 1991 *The Civilization of the Goddess.* New York: HarperCollins.

Girard, R. 1977 *Violence and the Sacred.* Baltimore: Johns Hopkins University Press.

Girard, R. 1987 Generative scapegoating. In R.G. Hamerton-Kelly (ed.) *Violent Origins: ritual killing and cultural formation.* Stanford: Stanford University Press, 73–105.

Girič, M. (ed.) 1971 *Mokrin, the Early Bronze Age Necropolis. I, Dissertationes et Monographie.* Kikinda: Narodai Museum Volume 11.

Gittings, C. 1984 *Death, Burial and the Individual in Early Modern England.* London: Croom Helm.

Glasse, R. 1977 Cannibalism in the kuru region of New Guinea. *Transactions of the New York Academy of Sciences* 29: 748–54.

Glob, P.V. 1969 *The Bog People: Iron-Age man preserved.* London: Faber & Faber.

Glob, P.V. 1974 *The Mound People: Danish Bronze-Age man preserved.* London: Faber & Faber.

Gnoli, G. and Vernant, J.-P. (eds) 1982 *La Mort, les Morts dans les Sociétés Anciennes.* Paris and Cambridge: Editions de la Maison des Sciences de l'Homme and Cambridge University Press.

Goldstein, L.G. 1976 Spatial structure and social organization: regional manifestations of Mississippian society. PhD thesis, Northwestern University.

Goldstein, L.G. 1980 *Mississippian Mortuary Practices: a case study of two cemeteries in the lower Illinois Valley.* Evanston IL: Scientific Papers 4, Northwestern Archeological Program.

Goldstein, L.G. 1981 One-dimensional archaeology and multidimensional people: spatial organization and mortuary analysis. In R. Chapman, I. Kinnes and K. Randsborg (eds) *The Archaeology of Death.* Cambridge: Cambridge University Press, 53–69.

Goodale, J. 1971 *Tiwi Wives: a study of the women of Melville Island, North Australia.* Seattle: University of Washington Press.

Goodall, J. 1986 *The Chimpanzees of Gombe: patterns of behavior.* Cambridge MA: Belknap Press of Harvard University Press.

Goodall, J. 1989 Gombe: highlights and current research. In P.G. Heltne and L.A. Marquardt (eds) *Understanding Chimpanzees.* Cambridge MA: Harvard University Press.

Goodenough, W.H. 1965 Rethinking 'status' and 'role': toward a general model of the cultural organisation of social relationships. In M. Banton (ed.) *The Relevance of Models for Social Anthropology.* London: Tavistock, 1–24.

Goodman, A.H. 1991 Stress, adaption and enamel developmental defects. In D.J. Ortner and W.G.J. Putschar (eds) *Human Palaeopathology: current synthesis and future options.* Washington DC: Smithsonian Institution Press, 280–7.

Goodman, A.H. and Armelagos, G. 1988 Childhood stress and decreased longevity in a prehistoric population. *American Anthropologist* 90: 936–44.

Goody, J. 1962 *Death, Property and the Ancestors: a study of the mortuary customs of the Lo Dagaa of West Africa.* London: Tavistock.

Goody, J. 1993 *The Culture of Flowers.* Cambridge: Cambridge University Press.

Gordon, L. 1986 What's new in women's history. In T. de Lauretis (ed.) *Feminist Studies: critical studies.* Bloomington: Indiana University Press, 20–30.

Gordon-Grube, K. 1988 Anthropophagy in post-Renaissance Europe: the tradition of medicinal cannibalism. *American Anthropologist* 90: 405–9.

Gorer, G. 1965 *Death, Grief and Mourning in Contemporary Britain.* London: Cresset.

Gosden, C. 1994 *Social Being and Time.* Oxford: Blackwell.

Gould, R.A. 1980 *Living Archaeology.* Cambridge: Cambridge University Press.

Gould, R.A. and Schiffer, M.B. (eds) 1981 *Modern Material Culture: the archaeology of us.* New York: Academic Press.

Grainger, R. 1998 *The Social Symbolism of Grief and Mourning*. London: Jessica Kingsley Publishers.

Grayson, D.K. 1990 Donner Party deaths: a demographic assessment. *Journal of Anthropological Research* 46: 223–42.

Green, A.W. 1975 *The Role of Human Sacrifice in the Ancient Near East*. Missoula: Scholars Press.

Green, C. and Rollo-Smith, S. 1984 The excavation of eighteen round barrows near Shrewton, Wiltshire. *Proceedings of the Prehistoric Society* 50: 255–318.

Green, M.J. 1997 Images in opposition: polarity, ambivalence and liminality in cult representation. *Antiquity* 71: 898–911.

Green, S. 1981 *Prehistorian: a biography of V. Gordon Childe*. Bradford-on-Avon: Moonraker.

Greene Robertson, M. 1983 *The Sculpture of Palenque, I: the Temple of the Inscriptions*. Princeton NJ: Princeton University Press.

Grinsell, L.V. 1961 The breaking of objects as a funerary rite. *Folk-lore* 72: 475–91.

Grün, R., Beaumont, P. and Stringer, C. 1990 ESR dating evidence for early modern humans at Border Cave in South Africa. *Nature* 344: 537–9.

Guthrie Hingston, A. 1989 U.S. implementation of the UNESCO cultural property convention. In P. Mauch Messenger (ed.) *The Ethics of Collecting Cultural Property: whose culture? whose property?* Albuquerque: University of New Mexico Press, 129–47.

Gzowski, P. 1980 *The Sacrament: a true story of survival*. New York: Atheneum.

Habenstein, R.W. and Lamers, W.M. 1955 *History of American Funeral Directing*. Milwaukee: Bulfin Press.

Hagelberg, E. and Clegg, J.B. 1991 Isolation and characterization of DNA from archaeological bone. *Proceedings of the Royal Society of London Series B* 244: 45–50.

Hagelberg, E. and Clegg, J.B. 1993 Genetic polymorphisms in prehistoric Pacific islanders determined by analysis of ancient bone DNA. *Proceedings of the Royal Society of London Series B* 252: 163–70.

Hagelberg, E., Quevedo, S., Turbon, D. and Clegg, J.B. 1994 DNA from ancient Easter Islanders. *Nature* 369: 25–6.

Hald, M. 1980 *Ancient Danish Textiles from Bogs and Burials: a comparative study of costume and Iron Age textiles*. Copenhagen: National Museum of Denmark.

Hall, R.L. 1976 Ghosts, water barriers, corn, and sacred enclosures in the eastern woodlands. *American Antiquity* 41: 360–4.

Halstead, P.J. and O'Shea, J. 1982 A friend in need is a friend indeed: social storage and the origin of social ranking. In A.C. Renfrew and S.J. Shennan (eds) *Ranking, Resources and Exchange: aspects of the archaeology of early societies*. Cambridge: Cambridge University Press, 92–9.

Halstead, P.J. and O'Shea, J. (eds) 1985 *Bad Year Economics: the archaeology of risk and uncertainty*. Cambridge: Cambridge University Press.

Harding, A.F. 1984 Aspects of social evolution in the Bronze Age. In J. Bintliff (ed.) *European Social Evolution: archaeological perspectives*. Bradford: University of Bradford, 135–45.

Härke, H. 1990 Warrior graves? The background of the Anglo-Saxon weapon burial rite. *Past and Present* 126: 22–43.

Härke, H. 1997 The nature of burial data. In C. Kjeld Jensen and K. Høilund Nielsen (eds) *Burial and Society: the chronological and social analysis of archaeological burial data*. Aarhus: Aarhus University Press, 19–28.

Harner, M. 1977 The ecological basis for Aztec sacrifice. *American Ethnologist* 4: 117–35.

Harrington, S.P.M. 1996 Bones and bureaucrats: New York's great cemetery imbroglio. In K.D. Vitelli (ed.) *Archaeological Ethics*. Walnut Creek: Altamira Press, 221–36.

Harrington, S.P.M. 1997 Unearthing Soviet massacres. http://www.archaeology.org/9707/newsbriefs/ massacres.html.

Harris, L.J. 1989 From the collector's perspective: the legality of importing pre-Columbian art and artifacts. In P. Mauch Messenger (ed.) *The Ethics of Collecting Cultural Property: whose culture? whose property?* Albuquerque: University of New Mexico Press, 155–75.

Harris, M. 1977 *Cannibals and Kings: the origins of culture*. New York: Random House.

Harris, M. 1986 *Good to Eat*. London: Allen & Unwin.

Harris, O. 1982 The dead and the devils among the Bolivian Laymi. In M. Bloch and J.

Parry (eds) *Death and the Regeneration of Life*. Cambridge: Cambridge University Press, 45–73.

Harrold, F. 1980 A comparative analysis of Eurasian Palaeolithicburials. *World Archaeology* 12: 195–210.

Hart, C.W.W. and Pilling, A. 1966 *The Tiwi of North Australia*. New York: Holt, Rinehart & Winston.

Harte, J.D.C. 1994 Law after death, or 'what body is it?' The legal framework for the disposal and remembrance of the dead. In J. Davies (ed.) *Ritual and Remembrance: responses to death in human societies*. Sheffield: Sheffield Academic Press, 200–37.

Hastorf, C.A. 1991 Gender, space, and food in prehistory. In M. Conkey and J. Gero (eds) *Engendering Archaeology*. Oxford: Blackwell, 132–59.

Hastorf, C.A. and Johannessen, S. 1993 Pre-Hispanic political change and the role of maize in the central Andes of Peru. *American Anthropologist* 95: 115–38.

Hawkes, J. 1968 *Dawn of the Gods*. London: Chatto & Windus.

Hayden, B. 1990 Nimrods, piscators, pluckers and planters: the emergence of food production. *Journal of Anthropological Archaeology* 9: 31–69.

Hayden, B. 1993 The cultural capacities of Neanderthals: a review and re-evaluation. *Journal of Human Evolution* 24: 113–46.

Hedeager, L. 1976 Processes towards state formation in Early Iron Age Denmark. In K. Kristiansen and C. Paludan-Müller (eds) *New Directions in Scandinavian Archaeology*. Copenhagen: National Museum of Denmark, 217–23.

Hedeager, L. 1985 Grave finds from the Roman Iron Age. In K. Kristiansen (ed.) *Archaeological Formation Processes: the representativity of archaeological remains from Danish prehistory*. Copenhagen: Nationalmuseets Forlag, 152–74.

Hedeager, L. 1990 *Iron-Age Societies: from tribe to state in northern Europe, 500 BC to AD 700*. Oxford: Blackwell.

Hedeager, L. and Kristiansen, K. 1981 Bendstrup – en fyrstegrav fra aeldre romersk jernalder, dens sociale og historiske miljø. *Kuml* 81–164.

Hedges, J.W. 1984 *Tomb of the Eagles: a window on Stone Age tribal Britain*. London: John Murray.

Heidegger, M. 1962 *Being and Time*. London: SCM Press.

Helmuth, H. 1973 Cannibalism in palaeoanthropology and ethnology. In A. Montagu (ed.) *Man and Aggression*. New York: Oxford University Press.

Henry, D.O. 1985 Preagricultural sedentism: the Natufian example. In T.D. Price and J.A. Brown (eds) *Prehistoric Hunter-Gatherers: the emergence of cultural complexity*. New York: Academic Press, 365–84.

Henry, D.O. 1989 *From Foraging to Agriculture*. Philadelphia: University of Pennsylvania Press.

Henshall, A.S. 1966 A dagger-grave and other cist burials at Ashgrove, Methilhill, Fife. *Proceedings of the Society of Antiquaries of Scotland* 97: 166–79.

Herscher, E. 1989 International control efforts: are there any good solutions? In P. Mauch Messenger (ed.) *The Ethics of Collecting Cultural Property: whose culture? whose property?* Albuquerque: University of New Mexico Press, 117–28.

Hertz, R. 1907 Contribution à une étude sur la représentation collective de la mort. *Année Sociologique* 10: 48–137.

Hertz, R. 1960 *Death and the Right Hand*. London: Cohen & West.

Heurtebize, G. 1986a *Histoire des Afomarolahy (extrême-sud de Madagascar)*. Paris: CNRS.

Heurtebize, G. 1986b *Quelques aspects de la vie dans l'Androy*. Antananarivo: Musée d'Art et d'Archéologie.

Heurtebize, G. 1997 *Mariage et Deuil dans l'Extrême-Sud de Madagascar*. Paris: Harmattan.

Higham, C. and Bannanurag, R. 1990 The princess and the pots. *New Scientist* 126(1718): 50–4.

Hill, J.D. 1995 *Ritual and Rubbish in the Iron Age of Wessex: a study on the formation of a specific archaeological record*. Oxford: BAR British Series 242.

Hill, J.D. 1996 The identification of ritual deposits of animals. A general perspective from a specific study of 'special animal deposits' from the southern English Iron Age. In S. Anderson and K. Boyle (eds) *Ritual Treatment of Human and Animal*

Remains. Proceedings of the First Meeting of the Osteoarchaeological Research Group. Oxford: Oxbow, 17–32.

Hingley, R. 1996 Ancestors and identity in the later prehistory of Atlantic Scotland – the reuse and reinvention of Neolithic monuments and material culture. *World Archaeology* 28: 231–43.

Hirst, S. 1985 *An Anglo-Saxon inhumation cemetery at Sewerby, East Yorkshire*. York: York University.

Historic Scotland 1997 *The Treatment of Human Remains in Archaeology*. Edinburgh: Historic Scotland Operational Policy Paper 5.

Hitchcock, L.A. 1997 Engendering domination: a structural and contextual analysis of Minoan Neopalatial bronze figurines. In J. Moore and E. Scott (eds) *Invisible People and Processes: writing gender and childhood into European archaeology*. Leicester: Leicester University Press, 113–30.

Hodder, I. (ed.) 1982a *Symbolic and Structural Archaeology*. Cambridge: Cambridge University Press.

Hodder, I. 1982b Theoretical archaeology: a reactionary view. In I. Hodder (ed.) *Symbolic and Structural Archaeology*. Cambridge: Cambridge University Press, 1–16.

Hodder, I. 1982c *Symbols in Action: ethnoarchaeological studies of material culture*. Cambridge: Cambridge University Press.

Hodder, I. 1982d *The Present Past: an introduction to anthropology for archaeologists*. London: Batsford.

Hodder, I. 1986 *Reading the Past: current approaches to interpretation in archaeology*. Cambridge: Cambridge University Press.

Hodder, I. 1990 *The Domestication of Europe*. Oxford: Blackwell.

Hodder, I. 1991 Gender representation and social reality. In D. Walde and N.D. Willows (eds) *The Archaeology of Gender: proceedings of the 22nd Annual Chacmool Conference*. Calgary: Archaeological Association of the University of Calgary, 11–16.

Hodder, I. and Orton, C. 1976 *Spatial Analysis in Archaeology*. Cambridge: Cambridge University Press.

Hogg, G. 1958 *Cannibalism and Human Sacrifice*. London: Hale.

Holcomb, S.M.C. and Konigsberg, L.W. 1995 Statistical study of sexual dimorphism in the human fetal sciatic notch. *American Journal of Physical Anthropology* 97: 113–26.

Holgate, R. 1988 *Neolithic Settlement of the Thames Basin*. Oxford: BAR British Series 194.

Horai, S., Kondo, R., Murayama, K., Hayashi, S., Koike, H. and Nakai, N. 1991 Phylogenetic affiliation of ancient and contemporary humans inferred from mitochondrial DNA. *Philosophical Transactions of the Royal Society of London Series B* 333: 407–17.

Hornung, E. 1992 *Idea into Image: essays on Ancient Egyptian thought*. New York: Timken.

Houtman, G. 1990 Human remains and the Vermillion Accord. *Anthropology Today* 6: 23–4.

Hoving, T. 1993 *Making the Mummies Dance: inside the Metropolitan Museum of Art*. New York: Simon & Schuster.

Howell, C.L. 1996 Daring to deal with huaqueros. In K.D. Vitelli (ed.) *Archaeological Ethics*. Walnut Creek: Altamira Press, 47–53.

Hubert, H. and Mauss, M. 1964 [1899] *Sacrifice: its nature and function*. London: Cohen & West.

Hubert, J. 1989 A proper place for the dead: a critical review of the 'reburial' issue. In R. Layton (ed.) *Conflict in the Archaeology of Living Traditions*. London: Unwin Hyman, 131–66.

Huggins, P. 1994 Opening lead coffins. *British Archaeological News* 17: 8.

Hughes, D.D. 1991 *Human Sacrifice in Ancient Greece*. London: Routledge.

Hughes, I. 1988 Megaliths: space, time and the landscape. A view from the Clyde. *Scottish Archaeological Review* 5: 41–56.

Hughes, M.A., Jones, D.S. and Connolly, R.C. 1986 Body in the bog but no DNA. *Nature* 323: 208.

Hugh-Jones, C. 1979 *From the Milk River: spatial and temporal processes in Amazonia*. Cambridge: Cambridge University Press.

Humphreys, S.C. and King, H. (eds) 1981 *Mortality and Immortality: the anthropology and archaeology of death*. London: Academic Press.

Hunter, J. In press. The Neolithic settlement at Pool, Sanday. In A. Ritchie (ed.) *Neolithic Orkney and its European Context*. Cambridge: MacDonald Institute.

Hunter, J., Roberts, C. and Martin, A. 1996 *Studies in Crime: an introduction to forensic archaeology*. London: Batsford.

Huntington, R. 1973 Death and the social order: Bara funeral customs (Madagascar). *African Studies* 32: 65–84.

Huntington, R. 1987 *Gender and Social Structure in Madagascar*. Bloomington: Indiana University Press.

Huntington, R. and Metcalf, P. 1979 *Celebrations of Death: the anthropology of mortuary ritual*. Cambridge: Cambridge University Press.

Hurcombe, L. 1995 Our own engendered species. *Antiquity* 69: 87–100.

Huss-Ashmore, R., Goodman, A.H. and Armelagos, G. 1982 Nutritional inference from palaeo-pathology. *Advances in Archaeological Method and Theory* 5: 395–474.

Hvass, S. 1985 *Hodde: et vestjysk landsbysamfund fra eldre jernalder*. Copenhagen: Universitetsforlaget i København.

Ignatieff, M. 1984 Soviet war memorials. *History Workshop Journal* 17: 157–63.

Illich, I. 1975 *Medical Nemesis: the expropriation of health*. London: Calder & Boyars.

Ingersoll, D.W. and Nickell, J.N. 1987 The most important monument: the Tomb of the Unknown Soldier. In D.W. Ingersoll and G. Bronitsky (eds) *Mirror and Metaphor: material and social constructions of reality*. Lanham MD: University Press of America, 199–223.

Ingold, T. 1986 *The Appropriation of Nature: essays on human ecology and social relations*. Manchester: Manchester University Press.

Ingstad, A.S. 1982 Osebergdronningen – hvem var hun? *Viking* 45: 49–65.

Jackson, C.O. (ed.) 1977 *Passing: the vision of death in America*. Westport: Greenwood.

Jacobs, J. 1990 *The Nagas: society, culture and the colonial encounter*. London: Thames & Hudson.

Jacobs, K. 1995 Returning to Oleni'ostrov: social, economic, and skeletal dimensions of a boreal forest Mesolithic cemetery. *Journal of Anthropological Archaeology* 14: 359–403.

Jacobsen, T. 1976 *The Treasures of Darkness: a history of Mesopotamian religion*. New Haven: Yale University Press.

Janaway, R.C. 1996 The decay of buried human remains and their associated materials. In J.R. Hunter, C. Roberts and A.L. Martin *Studies in Crime: an introduction to forensic archaeology*. London: Batsford, 58–85.

Jenkins, K. 1991 *Re-Thinking History*. London: Routledge.

Jensen, J. 1982 *The Prehistory of Denmark*. London: Methuen.

Joffroy, R. 1954 *La Tombe de Vix (Côte d'Or)*. Paris: Fondation Eugène Piot, Monuments et Mémoires Volume 48 Fascicule 1.

Joffroy, R. 1962 *Le Trésor de Vix: histoire et portée d'une grande découverte*. Paris: Fayard.

Johnson, M. 1996 *The Archaeology of Capitalism*. Oxford: Blackwell.

Johnson, W. 1917. *Byways in British Archaeology*. Cambridge: Cambridge University Press.

Jones, D.G. and Harris, R.J. 1997 Contending for the dead. *Nature* 386: 15–16.

Jones, D.G. and Harris, R.J. 1998 Archaeological human remains: scientific, cultural and ethical considerations. *Current Anthropology* 39: 253–65.

Jones, G. 1968 *A History of the Vikings*. Oxford: Oxford University Press.

Jones, J. 1979 *How to Record Graveyards*. Second edition. London: CBA and Rescue.

Jordan, B. 1999 Row erupts as Khoisan call for return of old bones. *Sunday Times* (South Africa) 17 January 1999.

Jørgensen, E. 1975 Tuernes mysterier. *Skalk* 1: 3–10.

Joubert, D. 1991 Eyewitness to an elephant wake. *National Geographic Magazine* 179: 39–41.

Joyce, C. and Stover, E. 1991 *Witnesses from the Grave*. London: Bloomsbury.

Jupp, P. 1993 Cremation or burial? Contemporary choice in city and village. In D. Clarke (ed.) *The Sociology of Death*. Oxford: Blackwell, 169–97.

Kalish, R. and Reynolds, D. 1976 *Death and Ethnicity: a psychocultural study*. Los Angeles: University of Southern California Press.

Kantorowicz, E. 1957 *The King's Two Bodies*. Princeton: Princeton University Press.

Katzenberg, M.A. 1992 Advances in stable isotope analysis of prehistoric bones. In A.R. Saunders and M.A. Katzenberg (eds) *Skeletal Biology of Past Peoples: research methods*. New York: Wiley-Liss, 109–19.

Kemp, B.J. 1967 The Egyptian 1st Dynasty royal cemetery. *Antiquity* 41: 22–32.

Kendall, T. 1997. *Kerma and the Kingdom of Kush, 2500–1500 BC: the archaeological discovery of an ancient Nubian empire*. Washington DC: National Museum of African Art, Smithsonian Institution.

Kenyon, K.M. 1957 *Digging up Jericho*. London: E. Benn.

Kenyon, K.M. 1981 *Excavations at Jericho. Volume 3: The architecture and stratigraphy of the tell*. London: British School of Archaeology in Jerusalem.

King, T.F. 1978 Don't that beat the band? Nonegalitarian political organization in prehistoric central California. In C.L. Redman, M.J. Berman, E.V. Curtin, W.T. Langhorne Jr, N.M. Versaggi and J.C. Wanser (eds) *Social Archaeology: beyond subsistence and dating*. New York: Academic Press, 225–48.

Kjeld Jensen, C. and Høilund Nielsen, K. (eds) 1997 *Burial and Society: the chronological and social analysis of archaeological burial data*. Aarhus: Aarhus University Press.

Klesert, A.L. and Powell, S. 1993 A perspective on ethics and the reburial controversy. *American Antiquity* 58: 348–54.

Klima, B. 1987a A triple burial from the Upper Palaeolithic of Dolni Vestonice. *Journal of Human Evolution* 16: 831–5.

Klima, B. 1987b Une triple sépulture du Pavlovian à Dolní Věstonice, Tchécoslovaquie. *Anthropologie (Paris)* 91: 329–34.

Knapp, B. and Meskell, L. 1997 Bodies of evidence on prehistoric Cyprus. *Cambridge Archaeological Journal* 7: 183–204.

Knight, V.J. 1986 The institutional organization of Mississippian religion. *American Antiquity* 51: 675–87.

Knight, V.J. 1989 Symbolism of Mississippian mounds. In P.H. Wood, G.A. Waselcov and M.T. Hatley (eds) *Powhatan's Mantle: Indians in the colonial southeast*. Lincoln: University of Nebraska Press, 279–91.

Knight, V.J. and Steponaitis, V.P. 1998 A new history of Moundville. In V.J. Knight and V.P. Steponaitis (eds) *Archaeology of the Moundville Chiefdom*. Washington DC: Smithsonian Institution Press, 1–25.

Knüsel, C.J. 2002 More Circe than Cassandra: the princess of Vix in ritualized social context. *European Journal of Archaeology* 5 (3): 275–308.

Knüsel, C. and Ripley, K.M. In press. The *berdache* or man-woman in Anglo-Saxon England and post-Roman Europe. In A. Tyrrell and W. Fraser (eds) *Social Identity in Early Medieval Britain*. Leicester: Leicester University Press.

Koczka, C.S. 1989 The need for enforcing regulations on the international art trade. In P. Mauch Messenger (ed.) *The Ethics of Collecting Cultural Property: whose culture? whose property?* Albuquerque: University of New Mexico Press, 185–98.

Kokkinidou, D. and Nikolaidou, M. 1997 Body imagery in the European Neolithic: ideological implications of anthropomorphic figurines. In J. Moore and E. Scott (eds) *Invisible People and Processes: writing gender and childhood into European archaeology*. Leicester: Leicester University Press, 88–112.

Kopytoff, I. 1971 Ancestors as elders in Africa. *Man* 41: 129–42.

Kristeva, J. 1982 *Powers of Horror: an essay on abjection*. New York: Columbia University Press.

Kristiansen, K. 1984 Ideology and material culture: an archaeological perspective. In M. Spriggs (ed.) *Marxist Perspectives in Archaeology*. Cambridge: Cambridge University Press, 72–100.

Kroeber, A. 1927 Disposal of the dead. *American Anthropologist* 29: 308–15.

Kselman, T.A. 1993 *Death and the Afterlife in Modern France*. Princeton: Princeton University Press.

Kübler-Ross, E. 1975 *Death: the final stage of growth*. Englewood Cliffs NJ: Prentice-Hall.

Küchler, S. 1988 Malangan: objects, sacrifice and the production of memory. *American Ethnologist* 15: 625–37.

Küchler, S. 1993 Landscape as memory: the mapping of process and its representation in a Melanesian society. In B. Bender (ed.) *Landscape: politics and perspectives*. Providence RI: Berg, 85–106.

Kuijt, I. 1996 Negotiating equality through ritual: a consideration of Late Natufian and Prepottery Neolithic 'A' period mortuary practices. *Journal of Anthropological Archaeology* 15: 313–36.

Küng, H. 1992 *Judaism: the religious situation of our time*. London: SCM.

Kus, S. 1992 Toward an archaeology of body and soul. In J.-C. Gardin and C.S. Peebles (eds) *Representations in Archaeology*. Bloomington: Indiana University Press, 168–77.

Lallo, J.W., Armelagos, G.J. and Mensforth,

R.P. 1977 The role of diet, disease, and physiology in the origin of porotic hyperstosis. *Human Biology* 49: 471–83.

Langford, R.K. 1983 Our heritage – your playground. *Australian Archaeology* 16: 1–6.

Langlois, R. 1987 Le visage de la Dame de Vix. In *Trésors des Princes Celtes*. Paris: Galeries nationales du Grand Palais, Editions de la Réunion des Musées Nationaux, 212–17.

Larson, C.S. *et al.* 1992 Carbon and nitrogen isotopic signatures of human dietary change in the Georgia Bight. *American Journal of Physical Anthropology* 89: 197–214.

Laurence, D.R. and Bennett, P.N. 1980 *Clinical Pharmacology*. Edinburgh: Churchill Livingstone.

Leach, E. 1958 Magical hair. *Journal of the Royal Anthropological Institute* 88: 147–64.

Leach, E. 1976 *Culture and Communication: the logic by which symbols are connected*. Cambridge: Cambridge University Press.

Leach, E. 1977 A view from the bridge. In M. Spriggs (ed.) *Archaeology and Anthropology: areas of mutual interest*. Oxford: BAR Supplementary Series 19, 161–76.

Leach, E. 1979 Discussion. In B.C. Burnham and J. Kingsbury (eds) *Space, Hierarchy and Society: interdisciplinary studies in social area analysis*. Oxford: BAR Supplementary Series 59, 119–24.

Leach, E. 1982 *Social Anthropology*. London: Fontana.

Leca, A.-P. 1979 *The Cult of the Immortal: mummies and the ancient Egyptian way of death*. London: Souvenir.

Lee, K.A. 1994 Attitudes and prejudices towards infanticide: Carthage, Rome and today. *Archaeological Review from Cambridge* 13: 65–79.

Lee, M. 1998 Interior Department looking at tests for Kennewick Man. www.tri-cityherald.com/bones/ 041598.html.

Lehmann, A.C. and Myers, J.E. 1997 Ghosts, souls, and ancestors: power of the dead. In A.C. Lehmann and J.E. Myers (eds) *Magic, Witchcraft, and Religion*. Mountain View CA: Mayfield Publishing, 283–6.

Leroi-Gourhan, A. 1975 The flowers found with Shanidar IV, a Neanderthal burial in Iraq. *Science* 190: 562–4.

Leroi-Gourhan, A. 1989 Comments on 'Grave shortcomings: the evidence for Neanderthal burial by R. Gargett'. *Current Anthropology* 30: 183.

Lévi-Strauss, C. 1962 *Totemism*. London: Merlin Press.

Lévi-Strauss, C. 1963 *Structural Anthropology*. Harmondsworth: Peregrine.

Lévi-Strauss, C. 1966 The culinary triangle. *New Society* 166: 937–40.

Levy, J. 1982 *Social and Religious Organization in Bronze Age Denmark: an analysis of ritual hoard finds*. Oxford: BAR International Series 124.

Lewis, G. 1980 *Day of Shining Red: an essay on understanding ritual*. Cambridge: Cambridge University Press.

Lewis, I.M. 1986 *Religion in Context: cults and charisma*. Cambridge: Cambridge University Press.

Li Chi. 1977 *Anyang: a chronicle of the discovery, excavation, and reconstruction of the ancient capital of the Shang dynasty*. Seattle: University of Washington Press.

Lienhardt, R.G. 1961 *Divinity and Experience: the religion of the Dinka*. Oxford: Clarendon Press.

Lilley, J.M., Stroud, G., Brothwell, D.R. and Williamson, M.H. 1994 *The Jewish Burial Ground at Jewbury. The Archaeology of York Volume 12: The Medieval Cemeteries*. London: Council for British Archaeology.

Lillie, M.C. 1997 Women and children in prehistory: resource sharing and social stratification at the Mesolithic-Neolithic transition in Ukraine. In J. Moore and E. Scott (eds) *Invisible People and Processes: writing gender and childhood into European archaeology*. Leicester: Leicester University Press, 213–28.

Lindley, J. and Clark, G. 1990 Symbolism and modern human origins. *Current Anthropology* 31: 233–61.

Litten, J. 1991 *The English Way of Death: the common funeral since 1450*. London: Hale.

Llewellyn, N. 1991 *The Art of Death: visual culture in the English death ritual* c. *1500* – c. *1800*. London: Reaktion Books.

Louwe Kooijmans, L.P. 1993 An Early/Middle Bronze Age multiple burial at Wassenaar, the Netherlands. *Analecta Praehistorica Leidensia* 26: 1–20.

Lowenhaupt Tsing, A. 1993 *In the Realm of the Diamond Queen: marginality in an out-of-the-way place*. Princeton: Princeton University Press.

Lubbock, J. 1865 *Prehistoric Times, as Illustrated by Ancient Remains and the Manners and Customs of Modern Savages*. London: Williams & Norgate.

Lucy, S.J. 1994 Children in early medieval cemeteries. *Archaeological Review from Cambridge* 13: 21–34.

Lucy, S.J. 1997 Housewives, warriors and slaves? Sex and gender in Anglo-Saxon burials. In J. Moore and E. Scott (eds) *Invisible People and Processes: writing gender and childhood into European archaeology*. Leicester: Leicester University Press, 150–68.

Lukács, G. 1971 *History and Class Consciousness*. London: Merlin.

Lynch, T. 1997 *The Undertaking: life studies from the dismal trade*. London: Jonathan Cape.

Macaulay, D. 1979 *Motel of the Mysteries*. London: Hutchinson.

McBurney, C.B.M. 1975 Early man in the Soviet Union: the implications of some recent discoveries. *Proceedings of the British Academy* 61: 171–221.

MacClancy, J. 1992 *Consuming Culture*. London: Chapmans.

Maccoby, H. 1982 *The Sacred Executioner: human sacrifice and the legacy of guilt*. London: Thames & Hudson.

MacCormack, C.P. and Strathern, M. (eds) 1980 *Nature, Culture and Gender*. Cambridge: Cambridge University Press.

McCown, T. 1937 Mugharet es-Skhul: description and excavation. In D. Garrod and D. Bate (eds) *The Stone Age of Mount Carmel*. Oxford: Clarendon Press, 91–107.

McGuire, R.H. 1989 The sanctity of the grave: white concepts and American Indian burials. In R. Layton (ed.) *Conflict in the Archaeology of Living Traditions*. London: Unwin Hyman, 167–84.

McIntyre, C. 1990 *Monuments of War*. Hale: London.

Mack, A. (ed.) 1973 *Death in American Experience*. New York: Schocken.

Mack, J. 1986 *Madagascar: island of the ancestors*. London: British Museum.

McKim Malville, J., Wendorf, F., Mazar, A.A. and Schild, R. 1998 Megaliths and Neolithic astronomy in southern Egypt. *Nature* 392: 488–91.

McKinley, J. 1997 Bronze Age 'barrows' and funerary rites and rituals of cremation. *Proceedings of the Prehistoric Society* 63: 129–45.

McKinley, J.I. and Roberts, C. 1993 Excavation and post-excavation treatment of cremated and inhumed human remains. *Institute of Field Archaeologists Technical Paper* no. 13.

McManners, J. 1981 *Death and the Enlightenment: changing attitudes to death among Christians and unbelievers in eighteenth-century France*. Oxford: Oxford University Press.

McNairn, B. 1980 *The Method and Theory of V. Gordon Childe*. Edinburgh: Edinburgh University Press.

Madsen, T. and Jensen, H.J. 1982 Settlement and land use in early Neolithic Denmark. *Analecta Praehistorica Leidensia* 15: 63–86.

Magilton, J.R. 1995 Lindow Man: the Celtic tradition and beyond. In R.C. Turner and R.G. Scaife (eds) *Bog Bodies: new discoveries and new perspectives*. London: British Museum, 183–7.

Malinowski, B. 1929 *The Sexual Life of Savages*. London: Routledge & Kegan Paul.

Malinowski, B. 1948 *Magic, Science and Religion and Other Essays*. Glencoe IL: Free Press.

Mandelbaum, D.G. 1959 Social uses of funerary rites. In H. Feifel (ed.) *The Meaning of Death*. New York: McGraw-Hill, 189–217.

Mann, M. 1986 *The Sources of Social Power. Volume 1: A history of power from the beginning to AD 1760*. Cambridge: Cambridge University Press.

Martin, L.D., Goodman, A.H. and Armelagos, G.J. 1985 Skeletal pathologies as indicators of quality and quantity of diet. In R.I. Gilbert and J. Mielke (eds) *The Analysis of Prehistoric Diets*. Orlando: Academic Press, 229–74.

Marshack, A. 1991 The Täi plaque and calendrical notation in the Upper Palaeolithic. *Cambridge Archaeological Journal* 1: 25–61.

Maslen, G. 1991 The last Tasmanian. *Times Higher Educational Supplement* 953: 10.

Masset, C. 1993 *Les Dolmens: sociétés néolithiques, pratiques funéraires*. Paris: Editions Errance.

Mauch Messenger, P. (ed.) 1989 *The Ethics of Collecting Cultural Property: whose culture? whose property?* Albuquerque: University of New Mexico Press.

May, F. 1986 *Les Sépultures Préhistoriques: étude critique*. Paris: CNRS.

Mayo, J.M. 1988 War memorials as political

memory. *Geographical Review* 78: 62–74.

Mays, S.A. 1985 Relationship between Harris line formation and bone growth and development. *Journal of Archaeological Science* 12: 207–20.

Mays, S.A. 1993 Infanticide in Roman Britain. *Antiquity* 67: 883–8.

Mays, S.A. 1998 *The Archaeology of Human Bones*. London: Routledge.

Mays, S., Brickley, M. and Dodwell, N. 2002 *Human Bones from Archaeological Sites: guidelines for producing assessment documents and analytical reports*. London: English Heritage/BABAO.

Meggitt, M.J. 1965 The Mae Enga of the Western Highlands. In P. Lawrence and M.J. Meggitt (eds) *Gods, Ghosts and Men in Melanesia: some reli-gions of Australia, New Guinea and the New Hebrides*. London: Oxford University Press, 105-31.

Meighan, C.W. 1985 Archaeology and anthropological ethics. *Anthropology Newsletter* 26: 20.

Meighan, C.W. 1996 Burying American archaeology. In K.D. Vitelli (ed.) *Archaeological Ethics*. Walnut Creek: Altamira Press, 209–13.

Meigs, A.S. 1984 *Food, Sex, and Pollution: a New Guinea religion*. New Brunswick NJ: Rutgers University Press.

Meigs, A.S. 1990 Multiple gender ideologies and statuses. In P. Reeves Sanday and R. Gallagher Goodenough (eds) *Beyond the Second Sex: new directions in the anthropology of gender*. Philadelphia: University of Pennsylvania Press, 101–12.

Meiklejohn, C., Petersen, E.B. and Alexandersen, V. 1997 Anthropology and archaeology of Mesolithic gender in the western Baltic. In M. Donald and L. Hurcombe (eds) *Gender and Material Culture*. New York: Macmillan.

Melbye, J. and Fairgrieve, S.I. 1994 A massacre and possible cannibalism in the Canadian Arctic: new evidence from the Saunaktuk site (NgTn-1). *Arctic Anthropology* 31: 57–77.

Mellaart, J. 1967 *Çatal Hüyük: a Neolithic town in Anatolia*. London: Thames & Hudson.

Mellaart, J. 1970 *Excavations at Haçilar*. Edinburgh: Edinburgh University Press.

Meskell, L.M. 1994 Dying young: the experience of death at Deir el Medina. *Archaeological Review from Cambridge* 13: 35–45.

Meskell, L.M. 1995 Goddesses, Gimbutas and New Age archaeology. *Antiquity* 69: 74–86.

Meskell, L.M. 1996 The somatization of archaeology: institutions, discourses, corporeality. *Norwegian Archaeological Review* 29: 1–16.

Metcalf, P. 1982 *A Borneo Journey into Death: Berawan eschatology from its rituals*. Philadelphia: University of Pennsylvania Press.

Metcalf, P. and Huntington, R. 1991 *Celebrations of Death: the anthropology of mortuary ritual*. Second edition. Cambridge: Cambridge University Press.

Michals, L. 1981 The exploitation of fauna during the Moundville I phase at Moundville. *Southeastern Archaeological Conference Bulletin* 24.

Middleton, J. 1960 *The Religion of the Lugbara*. London: Oxford University Press.

Middleton, J. 1982 Lugbara death. In M. Bloch and J. Parry (eds) *Death and the Regeneration of Life*. Cambridge: Cambridge University Press, 134–54.

Miller, D. and Tilley, C. (eds) 1984 *Ideology, Power and Prehistory*. Cambridge: Cambridge University Press.

Milner, G.R. 1984 Social and temporal implications of variation among American Bottom Mississippian cemeteries. *American Antiquity* 49: 468–88.

Milner, G.R. 1990 The late prehistoric Cahokia cultural system of the Mississippi River valley: foundations, florescence, and fragmentation. *Journal of World Prehistory* 4: 1–43.

Minthorn, A. 1996 Ancient human remains need to be reburied. www.tri-cityherald. com/bones/1027.html.

Mitford, J. 1965 *The American Way of Death*. London: Hutchinson.

Mithen, S. 1996 *The Prehistory of the Mind: a search for the origins of art, religion and science*. London: Thames & Hudson.

Mizoguchi, K. 1992 A historiography of a linear barrow cemetery: a structurationist's point of view. *Archaeological Review from Cambridge* 11: 39–49.

Møhl, U. 1977 Bjørnekløer og brandgrave. Dyreknogler fra germansk jernalder i Stilling. *Kuml* 119–30.

Molleson, T. and Cox, M. 1993 *The Spitalfields*

Project. Volume 2: The anthropology: the middling sort. York: Council for British Archaeology Research Report 86.

Moore, H.L. 1982 The interpretation of spatial patterning in settlement residues. In I. Hodder (ed.) *Symbolic and Structural Archaeology*. Cambridge: Cambridge University Press, 74–9.

Moore, H.L. 1988 *Feminism and Anthropology*. Cambridge: Polity Press.

Moore, J. 1997 Conclusion: the visibility of the invisible. In J. Moore and E. Scott (eds) *Invisible People and Processes: writing gender and childhood into European archaeology*. Leicester: Leicester University Press, 251–7.

Moore, J. and Scott, E. 1997 Glossary. In J. Moore and E. Scott (eds) *Invisible People and Processes: writing gender and childhood into European archaeology*. Leicester: Leicester University Press, 258–62.

Morell, V. 1998 Kennewick Man: more bones to pick. *Science* 279: 25–6.

Moriarty, C. 1995 The absent dead and figurative First World War memorials. *Transactions of the Ancient Monuments Society* 39: 7–40.

Morley, J. 1971 *Death, Heaven and the Victorians*. London: Studio Vista.

Morris, I. 1991 The archaeology of ancestors: the Saxe/Goldstein hypothesis revisited. *Cambridge Archaeological Journal* 1: 147–69.

Morris, I. 1993 *Death-Ritual and Social Structure in Classical Antiquity*. Cambridge: Cambridge University Press.

Morris, R. 1994 Examine the dead gently. *British Archaeological News* 17: 9.

Moss, C. 1988 *Elephant Memories: thirteen years in the life of an elephant family*. New York: Fawcett Columbine.

Mosse, G.L. 1990 *Fallen Soldiers: reshaping the memory of the World Wars*. New York: Oxford University Press.

Müller-Wille, M. 1983 Royal and aristocratic graves in central and western Europe in the Merovingian period. *Vendel Period Studies*: 109–16.

Munksgaard, E. 1984 Bog bodies – a brief survey of interpretations. *Journal of Danish Archaeology* 3: 120–3.

Murdoch, G.P. 1957 World ethnographic sample. *American Anthropologist* 59: 664–87.

Murphy, J.M. 1998 Ideologies, rites and rituals:

a view of Pre-Palatial Minoan tholoi. In K. Branigan (ed.) *Cemetery and Society in the Aegean Bronze Age*. Sheffield: Sheffield Academic Press, 27–40.

Murray Parkes, C. 1972 *Bereavement: studies of grief in adult life*. London: Tavistock.

Murray Parkes, C., Laungani, P. and Young, B. (eds) 1997 *Death and Bereavement Across Cultures*. London: Routledge.

Musée d'Art et d'Archéologie 1989 *Androy*. Antananarivo: Alliance Française/ Musée d'Art et d'Archéologie, Université d'Antananarivo.

Myers, F.R. 1986 *Pintupi Country, Pintupi Self: sentiment, place, and politics among Western Desert Aborigines*. Berkeley: University of California Press.

Nadel, D. 1995 The visibility of prehistoric burials in the southern Levant: how rare are the Upper Palaeolithic/Early Epipalaeolithic graves? In S. Campbell and A. Green (eds) *The Archaeology of Death in the Ancient Near East*. Oxford: Oxbow Monograph 51, 1–8.

Needham, S.P. 1988 Selective deposition in the British Early Bronze Age. *World Archaeology* 20: 229–48.

Newell, W.H. (ed.) 1976 *Ancestors*. The Hague: Mouton.

Nigosian, S.A. 1993 *The Zoroastrian Faith: tradition and modern research*. Montreal: McGill-Queen's University Press.

Nordström, H.-Å. 1996 The Nubian A-Group: ranking funerary remains. *Norwegian Archaeological Review* 29: 17–39.

O'Brien, J. and Major, W. 1982 *In the Beginning: creation myths from ancient Mesopotamia, Israel and Greece*. Chico CA: Scholars Press.

O'Hanlon, M. 1989 *Reading the Skin: adornment, display and society among the Wahgi*. London: British Museum.

Okely, J. 1983 *The Traveller-Gypsies*. Cambridge: Cambridge University Press.

Oota, H., Saitou, N., Matsushita, T. and Ueda, S. 1995 A genetic study of 2,000-year-old human remains from Japan using mitochondrial DNA sequences. *American Journal of Physical Anthropology* 98: 133–45.

Orme, B. 1981 *Anthropology for Archaeologists*. London: Duckworth.

Ortiz, A. 1969 *The Tewa World*. Chicago: University of Chicago.

Ortiz de Montellano, B. 1978 Aztec cannibalism: an ecological necessity? *Science* 200: 611–17.

Ortiz de Montellano, B. 1983 Counting skulls: comment on the Aztec cannibalism of Harner and Harris. *American Anthropologist* 85: 403–6.

O'Shea, J. 1981a Social configurations and the archaeological study of mortuary practices: a case study. In R. Chapman, I. Kinnes and K. Randsborg (eds) *The Archaeology of Death*. Cambridge: Cambridge University Press, 39–52.

O'Shea, J. 1981b Coping with scarcity: exchange and social storage. In A. Sheridan and G. Bailey (eds) *Economic Archaeology: towards an integrated approach*. Oxford: BAR International Series 96, 167–83.

O'Shea, J. 1984 *Mortuary Variability: an archaeological investigation*. New York: Academic Press.

O'Shea, J. 1996 *Villagers of the Maros: a portrait of an Early Bronze Age society*. New York: Plenum.

O'Shea, J. and Zvelebil, M. 1984 Oleneostrovski mogilnik: reconstructing the social and economic organization of prehistoric foragers in northern Russia. *Journal of Anthropological Archaeology* 3: 1–40.

O'Sullivan, D. 1982 St Bees man: the discovery of a preserved medieval body in Cumbria. Middelberg: Proceedings of the Palaeopathology Association Fourth European Meeting, 171–7.

Owsley, D.W. *et al.* 1991 Culturally modified human bones from the Edward 1st site. In D.W. Owsley and R.C. Jantz (eds) *Skeletal Biology in the Great Plains: migration, warfare, health and subsistence*. Washington DC: Smithsonian Institution Press.

Pääbo, S. 1985 Preservation of DNA in ancient Egyptian mummies. *Journal of Archaeological Science* 12: 411–17.

Pääbo, S. 1986 Molecular genetic investigations of ancient human remains. *Cold Spring Harbor Symposia on Quantitative Biology* 51: 441–6.

Pääbo, S., Gifford, J.A. and Wilson, A.C. 1988 Mitochondrial DNA sequences from a 7000-year-old brain. *Nucleic Acids Research* 16: 9775–87.

Pääbo, S., Higuchi, R.G. and Wilson, A.C. 1989 Ancient DNA and the polymerase chain reaction. *Journal of Biological Chemistry* 264: 9709–12.

Pader, E.J. 1982 *Symbolism, Social Relations and the Interpretation of Mortuary Remains*. Oxford: BAR Supplementary Series 130.

Palgi, P. and Abramovitch, H. 1984 Death: a cross-cultural perspective. *Annual Review of Anthropology* 13: 385–417.

Pardo, I. 1989 Life, death and ambiguity in the social dynamics of inner Naples. *Man* 24: 103–23.

Paredes, J.A. and Purdum, E.D. 1990 'Bye-bye Ted...': community response in Florida to the execution of Theodore Bundy. *Anthropology Today* 6: 9–11.

Parker Pearson, M. 1982 Mortuary practices, society and ideology: an ethnoarchaeological study. In I. Hodder (ed.) *Symbolic and Structural Archaeology*. Cambridge: Cambridge University Press, 99–113.

Parker Pearson, M. 1984a Social change, ideology and the archaeological record. In M. Spriggs (ed.) *Marxist Perspectives in Archaeology*. Cambridge: Cambridge University Press, 59–71.

Parker Pearson, M. 1984b Economic and ideological change: cyclical growth in the pre-state societies of Jutland. In D. Miller and C. Tilley (eds) *Ideology, Power and Prehistory*. Cambridge: Cambridge University Press, 69–92.

Parker Pearson, M. 1985 Death, society and social change: the Iron Age of southern Jutland 200 bc– 600 ad. PhD thesis, University of Cambridge.

Parker Pearson, M. 1986 Lindow Man and the Danish connection. *Anthropology Today* 2: 15–18.

Parker Pearson, M. 1992 Tombs and monumentality in southern Madagascar: preliminary results of the central Androy survey. *Antiquity* 66: 941–8.

Parker Pearson, M. 1993a The powerful dead: relationships between the living and the dead. *Cambridge Archaeological Journal* 3: 203–29.

Parker Pearson, M. 1993b *Bronze Age Britain*. London: Batsford/English Heritage.

Parker Pearson, M. 1995 Ethics and the dead in British archaeology. *The Field Archaeologist* 23: 17–18.

Parker Pearson, M. 1999a Fearing and celebrating the dead in southern Madagascar. In J. Downes and A. Pollard (eds) *The Loved Body's Corruption: archaeological contributions to the study of human mortality*. Glasgow: Cruithne Press, 9–18.

Parker Pearson, M. 1999b Food, sex and death: cosmologies in the British Iron Age with particular reference to East Yorkshire. *Cambridge Archaeological Journal* 9: 43–69.

Parker Pearson, M., Godden, K., Heurtebize, G., Ramilisonina and Retsihisatse 1996 The Androy Project: fourth report. Unpublished manuscript. Universities of Sheffield and Antananarivo.

Parker Pearson, M. and Ramilisonina. 1998 Stonehenge for the ancestors: the stones pass on the message. *Antiquity* 72: 308–26.

Parker Pearson, M., van de Noort, R. and Woolf, A. 1994 Three men and a boat: Sutton Hoo and the Saxon kingdom. *Anglo-Saxon England* 22: 27–50.

Parkin, D. 1992 Ritual as spatial direction and bodily division. In D. de Coppe (ed.) *Understanding Rituals*. London: Routledge, 11–25.

Parry, J. 1982 Sacrificial death and the necrophageous ascetic. In M. Bloch and J. Parry (eds) *Death and the Regeneration of Life*. Cambridge: Cambridge University Press, 74–110.

Parry, J. 1994 *Death in Banaras*. Cambridge: Cambridge University Press.

Parsons, T. 1951 *The Social System*. New York: Free Press.

Partridge, R.B. 1994 *Faces of the Pharaohs: royal mummies and coffins from ancient Thebes*. London: Rubicon Press.

Pate, F.D. 1994 Bone chemistry and palaeodiet. *Journal of Archaeological Method and Theory* 1: 161–209.

Pauketat, T.R. and Emerson, T.E. 1991 The ideology of authority and the power of the pot. *American Antiquity* 93: 919–41.

Pauketat, T.R. and Emerson, T.E. 1997 *Cahokia: domination and ideology in the Mississippian world*. Lincoln: University of Nebraska Press.

Pauli, L. 1972 Untersuchungen zur Späthallstattkultur in Nordwürttemberg: Analyse eines Kleinraumes im Grenzbereich zweiter Kulturen. *Hamburger Beiträge zur Archäologie* 2: 1–166.

Peacock, M. 1896 Executed criminals and folk medicine. *Folk-lore* 7: 268–83.

Peebles, C. 1971 Moundville and surrounding sites: some structural considerations of mortuary practices. II. In J. Brown (ed.) *Approaches to the Social Dimensions of Mortuary Practices*. Washington DC: Memoir of the Society for American Archaeology 25, 68–91.

Peebles, C. 1979 *Excavations at Moundville, 1905–1951*. Ann Arbor: University of Michigan Press.

Peebles, C. 1987 The rise and fall of the Mississippian in western Alabama: the Moundville and Somerville phases, AD 1000 to 1600. *Mississippi Archaeology* 22: 1–31.

Peebles, C. and Kus, S. 1977 Some archaeological correlates of ranked societies. *American Antiquity* 42: 421–48.

Peyrony, D. 1934 La Ferrassie: Moustérien, Périgordien, Aurignacien. *Préhistoire* 3: 1–92.

Phillpott, R.A. 1991 *Burial Practices in Roman Britain: a survey of grave treatment and furnishing AD 43–410*. Oxford: BAR British Series 219.

Physicians for Human Rights 1996a PHR investigates mass graves in Rwanda. gopher. igc.apc.org:5000/ 00/int/phr/for/2.

Physicians for Human Rights 1996b PHR resumes Vukovar exhumation. gopher.igc. apc.org:5000/00/ int/phr/for/yugo/4.

Piggott, S. 1938 The Early Bronze Age in Wessex. *Proceedings of the Prehistoric Society* 4: 52–106.

Piggott, S. 1962 *The West Kennet Long Barrow: excavations 1955–56*. London: HMSO.

Piggott, S. 1979 'Royal tombs' reconsidered. In A. Chmielowska (ed.) *Festschrift Jazdzewski*. Lodz: Muzeum Archeologicznego i Ethnograficznego w Lodzi, Prace i Materialy Seria Archeologiczna 25, 293–301.

Pine, V.R. 1975 *Caretaker of the Dead: the American funeral director*. New York: Wiley.

Pitts, M. and Roberts, M. 1998 *Fairweather Eden: life in Britain half a million years ago as revealed by the excavations at Boxgrove*. London: Arrow.

Polhemus, E. (ed.) 1973 *Social Aspects of the Human Body*. Harmondsworth: Penguin.

Polhemus, E. 1988 *Body Styles*. London: Lennard Books.

Pollock, S. 1991a Of priestesses, princes and poor relations: the dead in the royal cemetery of Ur. *Cambridge Archaeological Journal* 1: 171–89.

Pollock, S. 1991b Women in a men's world: images of Sumerian women. In M.W. Conkey and J.M. Gero (eds) *Engendering Archaeology: women and prehistory*. Oxford: Blackwell, 366–87.

Polosmak, N. 1994 A mummy unearthed from the Pastures of Heaven. *National Geographic* 186 (4): 80–103.

Poole, F.J.P. 1986 The erosion of a sacred landscape: European exploration and cultural ecology among the Bimin-Kuskusmin of Papua New Guinea. In M. Tobias (ed.) *Mountain People*. Norman OK: University of Oklahoma Press, 169–82.

Powell, M.L. 1992 In the best of health? Disease and trauma among the Mississippian elite. In A. Barker and T. Pauketat (eds) *Lords of the Southeast: social inequality and the native elites of southeastern North America*. Washington DC: American Anthropological Association, 81–97.

Powell, S., Garza, C.E. and Hendricks, A. 1993 Ethics and ownership of the past: the reburial and repatriation controversy. *Archaeological Method and Theory* 5: 1–42.

Prentice, G. 1986 An analysis of the symbolism expressed by the Birger figurine. *American Antiquity* 51: 239–66.

Preston Blier, S. 1987 *The Anatomy of Architecture: ontology and metaphor in Batammaliba architectural expression*. Cambridge: Cambridge University Press.

Prior, L. 1989 *The Social Organisation of Death: medical discourse and social practices in Belfast*. London: Macmillan.

Pyatt, F.B., Beaumont, E.H., Buckland, P.C., Lacy, D., Magilton, J.R. and Storey, D.M. 1995 Mobilisation of elements from the bog bodies Lindow II and III, and some observations on body painting. In R.C. Turner and R.G. Scaife (eds) *Bog Bodies: new discoveries and new perspectives*. London: British Museum, 62–73.

Pyatt, F.B., Beaumont, E.H., Lacy, D., Magilton, J.R. and Buckland, P.C. 1991 Non isatis sed vitrum or, the colour of Lindow Man. *Oxford Journal of Archaeology* 10: 61–73.

Radcliffe-Brown, A.R. 1952 *Structure and Function in Primitive Society*. London: Routledge & Kegan Paul.

Radcliffe-Brown, A.R. 1964 [1922] *The Andaman Islanders*. New York: Free Press.

Radimilahy, C. 1994 Sacred sites in Madagascar. In D.L. Carmichael, J. Hubert, B. Reeves and A. Schanche (eds) *Sacred Sites, Sacred Places*. London: Routledge, 82–8.

Radzinsky, E. 1992 *The Last Tsar*. London: Hodder & Stoughton.

Rahtz, P. 1978 Grave orientation. *Archaeological Journal* 135: 1–14.

Rahtz, P. 1981 Artefacts of Christian death. In S.C. Humphreys and H. King. (eds) *Mortality and Immortality: the anthropology and archaeology of death*. London: Academic Press, 117–36.

Rahtz, P. 1985 *Invitation to Archaeology*. Oxford: Blackwell.

Rahtz, P., Dickinson, T. and Watts, L. (eds) 1980 *Anglo-Saxon Cemeteries 1979*. Oxford: BAR British Series 82.

Rahtz, P. and Watts, L. 1983 *Wharram Percy: the memorial stones of the churchyard*. York: Department of Archaeology, University of York.

Rak, Y., Kimbel, W.H. and Hovers, E. 1994 A Neanderthal infant from Amud Cave, Israel. *Journal of Human Evolution* 26: 313–24.

Randsborg, K. 1973 Wealth and social structure as reflected in Bronze Age burials – a quantitative approach. In C. Renfrew (ed.) *The Explanation of Culture Change: models in prehistory*. London: Duckworth, 565–70.

Randsborg, K. 1974 Social stratification in Early Bronze Age Denmark. *Prähistorische Zeitschrift* 49: 38–61.

Randsborg, K. 1980 *The Viking Age in Denmark: the formation of a state*. London: Duckworth.

Randsborg, K. 1984 Women in prehistory: the Danish example. *Acta Archaeologica* 55: 143–54.

Randsborg, K. and Nybo, C. 1984 The coffin and the sun: demography and ideology in Scandinavian prehistory. *Acta Archaeologica* 55: 161–84.

Rawnsley, S. and Reynolds, J. 1977 Undercliffe cemetery, Bradford. *History Workshop Journal* 1: 215–21.

Read, P.P. 1974 *Alive: the story of the Andes survivors*. London: Secker & Warburg.

Reece, R. (ed.) 1977 *Burial in the Roman World*. London: Council for British Archaeology.

Reece, R. 1988 *My Roman Britain*. Cirencester: Cotswold Studies.

Rees Jones, S. 1994 Historical survey. In J.M. Lilley, G. Stroud, D.R. Brothwell, and M.H. Williamson *The Jewish Burial Ground at Jewbury. The Archaeology of York Volume 12: The Medieval Cemeteries*. London: Council for British Archaeology, 301–13.

Reeve, J. 1998 Do we need a policy on the treatment of human remains? *The Archaeologist* 33: 11–12.

Reeve, J. and Adams, M. 1993 *The Spitalfields Project. Volume 1: The archaeology: across the Styx*. York: Council for British Archaeology Research Report 85.

Rega, E. 1997 Age, gender and biological reality in the Early Bronze Age cemetery at Mokrin. In J. Moore and E. Scott (eds) *Invisible People and Processes: writing gender and childhood into European archaeology*. Leicester: Leicester University Press, 229–47.

Reinhard, J. 1996 Peru's ice maidens: unwrapping the secrets. *National Geographic* 189 (6): 62–81.

Renfrew, A.C. 1973a Monuments, mobilization and social organization in Neolithic Wessex. In A.C. Renfrew (ed.) *The Explanation of Culture Change: models in prehistory*. London: Duckworth, 539–58.

Renfrew, A.C. 1973b *Before Civilization: the radiocarbon revolution and prehistoric Europe*. London: Jonathan Cape.

Renfrew, A.C. 1976 Megaliths, territories and populations. In S.J. de Laet (ed.) *Acculturation and Continuity in Atlantic Europe*. Bruges: De Tempel, 198–220.

Renfrew, A.C. 1979 *Investigations in Orkney*. London: Society of Antiquaries.

Renfrew, A.C. 1986 Varna and the emergence of wealth in prehistoric Europe. In A. Appadurai (ed.) *The Social Life of Things: commodities in cultural perspective*. Cambridge: Cambridge University Press, 141–68.

Renfrew, A.C. and Shennan, S.J. (eds) 1982 *Ranking, Resources and Exchange: aspects of the origin of early European society*. Cambridge: Cambridge University Press.

Renfrew, J.M. 1973 *Palaeoethnobotany*. London: Methuen.

Richards, C. 1995 Monumental choreography: architecture and spatial representation. In C. Tilley (ed.) *Interpretive Archaeology*. Oxford: Berg, 143–78.

Richards, C. 1998 Centralising tendencies? A re-examination of social evolution in Late Neolithic Orkney. In M. Edmonds and C. Richards (eds) *Understanding the Neolithic of North-Western Europe*. Glasgow: Cruithne Press, 516–32.

Richards, C. 2005. *Dwelling Among the Monuments: the Neolithic village of Barnhouse, Maeshowe passage grave and surrounding monuments at Stenness, Orkney*. Cambridge: Macdonald Institute.

Richards, J.D. 1988 Style and symbol: explaining variability in Anglo-Saxon cremation burials. In S.T. Driscoll and M.R. Nieke (eds) *Power and Politics in Early Medieval Britain and Ireland*. Edinburgh: Edinburgh University Press, 145–61.

Richards, M. 1998 Bone stable isotope analysis: reconstructing the diet of humans. In A. Whittle and M. Wysocki, Parc le Breos Cwm transepted long cairn, Gower, West Glamorgan: date, contents, and context. 165–6. *Proceedings of the Prehistoric Society* 64: 139–82.

Richards, M. and van Klinken, G.J. 1997 A survey of European human bone stable carbon and nitrogen isotope values. In A.G.M. Sinclair, E.A. Slater and J.A.J. Gowlett (eds) *Archaeological Sciences 1995*. Oxford: Oxbow, 363–8.

Richardson, L. 1989 The acquisition, storage and handling of Aboriginal skeletal remains in museums: an indigenous perspective. In R. Layton (ed.) *Conflict in the Archaeology of Living Traditions*. London: Unwin Hyman, 185–8.

Richardson, R. 1988 *Death, Dissection and the Destitute*. London: Pelican.

Riding In, J. 1992 Six Pawnee crania: historical and contemporary issues associated with the massacre and decapitation of Pawnee Indians in 1869. *American Indian Culture and Research Journal* 16: 101–19.

Ringgren, H. 1973 *Religions of the Ancient Near East*. London: SPCK.

Rissman, P. 1988 Public displays and private values: a guide to buried wealth in Harappan archaeology. *World Archaeology* 20: 209–28.

Roberts, C., Lee, F. and Bintliff, J. (eds) 1989 *Burial Archaeology: current research, methods and developments*. Oxford: BAR British Series 211.

Roberts, C. and Manchester, K. 1995 *The Archaeology of Disease*. Second edition.

Stroud: Sutton.

Robins, D. and Ross, A. 1989 *The Life and Death of a Druid Prince: the story of an archaeological sensation*. London: Rider.

Rodwell, W. and Rodwell, K. 1982 St Peter's Church, Barton-upon-Humber. *Antiquaries Journal* 62: 283–315.

Roesdahl, E. 1982 *Viking Age Denmark*. London: British Museum.

Rolle, R. 1989 *The World of the Scythians*. London: Batsford.

Rolle, R., Müller-Wille, M. and Schietzel, K. (eds) 1991 *Gold der Steppe: Archäologie der Ukraine*. Neumünster: Karl Wachholtz Verlag.

Roper, M. 1969 A survey of the evidence for intrahuman killing in the Pleistocene. *Current Anthropology* 10: 427–59.

Roscoe, J. 1911 *The Baganda: an account of their native customs and beliefs*. London: Macmillan.

Rose, M. and Acar, Ö. 1996 Turkey's war on the illicit antiquities trade. In K.D. Vitelli (ed.) *Archaeological Ethics*. Walnut Creek: Altamira Press, 71–89.

Rosenblatt, P.C. 1959 Uses of ethnography in understanding grief and mourning. In H. Feifel (ed.) *The Meaning of Death*. New York: McGraw-Hill, 41–9.

Ross, A. 1986 Lindow Man and the Celtic tradition. In I.M. Stead, J.B. Bourke and D. Brothwell (eds) *Lindow Man: the body in the bog*. London: British Museum, 162–9.

Rothschild, N. 1979 Mortuary behavior and social organization at Indian Knoll and Dickson Mounds. *American Antiquity* 44: 658–75.

Rowlands, M. 1989 A question of complexity. In D. Miller, M. Rowlands and C. Tilley (eds) *Domination and Resistance*. London: Unwin Hyman, 29–40.

Rowlands, M. 1993 The role of memory in the transmission of culture. *World Archaeology* 25: 141–51.

Rubertone, P.E. 1989 Archaeology, colonialism and seventeenth century Native America – towards an alternative interpretation. In R. Layton (ed.) *Conflict in the Archaeology of Living Traditions*. London: Unwin Hyman, 32–45.

Rubin, G. 1975 The traffic in women: notes on the 'political economy' of sex. In R.R.

Reiter (ed.) *Toward an Anthropology of Women*. New York: Monthly Review Press, 157–210.

Rudenko, S.I. 1970 *Frozen Tombs of Siberia: the Pazyryk burials of Iron Age horsemen*. London: Dent.

Ruud, J. 1960 *Taboo: a study of Malagasy customs and beliefs*. Antananarivo: Trano Printy Loterana.

Sack, R.D. 1986 *Human Territoriality: its theory and history*. Cambridge: Cambridge University Press.

Sagan, E. 1974 *Cannibalism: human aggression and cultural form*. New York: Harper & Row.

Sahlins, M.D. 1958 *Social Stratification in Polynesia*. Seattle: University of Washington Press.

Sahlins, M.D. 1961 The segmentary lineage, an organisation of predatory expansion. *American Anthropologist* 63: 322–45.

Sahlins, M.D. 1968 *Tribesmen*. Englewood Cliffs NJ: Prentice Hall.

Sahlins, M.D. 1983 Raw women, cooked men and other 'great things' of the Fiji Islands. In P. Brown and D. Tuzins (eds) *The Ethnography of Cannibalism*. Washington DC: Society for Psychological Anthropology, 72–93.

Sahlins, M.D. and Service, E.R. (eds) 1960 *Evolution and Culture*. Ann Arbor: University of Michigan Press.

Saitta, D.J. 1994 Agency, class, and archaeological interpretation. *Journal of Anthropological Archaeology* 13: 201–27.

Salamon, A and Lengyel, I. 1980 Kinship interrelations in a fifth-century 'Pannonian' cemetery: an archaeological and palaeobiological sketch of the population fragment buried in the Mözs cemetery, Hungary. *World Archaeology* 12: 93–104.

Salmon, M.H. 1997 Ethical considerations in anthropology and archaeology, or relativism and justice for all. *Journal of Anthropological Research* 53: 47–63.

Sampson, D. 1997 Tribal chair questions scientists' motives and credibility. www.unicet.com/" umatribe/kennman2.html.

Sanday, P.R. 1986 *Divine Hunger: cannibalism as a cultural system*. Cambridge: Cambridge University Press.

Sauter, M. 1980 Sur le sexe de la 'Dame de Vix'. *L'Anthropologie* 84: 88–103.

Saxe, A.A. 1970 Social dimensions of mortuary practices. PhD thesis, University of

Michigan.

Saxe, A.A. 1971 Social dimensions of mortuary practices in a Mesolithic population from Wadi Halfa, Sudan. In J. Brown (ed.) *Approaches to the Social Dimensions of Mortuary Practices*. Washington DC: Memoir of the Society for American Archaeology 25, 39–57.

Saxe, A.A. and Gall, P.L. 1977 Ecological determinants of mortuary practices: the Temuan of Malaysia. In W. Wood (ed.) *Cultural-Ecological Perspectives on Southeast Asia*. Athens OH: Papers in International Southeast Asia Studies 41, Ohio University, 74-82.

Scarre, C.J. 1984 Kin groups in megalithic burials. *Nature* 311: 512–13.

Schiffer, M.B. 1987 *Formation Processes of the Archaeological Record*. Albuquerque: University of New Mexico Press.

Schneider, J. and Weiner, A. (eds) 1989 *Cloth and Human Experience*. Washington DC: Smithsonian Institution Press.

Schoeninger, M.J. 1979 Diet and status at Chalcatzingo: some empirical and technical aspects of strontium analysis. *American Journal of Physical Anthropology* 51: 295–310.

Schreiber, K. 1996a The lords of Sipán. In P.G. Bahn (ed.) *Tombs, Graves and Mummies: 50 discoveries in world archaeology*. London: Weidenfeld & Nicolson, 118–21.

Schreiber, K. 1996b Inka mountain sacrifices. In P.G. Bahn (ed.) *Tombs, Graves and Mummies: 50 discoveries in world archaeology*. London: Weidenfeld & Nicolson, 160–3.

Schütz, E. 1967 *Collected Papers I*. Edited by M. Natanson. The Hague: Mouton.

Schwarcz, H. and Schoeninger, M.J. 1991 Stable isotope analyses in human nutritional ecology. *Yearbook of Physical Anthropology* 34: 283–321.

Schwartz, J.H. 1995 *Skeleton Keys: an introduction to human skeletal morphology, development, and analysis*. Oxford: Oxford University Press.

Scruggs, J.C. 1985 *To Heal a Nation: The Vietnam Veterans Memorial*. New York: Harper & Row.

Secretan, T. 1995 *Going into Darkness: fantastic coffins from Africa*. London: Thames & Hudson.

Sellevold, B., Lund Hansen, U. and Balslev Jorgensen, J. 1984 *Iron Age Man in Denmark*.

Copenhagen: Copenhagen University Press.

Sen, K.M. 1961 *Hinduism*. Harmondsworth: Penguin.

Service, E.R. 1962 *Primitive Social Organization. an evolutionary perspective*. New York: Random House.

Shankman, P. 1969 Le rôti et le bouilli: Lévi-Strauss' theory of cannibalism. *American Anthropologist* 71: 54–69.

Shanks, M. 1993 Style and the design of a perfume jar from an Archaic Greek city state. *Journal of European Archaeology* 1: 77–106.

Shanks, M. and Tilley, C. 1982 Ideology, symbolic power and ritual communication: a reinterpretation of Neolithic mortuary practices. In I. Hodder (ed.) *Symbolic and Structural Archaeology*. Cambridge: Cambridge University Press, 129–54.

Shanks, M. and Tilley, C. 1987 *Re-constructing Archaeology*. Cambridge: Cambridge University Press.

Sharples, N. 1985 Individual and community: the changing role of megaliths in the Orcadian Neolithic. *Proceedings of the Prehistoric Society* 51: 59–74.

Shay, T. 1985 Differentiated treatment of deviancy at death as revealed in anthropological and archeological material. *Journal of Anthropological Archaeology* 4: 221–41.

Shennan, S.E. 1975 The social organisation at Branč. *Antiquity* 49: 279–87.

Shennan, S.J. 1988 *Quantifying Archaeology*. Edinburgh: Edinburgh University Press.

Shennan, S.J. 1993 Settlement and social change in central Europe 3500–1500 BC. *Journal of World Prehistory* 7: 121–61.

Sheridan, A. and Davis, M. 1998 The Welsh 'jet set' in prehistory: a case of keeping up with the Joneses? In A. Gibson and D. Simpson (eds) *Prehistoric Ritual and Religion: essays in honour of Aubrey Burl*. Stroud: Sutton, 148–62.

Sherratt, A. 1981 Plough and pastoralism: aspects of the secondary pro-ducts revolution. In I. Hodder, G. Isaac and N. Hammond (eds) *Pattern of the Past: essays in honour of David L. Clarke*. Cambridge: Cambridge University Press, 261–305.

Sheskin, A. 1979 *Cryonics: a sociology of death and bereavement*. New York: Irvington.

Shilling, C. 1993 *The Body and Social Theory.* London: Sage.

Shinoda, K.-I. and Kunisada, T. 1994 Analysis of ancient Japanese society through mitochondrial DNA sequencing. *International Journal of Osteoarchaeology* 4: 291–7.

Silk, J.B. 1992 The origins of caregiving behavior. *American Journal of Physical Anthropology* 87: 227–9.

Sillar, W. 1992 The social life of the Andean dead. *Archaeological Review from Cambridge* 11: 107–23.

Sillar, W. 1994 Playing with god:cultural perceptions of children, play and miniatures in the Andes. *Archaeological Review from Cambridge* 13: 47–63.

Sillens, A. and Kavanagh, M. 1982 Strontium and palaeodietary research: a review. *Yearbook of Physical Anthropology* 25: 67–90.

Sillens, A., Sealy, J.C. and van der Merwe, N.J. 1989 Chemistry and palaeodietary research: no more easy answers. *American Antiquity* 54: 504–12.

Silverblatt, I. 1987 *Moon, Sun and Witches: gender ideologies and class in Inca and colonial Peru.* Princeton NJ: Princeton University Press.

Simpson, A.W.B. 1984 *Cannibalism and the Common Law: the story of the tragic last voyage of the Mignonette and the strange legal proceedings to which it gave rise.* Chicago: University of Chicago Press.

Sjögren, K.-G. 1986 Kinship, labour and land in Neolithic southwest Sweden: social aspects of megalithic graves. *Journal of Anthropological Archaeology* 5: 229–65.

Sjøvold, T. 1959 *The Oseberg Find and the Other Viking Ship Finds.* Oslo.

Skinner, M. and Goodman, A.H. 1992 Anthropological uses of developmental defects of enamel. In S.R. Saunders and M.A. Katzenberg (eds) *Skeletal Biology of Past Peoples: research methods.* New York: Wiley-Liss, 153–74.

Slayman, A.L. 1997 A battle over bones. www.archaeology.org/9701/etc/special.html.

Smirnov, Y.A. 1989 Intentional human burial: Middle Palaeolithic (last glaciation) beginnings. *Journal of World Prehistory* 3: 199–233.

Smith, B. (ed.) 1990 *The Mississippian Emergence.* Washington DC: Smithsonian Institution Press.

Smith, I.F. 1965 *Windmill Hill and Avebury: excavations by Alexander Keiller, 1925–1939.* Oxford: Clarendon Press.

Smith, J.Z. 1987 The domestication of sacrifice. In R.G. Hamerton-Kelly (ed.) *Violent Origins: ritual killing and cultural formation.* Stanford: Stanford University Press, 191–205.

Smith, M.A. 1955 The limitations of inference in archaeology. *Archaeological Newsletter* 6: 1–7.

Smith, P. and Kahila, G. 1992 Identification of infanticide in archaeological sites: a case study from the Late Roman–Early Byzantine periods at Askalon, Israel. *Journal of Archaeological Science* 19: 667–75.

Snow, C.C. 1982 Forensic anthropology. *Annual Review of Anthropology* 12: 97–131.

Sofaer Derevenski, J. 1994 Where are the children? Accessing children in the past. *Archaeological Review from Cambridge* 13: 7–20.

Sofaer Derevenski, J. 1997 Engendering children, engendering archaeology. In J. Moore and E. Scott (eds) *Invisible People and Processes: writing gender and childhood into European archaeology.* Leicester: Leicester University Press, 192–202.

Solecki, R.S. 1971 *Shanidar: the first flower people.* New York: Knopf.

Sommer, J.D. 1999 The Shanidar-IV 'flower burial': a re-evaluation of Neanderthal burial ritual. *Cambridge Archaeology Journal* 9 (1): 127–37.

Sørensen, M.L.S. 1987 Material order and cultural classification: the role of bronze objects in the transition from Bronze Age to Iron Age in Scandinavia. In I. Hodder (ed.) *The Archaeology of Contextual Meanings.* Cambridge: Cambridge University Press, 90–101.

Sørensen, M.L.S. 1991 Gender construction through appearance. In D. Walde and N.D. Willows (eds) *The Archaeology of Gender: proceedings of the 22nd Annual Chacmool Conference.* Calgary: Archaeological Association of the University of Calgary, 121–9.

Sørensen, M.L.S. 1992 Gender archaeology and Scandinavian Bronze Age studies. *Norwegian Archaeological Review* 25: 31–49.

Spencer, B. and Gillen, F.J. 1899 *The Native Tribes of Central Australia.* London: Macmillan.

Spindler, K. 1983 *Die Frühen Kelten*. Stuttgart: Reclam.

Spindler, K. 1994 *The Man in the Ice*. London: Weidenfeld & Nicolson.

Stalsberg, A. 1991 Women as actors in North European Viking Age trade. In R. Samson (ed.) *Social Approaches to Viking Studies*. Glasgow: Cruithne Press, 75–83.

Stannard, D.W. (ed.) 1974 *Death in America*. Philadelphia: University of Pennsylvania Press.

Stannard, D.W. 1977 *The Puritan Way of Death: a study in religion, culture and social change*. New York: Oxford University Press.

Startin, W. and Bradley, R. 1981 Some notes on work organisation and society in prehistoric Wessex. In C. Ruggles and A. Whittle (eds) *Astronomy and Society in Britain during the Period 4000–1500 BC*. Oxford: BAR British Series 88, 289–96.

Stead, I.M. 1991 *Iron Age Cemeteries in East Yorkshire: excavations at Burton Fleming, Rudston, Garton-on-the-Wolds, and Kirkburn*. London: English Heritage Archaeological Report 22.

Stead, I.M., Bourke, J.B. and Brothwell, D. (eds) 1986 *Lindow Man: the body in the bog*. London: British Museum.

Steadman, L.B. and Merbs, C.F. 1982 Kuru and cannibalism? *American Anthropologist* 84: 611–27.

Steadman, L.B., Palmer, C.T. and Tilley, C.F. 1996 The universality of ancestor worship. *Ethnology* 35: 63–76.

Steponaitis, V.P. 1983 *Ceramics, Chronology, and Community Patterns: an archaeological study at Moundville*. New York: Academic Press.

Steponaitis, V.P. 1986 Prehistoric archaeology in the southeastern United States, 1970–1985. *Annual Review of Anthropology* 15: 363–404.

Steponaitis, V.P. 1991 Contrasting patterns of Mississippian development. In T. Earle (ed.) *Chiefdoms: power, economy, and ideology*. Cambridge: Cambridge University Press, 193–228.

Stiles, D. 1977 Ethnoarchaeology: a discussion of methods and applications. *Man* 12: 87–103.

Stomberg, C. 1998 R *v* Kelly and another. *All England Law Reports* 1998 (3): 741–52.

Stone, A.C., Milner, G.R., Pääbo, S. and Stoneking, M. 1996 Sex determination of ancient human skeletons using DNA. *American Journal of Physical Anthropology* 99: 231–8.

Stone, A.C. and Stoneking, M. 1993 Ancient DNA from a pre-Columbian Amerindian population. *American Journal of Physical Anthropology* 92: 463–71.

Stordeur, D., Helmer, D. and Willcox, G. 1997 Jerf el Ahmar: un nouveau site de l'horizon PPNA sur le moyen Euphrate syrien. *Bulletin de la Société Préhistorique Française* 94: 282–5.

Strathern, A. 1982 Witchcraft, greed, cannibalism and death: some related themes from the New Guinea Highlands. In M. Bloch and J. Parry (eds) *Death and the Regeneration of Life*. Cambridge: Cambridge University Press, 111–31.

Strathern, M. 1972 *Women in Between: female roles in a male world: Mount Hagen, New Guinea*. New York: Seminar Press.

Strathern, M. 1987 Conclusion. In M. Strathern (ed.) *Dealing with Inequality: analysing gender relations in Melanesia and beyond*. Cambridge: Cambridge University Press, 278–300.

Stringer, C. 1990 Comments on 'Symbolism and modern human origins by J. Lindley and G. Clark'. *Current Anthropology* 31: 248–9.

Stringer, C. and Gamble, C. 1993 *In Search of the Neanderthals*. London: Thames & Hudson.

Stroud, G. and Kemp, R.L. 1993 *Cemeteries of St Andrew, Fishergate. The Archaeology of York Volume 12: The Medieval Cemeteries*. London: Council for British Archaeology.

Stuart-Macadam, P.L. 1989 Nutritional deficiency disease: a survey of scurvy, rickets, and iron-deficiency anemia. In M.Y. Iscan and K.A.R. Kennedy (eds) *Reconstruction of Life from the Skeleton*. New York: Liss, 201–22.

Sudnow, D. 1967 *Passing On: the social organization of dying*. Englewood Cliffs NJ: Prentice-Hall.

Sugiyama, S. 1989 Burials dedicated to the old Temple of Quetzalcoatl at Teotihuacán, Mexico. *American Antiquity* 54: 85–106.

Sutton, D.S. 1995 Consuming counterrevolution: the ritual and culture of cannibalism in Wuxuan, Guangxi, China, May to July 1968. *Comparative Studies in Society and History* 37: 136–72.

Sutton Phelps, D. and Burgess, R. 1964 A possible case of cannibalism in the Early Woodland period of eastern Georgia.

American *Antiquity* 30: 199-202.

Swanson, G. 1964 *The Birth of the Gods: the origin of primitive beliefs.* Ann Arbor: University of Michigan Press.

Swanton, J.R. 1967 Early accounts of the Natchez. In R.C. Owen, J.J.F. Deetz and A.D. Fisher (eds) *The North American Indians: a sourcebook.* London: Macmillan, 545–54.

Synnott, A. 1993 *The Body Social: symbolism, self and society.* London: Routledge.

Tainter, J.R. 1975 Social inference and mortuary practices: an experiment in numerical classification. *World Archaeology* 7: 1–15.

Tainter, J.R. 1977 Modelling change in prehistoric social systems. In L. Binford (ed.) *For Theory Building in Archaeology.* New York: Academic Press, 327–51.

Tainter, J.R. 1978 Mortuary practices and the study of prehistoric social systems. *Archaeological Method and Theory* 1: 105–41.

Tainter, J.R. 1980 Behavior and status in a Middle Woodland mortuary population from the Illinois valley. *American Antiquity* 45: 308–13.

Tainter, J. 1981 Reply to Braun. *American Antiquity* 46: 416–20.

Talmage, V.A. 1982 The violation of sepulture: is it legal to excavate human remains? *Archaeology* 35: 44–9.

Tannenbaum, N. 1987 Tattoos: invulnerability and power in Shan cosmology. *American Ethnologist* 14: 693–712.

Tarlow, S. 1992 Each slow dusk a drawing-down of blinds. *Archaeological Review from Cambridge* 11: 125–40.

Tarlow, S. 1998 Romancing the stones: the graveyard boom of the later eighteenth century. In M. Cox (ed.) *Grave Concerns: death and burial in England 1700 to 1850.* London: Council for British Archaeology Research Report 113, 33-43.

Tasič, N. (ed.) 1972 *Mokrin, the Early Bronze Age Necropolis. I, Dissertationes et Monographie.* Kikinda: Narodai Museum Volume 12.

Tauber, H. 1979 Kulstof-14 datering af møselig. *Kuml* 73–8.

Tauber, H. 1981 ^{13}C evidence for dietary habits of prehistoric man in Denmark. *Nature* 292: 332–3.

Taylor, T. 1996 *The Prehistory of Sex: four million years of human sexual culture.* London: Fourth Estate.

Thomas, J. 1988 The social significance of Cotswold-Severn burial practices. *Man* 23: 540–59.

Thomas, L.-V. 1975 *Anthropologie de la Mort.* Paris: Payot.

Thorpe, I.J. 1996 *The Origins of Agriculture in Europe.* London: Routledge.

Thorsen, S. 1980 'Klokkehøj' ved Bøjden. Et sydvestfynsk dyssekammer med velbevaret primaergrav. *Kuml* 105–46.

Thune C.E. 1989 Death and matrilineal reincorporation on Normanby Island. In F.H. Damon and R. Wagner (eds) *Death Rituals and Life in the Societies of the Kula Ring.* De Kalb: Northern Illinois Press, 153–78.

Tierney, P. 1989 *The Highest Altar: the story of human sacrifice.* New York: Viking.

Tilley, C. 1984 Ideology and the legitimation of power in the Neolithic of southern Sweden. In D. Miller and C. Tilley (eds) *Ideology, Power and Prehistory.* Cambridge: Cambridge University Press.

Tilley, C. 1993 Art, architecture, landscape [Neolithic Sweden]. In B. Bender (ed.) *Landscape: politics and perspectives.* Providence RI: Berg, 49–84.

Tilley, C. 1994 *A Phenomenology of Landscape: places, paths and monuments.* Oxford: Berg.

Tilley, C. (ed.) 1995 *Interpretive Archaeology.* Oxford: Berg.

Tipping, R. 1994 'Ritual' floral tributes in the Scottish Bronze Age – palynological evidence. *Journal of Archaeological Science* 21: 133–9.

Treherne, P. 1995 The warrior's beauty: the masculine body and self-identity in Bronze-Age Europe. *Journal of European Archaeology* 3: 105–44.

Trinkaus, E. 1983 *The Shanidar Neanderthals.* New York: Academic Press.

Trinkaus, E. 1985 Cannibalism and burial at Krapina. *Journal of Human Evolution* 14: 203–16.

Trinkaus, E. and Shipman, P. 1993 *The Neanderthals: changing the image of mankind.* New York: Alfred A. Knopf.

Tuan, Y.F. 1974 *Topophilia: a study of environmental perception, attitudes, and values.* Englewood Cliffs: Prentice-Hall.

Turner, B.S. 1984 *The Body and Society: explorations in social theory.* Oxford: Blackwell.

Turner, B.S. 1988 *Status.* Minneapolis:

University of Minnesota Press.

Turner, B.S. 1992 *Regulating Bodies*. London: Routledge.

Turner, C.G. 1993 Cannibalism in Chaco Canyon: the charnel pit excavated in 1926 at Small House Ruin by Frank H.H. Roberts, Jr. *American Journal of Physical Anthropology* 91: 412–39.

Turner, C.G. and Morris, N.T. 1970 A massacre at Hopi. *American Antiquity* 35: 320–31.

Turner, C.G. and Turner, J.A. 1992 The first claim for cannibalism in the Southwest: Walter Hough's 1901 discovery at Canyon Butte Ruin 3, northeastern Arizona. *American Antiquity* 57: 661–82.

Turner, C.G., Turner, J.A. and Green, R.C. 1993 Taphonomic analysis of Anasazi skeletal remains from Largo-Gallina sites in northwestern New Mexico. *Journal of Anthropological Research* 49: 83–110.

Turner, R.C. and Scaife, R.G. (eds) 1995 *Bog Bodies: new discoveries and new perspectives*. London: British Museum.

Turner, V.W. 1969 *The Ritual Process: structure and anti-structure*. London: Routledge & Kegan Paul.

Uchibori, M. 1978 The leaving of this transient world: a study of Iban eschatology and mortuary practices. PhD thesis, Australian National University.

Ucko, P.J. 1969 Ethnography and the archaeological interpretation of funerary remains. *World Archaeology* 1: 262–90.

Vallee, F.G. 1955 Burial and mourning customs in a Hebridean community. *Journal of the Royal Anthropological Institute* 85: 119–30.

Van de Velde, P. 1979a On Bandkeramik social structure: an analysis of pot decoration and hut distributions from the central European Neolithic communities of Elsloo and Hienheim. *Analecta Praehistorica Leidensia* 12: 1–242.

Van de Velde, P. 1979b The social anthropology of a Neolithic cemetery in the Netherlands. *Current Anthropology* 20: 37–58.

Van der Sanden, W.A.B. 1995 Bog bodies on the continent: the developments since 1965, with special reference to the Netherlands. In R.C. Turner and R.G. Scaife (eds) *Bog Bodies: new discoveries and new perspectives*. London: British Museum, 146–65.

Van der Sanden, W.A.B. 1996 *Through Nature to Eternity: the bog bodies of northwest Europe*. Amsterdam: Batavian Lion.

Van Gennep, A. 1960 [1908] *The Rites of Passage*. Chicago: University of Chicago Press.

Vandermeersch, B. 1970 Une sépulture moustérienne avec offrandes découverte dans la grotte de Qafzeh. *Comptes Rendus Hebdomadaires des Séances de l'Académie des Sciences* 270: 298–301.

Vandermeersch, B. 1981 *Les Hommes Fossiles de Qafzeh (Israel)*. Paris: CNRS.

Vayda, A.P. 1970 On the nutritional value of cannibalism. *American Anthropologist* 72: 1462–3.

Vernant, J.-P. 1991a Mortals and immortals: the body of the divine. In F.I. Zeitlin (ed.) *Mortals and Immortals: collected essays*. Princeton: Princeton University Press, 27–49.

Vernant, J.-P. 1991b A 'beautiful death' and the disfigured corpse in Homeric epic. In F.I. Zeitlin (ed.) *Mortals and Immortals: collected essays*. Princeton: Princeton University Press, 50–74.

Villa, P., Bouville, C., Courtin, J., Helmer, D., Mahieu, E., Shipman, P., Belluomini, G. and Branca, M. 1986 Cannibalism in the Neolithic. *Science* 233: 431–6.

Villa, P. and Mahieu, E. 1991 Breakage patterns in human long bones. *Journal of Human Evolution* 21: 27–48.

Vitelli, K.D. (ed.) 1996 *Archaeological Ethics*. Walnut Creek: Altamira.

Vlach, J.M. 1978 *The Afro-American Tradition in Decorative Arts*. Cleveland OH: Cleveland Museum of Arts.

Vogel, J.C. and van der Merwe, N.J. 1977 Isotopic evidence for early maize cultivation in New York State. *American Antiquity* 42: 238–42.

Vogel, J.C. and van der Merwe, N.J. 1978 δC^{13} content of human collagen as a measure of prehistoric diet in Woodland North America. *Nature* 276: 815–16.

Vogelius Andersen, C.H. 1958 Forhistoriske fingeraftryk. *Kuml* 151–4.

Wahl, J. and König, H.G. 1987 Anthropologisch-traumatologische Unterschung der menschlichen Skelettreste aus dem bandkeramischen Massengrab bei Talheim, Kreis Heilbronn. *Fundberichte aus Baden Württemberg* 12: 65–193.

Wait, G. 1985 *Ritual and Religion in Iron Age*

Britain. Oxford: BAR British Series 149.

Walens, S. and Wagner, R. 1971 Pigs, proteins, and people-eaters. *American Anthropologist* 73: 269–70.

Walker, P.L. and DeNiro, M.J. 1986 Stable nitrogen and carbon isotope ratios as indices of prehistoric dietary dependence on marine and terrestrial resources in southern California. *American Journal of Physical Anthropology* 71: 51–61.

Wall, S.M., Musgrave, J.H. and Warren, P.M. 1986 Human bones from a Late Minoan Ib house at Knossos. *Annual of the British School of Archaeology at Athens* 81: 333–88.

Wallis Budge, E.A. 1987 [1893] *The Mummy: a handbook of Egyptian funerary archaeology.* London: Kegan Paul.

Warner, W.L. 1959 *The Living and the Dead: a study of the symbolic life of Americans.* New Haven: Yale University Press.

Warren, K.J. 1989 A philosophical perspective on the ethics and resolution of cultural property issues. In P. Mauch Messenger (ed.) *The Ethics of Collecting Cultural Property: whose culture? whose property?* Albuquerque: University of New Mexico Press, 1–25.

Wason, P.K. 1994 *The Archaeology of Rank.* Cambridge: Cambridge University Press.

Watkins, T. 1990 The origins of house and home? *World Archaeology* 21: 336–46.

Watson, J. and Rawski, E. (eds) 1988 *Death Ritual in Late Imperial and Modern China.* Berkeley: University of California Press.

Webb, S. 1987 Reburying Australian skeletons. *Antiquity* 61: 292–6.

Weber, M. 1958 *The Religion of India.* Glencoe IL: Free Press.

Webster, P. 1975 Matriarchy: a vision of power. In R.R. Reiter (ed.) *Toward an Anthropology of Women.* New York: Monthly Review Press, 141–56.

Weever, J. 1631 *Ancient Funerall Monuments within the United Monarchie of Great Britaine, Ireland, and the Islands adiacent. With the dissolved monastries therein contained.* London.

Weiss, K.M. 1972 On systematic bias in skeletal sexing. *American Journal of Physical Anthropology* 37: 239–50.

Welch, P. 1991 *Moundville's Economy.* Tuscaloosa: University of Alabama Press.

Wells, C. and Green, C. 1973 Sunrise dating of death and burial. *Norfolk Archaeology* 35: 435–42.

Wesler, K.W. 1997 The Wickliffe Mounds Project: implications for Late Mississippi period chronology, settlement, and mortuary patterns in western Kentucky. *Proceedings of the Prehistoric Society* 63: 261–83.

Whaley, J. (ed.) 1981 *Mirrors of Mortality: studies in the social history of death.* London: Europa.

Whelan, M.K. 1991a Gender and historical archaeology: eastern Dakota patterns in the nineteenth century. *Historical Archaeology* 25: 17–32.

Whelan, M.K. 1991b Gender and archaeology: mortuary studies and the search for the origins of gender differentiation. In D. Walde and N.D. Willows (eds) *The Archaeology of Gender: proceedings of the 22nd Annual Chacmool Conference.* Calgary: Archaeological Association of the University of Calgary, 358–65.

Whimster, R. 1981 *Burial Practices in Iron Age Britain.* Oxford: BAR British Series 90.

White, K.D. (ed.) 1991 Archaeology and indigenous peoples: ethical issues and questions. (Special issue.) *Anthropology UCLA* 18: 1–122.

White, R. 1982 Rethinking the Middle/Upper Palaeolithic transition. *Current Anthropology* 23: 169–92.

White, R. 1992 Beyond art: toward an understanding of the origins of material representation in Europe. *Annual Review of Anthropology* 21: 537–64.

White, R. 1993 Technological and social dimensions of 'Aurignacian-age' body ornaments across Europe. In H. Knecht, A. Pike-Tay and R. White (eds) *Before Lascaux: the complex record of the early Upper Palaeolithic.* Boca Raton: CRC Press, 247–99.

White, T.D. 1986 Cut marks on the Bodo cranium: a case of prehistoric defleshing. *American Journal of Physical Anthropology* 69: 503-9.

White, T.D. 1992 *Prehistoric Cannibalism at Mancos 5MTUMR-2346.* Princeton: Princeton University Press.

White, T.D. and Toth, N. 1991 The question of ritual cannibalism at Grotta Guattari. *Current Anthropology* 32: 118–38.

Whitehead, H. 1981 The bars and the burden strap: a new look at institutionalized homosexuality in native North America. In

S. Ortner and H. Whitehead (eds) *Sexual Meanings: the cultural construction of gender and sexuality*. Cambridge: Cambridge University Press, 80–115.

Whittell, G. 1998 Tell-tale protein exposes truth about cannibals. *The Times* 28 November 1998.

Whittle, A. 1996 *Europe in the Neolithic: the creation of new worlds*. Cambridge: Cambridge University Press.

Whittle, A. 1997 *Sacred Mound Holy Rings: Silbury Hill and the West Kennet palisade enclosures: a Later Neolithic complex in north Wiltshire*. Oxford: Oxbow Monograph 74.

Williams, W. 1986 *The Spirit and the Flesh: sexual diversity in American Indian culture*. Boston: Beacon Press.

Willsher, B. 1995a *How to Record Scottish Graveyards: a companion to understanding Scottish graveyards*. Edinburgh: CBA Scotland.

Willsher, B. 1995b *Understanding Scottish Graveyards*. Edinburgh: Cannongate.

Wilson, B. 1996 Aspects of the literature on the theory and identification of ritual. In S. Anderson and Boyle, K. (eds) *Ritual Treatment of Human and Animal Remains*. Proceedings of the First Meeting of the Osteoarchaeological Research Group. Oxford: Oxbow, 11–15.

Wilson, C.E. 1981 Burials within settlements in southern Britain during the pre-Roman Iron Age. *Bulletin of the University of London Institute of Archaeology* 18: 127–69.

Wilson, E. 1985 *Adorned in Dreams: fashion and modernity*. London: Virago.

Wilson, P. 1989 *The Domestication of the Human Species*. New Haven: Yale University Press.

Winters, H. 1968 Value systems and trade cycles of the Late Archaic in the Midwest. In L.R. Binford and S.R. Binford (eds) *New Perspectives in Archeology*. Chicago: Aldine, 175–221.

Wood, J.W., Milner, G.R., Harpending, H.C. and Weiss, K.M. 1992 The osteological paradox. Problems of inferring prehistoric health from skeletal samples. *Current Anthropology* 33: 343–70.

Woolley, L. 1934 *Ur Excavations. Volume 2: The royal cemetery*. London: British Museum.

Wright, G.A. 1978 Social differentiation in the early Natufian. In C.L. Redman, M.J. Berman, E.V. Curtin, W.T. Langhorne Jr,

N.H. Versaggi and J.C. Wanser (eds) *Social Archaeology: beyond subsistence and dating*. New York: Academic Press, 201–24.

Wright, G.R.H. 1988 The severed head in earliest Neolithic time. *Journal of Prehistoric Religion* 2: 51–6.

Wright, R. 1995 The Sydney Papers Volume 7 Number 3 – Mass graves in the Ukraine. www.soton.ac.uk:80/ ~jb3/war/war.html.

Wylie, A. 1985 The reaction against analogy. *Advances in Archaeological Method and Theory* 8: 63–111.

Wylie, A. 1988 'Simple' analogy and the role of relevance assumptions: implications of archaeological practice. *International Studies in the Philosophy of Science* 2: 134–50.

Wylie, A. 1989 Archaeological cables and tacking: the implications of practice for Bernstein's 'options beyond objectivism and relativism'. *Philosophy of the Social Sciences* 19: 1–18.

Wylie, A. 1991 Feminist critiques and archaeological challenges. In D. Walde and N.D. Willows (eds) *The Archaeology of Gender: proceedings of the 22nd Annual Chacmool Conference*. Calgary: Archaeological Association of the University of Calgary, 17–23.

Yates, T. 1993 Frameworks for an archaeology of the body. In C. Tilley (ed.) *Interpretative Archaeology*. Oxford: Berg, 31–72.

Yates, T. and Nordbladh, J. 1990 This perfect body, this virgin text: between sex and gender in archaeology. In I. Bapty and T. Yates (eds) *Archaeology after Structuralism*. London: Routledge, 222–37.

Yellen, J. 1977 *Archaeological Approaches to the Present*. New York: Academic Press.

Yoffee, N. 1993 Too many chiefs? (or safe texts for the 90s). In N. Yoffee and A. Sherratt (eds) *Archaeological Theory: who sets the agenda?* Cambridge: Cambridge University Press, 53–9.

Yoffee, N. and Sherratt A. (eds) 1993 *Archaeological Theory: who sets the agenda?* Cambridge: Cambridge University Press.

Zaehner, R.C. 1966 *Hinduism*. Second edition. Oxford: Oxford University Press.

Zavitukhina, M.P. and Barkova, L.L. 1978 *Frozen Tombs: the culture and art of the ancient tribes of Siberia*. London: British Museum.

Zhang, Z.-P. 1985 The social structure reflected

in the Yuanjunmiao cemetery. *Journal of Anthropological Archaeology* 4: 19–33.

Zimmerman, L.J. 1989 Made radical by my own: an archaeologist learns to accept reburial. In R. Layton (ed.) *Conflict in the Archaeology of Living Traditions*. London: Unwin Hyman, 60–7.

Zimmerman, L.J. 1992 Archaeology, reburial, and the tactics of a discipline's self-delusion. *American Indian Culture and Research Journal* 16: 37–56.

Zimmerman, L.J. 1996 Sharing control of the past. In K.D. Vitelli (ed.) *Archaeological Ethics*. Walnut Creek: Altamira Press, 214–20.

옮긴이의 말

이 책은 Mike Parker Pearson, *The Archaeology of Death and Burial*(The History Press, 1999)을 옮긴 것이다. 책 제목은 직역하자면『죽음과 매장의 고고학』이라고 해야 할 터이나 핵심은 망자들을 위한 산 자들의 장례습속에 대한 고고학적 연구이며 그에 새로운 이론과 이해로 접근하려 한 책이다. 그 래서『장송의례 고고학』이라 해도 좋을 것이지만 좀더 일반의 이해에 와 닿을 제목으로『죽음의 고고학』이라고 하였다. 이 책의 구체적 내용과 저자에 관해 서는 원서의 뒤표지에 실린 소개 글로써 대신하려 한다.

죽음과 매장에 대한 고고학 연구는 우리가 사라져버린 옛 사회들을 이해하려는 시도를 하는 데서 중심적 위치를 차지한다. 우리는 장송의례의 잔적들을 갖고 서 선사시대 사람들이 죽음과 내세에 대해 지녔던 태도들뿐만 아니라 그들의 생활양식, 사회조직, 세계관에 관해서도 알아낼 수 있다. 이 야심찬 새 책은 그 처럼 엄청나게 넓고 중요한 분야에 관한 최신 연구 성과들을 살펴보고 아득한 과거의 삶과 죽음에 대한 우리의 이해에 그간 급속한 진전을 가져다준(때로 논 쟁의 여지가 있는) 해석들을 서술하고 있다.

저자는 종합적이고 국제적인 관점의 개관을 추구하는 가운데 전 세계의 여 러 시기와 장소, 이를테면 유럽 및 근동의 구석기시대, 북부 유럽의 중석기시대, 아시아 및 유럽의 철기시대에 대한 사례 연구들을 인용한다. 또 유럽인 접촉 이전 북미, 고대 이집트, 마다가스카르로부터 나온 증거와 영국 및 유럽의 신석기시대 및 청동기시대로부터 나온 증거를 검토한다. 저자는 고고학을 기본으로 하면서 아주 오래된 옛날과 그다지 오래되지 않은 과거의 장송의례 및 장례습속을 생생한 그림으로 복원해 내며, 그와 동시에 검토 대상 주민들의 사회 구조와 믿음에 대해서도 많은 이야기를 들려준다. 또 인간의 유해를 둘러싼 정치적, 윤리적 논쟁들과 재매장, 도굴, 전쟁 범죄의 문제들을 서술한다.

이 책『죽음의 고고학』은 과거를 가장 심층적으로 파헤치는 연구 분야들 가운데 하나를 개관하고 종합한, 유례없는 책이다. 이 책은 투탕카멘에서 냉동인간에 이르는 가장 흥미진진한 발견 사례 몇 가지의 고고학적 정황을 창조적으로 복원해 내고 있으며, 그래서 죽음과 매장에 대해 전문적 관심사나 일반적 호기심을 가진 고고학자, 선사학자, 사회인류학자, 역사학자, 일반인들이 틀림없이 열독을 하리라 기대된다.

저자 마이크 파커 피어슨은 영국 셰필드 대학 고고선사학과의 교수이다. 그의 주된 관심 분야는 장송의례고고학, 문화유산 관리, 사회인류학, 야외고고학, 고고학 이론이다. 그는 현재 스코틀랜드 서부 제도의 선사시대 사회들에 대한 야외 조사와 마다가스카르 남부의 장례 기념물들에 대한 연구에 몰두하고 있다. 이 밖의 책으로는『청동기시대 영국』과『건축과 질서』등이 있고, 또 수많은 보고서와 논문들을 썼다.

몇 년 전에 영남문화재연구원의 학술총서를 기획하면서 역시 다른 연구원의 기획을 맡은 강릉대 이성주 교수와 전화로 어떤 책이 좋을지 의논하다가 이 책을 거론하고 좋기는 한데 번역은 쉽지 않을 듯싶다고 했더니 이 교수도 좋은 책이라 하면서 전부터 생각이 있는 것 같았다. 해서 냉큼 이 책은 내가 하겠노라고 빼앗다시피 해 놓고는 막상 본격적으로 작업을 시작해 보니 만만치 않아 두 장 정도를 초역하고는 내내 던져두었다. 그동안 교과서 번역 쪽이 더 필요하고 급하지 싶어 그 일을 우선해서 작년에『현대 고고학 강의』를 번역해 내고는 이제 번역은 좀 쉬어야지 했지만 전에 괜스레 욕심만 낸 것이 걸려 겨울방학 때부터 본격적으로 작업에 들어갔다. 역시 쉽지 않구나 하면서도 책 내용 때문에 재미 또한 적지 않았고 저자가 여러 부분에서 흥미로운 분석과 해석을 한 데 감탄을 거듭하기도 하였다.

특히 번역 초고의 막바지 퇴고 작업을 하는 동안 "근년의 인류학 저술가 다수는 장례가 정치적 사건으로서 망자의 지위뿐만 아니라 애도자들의 지위 또한 적극적으로 협상되고 재평가되는 장이라는 점을 강조한다"고 서술한 부분이나 "무의미하며 특히 황당하다고 생각되는 비정상적 죽음(집단사, 급사 혹은 조사)이 발생하였을 때는 매장 절차가 한층 복잡해질 가능성이 커지는 데 그 이유는 이런 죽음들에는 비상한 슬픔을 담아내고 또 일찍 돌아간 데 대한 공정한 보상을 하려는 의도의 장송의례를 베풂으로써 중요한 사회적 재조정 작용이 뒤따르기 때문이다"라는 연구 성과를 인용한 데에서는 당시 전직 대통령 두 사람의 죽음과 그 장례를 둘러싼 우리 사회의 움직임에 비추어 보니 정말 그렇구나! 싶기도 하였다.

번역 용어에서 descent는 통상 出系라고 하고 lineage는 宗族이라고 하지만 좀더 익숙한 용어로 하자 싶어 전자를 혈통, 후자는 同族이라고 한 예를 따랐다. 그리고 신고고학자들이 즐겨 쓴 mortuary practice는 funerary practice와 같은 뜻이라지만 저자가 일부러 양자를 구분해 쓴 듯해서 전자는 매장습속, 후자는 장례습속으로 달리 옮겼음을 밝혀둔다.

이 책도 (재)영남문화재연구원의 지원을 받아 옮겼다. 또 출판사 사회평론의 윤철호 사장, 김천희 주간, 박서운 담당께 큰 신세를 졌다. 경북대학교 대학원의 크리스 라빈은 초고를 원문과 나름대로 대조하면서 중요한 오류를 여러 곳 지적해 주었고 양승민은 정말 꼼꼼하게 교정을 보아주었다. 이 자리를 빌려 두 기관과 이 여러 분들께 감사를 표하는 바이다.

2009년 가을의 문턱에서
옮긴이 이희준

찾아보기

영남문화재연구원 학술총서 5

죽음의 고고학

2009년 10월 22일 1판 1쇄 발행
2023년 5월 15일 1판 5쇄 발행

지은이 마이크 파커 피어슨
옮긴이 이희준
편집 김천희
표지디자인 디자인 시
마케팅 김현주

펴낸이 권현준
펴낸곳 (주)사회평론아카데미
등록번호 2013-000247(2013년 8월 23일)
전화 02-326-1545
팩스 02-326-1626
주소 03993 서울특별시 마포구 월드컵북로6길 56
이메일 academy@sapyoung.com
홈페이지 www.sapyoung.com

ISBN 979-11-88108-36-7 93900